“十四五”普通高等教育规划教材
高职教育在线开放课程新形态一体化教材

新形态 校企合作创新型教材

总主编 常 茹

企业财务会计

李 迎◎主 编
王曼娟 王 萌 石 杨 李君梅 李 梦◎副主编

立信会计出版社
LIXIN ACCOUNTING PUBLISHING HOUSE

图书在版编目(CIP)数据

企业财务会计 / 李迎主编. —上海：立信会计出版社，2024.1

ISBN 978-7-5429-7421-1

Ⅰ.①企… Ⅱ.①李… Ⅲ.①企业会计—财务会计 Ⅳ.①F275.2

中国国家版本馆 CIP 数据核字(2024)第 013676 号

策划编辑 张巧玲
责任编辑 王秀宇
美术编辑 吴博闻

企业财务会计

QIYE CAIWU KUAIJI

出版发行	立信会计出版社		
地　　址	上海市中山西路 2230 号	邮政编码	200235
电　　话	(021)64411389	传　　真	(021)64411325
网　　址	www.lixinaph.com	电子邮箱	lixinaph2019@126.com
网上书店	http://lixin.jd.com		http://lxkjcbs.tmall.com
经　　销	各地新华书店		

印　　刷	浙江天地海印刷有限公司		
开　　本	787 毫米×1092 毫米	1/16	
印　　张	23.75		
字　　数	518 千字		
版　　次	2024 年 1 月第 1 版		
印　　次	2024 年 1 月第 1 次		
书　　号	ISBN 978-7-5429-7421-1/F		
定　　价	69.00 元		

总 序

随着我国开启向第二个百年奋进的新征程，新一轮科技革命和产业变革深入发展，在经济转型升级和创新发展中新的商业模式层出不穷，深刻影响会计政策的发展与走向，会计工作在职能职责、组织方式、处理流程、工具手段等方面发生着重大而深刻的变化，挑战与机遇并存。

陕西财经职业技术学院于1960年设立财会专业，2000年开始招收财务会计专业专科生，是陕西省最早培养财经专业人才的院校之一。经过多年的建设，我院的大数据与会计专业取得了长足发展，已成为陕西省高等职业教育重点专业、大数据职业院校专业综合改革试点“优秀”专业、教育部《高等职业教育创新发展行动计划（2015—2018年）》确定的骨干建设专业、陕西省省级“一流专业”。目前，我院已形成以大数据与会计专业为核心，大数据与财务管理、大数据与审计、会计信息化、财税大数据应用四个专业为辅助，对接现代会计服务业，面向会计核算、绩效管理、财务大数据分析、内部审计、涉税管理等岗位，全面覆盖会计服务实施过程中数据采集、核算、管理、监督全链条的陕西省“双高”专业群“大数据与会计专业群”。在“双高”专业群的建设过程中，我院参照《职业教育专业目录（2021年）》要求，立足服务区域经济发展，优化设计“大数据与会计专业群”发展路径，尤其对教师、教材、教法“三教”改革不断进行深层次探索。此次开发新型校企双元活页式系列教材，是深化校企双元育人模式的体现与延展，亦是多年来会计专业建设累积成果的一次集中展示。本系列教材具有以下几点鲜明特色。

第一，教材价值导向全面树立。本系列教材紧跟时代步伐，服务国家需求，落实立德树人根本任务，结合课程特点，推动习近平新时代中国特色社会主义思想融入教材体系，有机地将社会主义核心价值观等育人元素融入教材内容，力求打造“有特色、有深度、有温度”的会计类专业课程思政体系。

第二，教材编写团队多元聚力。本系列教材组织具有长期应用型人才培养经验的一线教师和企业专技人员高度参与编写，在借鉴传统教材的前提下，以会计类工作流程与客观需求为基础，结合学生能力状况和特征，关注技术的可行性与变化性，设计出有针对性的新型活页式教材，形成校企融合、共同开发"组合、融合、聚合"的发展新格局。

第三，教材融通职业发展需求。本系列教材内容突出会计类教材服务经济发展、服务学生职业发展和提升学生职业素养的特色。本系列教材在内容上将岗位知识和技能要求有效衔接起来，把 1+X 等级证书的专业知识与技能目标转化为相对应的专业学习领域的知识与技能目标，对接行业技能竞赛，尤其是教育部、省教育厅等组织的技能竞赛，将比赛大纲及时融入教材内容，综合提升学生的职业能力和素养，力求实现"岗课融通、证课融通、赛课融通"。

第四，教材配套资源优质丰富。本系列教材的多门配套课程已入选陕西省职业教育在线精品课程，编者将课程资源与教材编写紧密结合，开发了涵盖课程标准、电子课件、操作演示、虚拟互动、典型案例、票证账表、法规政策等丰富的教学资源，并将知识点二维码嵌入活页中，对重难点知识进行精炼总结与强化，有效服务于线上教学、混合式教学等新型教学模式，真正实现资源"优质、多样、多能"。

筚路蓝缕启山林，栉风沐雨砥砺行。建院六十年来，陕财人不懈坚守与传承、实干与创新，在会计行走于技术革命浪潮的风口，在职业教育寻求高质量发展的历史新起点，捧出倾力撰写的本系列教材，既是为我院会计专业教学改革进行的又一场深刻探索，亦是为中国会计职业教育发展承担的一份不让之责。本系列教材的出版，得到了多家企业的大力支持，在此表示诚挚的谢意。各位同仁，让我们一起在会计转型的道路上勇往直前，推动职业教育创新实践，成为时代的见证者和奋斗者！

常　茹
2023 年 8 月

前言

“企业财务会计”是高职院校财务会计类专业的一门专业核心课程，是学生参加全国会计专业技术资格考试的重要基础，也是将会计理论和实务结合最紧密、运用职业判断最多的课程之一。本课程的目的在于培养学生具备熟练按照《企业会计准则》等会计法规对企业日常会计实务进行会计处理的能力，使学生具备学习后续专业课程的能力，并有助于学生获取初级会计专业技术资格证书，实现毕业证书与职业证书的“双证融通”。通过课程的理论学习和实践操作，学生可以较为完整地掌握会计确认、计量、记录、报告全过程各项基本业务的会计处理方法和专业技能，为学习其他专业课程打下良好基础，也为今后从事会计工作和考取初级、中级会计专业技术资格等奠定良好基础。

为了贯彻落实党的二十大精神，以高质量发展扎实推进中国式现代化建设，更好地培养大批爱党爱国、敬业奉献、德才兼备、堪当民族复兴重任的时代新人，本书积极探索新时代大学生课程思政教育途径，将党的二十大精神与教材内容紧密结合，在书中落实文件精神的思路和方法。全书共分成三大模块七个项目。三大模块包含财务会计基本概述理论、会计六大要素的具体确认与计量、财务会计报告。其中，财务会计基本概述理论即项目一，包括财务会计的概念、特征与目标，财务会计的确认与计量，财务会计报告与企业会计准则；会计六大要素的具体确认与计量即项目二至项目六，包括流动资产，非流动资产，负债，所有者权益，收入、费用和利润的具体项目核算；财务会计报告即项目七，包括财务会计报告概述、资产负债表、利润表、现金流量表和所有者权益变动表的编制，以及财务报表附注等内容。

本书对接国家财务会计类专业教学标准，以财政部发布的《企业会计准则》和《企业会计准则应用指南》为基本依据，以工作过程为主线确定课程结构，以工作任务为引领确定课程设置，以职业能力为根底确定课程内容，以立德树人为根本确定育人方式，实现了以下创新和特色。

1. 融入思政，立德树人

本书在每个项目前的【素养目标】中都加入了思政课程要求，在每个项目内容结束后均附有具有时效性的【思政案例】，将思政教育贯穿专业课教育的全过程，向学生传递社会主义精神文明价值观，注重全面性与系统性，将思政教育思想体系有机融入专业知识的学习过程，着重于为社会主义核心价值观提供落叶生根的土壤。

2. “岗课赛证”，综合育人

本书对标会计岗位职业能力要求，结合高等职业院校课程育人目标，引入专业大赛基础知识技能点，以赛促教、以赛促学，将初级会计专业技术资格考试知识点纳入课程知识体系，实现“岗课赛证”综合育人，全面提升教学质量。

3. 新政策，新规范

本书内容均依据国家颁布的当前正在实施的财税政策进行编写，结合财政部颁布的《企业会计准则》(2019 年修订)设置案例业务讲解，保证教材的先进性。

4. 数字资源丰富

为了便学利教，本书设置了大量数字化学习资源，如微课视频、案例讲解、习题交互、课外拓展等资源，资源以二维码形式提供，学生扫描相关知识点旁的二维码即可获取。本书依托厦门网中网软件有限公司理实互动实训平台，提供业务拓展练习，实现理实教学一体化。此外，本书另配有精品在线课程、教学课件、知识巩固习题答案、试题库和业务案例仿真原始单据及账、证、表单据等数字化教学资源供教师教学使用，便于教师开展线上线下混合式教学。

本书既可以作为高等职业教育财务会计课程的教学用书，也可以作为财务工作人员的参考用书。

本书由陕西财经职业技术学院会计学院院长常茹担任总主编，大数据与会计专业群负责人李迎担任主编，王曼娟、王萌、石杨、李君梅、李梦以及厦门网中网软件有限公司的赵静担任副主编。本书在编写过程中，结合当下最新政策，同时借鉴了相关教材和文献资料，并得到了企业、会计师事务所的专业人员的指导和帮助，在此一并表示感谢！

由于编者水平有限，本书可能存在疏漏和不当之处，敬请广大读者提出宝贵的建议，以便本书后续不断修改和完善。

编者

2024 年 1 月

目 录

模块一　财务会计基本概述理论

模块二　会计六大要素的具体确认与计量

模块一

财务会计基本概述理论

项目一 财务会计概述

学习目标

- **知识目标**

1. 了解财务会计的概念及特征。
2. 明确财务会计的目标。
3. 熟悉会计要素的确认与计量。
4. 了解企业财务会计报告。
5. 了解我国企业会计准则体系构成。

- **能力目标**

1. 能够理解财务会计的特征。
2. 能够厘清企业财务会计目标。
3. 能够掌握会计要素及其确认与计量的方法。
4. 能够掌握会计计量属性及其应用原则。

- **素养目标**

1. 培养学生熟知国家财经政策、爱国情怀,树立责任意识。
2. 培养学生具备优良的职业道德修养,能遵守会计职业道德规范,具有诚实守信、遵纪守法的法治意识。

德技并修

党的二十大报告指出,高质量发展是全面建设社会主义现代化国家的首要任务。会计是实现高质量发展的关键岗位。会计工作作为宏观经济管理和市场资源配置的基础性工作,在我国全面深化改革和深度融入经济全球化的进程中发挥重要作用。面临难得的发展机遇和挑战,会计人员需要持续不断地学习业务知识、提升素质、加快转型,运用新技术、融入新时代、实现新突破。

项目引例

张仓与会计①

张仓是秦汉时期著名的会计专家。秦时张仓任柱下史，主管郡国上计，温习天下图书计籍，善于会计核算。西汉时张仓归顺刘邦，萧何因他在秦国做过上计事务，能算计，对管理地方图书计籍有经验，就推举他以列侯身份居相府主持郡国上计事宜。具体办法是：①各封王侯国和各郡，都专设上计史，主管地方财政会计，掌握包括户口、垦田、物价、农业丰歉等基本情况和数字资料，每年年底由各县核实情况后，上报郡国。②每年年末专派上计史携带计籍到京师参加正月朝贺，向皇帝汇报工作，并据此考核官吏的治绩，成绩优良者奖励，差次者予以督责，违法乱纪者治罪。通过这些办法，上计制度在秦汉时期得到发展和完善，加强了会计核算和监督，使汉初的经济逐步得以恢复和发展。

会计存在的意义

会计是为适应社会生产实践和经济管理的客观需要而产生的，并随着生产的发展而发展。生产活动是人类赖以生存和发展的最基本的实践活动。生产活动的过程，同时也是消费的过程。在生产活动过程中，一定是先有投入，后有产出。记录生产过程的投入与产出，并加以比较，才能判断是否有经济效益，继续生产是否有意义。记录、计算和比较投入与产出的活动即为会计，因此，会计是出于对管理生产和分配的需要而产生的。会计是经济发展到一定阶段的产物，经济越发展，对生产过程和分配过程的管理要求就越高，经济的发展推动了会计的发展。随着社会经济的不断发展，会计经历了一个由简单到复杂、由低级到高级，不断发展和完善的过程。一方面，会计从简单地计算和记录财务收支，逐渐发展到利用货币计量综合地核算和监督经济活动过程。会计的方法和技术通过长期实践，也逐渐完善起来。另一方面，会计将会计信息反馈给有关方面，更好地为经济服务，推动社会的发展。

项目学习流程及策略图

- 财务会计概述
  - 财务会计的概念、特征与目标
  - 财务会计的确认与计量
  - 财务会计报告与企业会计准则

① 佚名. 非常有趣的历史会计故事[EB/OL].（2021-01-22）[2023-11-30]. https://mp.weixin.qq.com/s/nvKFuxUHvvxMPmR22ZqguQ.

任务一 财务会计的概念、特征与目标

任务初探

问题思考：什么是财务会计？财务会计和管理会计有什么不同？财务会计的目标是什么？

案例准备：查找《企业会计准则——基本准则》(2014)中对财务会计及其目标的相关规定。

任务研学

一、财务会计的概念及特征

（一）财务会计的概念

现代会计是以货币为主要计量单位，采用专门方法和程序，对企业和行政、事业单位的经济活动过程及其结果进行准确完整、连续系统的核算和监督，以如实反映受托责任履行情况和提供有用经济信息为主要目的的经济管理活动。

现代会计以企业会计为核心，分为两大分支：财务会计和管理会计。财务会计是以会计准则为依据，以货币为主要计量单位，运用专门的会计方法，对企业已发生的交易或事项，按照确认、计量、记录和报告程序，并以财务会计报告为主要形式，定期向各经济利益相关者提供企业财务状况、经营成果、现金流量等会计信息的企业外部会计。管理会计又称内部会计，主要服务于单位内部，是通过利用财务会计提供的相关信息以及非财务信息，进行事前的分析和预测，事中的控制以及事后的评价，以企业现在和未来的资金运动为对象，以提高经济效益为目的，为企业内部管理者提供经营管理决策的科学依据为目标而进行的经济管理活动。

（二）财务会计的特征

财务会计在目标、对象、规范、报告形式等方面区别于管理会计。与管理会计相比，财务会计具有以下特征。

1. 为企业外部提供会计信息

财务会计提供的信息主要是作为企业外部的会计信息使用，如投资人、债权人、政府机构、职工、税务部门、证券管理部门和其他外部信息使用者进行投资决策、信贷决策、征税决策、证券上市许可和证券交易管理决策以及其他经济决策的依据。

2. 提供以财务报告为核心的信息

财务会计提供的财务信息主要由财务会计报告加以揭示。财务会计报告包括资产负债表、利润表、现金流量表、所有者权益变动表、财务报表附注。

3. 提供能够用货币表现的历史信息

财务会计核算与监督的对象是企业已发生的交易或事项，所以财务会计提供的主要信息必然是历史的和财务的信息。

4. 运用专门的方法

财务会计的专门方法包括设置会计科目与账户、复式记账、填制和审核会计凭证、登记会计账簿、成本计算、财产清查、编制财务会计报告，由确认、计量、记录和报告等程序构成。

5. 受通用会计准则的约束

财务会计提供的财务信息必须满足会计信息质量要求，符合企业会计准则统一规定，也即财务会计要遵循财政部制定的《企业会计准则》及相关会计制度。我国目前的会计准则体系由 1 项基本准则、42 项具体准则及有关具体准则的应用指南和附录构成。

二、财务会计的目标

财务会计的目标是指财务会计工作预期达到的最终结果。通常认为财务会计的目标有受托责任观和决策有用观两种。

1.1《企业会计准则——基本准则》

（一）受托责任观

受托责任观产生的经济背景是企业所有权与经营权相分离，投资人和经营者之间有明确的委托与受托关系。受托责任观认为，财务会计的主要目标是管理当局向投资者、债权人等报告资源的运用情况，即评价受托经济责任。受托责任观是从监督角度考虑，主要是为了监督受托者的受托责任。在受托责任观下，会计信息更多地强调可靠性，会计计量主要采用历史成本。

（二）决策有用观

决策有用观要求财务报告展示出投资者、债权人和其他使用者作出合理的投资选择的信息，即利于信息使用者作出理智科学决策的信息，为企业决策提供实用的信息观点。决策有用观的特点是强调会计信息必须对使用者的决策有用。因此，对决策有用观而言，相关性比可靠性更加重要。在会计确认上不仅要确认实际发生的经济事项，还要确认那些虽未发生但对企业有重要影响的事项。在决策有用观下，会计信息更多地强调相关性，如果采用其他计量属性能够提供更加相关信息的，会较多地采用除历史成本之外的其他计量属性。

财务会计作为对外报告会计，其目的是通过向外部会计信息使用者提供有用的信息，以反映企业财务信息，帮助使用者作出相关决策。承担这一信息载体和功能的便是企业编制的财务会计报告，它是财务会计确认和计量的最终成果，是沟通企业管理层与外部信息使用者之间的桥梁和纽带。

知识小链接

企业会计准则——基本准则(2014)

第四条　企业应当编制财务会计报告。财务会计报告的目标是向财务会计报告使用者提供与企业财务状况、经营成果和现金流量等有关的会计信息，反映企业管理层受托责任履行情况，有助于财务会计报告使用者作出经济决策。财务会计报告使用者包括投资者、债权人、政府及其有关部门和社会公众等。

第四十四条　财务会计报告是指企业对外提供的反映企业某一特定日期的财务状况和某一会计期间的经营成果、现金流量等会计信息的文件。财务会计报告包括会计报表及其附注和其他应当在财务会计报告中披露的相关信息和资料。会计报表至少应当包括资产负债表、利润表、现金流量表等报表。小企业编制的会计报表可以不包括现金流量表。

（三）财务会计报告的目标

1.2　初级实战演练

通过对财务会计的目标进行引申，我国财务会计报告的目标主要包括以下两个方面。

1. 向财务会计报告使用者提供决策有用的会计信息

企业编制财务会计报告的主要目的是满足财务会计报告使用者的信息需要，有助于财务会计报告使用者作出经济决策。因此，向财务会计报告使用者提供决策有用的会计信息是财务会计报告的基本目标。如果企业在财务会计报告中提供的会计信息与使用者的决策无关，没有使用价值，那么财务会计报告就失去了编制的意义。

根据向财务会计报告使用者提供决策有用的会计信息这一目标的要求，财务会计报告所提供的会计信息应当如实反映企业所拥有或者控制的经济资源、对经济资源的要求权以及经济资源要求权的变化情况；如实反映企业的各项收入、费用、利得和损失的金额及其变动情况；如实反映企业各项经营活动、投资活动和筹资活动等所形成的现金流入和现金流出情况等，从而有助于现在或者潜在的投资者、债权人以及其他使用者正确、合理地评价企业的资产质量、偿债能力、盈利能力、营运效率等；有助于使用者根据相关的会计信息作出理性的投资和信贷决策；有助于使用者评估与投资和信贷有关的未来现金流量的金额、时间和风险等。综上，财务报告的目标即向财务报告使用者提供财务状况、经营成果和现金流量等数据信息。

2. 反映企业管理层受托责任的履行情况

1.3　初级实战演练

在现代公司制下，企业所有权和经营权相分离，企业管理层是受委托人之托经营管理企业及其企业的各项资产，并负有相应的受托责任。而管理层所经营管理的企业各项资产基本上均为投资者投入的资本（或者形成留存收益日后再投资）或者是由向债权人借入的资金所形成的，企业管理层有责任妥善保管并合理、有效地运用这些资产。尤其是企业投资者和债权人等，需要及时或者经常性地了解企业管理层保管、使用资产的情况，以便于评价企业管理层受托责任的履行情况和业绩情况，并决定是否需要调整投资或者信贷政策，是否需要加强内部控制和其他制度建设，是否需要更换管理层等。因此，财务会计报告应当反映企业管理层受托责任的履行情况，以帮助评价企业的经营管理责任和资源使用的有效性。

在学习本书项目七财务会计报告时，可以结合财务会计报告的两大目标进行理解。

任务拓展

通过对财务会计概念、特征、目标的学习，学生应了解《企业会计准则——基本准则》，掌握基本准则中对于财务会计目标的相关规定。

请同学们复习“基础会计”课程中所学的会计基本假设、会计核算基础、会计信息质量要求等相关知识点，并绘制思维导图。

拓展阅读：《会计信息化发展规划(2021—2025 年)》。

kjs. mof. gov. cn/zhengcefabu/202201/P020220105415523124247. pdf

任务二　财务会计的确认与计量

任务初探

问题思考： 财务会计的确认条件包括哪些？会计计量属性有几种？

案例准备： 查找《企业会计准则——基本准则》中对财务会计确认与计量的相关规定。

任务研学

一、财务会计的确认

财务会计的确认是指按照一定的标准辨别和确定发生的交易和事项，将其作为资产、负债、所有者权益、收入、费用等会计要素纳入会计核算的过程。它既包括将某些经济业务记入哪些会计科目的判断和辨认，又包括应在何时将某些经济业务记入这些会计科目的判断和辨认。我国《企业会计准则——基本准则》中规定了会计要素的确认条件，会计要素的确认条件主要包括：

(1) 符合要素的定义。有关经济业务若要确认为一项要素，就必须符合该要素的定义。

(2) 有关的经济利益很可能流入或流出企业。这里的"很可能"表示经济利益流入或流出的可能性在50%以上。

(3) 有关的价值以及流入或流出的经济利益能够可靠地计量。如果不能可靠计量，确认就没有意义。

知识小链接

企业会计准则——基本准则(2014)

第五条　企业应当对其本身发生的交易或者事项进行会计确认、计量和报告。

第六条　企业会计确认、计量和报告应当以持续经营为前提。

第十条　企业应当按照交易或者事项的经济特征确定会计要素。会计要素包括资产、负债、所有者权益、收入、费用和利润。

企业发生的经济业务最终是通过资产、负债、所有者权益、收入、费用和利润六大会计要素反映出来的，而六大会计要素又可以细分为众多会计科目。因此，会计的确认就意味着是对会计六大要素的确认。其具体确认方法如下。

(一) 资产

1. 资产的定义

资产是指企业过去的交易或者事项形成的、由企业拥有或者控制的、预期会给企业带来经济利益的资源。

2. 资产的特征

根据资产的定义，资产具有以下几个方面的特征。

1）资产是由企业过去的交易或者事项形成的

资产必须是现实的资产，而不能是预期的资产，并且资产应当是由于过去已经发生的交易或事项所产生的结果。这里所指的企业过去的交易或者事项包括购买、生产、建造行为以及其他交易或者事项。预期在未来发生的交易或者事项不形成资产。

2）资产是由企业拥有或者控制的资源

由企业拥有或者控制，是指企业享有某项资源的所有权，或者虽然不享有某项资源的所有权，但该资源能被企业所控制，如融资租赁。

3）资产预期会给企业带来经济利益

预期会给企业带来经济利益，是指直接或者间接导致现金和现金等价物流入企业的潜力。这种潜力可以来自企业的日常活动，也可以来自非日常活动，带来经济利益的形式，可以是现金，也可以是现金等价物，还可以是能转化为现金或现金等价物，以及减少现金或现金等价物流出的形式。

3. 资产的确认条件

符合资产定义的资源，在同时满足以下条件时，应当确认为资产：

(1) 与该资源有关的经济利益很可能流入企业。

(2) 该资源的成本或者价值能够可靠地计量。

符合资产定义和资产确认条件的项目，应当列入资产负债表；符合资产定义、但不符合资产确认条件的项目，不应当列入资产负债表。

1.4 初级实战演练

4. 资产的分类

资产按其流动性一般分为流动资产和非流动资产。其中，流动资产主要包括货币资金、交易性金融资产、应收票据、应收账款、预付款项、其他应收款、存货、合同资产、持有待售资产、一年内到期的非流动资产、其他流动资产等；非流动资产主要包括债权投资、其他债权投资、长期股权投资、投资性房地产、长期应收款、固定资产、在建工程、无形资产、商誉、长期待摊费用、递延所得税资产等。

（二）负债

1. 负债的定义

负债是指企业过去的交易或者事项形成的、预期会导致经济利益流出企业的现时义务。

2. 负债的特征

根据负债的定义，负债具有以下几个方面的特征。

1）负债是由企业过去的交易或事项形成的

只有过去的交易或者事项才能形成负债。企业将在未来发生的承诺、签订的合同等交易或者事项，不形成负债。

2）负债是企业承担的现时义务

现时义务是指企业在现行条件下已承担的义务。未来发生的交易或者事项形成的义务，不属于现时义务，不应当确认为负债。

3）负债预期会导致经济利益流出企业

在履行现时义务清偿负债时，导致经济利益流出企业的形式多种多样，如用现金偿还、以实物资产形式偿还、以提供劳务形式偿还、将负债转为资本等。

3. 负债的确认条件

符合负债定义的义务，在同时满足以下条件时，应当确认为负债。

1）与该义务有关的经济利益很可能流出企业

从负债的定义可以看到，预期会导致经济利益流出企业是负债的一个本质特征。在实务中，履行义务所需流出的经济利益带有不确定性，尤其是与推定义务相关的经济利益通常需要依赖于大量的估计。因此，负债的确认应当与经济利益流出企业的不确定性程度的判断结合起来。

2）未来流出的经济利益的金额能够可靠地计量

负债的确认在考虑经济利益流出企业的同时，对于未来流出的经济利益的金额应当能够可靠计量。

符合负债定义和负债确认条件的项目，应当列入资产负债表；符合负债定义、但不符合负债确认条件的项目，不应当列入资产负债表。

4. 负债的分类

负债按照偿还期限的长短不同，可以分为流动负债和非流动负债。其中，流动负债主要包括短期借款、交易性金融负债、衍生金融负债、应付票据、应付账款、预收款项、合同负债、应付职工薪酬、应交税费、其他应付款、持有待售负债、一年内到期的非流动负债、其他流动负债等；非流动负债主要包括长期借款、应付债券、长期应付款、预计负债、递延所得税负债等。

（三）所有者权益

1. 所有者权益的定义

所有者权益是指企业资产扣除负债后由所有者享有的剩余权益。公司的所有者权益又称股东权益或净资产。它是企业资产中所有者在扣除债权后应享有的部分，不仅能体现保护债权人权益的理念，还可以反映所有者投入资本的保值、增值。

2. 所有者权益的特征

所有者权益具有以下特征：

（1）企业不需要偿还所有者权益，除非发生减资、清算。

（2）所有者凭借所有者权益能够参与企业的利润分配。

（3）企业清算时，只有在清偿所有负债后，所有者权益才能返还给投资者。

所有者权益的来源包括所有者投入的资本、直接计入所有者权益的利得和损失、留存收益等。直接计入所有者权益的利得和损失，是指不应计入当期损益、会导致所有者权益发生增减变动的、与所有者投入资本或者向所有者分配利润无关的利得或者损失。利得是指由企业非日常活动所形成的、会导致所有者权益增加的、与所有者投入资本无关的经济利益的流入。损失是指由企业非日常活动所发生的、会导致所有者权益减少的、与向所有者分配利润无关的经济利益的流出。

3. 所有者权益的确认条件

所有者权益的确认和计量主要依赖资产和负债的确认和计量，它反映的是所有者在企业中的剩余权益。例如，企业接受股东投入一台设备，该设备符合资产确认条件，则相应能够确认所有者权益；该资产的价值能够可靠计量，所有者权益的金额也就可以确定。

4. 所有者权益的内容

所有者权益通常由实收资本（或股本）、其他权益工具、资本公积、其他综合收益、盈余公积和未分配利润等构成。

所有者权益项目应当列入资产负债表。

1.5 初级实战演练

1.6《企业会计准则第14号——收入》

（四）收入

1. 收入的定义

收入是指企业在日常活动中形成的、会导致所有者权益增加的、与所有者投入资本无关的经济利益的总流入。

2. 收入的特征

收入具有以下特征：

(1) 收入是从企业的日常活动中产生的，而不是从偶发的交易或事项中产生的。日常活动是指企业为完成其经营目标所从事的经常性活动以及与之相关的活动。例如，制造业企业制造并销售产品、商业企业销售商品、保险公司签发保单、咨询公司提供咨询服务、软件企业为客户开发软件、安装公司提供安装服务、商业银行对外贷款、租赁公司出租资产等，均属于企业的日常活动。

(2) 收入会导致所有者权益增加。与收入相关的经济利益流入应当会导致所有者权益的增加，不会导致所有者权益增加的经济利益流入不符合收入的定义，也不应确认为收入。收入可能表现为企业资产的增加，也可能表现为企业负债的减少，或者两者兼而有之。收入最终一定能导致企业所有者权益的增加。

(3) 收入只包括本企业经济利益的流入，不包括为第三方或客户代收的款项。

(4) 收入与投入资本无关。所有者投入的资本也可以形成经济利益的流入。但该经济利益的流入与收入无关，不应当确认为收入，应将其确认为所有者权益。

3. 收入的确认条件

收入只有在经济利益很可能流入从而导致企业资产增加或者负债减少，且经济利益的流入额能够可靠计量时才能予以确认。企业应当在履行了合同中的履约义务，即在客户取得相关商品控制权时确认收入。取得相关商品控制权，是指能够主导该商品的使用并从中获得几乎全部的经济利益。

当企业与客户之间的合同同时满足下列条件时，企业应当在客户取得相关商品控制权时确认收入：

（1）合同各方已批准该合同并承诺将履行各自义务。

（2）该合同明确了合同各方与所转让商品或提供劳务（以下简称“转让商品”）相关的权利和义务。

（3）该合同有明确的与所转让商品相关的支付条款。

（4）该合同具有商业实质，即履行该合同将改变企业未来现金流量的风险、时间分布或金额。

（5）企业因向客户转让商品而有权取得的对价很可能收回。

符合收入定义和收入确认条件的项目，应当列入利润表。

4. 收入的分类

按照收入的性质，收入可分为销售商品收入、提供劳务收入、让渡资产使用权收入。按照企业经营业务的主次，收入可分为主营业务收入和其他业务收入。

（五）费用

1. 费用的定义

费用是指企业在日常活动中发生的、会导致所有者权益减少的、与向所有者分配利润无关的经济利益的总流出。

2. 费用的特征

费用具有以下特征：

（1）费用是企业在日常活动中形成的。日常活动产生的费用通常包括营业成本（主营业务成本和其他业务成本）、税金及附加、销售费用、管理费用、财务费用等。将费用界定为日常活动形成的，目的是将其与损失相区分，企业非日常活动形成的经济利益的流出不能确认为费用，而应当计入损失。

（2）费用是与向所有者分配利润无关的经济利益的总流出。费用的发生应当会导致经济利益的流出，从而导致资产的减少或者负债的增加，其表现形式包括现金或者现金等价物的流出，如存货、固定资产和无形资产等的流出或者消耗等。企业向所有者分配利润也会导致经济利益的流出，而该经济利益的流出属于所有者权益的抵减项目，不应确认为费用，应当将其排除在费用的定义之外。

（3）费用会导致所有者权益的减少。与费用相关的经济利益的流出应当会导致所有者权益的减少，不会导致所有者权益减少的经济利益的流出不符合费用的定义，不应确认为费用。

3. 费用的确认条件

费用只有在经济利益很可能流出从而导致企业资产减少或者负债增加，且经济利益的流出额能够可靠计量时才能予以确认。企业为生产产品、提供劳务等发生的可归属于产品成本、劳务成本等的费用，应当在确认产品销售收入、劳务收入等时，将已销售产品、已提供劳务的成本等计入当期损益。企业发生的支出不产生经济利益的，或者即使能够产生经济利益但不符合或者不再符合资产确认条件的，应当在

1.7　初级实战演练

其发生时确认为费用,计入当期损益。企业发生的交易或者事项导致其承担了一项负债而又不确认为一项资产的,应当在发生时确认为费用,计入当期损益。

符合费用定义和费用确认条件的项目,应当列入利润表。

4. 费用的分类

费用按照与产品生产的关系可以分为生产费用与期间费用。生产费用按其经济用途可分为直接材料、直接人工、制造费用。期间费用包括管理费用、销售费用、财务费用。

(六) 利润

1. 利润的定义

利润是指企业在一定会计期间的经营成果。通常情况下,如果企业实现了利润,表明企业所有者权益将增加;相反,如果企业发生亏损(即利润为负数),表明企业所有者权益将减少。因此,利润是评价企业管理层业绩的一项重要指标,也是投资者等财务会计报告使用者决策时的重要参考。

2. 利润的确认条件

利润反映的是收入减去费用、利得减去损失后的净额。因此,利润的确认主要依赖于收入和费用,以及利得和损失的确认,其金额的确定也主要取决于收入、费用、利得和损失金额的计量。利润项目应当列入利润表。

3. 利润的构成

利润包括收入减去费用后的净额、直接计入当期利润的利得和损失等。直接计入当期利润的利得和损失,是指应当计入当期损益、会导致所有者权益发生增减变动的、与所有者投入资本或者向所有者分配利润无关的利得或者损失。利润金额取决于收入和费用、直接计入当期利润的利得和损失金额的计量。

利润按照构成可以分为营业利润、利润总额、净利润。

1.8 初级实战演练

二、财务会计的计量

财务会计的计量是为了将符合确认条件的会计要素登记入账并列报于会计报表而确定其金额的过程。

知识小链接

企业会计准则——基本准则(2014)

第四十一条　企业在将符合确认条件的会计要素登记入账并列报于会计报表及其附注时,应当按照规定的会计计量属性进行计量,确定其金额。

会计计量属性主要包括历史成本、重置成本、可变现净值、现值、公允价值。

(一) 历史成本

在历史成本计量下,资产应按照购置时支付的现金或者现金等价物的金额,或者按照购置资产时所付出的对价的公允价值计量;负债应按照因承担现时义务而实际收到的款项或者资产的金额,或者承担现时义务的合同金额,或者按照日常活动中为偿还负债预期需要支付的现金或者现金等价物的金额计量。

（二）重置成本

在重置成本计量下，资产应按照现在购买相同或者相似资产所需支付的现金或者现金等价物的金额计量；负债应按照现在偿付该项债务所需支付的现金或者现金等价物的金额计量。

（三）可变现净值

在可变现净值计量下，资产应按照其正常对外销售所能收到现金或者现金等价物的金额扣减该资产至完工时估计将要发生的成本、估计的销售费用以及相关税费后的金额计量。

（四）现值

在现值计量下，资产应按照预计从其持续使用和最终处置中所产生的未来净现金流入量的折现金额计量；负债应按照预计期限内需要偿还的未来净现金流出量的折现金额计量。

（五）公允价值

在公允价值计量下，资产和负债应按照市场参与者在计量日发生的有序交易中，出售资产所能收到或者转移负债所需支付的价格计量。

企业在对会计要素进行计量时，一般应当采用历史成本，采用重置成本、可变现净值、现值、公允价值计量的，应当保证所确定的会计要素金额能够取得并可靠计量。

1.9 初级实战演练

任务拓展

通过对财务会计的确认与计量的学习，学生应明确六大会计要素的确认条件，掌握五大计量属性的主要应用范围和计量原则。会计计量属性及应用范围如表1-1所示。

表1-1　会计计量属性及应用范围

计量属性	主要应用范围
历史成本	会计要素的计量一般采用历史成本
重置成本	盘盈固定资产
可变现净值	存货期末按成本与可变现净值孰低计量
现值	特定资产可回收金额计算口径之一
公允价值	交易性金融资产等

任务三 财务会计报告与企业会计准则

任务初探

问题思考：企业财务会计报告包括哪些报表？我国企业会计准则制度体系的构成包括哪些？

案例准备：查找《企业会计准则——基本准则》中对财务会计报告的相关规定，并进行课堂讨论。

任务研学

一、财务会计报告

（一）财务会计报告的概念

财务会计报告是指企业对外提供的反映企业某一特定日期的财务状况和某一会计期间的经营成果、现金流量等会计信息的文件。它是对企业财务状况、经营成果和现金流量的结构性表述。

财务会计报告所提供的关于企业财务状况、经营成果和现金流量等信息能够帮助企业投资者、债权人、政府管理者和社会公众等利益相关者评价、考核、监督企业管理者受托经管责任履行状况，是企业投资者、债权人等作出投资或信贷决策的重要依据。

1.10《企业会计准则第30号——财务报表列报》

（二）财务会计报告的组成

财务会计报告包括财务报表及其附注和其他应当在财务会计报告中披露的相关信息和资料。财务报表至少应当包括资产负债表、利润表、现金流量表等报表。小企业编制的财务报表可以不包括现金流量表。

1. 资产负债表

资产负债表是反映企业在某一特定日期的财务状况的财务报表，是对企业特定日期的资产、负债和所有者权益的结构性表述。资产负债表可以反映企业在某一特定日期所拥有或控制的经济资源、所承担的现时义务和所有者对净资产的要求权，帮助财务报表使用者全面了解企业的财务状况、分析企业的偿债能力等情况，从而为其作出经济决策提供依据。

2. 利润表

利润表是反映企业在一定会计期间的经营成果的财务报表。它是在会计凭证、会计账簿等会计资料的基础上进一步确认企业一定会计期间经营成果的结构性表述，综合反映企业利润的实现过程和利润的来源及构成情况，是对企业一定会计期间经营业绩的系统总结。

通过利润表，企业可以了解在一定时期实现的收入与发生的费用情况，评价企业经营业绩；可以了解企业实现的利润和发生的亏损情况，分析企业的获利能力；可以比较企业不同时期的利润项目，预测企业未来盈利发展的趋势。这些将有助于使用者分析判断企业净利润的质量及其风险，评价企业经营管理效率，有助于使用者预测企业净利润的持续性，从而作出正确的决策。

3. 现金流量表

现金流量表是反映企业在一定会计期间的现金和现金等价物流入和流出的财务报表。它是以资产负债表和利润表等会计核算资料为依据，按照收付实现制会计基础要求对现金流量的结构性表述，揭示企业在一定会计期间获取现金及现金等价物的能力。

4. 所有者权益变动表

所有者权益变动表是反映构成所有者权益各组成部分当期增减变动情况的财务报表。它是对资产负债表的补充及对所有者权益增减变动情况的进一步说明。所有者权益变动表既可以为财务报表使用者提供所有者权益总量增减变动的信息，也能为其提供所有者权益增减变动的结构性信息，特别是能够让财务报表使用者理解所有者权益增减变动的根源。对于考察、评价企业一定时期所有者权益的保全状况、正确评价管理当局受托责任的履行情况等具有重要的作用。

5. 财务报表附注

财务报表附注是对在财务报表中列示项目所作的进一步说明，以及对未能在这些报表中列示项目的说明等。

财务报表附注的编制和披露，是对资产负债表、利润表、现金流量表和所有者权益变动表列示项目含义的补充说明，以帮助财务报表使用者更准确地把握其含义。财务报表附注提供了对资产负债表、利润表、现金流量表和所有者权益变动表中未列示项目的详细或明细说明。通过财务报表附注与资产负债表、利润表、现金流量表和所有者权益变动表列示项目的相互参照关系，以及对未能在财务报表中列示项目的说明，财务报表使用者可以全面了解企业的财务状况、经营成果和现金流量以及所有者权益的情况。

二、企业会计准则

企业会计准则是会计人员从事会计工作必须遵循的基本原则，是会计核算工作的规范。它就经济业务的具体会计处理作出规定，以指导和规范企业的会计核算，保证会计信息的质量。

我国多年来一直重视会计准则的建设，尤其是改革开放以来，会计制度不断改革创新。从改革开放初期为了吸引外资而建立的外商投资企业会计制度，到后来为了适应股份制改革而建立的股份制企业会计制度，再到后来建立的不分行业、不分所有制的统一的会计制度，即《企业会计制度》《金融企业会计制度》和《小企业会计制度》，适应了我国改革开放和市场经济发展的需要。1992 年，我国发布了第一项会计准则，即《企业会计准则》，之后又先后发布了包括关联方关系及其交易的披露、现金流量表、非货币性交易、投资、收入、或有事项、资产负债表日后事项、会计政策、会计估计变更和会计差错更正、借款费用、债务重组、固定资产、无形资产、存货、中期财务报告等在内的 16 项具体准则。

之后，为适应我国市场经济发展和经济全球化的需要，按照立足国情、国际趋同、涵盖广泛、独立实施的原则，财政部对上述准则作了系统性的修改，并制定了一系列新的准则，于 2006 年 2 月 15 日通过财政部令第 33 号发布，自 2007 年 1 月 1 日起施行。财政部共发布了包括《企业会计准则——基本准则》和 38 项具体准则在内的企业会计准则体系；2006 年 10 月 30 日，财政部又发布了《企业会计准则——应用指南》，从而实现了我国会计准则与国际财务报告准则的实质性趋同。2006—2012 年，财政部还陆续印发了《企业会计准则解释第 1 号》(财会〔2007〕14 号)、《企业会计准则解释第 2 号》(财会〔2008〕11 号)、《企业会计准则解释第 3 号》(财会〔2009〕8 号)、《企业会计准则解释第 4 号》(财会〔2010〕15 号)、《企业会计准则解释第 5 号》(财会〔2012〕19 号)。

2011 年以来，国际会计准则理事会先后发布、修订了公允价值计量、合并财务报表等一系列准则，发起了国际财务报告准则的新一轮变革。为保持我国会计准则与国际财务报告准则的持续趋同，我国财政部在 2012 年发布了一系列准则征求意见稿后，于 2014 年修改了《企业会计准则——基本准则》中关于公允价值计量的表述，并正式修订了 5 项具体准则，包括 2014 年 1 月 26 日印发修订的《企业会计准则第 30 号——财务报表列报》(财会〔2014〕7 号)，2014 年 1 月 27 日印发修订的《企业会计准则第 9 号——职工薪酬》(财会〔2014〕8 号)，2014 年 2 月 27 日印发修订的《企业会计准则第 33 号——合并财务报表》(财会〔2014〕10 号)，2014 年 3 月 13 日印发修订的《企业会计准则第 2 号——长期股权投资》(财会〔2014〕14 号)，2014 年 6 月 20 日印发修订的《企业会计准则第 37 号——金融工具列报》(财会〔2014〕23 号)。此外，还新增了 3 项具体准则，包括 2014 年 1 月 26 日印发的《企业会计准则第 39 号——公允价值计量》，2014 年 2 月 17 日印发的《企业会计准则第 40 号——合营安排》，2014 年 3 月 14 日印发的《企业会计准则第 41 号——在其他主体中权益的披露》，要求自 2014 年 7 月 1 日起在所有执行企业会计准则的企业范围内施行，鼓励在境外上市的企业提前执行。与此同时，财政部还印发了《企业会计准则解释第 6 号》(财会〔2014〕1 号)。

2017 年，企业会计准则又迎来了一次重大的变化，这是自 2006 年 2 月颁布《企业会计准则——基本准则》和 38 项具体会计准则之后，财政部第二次大规模修订准则和增补企业会计准则。这些新准则基本与相关国际财务报告准则一致，保持了持续趋同。2017 年 4 月 6 日，财政部印发修订了《企业会计准则第 22 号——金融工具确认和计量》(财会〔2017〕7 号)、《企业会计准则第 23 号——金融资产转移》(财会〔2017〕8 号)、《企业会计准则第 24 号——套期会计》(财会〔2017〕9 号)；又于 2017 年 5 月 15 日印发修订了《企业会计准则第 37 号——金融工具列报》(财会〔2017〕14 号)，要求在境内外同时上市的企业以及在境外上市并采用国际财务报告准则或企业会计准则编制财务报告的企业，自 2018 年 1 月 1 日起施行，其他境内上市企业自 2019 年 1 月 1 日起施行。2017 年 5 月 25 日，财政部印发修订了《企业会计准则第 16 号——政府补助》(财会〔2017〕15 号)，2017 年 7 月

19 日，印发修订了《企业会计准则第 14 号——收入》(财会〔2017〕22 号)。与此同时，2017 年 5 月 16 日，财政部正式发布了《企业会计准则第 42 号——持有待售的非流动资产、处置组和终止经营》(财会〔2017〕13 号)。

自 2018 年以来，财政部对《企业会计准则第 7 号——非货币性资产交换》(财会〔2019〕8 号)、《企业会计准则第 12 号——债务重组》(财会〔2019〕9 号)、《企业会计准则第 21 号——租赁》(财会〔2018〕35 号)、《企业会计准则第 25 号——保险合同》(财会〔2020〕20 号)进行了修订，并陆续印发了企业会计准则解释第 7 号至第 16 号。

至此，我国企业会计准则体系已完善至由 1 项基本准则、42 项具体准则、16 项企业会计准则解释及相应准则的应用指南等构成。基本准则规范了包括财务会计报告目标、会计基本假设、会计信息质量要求、会计要素的定义及其确认、计量原则、财务会计报告等在内的基本问题，是制定具体准则的基础，对各具体准则的制定起着统驭作用，可以确保各具体准则的内在一致性。我国《企业会计准则——基本准则》第三条明确规定，企业会计准则包括基本准则和具体准则，具体准则的制定应当遵循本准则(即基本准则)。在企业会计准则体系的建设中，各项具体准则也都明确规定按照基本准则的要求进行制定和完善。具体准则是根据基本准则的要求，主要就各项具体业务事项的确认、计量和报告作出的规定，分为一般业务准则、特殊业务准则和报告类准则。一般业务准则是规范各类企业一般经济业务确认计量的准则，包括存货、固定资产、无形资产、长期股权投资、收入、所得税等准则。特殊业务准则可分为各行业共有的特殊业务准则和特殊行业的特殊业务准则，前者如外币业务、租赁业务、资产减值业务、债务重组业务、非货币性交易业务等准则，后者如适用于银行等金融领域的原保险合同、再保险合同，适用于石油企业的石油天然气开采准则，适用于农牧业的生物资产准则等。报告类准则主要是规范普遍适用于各类企业的报告类准则，如财务报表列报、现金流量表、中期财务报表、合并财务报表等准则。企业会计准则应用指南是根据基本准则、具体准则制定的，用以指导会计实务的操作性指南，是对具体准则相关条款的细化和对有关重点难点问题提供操作性规定，还包括会计科目、主要账务处理、财务报表及其格式等，为企业执行会计准则提供操作性规范。

任务拓展

通过对财务会计报告和企业会计准则的学习，要求学生了解我国企业会计准则对企业财务报告的要求，熟悉会计准则体系的构成。

各项准则的具体内容可查看财政部会计准则委员会官网：

https://www.casc.org.cn/qykjzz/

知识小链接

2021 年 11 月 24 日，财政部印发的《会计改革与发展“十四五”规划纲要》(财会〔2021〕

27号)指出“十三五”时期是会计改革与发展推陈出新、成果丰硕、具有重要意义的五年,《会计改革与发展“十三五”规划纲要》(财会〔2016〕19号)确定的各项任务基本完成,为会计工作进入新的高质量发展阶段打下坚实基础。企业会计标准持续完善,坚持与国际财务报告准则持续趋同的总基调,收入、金融工具等11项具体准则及5项准则解释修订印发并得到有效实施,建立企业会计准则实施机制以积极回应并解决会计准则实施中的技术问题,为助力供给侧结构性改革、服务经济社会和资本市场健康发展提供高质量会计信息支持。

“十四五”时期,会计改革与发展的主要任务包括:

持续完善企业会计准则体系的建设与实施:全面梳理并修订我国企业会计准则体系,明晰体系内各层级准则制度的框架和内容。加强企业会计准则前瞻性研究,主动应对新经济、新业态、新模式的影响,积极谋划会计准则未来发展方向。紧密跟踪国际财务报告准则项目进展和国内实务发展,找准企业会计准则国际趋同和解决我国实际问题之间的平衡点和结合点,更好地促进我国企业创新和经济高质量发展。根据国内实务发展和国际趋同需要,定期更新准则汇编、应用指南汇编,研究制定企业会计准则解释,研究修订会计科目和报表格式。整合社会多方力量参与企业会计准则制定的研究工作,加强企业会计准则与监管、税收等政策的协调,增强企业会计准则制定的针对性和适用性。健全完善适用于中小型企业的会计准则体系。加强会计准则委员会的建设,充分发挥会计准则委员会在企业会计准则制定中的作用。完善企业会计准则制度执行的运行框架,加强企业会计准则实施前模拟测试,建立适合我国的企业会计准则实施评估机制,确保企业会计准则体系的有效运行。优化企业会计准则实施快速反应机制,及时跟踪企业会计准则实施情况,进一步建立健全企业会计准则实施问题收集渠道,做好上市公司财报分析工作,加强企业会计准则应用案例、实施问答等实务指导,及时回应市场关切。继续发挥由政府监管部门、企业、会计师事务所、理论学者等多方参与的企业会计准则实施机制的作用,探索建立常态化联合解决问题机制,加强信息共享与沟通,提高企业会计准则执行效果。

思政案例

新时代会计人员职业道德的自律、他律与互律①

为推进会计诚信体系建设、提高会计人员职业道德水平,2023年2月1日,财政部制定印发了《会计人员职业道德规范》(财会〔2023〕1号)。这是我国首次制定全国性的会计人员职业道德规范。会计人员承担着生成和提供会计信息、维护国家财经纪律和经济秩序的重要职责。党的十八大以来,党中央、国务院部署加快社会信用体系建设、构筑诚实守信的经济社会环境,将会计人员作为职业信用建设的重点人

① 何雪锋,杨月涵,喻涵湘.新时代会计人员职业道德的自律、他律与互律[EB/OL].(2023-05-17)[2023-12-04]. http://kjs.mof.gov.cn/kjzydd/202305/t20230517_3885176.htm.

群，要求引导职业道德建设与行为规范。加强会计人员职业道德建设，对长期以来会计职业活动实践中形成的职业道德要求进行总结提炼和大力宣传，引导会计人员形成正确的价值追求和行为规范，对提高会计工作水平和会计信息质量，加强社会信用体系建设，推动经济社会高质量发展具有重要意义。

《会计人员职业道德规范》具体内容如下：

(1) 坚持诚信，守法奉公。牢固树立诚信理念，以诚立身、以信立业，严于律己、心存敬畏。学法知法守法，公私分明、克己奉公，树立良好职业形象，维护会计行业声誉。

(2) 坚持准则，守责敬业。严格执行准则制度，保证会计信息真实完整。勤勉尽责、爱岗敬业，忠于职守、敢于斗争，自觉抵制会计造假行为，维护国家财经纪律和经济秩序。

(3) 坚持学习，守正创新。始终秉持专业精神，勤于学习、锐意进取，持续提升会计专业能力。不断适应新形势新要求，与时俱进、开拓创新，努力推动会计事业高质量发展。

立德树人：

《会计人员职业道德规范》将新时代会计人员职业道德要求总结提炼为三条核心表述，即“坚持诚信，守法奉公”“坚持准则，守责敬业”“坚持学习，守正创新”。三条要求逻辑清晰、层层递进：第一条“坚持诚信，守法奉公”是对会计人员的自律要求；第二条“坚持准则，守责敬业”是对会计人员的履职要求；第三条“坚持学习，守正创新”是对会计人员的发展要求。

力学笃行

一、单选题

1. 下列选项中,(　　)不应确认为负债。

   A. 因销售商品而应收的款项　　B. 向银行借入的 3 个月到期的款项

   C. 因购买材料应付未付的款项　　D. 为销售商品而预收的款项

2. 下列选项中,不属于会计计量属性的是(　　)。

   A. 历史成本　　B. 可收回金额　　C. 公允价值　　D. 可变现净值

3. 负债是指由企业过去的交易或事项引起的(　　)。

   A. 过去义务　　B. 现时义务　　C. 永久义务　　D. 将来义务

4. 下列选项中,关于会计的说法错误的是(　　)。

   A. 会计是一项经济管理活动

   B. 会计的主要职能是核算与监督

   C. 会计的对象是能够用货币表现的经济活动

   D. 货币是会计唯一计量单位

5. 下列选项中,不属于我国企业会计准则体系构成的是(　　)。

   A. 企业会计准则——基本准则　　B. 企业会计准则——具体准则

   C. 企业会计准则解释　　D. 政府会计制度

二、多选题

1. 企业获得收入可能表现为(　　)。

   A. 资产的增加　　B. 负债的增加　　C. 利润的增加　　D. 费用的增加

2. 财务会计报告包括(　　)。

   A. 资产负债表　　B. 利润表

   C. 所有者权益变动表　　D. 现金流量表

3. 会计计量属性包括(　　)。

   A. 历史成本　　B. 重置成本　　C. 现值　　D. 公允价值

4. 资产确认应满足的条件有(　　)。

   A. 预期会给企业带来经济利益　　B. 为企业拥有或者控制

   C. 必须是具有实物形态的　　D. 该资源的成本或者价值能够可靠计量

5. 财务会计报告的使用者包括(　　)。

   A. 投资者　　B. 债权人　　C. 政府部门　　D. 社会公众

三、判断题

1. 所有者权益是企业所有者在企业资产中享有的经济利益,其金额为企业的资产。(　　)

2. 本企业收入只包括本企业经济利益的流入，不包括为第三方或客户代收的款项。（　　）

3. 企业销售商品一批，已经收到货款，即使商品的成本不能可靠地计量，也要确认收入。（　　）

4. 财务报表提供的信息仅供外部的投资者和债权人使用。（　　）

5. 企业必须对外提供资产负债表、利润表和现金流量表，但财务报表附注不属于企业必须对外提供的资料。（　　）

模块二

会计六大要素的具体确认与计量

项目二　流动资产

学习目标

- **知识目标**

1. 掌握库存现金及银行存款的有关规定。
2. 掌握库存现金收付款业务、银行存款收付及转账业务处理方法。
3. 掌握资产的清查方法，了解其他货币资金的核算方法。
4. 掌握应收账款的核算方法，了解预付账款和其他应收款的核算内容。
5. 了解存货的概念，熟悉存货的分类和确认条件。
6. 掌握存货发出计价方法、存货的取得、发出业务处理方法。
7. 掌握存货的期末计量方法。

- **能力目标**

1. 能够进行银行存款期末对账，编制银行存款余额调节表。
2. 能够进行应收账款、预收账款及其他应收款的账务处理。
3. 能够进行原材料、库存商品、委托加工物资的账务处理。
4. 能够进行存货期末计价和存货跌价准备的账务处理。
5. 能够进行存货盘点有关的账务处理。

- **素养目标**

1. 培养学生遵纪守法、诚信为本的职业素养。
2. 培养学生严谨、认真、细心的工作态度。
3. 树立学生不做假账的职业道德和爱岗爱国的职业品质。

德技并修

党的二十大报告中指出要“弘扬诚信文化，健全诚信建设长效机制”，这是提高全社会文明程度、实施公民道德建设工程的重要一环。人无信不立，国无信不兴。中国自古以来就强调“讲信修睦”，这不仅是中国的历史文化传统，更是中华民族世代相传的道德圭臬，是为人之本、处世之方、立国之基。

项目引例

企业运转的秘密——“流动资产”

流动资产是企业1年或超过1年的一个营业周期内变现或者运用的资产，是企业资产中必不可少的组成部分。流动资产包括货币资金、交易性金融资产、应收账款、预付账款、存货等。企业的流动资产在周转过程中，是从货币形态开始，依次改变其形态最后又回到货币形态的，各个形态的资金与生产流通紧密结合，其周转速度快、变现能力强。

现金是保证一个企业日常运转的必要条件，有了现金就可以购买原材料，原材料被加工生产成半成品或产成品，这些半成品或产成品被销售后就成了应收账款，应收账款如果能按时进行资金回收，这时企业手中就又有了现金。如果这个过程能正常地进行循环反复的周转，就代表这家企业的经营是正常的，企业就在这个循环周转的过程中赚钱，也就是说这家企业的“印钞机器”运转正常。

项目学习流程及策略图

- 流动资产
  - 货币资金
    - 库存现金
    - 银行存款
    - 其他货币资金
  - 交易性金融资产
  - 应收及预付款项
    - 应收票据
    - 应收账款
    - 预付账款
    - 应收股利和应收利息
    - 其他应收款
    - 应收款项减值
  - 存货
    - 原材料
    - 周转材料
    - 库存商品
    - 委托加工物资
    - 存货清查
    - 存货期末计量

任务一　货币资金

货币资金是指企业在生产经营过程中处于货币形态的那部分资金，它是企业最为活跃的资产，因而也是流动资产的审查重点。货币资金是企业资金运动的起点和终点，是企业生产经营的先决条件，一般主要包括库存现金、银行存款和其他货币资金三大类。货币资金的列报如图 2-1 所示。

资产负债表

编制单位：　　　　　　　　　年　月　日　　　　　　　　　单位：元

资产	期末余额	上年年末余额	负债和所有者权益	期末余额	上年年末余额
流动资产：					
货币资金	××××				

图 2-1　货币资金的列报

货币资金不仅能满足企业日常经营所需，还能购买理财产品，投资股票、基金等金融资产，获取额外的投资收益。同时，若企业资金充足，不用向外界借款，就能节约借款利息。货币资金也有自身的缺点，如果货币资金余额过大，则表明没有得到充分利用，机会成本过高。同时货币资金也是企业财务造假容易操纵的项目，尤其上市公司容易存在利用货币资金进行造假的行为。

子任务一　库存现金

库存现金是存放在企业财务部门、由出纳人员经管的货币。企业应该严格遵守国家有关现金管理制度，正确进行现金收支核算，监督现金使用的合法性和合理性。

任务初探

问题思考：什么是库存现金？企业对库存现金管理有什么要求？在广泛使用微信、支付宝的时代，企业还需要进行现金盘点吗？

案例准备：阅读《现金管理暂行条例》和《现金管理暂行条例实施细则》，了解国家对库存现金的管理要求。

任务研学

一、库存现金管理

库存现金是指企业持有可随时用于支付的现金限额，存放在企业财会部门由出纳人员经管的现金，包括人民币现金和外币现金。它是企业流动性最强的资产，对于维持企业正常的生产经营管理具有重要作用，但库存现金也是企业资产中最容易流失的资产，加强库存现金管理对于企业和国家都具有重要的意义。

(一) 库存现金的使用范围

根据《现金管理暂行条例》规定，开户单位可以在下列范围内使用现金：

2.1《库存现金管理制度》

(1) 职工工资、津贴。

(2) 个人劳务报酬。

(3) 根据国家规定颁发给个人的科学技术、文化艺术、体育等各种奖金。

(4) 各种劳保，福利费用以及国家规定的对个人的其他支出。

(5) 向个人收购农副产品和其他物资的价款。

(6) 出差人员必须随身携带的差旅费。

(7) 结算起点以下的零星支出。

(8) 中国人民银行确定需要支付现金的其他支出。

(二) 库存现金的限额

库存现金的限额是指实行现金管理的单位根据日常零星库存现金开支需要，由银行核定的允许企业留存现金的最高额度。企业每日的现金收入应当送存开户银行，每日的现金结存数不得超过核定的限额，超出部分应当及时送存银行，以保证现金管理安全，不足部分可以向银行提取现金。

(1) 一般按开户单位 3～5 天的零星开支所需现金核定。

(2) 对离银行较远、交通不便的单位的库存现金限额，可以多于 5 天，但最高不得超过 15 天的日常零星开支所需现金。

(3) 库存现金限额一般每年调整一次，单位如因业务发展变化需要调整，可向银行提出申请，由银行予以核定。

(三) 库存现金收支的规定

开户单位库存现金收支应当遵循以下规定：

(1) 开户单位现金收入应当于当日送存开户银行，当日送存确有困难的，由开户银行确定送存时间。

(2) 开户单位支付现金，可以从本单位库存现金限额中支付或从开户银行提取，不得从本单位的现金收入中直接支付(即坐支)，因特殊情况需要坐支现金的，应当事先报经开户银行审查批准，由开户银行核定坐支范围和限额。坐支单位应当定期向开户银行报送坐支金额和使用情况。

(3) 提取现金应当注明用途，经本单位财会部门负责人签字盖章，开户银行审核后方可支付。

(4) 特殊情况支用现金的，向开户银行提出申请，经本单位财会部门负责人签字盖章，开户银行审核后方可支付。

二、库存现金的核算

2.2　库存现金的核算

为了反映和监督企业的库存现金收入、支出和结存情况，企业应当设置“库存现金”科目。“库存现金”科目的账户结构如图 2-2 所示。

为了全面、连续地反映和监督企业库存现金的收支结存情况，企业应当设置库存现金总账和库存现金日记账，分别进行企业库存现金的总分类核算和明细分类核算。库存现金日记账是由出纳人员根据现金收、付款记账凭证，按照经济业务的发生时间逐笔序时登记，并做到“日清月结”。每日终了，出纳人员应根据库存现金日记账余额数与实际库存现金余额进行核对，保证账款相符；每月终了，应将库存现金日记账余额数与库存现金总账的余额核对，做到账账相符。

库存现金

借方	贷方
期初余额 企业增加的库存现金	企业减少的库存现金
期末余额：企业实际持有的库存现金	

图 2-2　“库存现金”科目的账户结构

（一）库存现金收入业务

企业的库存现金收入业务主要包括：从开户银行提取现金，职工出差报销差旅费交回余款，收取个人罚款，收取结算起点以下的零星销售款，无法查明原因的现金溢余等。收取库存现金时，借记“库存现金”科目，贷记相关科目。

【业务 2-1】　2023 年 1 月 11 日，陕西鸿腾股份有限公司签发现金支票一张，从开户银行提取现金 3 000 元备用。请编制该笔业务的会计分录。

借：库存现金　　3 000

　　贷：银行存款　　3 000

（二）库存现金支出业务

企业的库存现金支出必须遵循国家管理制度的规定，涉及的业务主要包括：缴存现金，以现金形式发放工资、津贴，职工借款及零星现金报销等。支出库存现金时，借记相关科目，贷记“库存现金”科目。

【业务 2-2】　2023 年 1 月 13 日，陕西鸿腾股份有限公司购买办公用品支出 500 元，以库存现金支付。请编制该笔业务的会计分录。

借：管理费用　　500

　　贷：库存现金　　500

（三）库存现金清查业务

为了保证库存现金的安全、完整，企业出纳人员应当定期和不定期进行现金盘点清查，将库存现金账面现有余额与实有数核对。库存现金清查要求如图 2-3 所示。

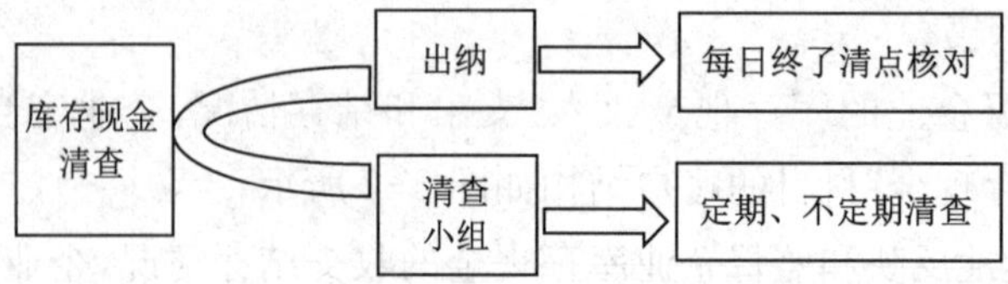

图 2-3　库存现金清查要求

2.3　库存现金的清查

库存现金清查一般采用实地盘点法来确定库存现金的实存数，与库存现金日记账余额进行核对，确定是否账实相符，对于清查的结果应当编制现金盘点报告单。库存现金盘点报告单如表 2-1 所示。

表 2-1　库存现金盘点报告单

单位名称：　　　　　　　　　　　　年　月　日　　　　　　　　　　　　单位：元

实存数	账存数	对比结果		备注
		盘盈	盘亏	

负责人签章：　　　　　　　　　盘点人签章：　　　　　　　　　出纳人员签章：

如果盘点中发现有挪用、白条抵库的情况，应予以纠正；对于超限额留存的库存现金应及时送存银行。对于账实不符，发现有待查明原因的现金短缺和溢余，应通过“待处理财产损溢”科目核算。企业的财产损溢，应在期末结账前处理完毕，处理后无余额，可按盘盈、盘亏的资产种类和项目进行明细核算。“待处理财产损溢”科目的账户结构如图 2-4 所示。

待处理财产损溢

借方	贷方
发生待处理财产盘亏、毁损数 转销已批准处理财产盘盈数	发生待处理财产盘盈数 转销已批准处理财产盘亏、毁损数

图 2-4　“待处理财产损溢”科目的账户结构

对于库存现金短缺或溢余的情况，按照管理权限经过批准后，应作相应的账务处理。库存现金短款、溢余的账务处理如表 2-2 所示。

表 2-2　库存现金短缺、溢余的账务处理

业务	账务处理	
	批准前	查明原因，按管理权限批准后
库存现金短缺	借：待处理财产损溢 　贷：库存现金	借：其他应收款（应由责任人或保险公司赔偿的部分） 　　管理费用（无法查明原因的部分） 　贷：待处理财产损溢

（续表）

业务	账务处理	
	批准前	查明原因，按管理权限批准后
库存现金溢余	借：库存现金 　贷：待处理财产损溢	借：待处理财产损溢 　贷：其他应付款（应支付给有关单位或个人的部分） 　　营业外收入（无法查明原因的部分）

【业务 2-3】 2023 年 1 月 31 日，陕西鸿腾股份有限公司进行库存现金清查时发现库存现金短缺 200 元。查明原因是出纳李丽工作失误所致，经批准短缺 200 元由李丽赔偿。请编制相关业务的会计分录。

（1）发现库存现金短缺时：

借：待处理财产损溢　　200
　贷：库存现金　　200

（2）查明原因，按管理权限批准后：

借：其他应收款——李丽　　200
　贷：待处理财产损溢　　200

（3）收到赔偿款时：

借：库存现金　　200
　贷：其他应收款——李丽　　200

2.4　初级实战演练

任务拓展

通过对库存现金业务的学习，学生应了解库存现金管理制度，掌握库存现金收、支业务处理和财产清查的方法。

请同学们登录网中网企业财务会计理实互动实训教学平台，根据平台任务完成库存现金收支和库存现金清查核算练习。

子任务二　银行存款

银行存款是指企业存放在银行或其他金融机构的货币资金。企业收入的一切款项，除了留存限额以内的现金，都必须送存银行。企业的一切支出除了规定可用现金支付的，都必须通过银行办理转账结算。

任务初探

问题思考：什么是银行存款？企业赚的钱都要存入银行吗？
案例准备：收集有关银行存款的业务案例，进行课堂讨论。

任务研学

一、银行存款管理

银行是全国的结算中心，各企业必须在银行开设账户，以办理存款、取款和转账等业务。根据中国人民银行制定的《人民币银行结算账户管理办法》规定，一个企业可以根据需要在银行开立四种账户，包括基本存款账户、一般存款账户、临时存款账户和专用存款账户。

(1) 基本存款账户，是存款人办理日常转账结算和现金收付需要开立的银行结算账户。企业职工薪酬等现金的支取只能通过本账户办理。

(2) 一般存款账户，是存款人因借款或其他结算需要，在基本存款账户开户银行以外的银行营业机构开立的银行结算账户。

(3) 临时存款账户，是存款人因临时需要并在规定期限内使用而开立的银行结算账户。企业设立临时机构、异地临时经营活动、注册验资，可以申请开立临时存款账户。

(4) 专用存款账户，是存款人按照法律、行政法规和规章，对其特定用途资金进行专项管理和使用而开立的银行结算账户。企业使用基本建设资金、更新改造资金等，可以申请开立专用存款账户。

2.5 银行结算方式1

2.6 银行结算方式2

二、银行结算方式

银行结算是指通过银行账户的资金转移实现收付的行为，即银行接受客户委托代收代付，从付款单位存款账户划出款项，转入收款单位存款账户，以此完成经济之间债权债务的清算或资金的调拨。目前银行结算业务主要有以下几种结算方式。

(一) 银行汇票

银行汇票是汇款人将款项交存当地银行，由出票银行签发，出票银行在见票时按照实际结算金额无条件支付给收款人或者持票人款项的票据。

银行汇票可以用于转账，填明“现金”字样的银行汇票可以用于支取现金，跨系统银行签发的转账银行汇票的付款，应通过同城票据交换将银行汇票和解讫通知提交给同城的跨系统签发行的代理付款行审核支付后抵用。

银行汇票有使用灵活、票随人到、兑现性强等特点，适用于先收款后发货或钱货两清的商品交易，单位和个人均可以使用。

(二) 商业汇票

商业汇票是出票人签发的，委托付款人在指定日期无条件支付确定金额给收款人或者持票人的票据。使用商业汇票必须要有真实的交易关系或债权债务关系。商业汇票的付款期限由交易双方商定，最长不超过 6 个月。商业汇票的提示付款期限自商业汇票到期日起 10 日内。按承兑人划分，商业汇票可以分为商业承兑汇票和银行承兑汇票。

商业汇票结算与其他银行结算方式相比具有以下特点：

(1) 适用范围相对较窄，商业汇票只适用于企业之间由于先发货后收款或双方约定延期付款的商品交易。

(2) 使用对象相对较少，商业汇票的使用对象是在银行开立账户的法人或者其他组织。

(3) 商业汇票可以由付款人签发，也可以由收款人签发，但都必须经过承兑。

(4) 未到期的商业汇票可以到银行办理贴现，从而使结算和银行资金融通相结合，有利于企业及时补充流动资金，维持生产经营的正常进行。

(5) 商业汇票在同城、异地都可以使用，而且没有结算起点的限制。

2.7 银行结算单据票样

(三) 银行本票

银行本票是申请人将款项交存银行，由银行签发凭以办理转账或提取现金的一种票据。银行本票适用于同一票据交换区域需要支付各种款项的单位和个人。按照金额是否固定，银行本票可以分为不定额和定额两种，定额银行本票面值分别为 1 000 元、5 000 元、10 000 元和 50 000 元。收款人可以将银行本票背书转让给被背书人。

(四) 支票

支票是出票人签发的，委托办理支票存款业务的银行在见票时无条件支付确定的金额给收款人或持票人的票据。支票的提示付款期限为 10 天，超过提示付款期限提示付款的，持票人开户银行不予受理，付款人不予付款。

支票分为现金支票、转账支票和普通支票。现金支票是开户单位用于向开户银行提取现金的凭证，实务工作中一般在提取备用金时使用；转账支票是用于单位之间的商品交易、劳务供应或其他款项往来的结算凭证，只能用于转账不能用于提取现金；普通支票，既可以用来支付现金，也可以用来转账。

支票上未印有“现金”或“转账”字样的为普通支票，普通支票可以用于支取现金，也可以用于转账，在普通支票左上角划两条平行线的，为划线支票，划线支票只能用于转账，不得支取现金，不划线时就作为现金支票使用。

(五) 汇兑

汇兑是汇款人委托银行将款项支付给收款人的结算方式。汇兑分为信汇和电汇两种，由汇款人自行选择。单位和个人的各种款项结算均可以使用汇兑结算方式。这种方式便于汇款人向异地的收款人主动付款，使用范围广。

信汇是汇款人向银行提出申请，同时交存一定金额及手续费用，汇出行将信汇委托书以邮寄方式寄给汇入行，授权汇入行向收款人解付一定金额的一种汇兑结算方式。

电汇是汇款人将一定款项交存汇款银行，汇款银行通过电报或电传给目的地的分行或代理行(汇入行)，指示汇入行向收款人支付一定金额的一种汇兑结算方式。

(六) 委托收款

委托收款是收款人委托银行向付款人收取款项的结算方式，单位和个人凭已承兑的商业汇票、债券、存单等付款人债务证明办理款项的结算，均可以使用委托收款结算方式。

同城或异地均可以使用,同城和异地结算不受金额起点限制。

办理委托收款的程序如下:

(1) 签发委托收款凭证。

(2) 委托。收款人办理委托收款应向银行提交委托收款凭证和有关的债务证明。

(3) 付款。银行接到寄来的委托收款凭证及债务证明、审查无误后办理付款。

(七) 托收承付

托收承付是根据购销合同由收款人发货后,委托银行向异地付款人收取款项,由付款单位向银行承认付款的结算方式。托收承付只适用于异地订有经济合同的商品交易及相关劳务款项的结算。属于代销、寄销、赊销商品的款项,不得办理异地托收承付结算。托收承付办理流程包括托收和承付两个环节:

(1) 托收。收款人按照签订的购销合同发货后,委托银行办理托收。

(2) 承付。付款人开户银行收到托收凭证及其附件后,应当及时通知付款人。承付贷款分为验单付款和验货付款两种。①验单付款:验单付款的承付期为 3 天,从付款人开户银行发出承付通知的次日算起,付款人在承付期未向银行表示拒绝付款,银行即视为承付。②验货付款:验货付款的承付期为 10 天,从运输部门向付款人发出提货通知的次日算起,对收付双方在合同中明确规定,并在托收凭证上注明验货付款期限的,银行从其规定。

托收承付使用中还需注意以下几个问题:

(1) 付款人不得在承付货款中,扣抵其他款项或以前托收的货款。

(2) 付款人逾期付款,付款人的开户银行将对付款人予以处罚。

(3) 付款人在承付期可以向银行提出全部拒付和部分拒付,但必须填写“拒付理由书”并签章,注明拒付理由。

(八) 信用卡

信用卡是商业银行向个人或单位发行,可在约定银行或部门存取现金、购买商品及支付劳务报酬的一种信用凭证。持卡人可在同城和异地凭卡支取现金、转账结算和消费信用等。凡在中国境内金融机构开立基本存款账户的单位,可以申请单位信用卡,单位信用卡不得用于 10 万元以上结算和支取现金。

(九) 信用证

信用证结算是指付款单位将款项预先交给银行,并委托银行签收信用证,通知异地收款单位开户银行转知收款单位,收款单位按照合同和信用证规定的结算条件发货后,收款单位开户银行代付款单位立即支付给货款的结算。信用证结算主要用于各单位之间的商品交易和劳务供应,具有安全性高、手续繁杂、费用多等特点。

(十) 网银支付

网银支付,即网上银行支付,是银联最为成熟的在线支付功能之一。其特点是银行卡需事先开通网银支付功能,且在支付时完全是在银行网银页面输入银行卡信息并验证支付密码，具有稳定易用、安全可靠的特点。

2.8　银行存款的核算

三、银行存款的核算

为了反映和监督企业的银行存款收入、支出和结存情况，企业应当设置“银行存款”科目。“银行存款”科目的账户结构如图 2-5 所示。

借方　　银行存款	贷方
期初余额 企业增加的银行存款	企业减少的银行存款
期末余额：企业实际持有的银行存款	

图 2-5　“银行存款”科目的账户结构

企业应当设置银行存款总账和银行存款日记账，分别进行企业银行存款的总分类核算和明细分类核算。银行存款日记账是由出纳人员根据银行存款收、付款记账凭证，按照经济业务的发生时间逐日逐笔登记，每日终了，应结出余额。

（一）银行存款收入业务

企业的银行存款收入业务主要包括现金缴存、收回销售货款、收到投资款、收到银行借款等。企业将款项存入银行或其他金融机构时，借记“银行存款”科目，贷记“库存现金”科目或相关科目。

【业务 2-4】　2023 年 1 月 15 日，陕西鸿腾股份有限公司收到客户南海公司转来的转账支票一张，金额为 200 000 元，用以偿还前欠货款。请编制该笔业务的会计分录。

借：银行存款　　200 000

　　贷：应收账款——南海公司　　200 000

（二）银行存款支出业务

企业的银行存款支出业务主要包括购买固定资产或原材料、发放工资、支付水电费、缴纳税费等。企业提取或支付在银行或其他金融机构中的存款时，借记“库存现金”科目或相关科目，贷记“银行存款”科目。

【业务 2-5】　2023 年 1 月 16 日，陕西鸿腾股份有限公司外购 A 材料一批，价格为 30 000 元，增值税税额为 3 900 元，材料已验收入库，货款已支付。请编制该笔业务的会计分录。

借：原材料——A 材料　　30 000

　　应交税费——应交增值税（进项税额）　　3 900

　　贷：银行存款　　33 900

2.9　银行存款的清查

四、银行存款的清查

银行存款的清查是将本单位的银行存款日记账与开户行对账单逐笔进行核

对，查明银行存款的收付业务以及银行中的余额是否正确。企业银行存款的清查一般在月末进行。

（一）银行对账

银行对账是指将截止到清查日所有银行存款的收付业务都登记入账后，对发生的错账、漏账应及时查清更正，再与银行的对账单逐笔核对。如果两者余额相符，通常说明没有错误；如果两者余额不相符，则可能是企业或银行一方或双方记账过程有错误或者存在未达账项。

企业与银行之间，一方收到凭证并已入账，另一方未收到凭证因而未能入账的账项被称为未达账项。未达账项是指银行与企业之间，由于凭证传递时间的不同，造成一方已记账，另一方由于未收到凭证而未登记入账的款项。

未达账项具体包括以下几种情形。

1. 企业已收，银行未收的款项

企业销售产品收到支票，送存银行后即可根据银行盖章退回的进账单回单联登记银行存款的增加，而银行则要等款项收妥后才能记增加，如果此时对账，就形成了企业已收款入账，银行尚未收款入账的款项。

2. 企业已付，银行未付的款项

企业开出一张支票支付购料款，企业可根据支票存根、发票及收料单等记录银行存款的减少，而这时银行由于未收到支付款项的凭证而尚未记银行存款的减少，如果此时对账，就形成了企业已付款入账，银行尚未付款入账的款项。

3. 银行已收，企业未收的款项

外地某单位给企业汇来货款，银行收到汇款单后，登记企业银行存款增加，企业由于未收到汇款凭证尚未记银行存款增加，如果此时对账，就形成了银行已收款入账，企业尚未收款入账的款项。

4. 银行已付，企业未付的款项

银行代企业支付款项，银行已取得支付款项的凭证登记银行存款的减少，企业由于未收到凭证尚未登记银行存款减少，如果此时对账，就形成了银行已付款入账，企业尚未付款入账的款项。

上述任何一种未达账项的存在，都会使银行存款日记账的余额与银行开出的对账单的余额不符。所以，企业在与银行对账时首先应查明是否存在未达账项，如果存在未达账项，就应该编制银行存款余额调节表，据以调节双方的账面余额，确定企业银行存款实有数。

2.10 初级实战演练

（二）银行存款清查的步骤

（1）根据经济业务以及结算凭证的种类、号码和金额等资料逐日逐笔核对银行存款日记账与银行对账单。凡双方都有记录的，用铅笔在金额旁打上记号“√”。

(2) 找出未达账项(即银行存款日记账和银行对账单中没有打"√"的款项)。

(3) 将日记账和对账单的月末余额及找出的未达账项填入银行存款余额调节表,并计算出调整后的余额。

(4) 将调整平衡的银行存款余额调节表,经主管会计签章后,呈报开户银行。

(三) 银行存款余额调节表的编制

银行存款余额调节表的编制,是以双方账面余额为基础,各自分别加上对方已收款入账而己方尚未入账的数额,减去对方已付款入账而己方尚未入账的数额。其计算公式如下:

$$\frac{\text{企业银行存款}}{\text{日记账余额}}+\frac{\text{银行已收}}{\text{企业未收款}}-\frac{\text{银行已付}}{\text{企业未付款}}=\frac{\text{银行对账单}}{\text{存款余额}}+\frac{\text{企业已收}}{\text{银行未收款}}-\frac{\text{企业已付}}{\text{银行未付款}}$$

【业务 2-6】 陕西鸿腾股份有限公司 2023 年 2 月初从开户银行取到上月对账单,余额为 1 809 170 元;银行存款日记账余额为 1 650 490 元。经逐项核对,发现存在以下未达账项:

(1) 企业已记收入账,银行尚未入账业务:送存银行的兴达公司支票一张,金额为 50 000 元。

(2) 企业已记付出账,银行尚未出账业务:支付西江一厂货款转账支票,金额为 40 000 元。

(3) 银行已记收入账,企业尚未入账业务:委托银行收取的货款,金额为 169 360 元。

(4) 银行已记付出账,企业尚未出账业务:结算手续费为 680 元。

请根据上述资料编制银行存款余额调节表。

根据以上资料编制的银行存款余额调节表如表 2-3 所示。

表 2-3　银行存款余额调节表

2023 年 1 月 31 日　　　　单位:元

项目	金额	项目	金额
企业银行存款日记账余额	1 650 490	银行对账单余额	1 809 170
加:银行已收企业未收	169 360	加:企业已收银行未收	50 000
减:银行已付企业未付	680	减:企业已付银行未付	40 000
调节后的存款余额:	1 819 170	调节后的存款余额:	1 819 170

任务拓展

通过对银行存款业务的学习,学生应了解银行结算业务,掌握银行财产清查和编制银行存款余额调节表的方法。

请同学们登录网中网企业财务会计理实互动实训教学平台,根据平台任务完成银行存款业务核算练习。

子任务三　其他货币资金

其他货币资金是指企业划分在库存现金、银行存款以外的其他各种货币资金，主要包括银行汇票存款、银行本票存款、信用卡存款、信用证保证金存款、存出投资款、外埠存款等。加强对其他货币资金违规操作的检查，可以保证其增减变动及结存情况及时、正确登记入账，做到账实相符，防止挪用或其他违规行为发生。

任务初探

问题思考：其他货币资金的存放地点分散、用途多样，会计部门应如何进行管理？

案例准备：其他货币资金可能存在哪些违规操作？其检查思路及具体的查账方法有哪些？请进行课后讨论。

任务研学

一、其他货币资金的内容

（一）银行汇票存款

银行汇票存款是指企业为取得银行汇票按照规定存入银行的款项。银行汇票是由出票银行签发，由其在见票时按照实际结算金额无条件支付给收款人或持票人的票据。银行汇票可以用于转账，注明“现金”字样的也可以用于支取现金。

（二）银行本票存款

银行本票存款是指企业为取得银行本票按照规定存入银行的款项。银行本票是指由银行签发的，承诺自己在见票时无条件支付收款人或持票人的票据。银行本票可以用于转账，注明“现金”字样的也可以用于支取现金。

（三）信用卡存款

信用卡存款是指企业为取得信用卡而存入银行信用卡专户的款项。信用卡的单位卡账户资金一律从其基本存款账户转账存入，不得交存现金，不得将销货收入的款项存入其账户，不得用于 10 万元以上的交易结算。

（四）信用证保证金存款

信用证保证金存款是指采用信用证结算方式的企业为开具信用证而存入银行信用证保证金专户的款项。国内信用证是指银行(包括政策性银行、商业银行、农村合作银行、村镇银行和农村信用社)依照申请人的申请开立的、对相符交单予以付款的承诺。它是以人民币计价、不可撤销的跟单信用证。信用证的开立和转让，应当具有真实的贸易背景，适用于银行为国内企事业单位之间货物和服务贸易提供的信用证服务。信用证只限于转账结算，不得支取现金。

（五）存出投资款

存出投资款是指企业为购买股票、债券、基金等根据有关规定存入在证券公司指定银行开立的投资款专户的款项，一般是指企业在购买交易性金融资产时使用的资金。

2.11　初级实战演练

（六）外埠存款

外埠存款是指企业为了到外地进行临时或零星采购，而汇往采购地银行开立采购专户的款项。

2.12　其他货币资金的核算

二、其他货币资金的核算

为了反映和监督其他货币资金的增减变动及结存情况，企业应当设置“其他货币资金”科目。“其他货币资金”科目的账户结构如图 2-6 所示，该账户应按照其他货币资金的种类设置明细账户进行明细核算。

根据实务常用的其他货币资金类型，此处主要介绍外埠存款、银行汇票存款、存出投资款的核算。

其他货币资金

借方	贷方
期初余额 企业增加的其他货币资金	企业减少的其他货币资金
期末余额：企业实际持有的其他货币资金	

图 2-6　“其他货币资金”科目的账户结构

（一）外埠存款

企业将款项汇往外地时，应填写汇款委托书，委托开户银行办理汇款。汇入地银行以汇款单位名义开立临时采购账户，该账户的存款不计利息，只付不收、付完清户，除了采购人员可从中提取少量现金，一律采用转账结算。

企业汇出款项时，借记“其他货币资金——外埠存款”科目，贷记“银行存款”科目；收到采购员交来的供货单位发票账单时，借记“应交税费——应交增值税（进项税额）”“材料采购”“原材料”等科目，贷记“其他货币资金——外埠存款”科目。多余款项退回当地开户银行时，应作与汇出款项相反的会计分录。

【业务 2-7】　陕西鸿腾股份有限公司派采购员到异地采购原材料，1 月 12 日，委托开户银行汇款 200 000 元到采购地设立采购专户，并收到银行汇款凭证回单联。请编制该笔业务的会计分录。

借：其他货币资金——外埠存款　　200 000

　　贷：银行存款　　200 000

1 月 22 日，采购员交来从采购专户付款购入材料的有关凭证，增值税专用发票上的原材料价款为 100 000 元，增值税税额为 13 000 元。请编制该笔业务的会计分录。

借：原材料　100 000
　应交税费——应交增值税（进项税额）　13 000
　贷：其他货币资金——外埠存款　113 000

1月31日，收到开户银行的收款通知，该采购专户中的结余款项已经转回，根据收账通知，请编制该笔业务的会计分录。

借：银行存款　87 000
　贷：其他货币资金——外埠存款　87 000

（二）银行汇票存款

企业交存款项申请办理汇票时，借记"其他货币资金——银行汇票存款"科目，贷记"银行存款"科目；企业用银行汇票支付购货款时，应根据发票账单等，借记"应交税费——应交增值税（进项税额）""材料采购""在途物资"等科目，贷记"其他货币资金——银行汇票存款"科目。银行退回多余款时，借记"银行存款"科目，贷记"其他货币资金——银行汇票存款"科目。

【业务2-8】 陕西鸿腾股份有限公司派采购员到异地采购原材料，1月12日，委托开户银行汇款200 000元到采购地设立采购专户，并收到银行汇款凭证回单联。请编制该笔业务的会计分录。

借：其他货币资金——银行汇票　200 000
　贷：银行存款　200 000

1月15日，前往广东采购原材料一批，货款为100 000元，增值税税额为13 000元，以银行汇票付清货款。请编制该笔业务的会计分录。

借：原材料　100 000
　应交税费——应交增值税（进项税额）　13 000
　贷：其他货币资金——银行汇票　113 000

1月31日，公司收到其开户银行的多余款收账通知。请编制该笔业务的会计分录。

借：银行存款　87 000
　贷：其他货币资金——银行汇票　87 000

（三）存出投资款

企业开出支票向证券公司划拨款项时，借记"其他货币资金——存出投资款"科目，贷记"银行存款"科目；支取该存款用于购买股票或债券等，借记"交易性金融资产"科目，贷记"其他货币资金——存出投资款"科目。

【业务2-9】 1月15日，陕西鸿腾股份有限公司将500 000元银行存款存入证券公司，以备购买有价证券。请编制该笔业务的会计分录。

借：其他货币资金——存出投资款　500 000
　贷：银行存款　500 000

1月26日，用存出投资款500 000元购入股票作为交易性金融资产。请编制该笔业务的会计分录。

借：交易性金融资产 500 000
　贷：其他货币资金——存出投资款 500 000

任务拓展

通过对其他货币资金业务的学习，学生应了解其他货币资金核算内容，掌握其他货币资金账务处理方法。

请同学们登录网中网企业财务会计理实互动实训教学平台，根据平台任务完成其他货币资金核算练习。

拓展阅读： 数字人民币：货币资金新类别。

任务二　交易性金融资产

企业的金融资产是指企业持有的现金、其他方的权益工具，以及能够形成金融资产的合同权利等资产。满足以下条件之一的金融资产应当被认定为交易性金融资产：

(1) 取得金融资产的目的主要是近期内出售或回购或赎回，如企业以赚取差价为目的从二级市场购入的股票、债券、基金等。

(2) 属于进行集中管理的可辨认金融工具组合的一部分，如基金公司以短期获利为目的买入了一批股票，那么该组合股票就属于交易性金融资产。

(3) 属于金融衍生工具，如国债期货、远期合同、股指期货等，衍生工具形成的目的就是交易，所以一般情况下购入的期货等金融衍生工具，也属于交易性金融资产。

交易性金融资产的列报如图 2-7 所示。

资产负债表

编制单位：　　　　　　年　月　日　　　　　　单位：元

资产	期末余额	上年年末余额	负债和所有者权益	期末余额	上年年末余额
流动资产：					
……					
交易性金融资产	××××				
……					

图 2-7　交易性金融资产的列报

任务初探

2022 年 3 月 25 日，华天实业股份有限公司按每股 8.60 元购入 B 公司每股面值为 1 元的股票 30 000 股作为交易性资产并支付交易费用 1 000 元。股票购买价格包含每股 0.20 元已宣告但尚未领取的现金股利，该现金股利将于 2022 年 4 月 20 日发放。2022 年 12 月 31 日，B 公司的股票价格为 8 元。

问题思考： 华天实业股份有限公司于 3 月 25 日购买 B 公司的股票年末出现股价下跌，此时该公司将如何处理？

案例讨论： 通过以上案例，试分析华天实业股份有限公司为什么要购买 B 公司的股票，该公司持有交易性金融资产的目的是什么？

任务研学

2.13　认知交易性金融资产

一、交易性金融资产概述

交易性金融资产属于投资类资产，是以公允价值计量且其变动计入当期损益的金融资产，是指企业打算通过积极管理和交易以获取利润的债权证券和权益证券。企业通常会频繁买卖这类证券以期在短期价格变化中获取利润。常见的交易性金融资产有股票、债券、基金等，银行理财产品也可计入交易性金融资产。其特点主要有：

(1) 企业持有的目的是短期性的，即在初次确认时即确定其持有目的是短期获利。这里的短期也应该是不超过1年(包括1年)。

(2) 该资产具有活跃市场，公允价值能够通过活跃市场获取。

(3) 交易性金融资产持有期间不计提资产减值损失。

二、交易性金融资产的核算

为了反映和监督交易性金融资产的取得、收取现金股利或利息、出售等情况，企业应当设置“交易性金融资产”“公允价值变动损益”“投资收益”等科目进行核算。

“交易性金融资产”科目核算企业为交易目的所持有的债券投资、股票投资、基金投资等交易性金融资产的公允价值，交易性金融资产应按照该金融资产取得时的公允价值作为其初始确认金额入账。该账户应按照交易性金融资产的类别和品种分别设置“成本”“公允价值变动”明细账户进行核算。“交易性金融资产”科目的账户结构如图2-8所示。

交易性金融资产

借方	贷方
期初余额 交易性金融资产的取得成本 资产负债表日其公允价值高于账面余额的差额 企业出售交易性金融资产时结转公允价值低于账面余额的变动金额	资产负债表日其公允价值低于账面余额的差额 企业出售交易性金融资产时结转的成本 企业出售交易性金融资产时结转公允价值高于账面余额的变动金额
期末余额：交易性金融资产的公允价值	

图2-8　“交易性金融资产”科目的账户结构

“公允价值变动损益”科目核算企业交易性金融资产等的公允价值变动而形成的应计入当期损益的利得或损失，属于损益类科目，期末无余额。该科目的账户结构如图2-9所示。

公允价值变动损益	
借方	贷方
资产负债表日企业持有的交易性金融资产等的公允价值低于账面余额的差额	资产负债表日企业持有的交易性金融资产等的公允价值高于账面余额的差额
期末余额：无	

图 2-9 “公允价值变动损益”科目的账户结构

“投资收益”科目核算企业交易性金融资产等的期间内取得的投资收益以及出售交易性金融资产等实现投资收益或损失，属于损益类科目，期末无余额。“投资收益”科目应按照投资项目设置明细账户进行核算。该科目的账户结构如图 2-10 所示。

投资收益	
借方	贷方
企业取得交易性金融资产时支付的交易费用	企业持有交易性金融资产等的期间内取得的投资收益
企业出售交易性金融资产等发生的投资损失	出售交易性金融资产等实现的投资收益
期末余额：无	

图 2-10 “投资收益”科目的账户结构

（一）交易性金融资产的取得

2.14 取得交易性金融资产

交易性金融资产取得时按照公允价值进行计量，支付的价款中包含的已宣告但尚未发放的现金股利或已到付息期但尚未领取的债券利息，应当单独确认为应收项目。企业取得交易性金融资产所发生的相关交易费用应当在发生时计入当期损益，冲减投资收益，发生交易费用取得增值税专用发票的，进项税额经认证后可从当月销项税额中扣除。

企业取得交易性金融资产时，应当按照该金融资产取得时的公允价值，借记“交易性金融资产”科目；按照发生的交易费用，借记“投资收益”科目；按照交易费用取得的增值税专用发票增值税额，借记“应交税费——应交增值税（进项税额）”科目；按照已到付息期但尚未领取的利息或已宣告但尚未发放的现金股利，借记“应收利息”或“应收股利”科目；按照实际支付的金额，贷记“其他货币资金”等科目。

【业务 2-10】 陕西鸿腾股份有限公司为增值税一般纳税人。2022 年 6 月 7 日，陕西鸿腾股份有限公司从上海证券交易所购入 H 上市公司股票 10 万股，支付价款 10 000 000 元，其中包括已宣告但尚未发放的现金股利 600 000 元。另支付相关交易费用 25 000 元，取得的增值税专用发票上注明的增值税税额为 1 500 元。陕西鸿腾股份有限公司将该持有股票划分为交易性金融资产进行管理和核算。请编制该笔业务的会计分录。

借：交易性金融资产——成本　　9 400 000

　　应收股利　　600 000

　　投资收益　　25 000

　　应交税费——应交增值税(进项税额)　　1 500

　　贷：其他货币资金——存出投资款　　10 026 500

(二) 交易性金融资产持有期间取得的现金股利和利息

企业在持有交易性金融资产期间，对于被投资单位宣告发放现金股利或已到付息期但尚未领取的债券利息，应当确认为应收项目，计入投资收益。借记“应收股利”或“应收利息”科目，贷记“投资收益”科目。企业收到上述现金股利或债券利息时，应冲减应收项目，借记“其他货币资金——存出投资款”科目，贷记“应收股利”或“应收利息”科目。

【业务 2-11】 承[业务 2-10]，2023 年 3 月 20 日，H 上市公司宣告发放 2022 年现金股利，陕西鸿腾股份有限公司按其持有该上市股份公司计算确认的应分得的现金股利为 800 000 元，假定不考虑相关税费，2023 年 4 月 10 日，陕西鸿腾股份有限公司收到现金股利 800 000 元。请编制该笔业务的会计分录。

2023 年 3 月 20 日，H 上市公司宣告发放 2022 年现金股利时：

借：应收股利　　800 000

　　贷：投资收益　　800 000

2023 年 4 月 10 日，陕西鸿腾股份有限公司收到现金股利时：

借：其他货币资金——存出投资款　　800 000

　　贷：应收股利　　800 000

资产负债表日，交易性金融资产应当按照公允价值计量，如果公允价值与账面余额之间存在差额，应当计入当期损益。企业应当在资产负债表日按照交易性金融资产公允价值高于其账面余额的差额，借记“交易性金融资产——公允价值变动”科目，贷记“公允价值变动损益”科目；如果低于其账面余额，则作相反的会计分录。

2.15　交易性金融资产持有期间的跌宕起伏

【业务 2-12】 承[业务 2-11]，2023 年 6 月 30 日，陕西鸿腾股份有限公司持有 H 上市公司的股票的公允价值为 8 600 000 元，账面价值为 9 400 000 元。2023 年 12 月 31 日，陕西鸿腾股份有限公司持有 H 上市公司公允价值为 12 400 000 元，账面价值为 8 600 000 元。请编制该笔业务的会计分录。

2023 年 6 月 30 日，公允价值＜账面价值(差额＝800 000 元)：

借：公允价值变动损益　　800 000

　　贷：交易性金融资产——公允价值变动　　800 000

2023 年 12 月 31 日，公允价值＞账面价值(差额＝3 800 000 元)：

借：交易性金融资产——公允价值变动　　3 800 000

　　贷：公允价值变动损益　　3 800 000

（三）交易性金融资产的出售

企业出售交易性金融资产时，应当将该金融资产出售时的公允价值与其账面余额之间的差额作为投资损益进行会计处理。按照实际收到的款项借记“其他货币资金”等科目，按照该金融资产的账面余额中的成本部分，贷记“交易性金融资产——成本”科目，按照该金融资产的账面余额中的公允价值变动部分，贷记或借记“交易性金融资产——公允价值变动”科目，其差额贷记或借记“投资收益”科目。

【业务 2-13】 承[业务 2-12]，假定 2024 年 5 月 31 日，陕西鸿腾股份有限公司出售了所持有的全部 H 上市公司股票，价款为 12 100 000 元。请编制该笔业务的会计分录。

2.16 初级实战演练

借：其他货币资金——存出投资款	12 100 000	
投资收益	300 000	
贷：交易性金融资产——成本		9 400 000
——公允价值变动		3 000 000

任务拓展

通过对交易性金融资产业务的学习，学生应了解交易性金融资产核算内容，掌握交易性金融资产账务处理方法。

请同学们登录网中网企业财务会计理实互动实训教学平台，根据平台任务完成交易性金融资产业务核算练习。

拓展阅读：《企业会计准则第 22 号——金融工具确认和计量》（财会〔2017〕7 号）。
http://kjs.mof.gov.cn/zt/kjzzss/kuaijizhunzeshishi/201709/t20170908_2694655.htm

任务三　应收及预付款项

应收及预付款项是指企业在日常生产经营过程中发生的各项债权，包括应收款项和预付款项。应收款项包括应收票据、应收账款、应收股利和应收利息、其他应收款等；预付款项是指企业按照合同规定预付的款项，如预付账款。同时，与应收款项相关的还有应收款项减值。

应收及预付款项的列报如图 2-11 所示。其中，应收股利、应收利息和其他应收款科目统一在报表中的"其他应收款"项目中列报。

资产负债表

编制单位：　　　　　　年　月　日　　　　　　单位：元

资产	期末余额	上年年末余额	负债和所有者权益	期末余额	上年年末余额
流动资产：					
……					
应收票据	××××				
应收账款	××××				
……					
预付款项	××××				
其他应收款	××××				
……					

图 2-11　应收及预付款项的列报

子任务一　应收票据

应收票据是由付款人或收款人签发、由付款人承兑、到期无条件付款的一种书面凭证。在我国，应收票据是指企业持有的未到期或未兑现的商业票据，是一种载有一定付款日期、付款地点、付款金额和付款人的无条件支付的流通证券，也是一种可以由持票人自由转让给他人的债权凭证。

根据我国现行法律的规定，商业汇票的付款期限最长不得超过 6 个月，电子商业汇票最长不得超过 1 年，符合条件的商业汇票的持票人，可以持未到期的商业汇票和贴现凭证向银行申请贴现。

任务初探

问题思考：什么是应收票据？企业收到应收票据后一般有几种处理方式？

案例分析：贵州茅台2015—2019年应收票据数据如表2-4所示，各年度的银行承兑汇票占比一直是100%，商业承兑汇票的占比为0，试分析此现象。

表2-4 贵州茅台2015—2019年应收票据数据 单位：亿元

贵州茅台	应收票据	银行承兑票据	商业承兑票据	银行承兑汇票占比
2015年	85.80	85.80	0	100%
2016年	8.18	8.18	0	100%
2017年	12.22	12.22	0	100%
2018年	5.64	5.64	0	100%
2019年	14.63	14.63	0	100%

数据来源：贝壳投研。

任务研学

一、应收票据概述

应收票据是企业在经营活动过程中因销售产品、提供劳务等而收到付款人在特定时间支付一定款项的书面承诺。应收票据按承兑人不同分为商业承兑汇票和银行承兑汇票；按其是否附息分为附息商业汇票和不附息商业汇票，又称带息应收票据和无息应收票据。

带息应收票据是票面注明利息的应收票据，而且利息要单独计算；无息应收票据是票面不注明利息的应收票据。带息应收票据到期价值的计算公式如下：

带息应收票据到期价值＝票据面值×(1＋票面利率×票据期限)

在实际计算中，利率一般以年利率表示，一年按360天计算。

举例：一张面值为500元，期限为60天，票面利率为8%的商业汇票，到期价值为506.67元[500×(1＋8%×60÷360)]。

2.17 应收票据的账务处理(1)

2.18 应收票据的账务处理(2)

2.19 初级实战演练

二、应收票据的核算

为了反映和监督应收票据取得、票款收回等情况，企业应当设置“应收票据”科目，该科目应当按照对方单位进行明细核算。“应收票据”科目的账户结构如图2-12所示。

企业同时还需要设置应收票据备查簿，逐笔登记商业汇票的种类，号数，出票金额，交易合同号，付款人、承兑人、背书人的姓名或单位名称，到期日，背书转让日，贴现日，贴现率及贴现净额以及收款日和收款金额、退票情况等资料。商业汇票到期结清票款或退票后，应在备查簿中予以注销。

借方	应收票据	贷方
期初余额 取得应收票据的面值		到期收回票款或到期前向银行贴现的应收票据的票面余额
期末余额：企业持有的商业汇票的票面余额		

图 2-12　“应收票据”科目的账户结构

(一) 应收票据取得业务

应收票据取得的原因不同，其账务处理也有所区别。因债务人抵偿前欠货款而取得的应收票据，借记“应收票据”科目，贷记“应收账款”科目；因企业销售商品、提供劳务等而收到开出、承兑的商业汇票，应按照票面金额借记“应收票据”科目，贷记“主营业务收入”“应交税费”科目。

【业务 2-14】 2023 年 1 月 12 日，陕西鸿腾股份有限公司向江华公司销售商品一批，价款为 50 000 元，增值税税额为 6 500 元，当日收到江华公司签发的 3 个月到期的银行承兑汇票，票面金额为 56 500 元。请编制该笔业务的会计分录。

	借方	贷方
借：应收票据——江华公司	56 500	
贷：主营业务收入		50 000
应交税费——应交增值税(进项税额)		6 500

(二) 应收票据到期业务

商业汇票到期收回款项时，应按实际收到的金额，借记“银行存款”科目，贷记“应收票据”科目。

如果到期的应收票据因付款人无力支付票款而无法按期收回，则当收到银行退回的商业承兑汇票、委托收款凭证、未付票据通知书或拒绝付款证明等时，按应收票据的账面余额，借记“应收账款”科目，贷记“应收票据”科目。到期未收到款项时，将到期票据的票面金额转入“应收账款”科目。

【业务 2-15】 承[业务 2-14]，2023 年 4 月 12 日，江华公司签发的银行承兑汇票到期，陕西鸿腾股份有限公司收回款项 56 500 元。请编制该笔业务的会计分录。

	借方	贷方
借：银行存款	56 500	
贷：应收票据——江华公司		56 500

如果该票据到期，江华公司无力偿还票款，陕西鸿腾股份有限公司应将到期票据的票面金额转入“应收账款”科目。

	借方	贷方
借：应收账款	56 500	
贷：应收票据——江华公司		56 500

（三）应收票据贴现业务

应收票据贴现是指企业将未到期的票据转让给银行，由银行按票据的到期值扣除贴现日至到期日的利息后，将余额付给企业的融资行为，是企业与贴现银行之间就票据权利所作的一种转让。

2.20《商业汇票承兑、贴现与再贴现管理办法》

应收票据贴现时，企业付给银行的利息被称为贴现利息，银行计算贴现利息的利率被称为贴现率，企业从银行获得的票据到期值扣除贴现利息后的货币收入被称为贴现净额。贴现利息、贴现期和贴现净额的计算公式如下：

贴现利息＝票据到期值×贴现率×贴现期

贴现期＝票据期限－企业已持有票据期限

贴现净额＝票据到期值－贴现利息

企业将持有的商业汇票贴现后，按实得贴现净额，借记“银行存款”科目；按商业汇票的票面金额，贷记“应收票据”（或“短期借款”）科目；差额借记或贷记“财务费用”科目。在会计处理上发生附追索权应收票据贴现时，可设置“短期借款”科目，等票据到期，当付款人向贴现银行付清票款后，再将“短期借款”科目的账户余额转销。如果是用银行承兑汇票贴现，由于票据到期应由银行负责承兑，企业不会发生或有负债，因此在会计处理上可直接冲转“应收票据”科目的账户余额。

2.21 初级实战演练

【业务2-16】 2023年3月31日，陕西鸿腾股份有限公司拿着3月16日签发的、60天到期、票据面值为600万元的不带息银行承兑汇票向银行贴现，贴现率为12%，一年按360天计算，不考虑其他因素，试计算贴现金额。请编制该笔业务的会计分录。

（1）票据到期值为6 000 000元。

（2）计算贴现利息：

先计算到期日：3月16日签发，60天到期，到期日为5月15日。

再计算贴现天数：贴现天数＝票据期限－已持有票据期限＝60－15＝45（天）

贴现利息＝6 000 000×12%÷360×45＝90 000（元）

（3）贴现净额＝6 000 000－90 000＝5 910 000（元）。

借：银行存款	5 910 000	
财务费用——票据贴现	90 000	
贷：应收票据		6 000 000

（四）应收票据转让业务

实务中，企业可以将持有的未到期的商业汇票背书转让。票据的背书转让是指在票据背面或者粘贴单上记载有关事项并签章的票据行为。企业将持有的商业汇票背书转让以获取物资时，按取得物资的成本，借记“在途物资”（或“原材料”“库存商品”）“应交税费”等科目，贷记“应收票据”科目，如有差额，借记或贷记“银行存款”科目。

【业务2-17】 陕西鸿腾股份有限公司将持有的票面金额为315 000元、尚未到期的不带息银行承兑汇票背书转让给A公司，用于购买原材料，材料尚在途中，取得的增值税专用发票上注明的价款为300 000元，增值税税额为39 000元，并签发转账支票一张，补付货款与票据面值之间的差额24 000元。请编制该笔业务的会计分录。

借：在途物资　　300 000
　　应交税费——应交增值税（进项税额）　　39 000
　贷：应收票据　　315 000
　　　银行存款　　24 000

任务拓展

通过对应收票据业务的学习，学生应了解应收票据核算内容，掌握应收票据业务核算方法。

请同学们登录网中网企业财务会计理实互动实训教学平台，根据平台任务完成应收票据核算练习。

子任务二　应收账款

应收账款是指企业在正常的经营过程中因销售商品、提供劳务等业务，应向购买单位收取的款项，也包括应由购买单位或接受劳务单位负担的税金、代购买方垫付的各种运杂费等。应收账款是伴随企业的销售行为发生而形成的一项债权。

2.22　初级实战演练

任务初探

问题思考：什么是应收账款？形成应收账款的原因是什么？

案例准备：收集应收账款管理案例资料，请进行课堂讨论应收账款管理的重要性。

任务研学

一、应收账款概述

应收账款是伴随着企业的销售行为发生而形成的一种债权。应收账款的确认与收入的确认密切相关，通常在确认收入的同时，确认应收账款。企业应及时收回应收账款以弥补企业在生产经营过程中的各种耗费，保证企业持续经营；对于被拖欠的应收账款应采取措施，及时催收；对于确实无法收回的应收账款，凡符合坏账条件的，在取得有关证明并按规定程序报批后，作坏账损失处理。

（一）应收账款的核算范围

应收账款的核算范围主要包括以下内容：

（1）应向购货单位收取的购买商品、材料等价款。

（2）应向接受劳务单位收取的劳务价款。

（3）应向购货单位收取的增值税销项税额。

（4）应向购货单位收取的代垫包装物、运杂费。

（5）已冲减坏账准备而又收回的坏账损失。

（6）已贴现的承兑汇票，因承兑企业无力支付的票款。

（7）预收账款不多、没有单独设置“预收账款”科目的企业，预收的款项也通过“应收账款”科目核算。

（二）应收账款的计价

2.23 应收账款的初始计量

我国《企业会计制度》规定，应收账款应按照实际发生金额计价入账。在确认应收账款的入账价值时，还应考虑商业折扣、现金折扣等因素。

1. 商业折扣

商业折扣是指在出售商品时从商品价目单规定的价格中扣减一定的数额，扣减后的金额是实际的销售价格，是企业最常用的促销方式之一。企业为了扩大销售、占领市场，采用销量越多、价格越低的促销策略，通常以百分比来表示，其特点是折扣在实现销售的同时发生。因此，存在商业折扣的情况下，企业的应收账款入账金额应按扣除商业折扣后的实际售价确认。

2. 现金折扣

现金折扣是企业为了鼓励债务人在规定期限内早日付款而向债务人提供的债务扣除。现金折扣通常发生在以赊销方式销售商品、提供劳务的交易中，通常债权人与债务人双方达成协议，债务人在不同期限内还款可以享受不同比例的折扣。

现金折扣一般用“折扣率/付款期限”来表示。例如，“2/10，1/20，n/30”表示债务人在10天内付款给予2%的折扣，在20天内付款给予1%的折扣，30天内付款不予折扣。存在现金折扣的情况下，该情况决定了企业与客户的合同中约定的对价属于可变对价，若合同中存在可变对价，企业应当对计入交易价格的可变对价进行估计。企业应当按照期望值或最可能发生金额确定可变对价的最佳估计数。但是，企业不能在两种方法之间随意进行选择。期望值是按照各种可能发生的对价金额及相关概率计算确定的金额；最可能发生金额是一系列可能发生的对价金额中最可能发生的单一金额。此外，需要注意的是，企业确定可变对价金额之后，计入交易价格的可变对价金额还应满足限制条件，即包含可变对价的交易价格，应当不超过在相关不确定性消除时，累计已确认的收入极可能不会发生重大转回的金额。

二、应收账款的核算

2.24 应收账款的核算

为了反映和监督应收账款的发生、结算和结存情况，企业应当设置“应收账款”科目，该科目应当按照对方单位进行明细核算。预收账款不多、不单独设置“预收账款”科目的企业，预收的账款也在“应收账款”科目核算。“应收账款”科目的账户结构如图2-13所示。

应收账款	
借方	贷方
期初余额 应收账款的增加	应收账款的收回及确认的坏账损失
期末余额：企业尚未收回的应收账款	期末余额：企业预收的账款

图 2-13 “应收账款”科目的账户结构

企业以赊销方式销售商品或提供劳务等发生的应收账款，应按照应收的全部金额借记“应收账款”科目，按货款和劳务收入贷记“主营业务收入”“其他业务收入”科目，按销项税额贷记“应交税费——应交增值税（销项税额）”科目，按代垫运费贷记“银行存款”科目，由销售方负担的运杂费等应作为“销售费用”核算。

(一) 不涉及商业折扣的业务

【业务 2-18】 2023 年 1 月 16 日，陕西鸿腾股份有限公司向明达公司销售商品一批，价款为 20 000 元，增值税税额为 2 600 元，公司代垫运费 2 000 元，已向银行办妥托收手续。请编制该笔业务的会计分录。

	借方	贷方
借：应收账款——明达公司	24 600	
贷：主营业务收入		20 000
应交税费——应交增值税（销项税额）		2 600
银行存款		2 000

(二) 涉及商业折扣的业务

【业务 2-19】 2023 年 1 月 17 日，陕西鸿腾股份有限公司向大华公司销售商品一批，商品价目表的价款为 20 000 元，由于批量销售，公司给予大华公司 10%的商业折扣。请编制该笔业务的会计分录。

商业折扣＝20 000×10%＝2 000（元）

实际成交金额＝20 000－2 000＝18 000（元）

	借方	贷方
借：应收账款——大华公司	20 340	
贷：主营业务收入		18 000
应交税费——应交增值税（销项税额）		2 340

(三) 涉及现金折扣的业务

【业务 2-20】 2023 年 1 月 18 日，陕西鸿腾股份有限公司向夏华公司销售商品一批，价款为 20 000 元，增值税税额为 2 600 元，现金折扣为“2/10，n/30”，商品发出并办妥手续。公司基于对客户的了解，预计客户 10 天内付款的概率为 90%，10 天后付款的概率为 10%。2023 年 2 月 26 日，收到客户支付的货款。请编制该笔业务的会计分录。

本例中，该项销售业务属于在某一时点履行的履约义务。对于现金折扣，陕西鸿腾股份有限公司认为按照最可能发生金额能够更好地预测其有权获取的对价金额。因此，陕西鸿腾股份有限公司应确认的销售商品收入的金额为 19 600 元[20 000×(1−2%)];增值税销项税额为 2 600 元(20 000×13%);应收账款的入账金额为 22 200 元(19 600+2 600)。

(1) 1 月 18 日销售时:

借:应收账款——夏华公司　22 200

　　贷:主营业务收入　19 600

　　　　应交税费——应交增值税(销项税额)　2 600

(2) 2 月 26 日收回货款:

借:银行存款　22 200

　　贷:应收账款——夏华公司　22 200

任务拓展

通过对应收账款业务的学习,学生应了解应收账款内容和计价,掌握应收账款核算方法。

请同学们登录网中网企业财务会计理实互动实训教学平台,根据平台任务完成应收账款账务处理核算练习。

拓展阅读: 防疫企业的应收账款,悬在年关。

https://mp.weixin.qq.com/s/XI6fO1yw2vdG4xN5wng5HQ

子任务三　预付账款

在企业的日常核算中,预付账款是一项流动资产。预付账款是买卖双方协议商定,由购货方预先支付一部分货款给供应方而发生的一项债权。预付账款属于会计要素中的资产,通俗地讲就是暂存在别处的钱。

任务初探

问题思考: 什么是预付账款?预付账款余额过大会存在风险吗?

案例准备: 收集预付账款造假案例进行分析,识别预付账款造假的方法进行课堂讨论。

任务研学

一、预付账款概述

预付账款是企业因购货和接受劳务,按照合同规定预付给供应单位的款项,如预付的材料货款、商品采购货款等。预付账款应当按照实际预付的款项金额入账。

预付账款和应收账款一样，都是企业的短期债权，但两者又有区别。应收账款是企业因销售商品或提供劳务而产生的债权，而预付账款是企业因购货或接受劳务而产生的债权，是预先付给供货方或劳务方的款项。

二、预付账款的核算

为了反映和监督预付账款的增减变动及其结存情况，企业应当设置“预付账款”科目。预付款项不多的企业可以不单独设置“预付账款”科目，预付款项也可在“应付账款”科目核算。“预付账款”科目的账户结构如图 2-14 所示。

预付账款

借方	贷方
期初余额 预付的款项及补付的款项	根据有关发票账单记入“原材料”等科目的金额及收回多付款项的金额
期末余额：企业实际预付的款项	期末余额：企业应付或应补付的款项

图 2-14　“预付账款”科目的账户结构

企业根据购货合同的规定向供应商预付款项时，借记“预付账款”科目，贷记“银行存款”科目；企业收到所购货物，应计入所购货物成本的金额，借记“材料采购”“原材料”“库存商品”科目，按可抵扣的增值税进项税额借记“应交税费——应交增值税（进项税额）”等科目，贷记“预付账款”科目；当预付账款小于采购物资所需支付的款项时，应将不足部分补付，借记“预付账款”科目，贷记“银行存款”科目；当预付账款大于采购物资所需支付的款项时，对于收回的多余款，借记“银行存款”科目，贷记“预付账款”科目。

企业应当定期或者至少每年年度终了时，对预付账款进行检查，预计其可能发生的坏账损失，并计提坏账准备。

【业务 2-21】　陕西鸿腾股份有限公司为一般纳税人，2023 年 1 月 17 日，向龙华公司采购材料 5 000 件，单价为 10 元（不含税），增值税税率为 13%。按照合同规定向龙华公司预付 50% 的货款（含增值税），验收货物后补付其余款项。请编制该笔业务的会计分录。

（1）预付 50% 预付款时：

借：预付账款——龙华公司　　28 250
　　贷：银行存款　　28 250

（2）收到货物验收无误，补付余款时：

借：原材料　　50 000
　　应交税费——应交增值税（进项税额）　　6 500
　　贷：预付账款——龙华公司　　56 500

2.25　初级实战演练

借：预付账款——龙华公司　　28 250

　　贷：银行存款　　28 250

任务拓展

通过对预付账款业务的学习，学生应了解预付账款的概念和内容，掌握预付账款核算方法。

请同学们登录网中网企业财务会计理实互动实训教学平台，根据平台任务完成预付账款账务处理核算练习。

子任务四　应收股利和应收利息

应收股利是企业应收取的现金股利或应收取其他单位分配的利润。应收利息是指企业根据合同或协议规定应向债务人收取的利息。

任务初探

问题思考：什么是应收股利和应收利息？应收股利和应收利息有什么区别？

案例准备：请搜集关于应收股利或应收利息的案例数据，熟悉应收股利或应收利息的核算内容。

任务研学

一、应收股利和应收利息概述

应收股利是指企业因对外进行股权投资而应收取的现金股利和应收取其他单位分配的利润，包括购买股票的价款中所含的已宣告但尚未发放的现金股利或利润和被投资单位新宣告发放的现金股利或利润，但不包括应收股票股利。

应收利息是指企业因债券投资而应收取的利息，包括购入债券的价款中已到付息期但尚未领取的债券利息，和分期付息到期还本的债券在持有期间产生的利息，不包括企业购入到期一次还本付息的长期债券应收取的利息。

二、应收股利和应收利息的核算

（一）应收股利

为了反映和监督应收股利的增减变动及其结存情况，企业应当设置“应收股利”科目，“应收股利”科目应当按照被投资单位设置明细科目核算。“应收股利”科目的账户结构如图 2-15 所示。

应收股利	
借方	贷方
期初余额 应收股利的增加	收到的现金股利或利润
期末余额：企业尚未收到的现金股利或利润	

图 2-15　“应收股利”科目的账户结构

被投资单位宣告发放现金股利（主要为交易性金融资产）时，借记“应收股利”科目，贷记“投资收益”科目；企业实际收到现金股利和利润时，借记“其他货币资金——存出投资款（上市公司）”“银行存款（非上市公司）”科目，贷记“应收股利”科目。

【业务 2-22】 陕西鸿腾股份有限公司持有乐福上市公司的股票，并将其作为交易性金融资产核算。2023 年 3 月 1 日，乐福公司宣告发放上年的现金股利，陕西鸿腾股份有限公司可得 80 000 元。3 月 10 日，收到上述股利。请编制该笔业务的会计分录。

(1) 3 月 1 日，宣告发放股利时：

借：应收股利	80 000	
贷：投资收益		80 000

(2) 3 月 10 日，收到股利时：

借：其他货币资金	80 000	
贷：应收股利		80 000

(二) 应收利息

为了反映和监督应收利息的增减变动及其结存情况，企业应当设置“应收利息”科目。“应收利息”科目的账户结构如图 2-16 所示。

应收利息	
借方	贷方
期初余额 应收利息的增加	实际收到的利息
期末余额：企业尚未收到的利息	

图 2-16　“应收利息”科目的账户结构

企业确定应当收取的利息时，借记“应收利息”科目，贷记“投资收益”等科目；企业实际收到利息时，借记“银行存款”科目，贷记“应收利息”科目。

【业务 2-23】 陕西鸿腾股份有限公司持有三福公司债券，2022 年年底计提债券利息 200 000 元。2023 年 1 月 30 日，收到上述利息存入银行。请编制该笔业务的会计分录。

(1) 2022 年年底，计算利息时：

借：应收利息　　200 000

　　贷：投资收益　　200 000

(2) 2023 年 1 月 30 日，收到利息时：

借：银行存款　　200 000

　　贷：应收利息　　200 000

任务拓展

通过对应收股利和应收利息业务的学习，学生应了解应收股利和应收利息的概念，掌握应收股利和应收利息核算方法。

请同学们登录网中网企业财务会计理实互动实训教学平台，根据平台任务完成应收股利和应收利息账务处理核算练习。

子任务五　其他应收款

其他应收款是企业应收款项的另一重要组成部分，是企业在商品交易业务以外发生的各种应收、暂付款项，主要包括罚款、赔偿、租金、企业垫付的各类款项，一般出现和主营业务无关的应收款，企业会作为其他应收款处理。

任务初探

问题思考：哪些事项可以记入“其他应收款”科目？长期挂账的其他应收款会有什么风险？

案例准备：某些养殖类、农业类上市公司，为了掩盖资金被占用甚至被侵占的事实，可能将本该记入“其他应收款”科目的大股东占款记入存货相关科目，导致存货畸高，最后妄图通过计提存货跌价准备一洗了之。请同学们搜集相关案例并进行讨论。

任务研学

一、其他应收款概述

其他应收款是指企业在应收票据、应收账款、预付账款、应收股利和应收利息等以外的其他各种应收及暂付款项。其他应收款的主要内容包括：①应收的各种赔款、罚款，如财产毁损时，应向责任人收取的赔偿款等；②应收的出租包装物租金；③应向职工收取的各种垫付款项，如为职工垫付的医药费等；④存出保证金，如租入包装物支付的押金；⑤其他各种应收、暂付款项，如拨付给企业各部门的备用金。

二、其他应收款的核算

为了反映和监督其他应收款的增减变动及其结存情况，企业应当设置“其他应收款”

科目。“其他应收款”科目应当按照对方单位(或个人)设置明细科目进行核算。“其他应收款”科目的账户结构如图 2-17 所示。

其他应收款	
借方	贷方
期初余额 其他应收款的增加	其他应收款的收回
期末余额：企业尚未收回的其他应收款项	

图 2-17　“其他应收款”科目的账户结构

企业发生其他各种应收、暂付款项时，借记“其他应收款”科目，贷记“银行存款”“固定资产清理”“待处理财产损溢”等科目；企业收回或转销各种款项时，借记“库存现金”“银行存款”科目，贷记“其他应收款”科目。

【业务 2-24】　2023 年 1 月 17 日，陕西鸿腾股份有限公司前期购买的一批原材料被盗，按照保险合同约定，保险公司予以 20 000 元的赔偿，款项尚未收到。请编制该笔业务的会计分录。

借：其他应收款——保险公司　　20 000

　贷：待处理财产损溢　　20 000

【业务 2-25】　承[业务 2-24]，2023 年 1 月 24 日，陕西鸿腾股份有限公司收到银行进账通知，收到保险公司的赔偿款。请编制该笔业务的会计分录。

借：银行存款　　20 000

　贷：其他应收款——保险公司　　20 000

2.26　初级实战演练

任务拓展

通过对其他应收款业务的学习，学生应了解其他应收款的内容，掌握其他应收款的核算方法。

请同学们登录网中网企业财务会计理实互动实训教学平台，根据平台任务完成其他应收款账务处理核算练习。

子任务六　应收款项减值

企业的各项应收款项可能会因购货人拒付、破产、死亡等原因而无法收回，这会使得应收款项的可收回金额低于其账面价值，造成应收款项减值。由于发生应收款项减值而产生的损失，被称为“应收款项减值损失”或“坏账损失”。

任务初探

问题思考：应收账款减值准备如何计提？

案例准备：请同学们搜集应收款项减值相关案例进行课堂讨论。

任务研学

一、应收款项减值概述

应收款项减值也称坏账，是指企业无法收回或收回的可能性极小的应收款项。应收款项减值有两种核算方法，即直接转销法和备抵法。我国《企业会计准则》规定，应收款项减值的核算应采用备抵法。《小企业会计准则》规定，应收款项减值采用直接转销法。

（一）备抵法

备抵法是指期末在检查应收款项收回的可能性的前提下，预计可能发生的坏账损失，并计提坏账准备，当某一应收款项全部或部分被确认为坏账时，将其金额冲减坏账准备并相应转销应收款项的方法。

备抵法的优点是：①通过合理估计，将不能收回的应收款项作为坏账损失及时计入当期损益，避免了企业的虚盈实亏。②符合权责发生制和会计谨慎性要求，使财务报表使用者能了解企业应收款项预期可收回的金额和谨慎的财务状况。③使应收账款实际占用资金接近实际，消除虚列的应收账款，有利于加快企业资金周转，提高经济效益。备抵法的缺点在于账务处理相对复杂。

（二）直接转销法

直接转销法是指企业实际发生坏账损失时，将其损失直接计入当期损益。直接转销法相对简单、实用。在直接转销法下，企业不需设置“坏账准备”科目。当坏账损失实际发生时，直接按其损失金额借记“信用减值损失”科目，同时冲减已确认为坏账的应收账款，贷记“应收账款”科目。

直接转销法的优点是账务处理简单易懂；缺点是不符合权责发生制及收入与费用配比的会计原则，在转销坏账损失的前期，对于坏账的情况不做任何处理，只有在坏账实际发生时才将其确认为当期费用，虚增了企业的利润。

（三）坏账损失的估计

采用备抵法计提坏账准备，关键是要估计坏账的数额。估计坏账损失的方法主要有三种：应收账款余额百分比法、账龄分析法、销货百分比法，企业通常采用应收账款余额百分比法。

1. 应收账款余额百分比法

应收账款余额百分比法是根据会计期末应收账款的余额乘以估计的坏账率作为当期估计的坏账损失，据此计提坏账准备的方法。期末，企业应计提的坏账准备大于其账面余额的，按其差额提取；应计提的坏账准备小于其账面余额的，按其差额冲回多提的坏账准备。其具体计算公式如下：

首次计提时：

坏账准备＝应收账款余额×坏账率

以后计提时：

坏账准备＝应收账款余额×坏账率－坏账准备的期末余额

对于以后计提坏账准备时，若结果为正数，补提；结果为负数，冲销。

2. 账龄分析法

账龄分析法是根据应收账款入账时间的长短来估计坏账损失。一般情况下，款项被拖欠得越久收回的可能性就越小。账龄分析法是将应收账款按照拖欠时间的长短划分为若干区间，给每一个区间估计一个坏账损失的百分比，计算出各个区间段上的应收账款余额，然后确定坏账损失的总额的方法。其具体计算公式如下：

首次计提时：

坏账准备 $=\sum$(期末各账龄组应收账款余额×各账龄组坏账率)

以后计提时：

坏账准备 ＝ 当期按应收账款计算应计提的坏账准备金额－坏账准备的期末余额

3. 销货百分比法

销货百分比法是根据企业销售总额的一定百分比估计坏账损失的方法。百分比按本企业以往实际发生的坏账与销售总额的关系结合生产经营与销售政策变动情况测定。在实际工作中，企业也可以按赊销百分比估计坏账损失，计算公式如下：

当期应计提的坏账准备 ＝ 本期销售总额(或赊销额)×坏账准备计提比例

二、应收款项减值的核算

为了反映和监督应收款项的坏账准备计提、转销等情况，企业应当设置“坏账准备”科目。“坏账准备”科目应当按照应收款项的类别设置明细科目进行核算。“坏账准备”科目的账户结构如图 2-18 所示。

2.27　坏账损失的账务处理

坏账准备

借方	贷方
	期初余额
实际发生的坏账损失金额 冲减的坏账准备金额	当期计提的坏账准备金额 收回已转销的应收账款而恢复的坏账准备金额
	期末余额：企业已计提但尚未转销的坏账准备

图 2-18　“坏账准备”科目的账户结构

(1) 企业计提坏账准备时，按应计提的金额，借记“信用减值损失——计提的坏账准备”科目，贷记“坏账准备”科目；冲减多计提的坏账准备时，借记“坏账准备”科目，贷记“信用减值损失——计提的坏账准备”科目。

【业务 2-26】 2023 年 12 月 31 日，陕西鸿腾股份有限公司应收 A 公司款项 50 000 元，获悉 A 公司面临重大财务危机，预计上述款项无法收回，则可全额计提坏账准备。请编制该笔业务的会计分录。

借：信用减值损失——计提的坏账准备 50 000
　　贷：坏账准备 50 000

（2）企业确定应收账款无法收回时，按管理权限报经批准后作为坏账转销，冲减已计提的坏账准备，在坏账损失实际发生时，借记“坏账准备”科目，贷记“应收账款”“其他应收款”等科目。

【业务 2-27】 承[业务 2-26]，陕西鸿腾股份有限公司经了解，A 公司确定无法偿还 50 000 元贷款。请编制该笔业务的会计分录。

借：坏账准备 50 000
　　贷：应收账款——A 公司 50 000

（3）若应收款已确认损失转销后又收回时，应按照实际收到的金额增加坏账准备的账面余额，借记“应收账款”“其他应收款”等科目，贷记“坏账准备”科目；同时，借记“银行存款”科目，贷记“应收账款”“其他应收款”等科目。

【业务 2-28】 承[业务 2-27]，假设 A 公司经过重整，财务危机得以好转，并向陕西鸿腾股份有限公司归还了上述款项。请编制该笔业务的会计分录。

借：应收账款——A 公司 50 000
　　贷：坏账准备 50 000

借：银行存款 50 000
　　贷：应收账款——A 公司 50 000

同时，转回已计提的坏账准备：

借：坏账准备 50 000
　　贷：信用减值损失——计提的坏账准备 50 000

2.28 初级实战演练

任务拓展

通过对应收款项减值业务的学习，学生应了解应收款项减值含义，掌握应收款项减值和坏账损失方法。

请同学们登录网中网企业财务会计理实互动实训教学平台，根据平台任务完成应收款项减值业务核算练习。

拓展阅读： 财务造假之坏账准备的秘密——以康得新公司为例。

https://mp.weixin.qq.com/s/u4K66rhbKi29rVHRhhu1Sw

任务四 存 货

存货是指企业在日常活动中持有以备出售的产品或商品、处在生产过程中的在产品、在生产过程或提供劳务过程中储备的材料和物料等，包括各类材料、在产品、半成品、产成品、商品，以及包装物、低值易耗品、委托代销商品等。

2.29 认知存货

资产负债表

编制单位： 年 月 日 单位：元

资产	期末余额	上年年末余额	负债和所有者权益	期末余额	上年年末余额
流动资产：					
……					
存货	××××				
……					

图 2-19 存货的列报

一、存货的分类

企业持有存货的最终目的是销售，能够用于销售的存货包括可供直接销售的商品和需要经过进一步加工后销售的原材料、在产品，以及在生产经营管理过程中使用的包装物和低值易耗品等。一般情况下，企业的存货包括下列三种类型的有形资产：①正常经营过程中存储以备出售的存货；②为了最终出售正处于生产过程中的存货；③为了生产供销售的商品或提供服务以备消耗的存货。

存货分布于企业生产经营的各个环节，种类繁多、用途各异。为了加强管理，企业应对存货进行适当的分类。

2.30《企业会计准则第1号——存货》

（一）存货按经济内容分类

1. 原材料

原材料是指企业在生产过程中经加工改变其形态或性质并构成产品主要实体的各种原料及主要材料、辅助材料、燃料、修理用备件（备品备件）、包装材料、外购半成品（外购件）等。

2. 在产品

在产品是指企业正在制造尚未完工的生产物，包括正在各个生产工序加工的产品和已加工完毕但尚未检验或已检验但尚未办理入库手续的产品。

3. 半成品

半成品是指经过一定生产过程并已检验合格交付半成品仓库保管，但尚未制造完工成为产成品，仍需进一步加工的中间产品。

4. 产成品

产成品是指工业企业已经完成全部生产过程并已验收入库,可以按照合同规定的条件送交订货单位,或者可以作为商品对外销售的产品。企业接受来料加工制造的代制品和为外单位加工修理的代修品,制造和修理完成验收入库后,应视同企业的产成品。

5. 商品

商品是指商品流通企业外购或委托加工完成验收入库用于销售的各种商品。

6. 包装物

包装物是指为了包装本企业的商品而储备的各种包装容器,如桶、箱、瓶、坛、袋等。其主要作用是盛装、装潢产品或商品。

7. 低值易耗品

低值易耗品是指不能作为固定资产核算的各种用具物品,如工具、管理用具、玻璃器皿、劳动保护用品以及在经营过程中周转使用的容器等。

8. 委托代销商品

委托代销商品是指企业委托其他单位代销的商品。

(二) 存货按存放地点分类

1. 在库商品

在库商品是指在库存货指已经购进或生产完工并经过验收入库的各种原材料、周转材料、半成品以及库存商品。

2. 在途商品

在途商品是指已经取得所有权但尚在运输途中,或虽已运抵企业但尚未验收入库的各种材料物资及商品。

3. 在制商品

在制商品是指正处于本企业各生产工序加工制造中的在产品,以及委托外单位加工尚未完成的材料物资。

4. 在售商品

在售商品是指已发运给购货方但尚不能完全满足收入确认条件,因而仍作为销货方存货的发出商品、委托代销商品等。

二、存货的初始计量

2.31 存货取得成本的确定

企业取得存货应当按照成本进行初始计量。原材料、商品、低值易耗品等通过购买而取得的存货的初始成本由采购成本构成。产成品、在产品、半成品和委托加工物资等通过进一步加工而取得的存货的成本由采购成本、加工成本以及为使存货达到目前场所和状态所发生的其他成本构成。存货成本包括采购成本、加工成本和其他成本。

(一) 存货的采购成本

存货的采购成本是指在采购存货过程中所发生的支出,包括购买价款、相关税费、运输费、装卸费、保险费以及其他可归属于存货采购成本的费用。

(1) 存货的购买价款是指企业购入的材料或商品的发票账单上列明的价款,但不包括按照规定可以抵扣的增值税进项税额。

(2) 存货的相关税费是指企业购买存货发生的进口关税、消费税、资源税和不能抵扣的增值税进项税额,以及相应的教育费附加等应计入存货采购成本的税费。

(3) 其他可归属于存货采购成本的费用是指采购成本中除了上述各项成本的可归属于存货采购的费用,如在存货采购过程中发生的仓储费、包装费、运输途中的合理损耗、入库前的挑选整理费用等。运输途中的合理损耗,是指商品在运输过程中,因商品性质、自然条件及技术设备等因素,所发生的自然的或不可避免的损耗。

(4) 商品流通企业在采购商品过程中发生的运输费、装卸费、保险费以及其他可归属于存货采购成本的费用等进货费用,应当计入所购商品成本。企业也可以对这部分成本先进行归集,期末根据所购商品的存、销情况进行分摊。对于已售商品的进货费用,计入当期主营业务成本;对于未售商品的进货费用,计入期末存货成本。

(二) 存货的加工成本

存货的加工成本是指在存货的加工过程中发生的追加费用,包括直接人工以及按照一定方法分配的制造费用。直接人工是指企业在生产产品过程中发生的直接从事产品生产人员的职工薪酬。制造费用是指企业为生产产品而发生的各项间接费用。

(三) 存货的其他成本

存货的其他成本是指在采购成本、加工成本以外的,使存货达到目前状态所发生的其他支出。例如,为特定客户设计产品所发生的可直接认定的产品设计费计入存货成本,但是企业设计产品发生的一般设计费用通常应计入当期损益。

三、发出存货的计价方法

企业应当根据各类存货的实物流转方式、存货的性质、企业管理的要求等实际情况,合理地选择发出存货成本的计算方法,以合理确定当期发出存货的成本。对于性质和用途相同的存货,应当采用相同的成本计价方法确定发出存货的成本。

2.32　存货发出的计价方式

(一) 个别计价法

个别计价法是假设存货具体项目的实物流转与成本流转相一致,按照各种存货逐一辨认各批发出存货和期末存货所属的购进批别或生产批别,分别按其购入或生产时所确定的单位成本计算各批发出存货和期末存货成本的方法。这种方法会把每一种存货的实际成本作为计算发出存货成本和期末存货成本的基础。

个别计价法的成本计算准确,符合实际情况,但在存货收发频繁的情况下,其发出成本分辨的工作量较大。因此,这种方法通常适用于一般不能替代使用的存货、为特定项目专门购入或制造的存货以及提供的劳务,如珠宝、名画等贵重物品。

（二）先进先出法

先进先出法是指以先购入的存货应先发出（销售或耗用），以此计算发出存货成本和期末结存存货成本的方法。采用这种方法，先购入的存货成本在后购入存货成本之前转出，据此确定发出存货和期末存货的成本。具体方法是：收入存货时，逐笔登记收入存货的数量、单价和金额；发出存货时，按照先进先出的原则逐笔登记存货的发出成本和结存金额。

先进先出法可以随时结转存货发出成本，但较烦琐。如果存货收发业务较多，且存货单价不稳定时，其工作量较大。在物价持续上升时，期末存货成本接近于市价，而发出成本偏低，会高估企业当期利润和库存存货价值；反之，会低估企业存货价值和当期利润。

【业务 2-29】 2023 年 12 月，陕西鸿腾股份有限公司 A 材料的收发结存数据如表 2-5 所示。采用先进先出法逐笔计算 A 材料收、发、结存成本。

表 2-5　A 材料收、发、结存表

金额单位：元
数量单位：千克

日期	摘要	收入		发出		结存	
		数量	单位成本	数量	单位成本	数量	单位成本
12.1	期初结存					3 000	2.00
12.4	购入	2 000	2.20			5 000	
12.9	发出			4 000		1 000	
12.12	购入	3 000	2.30			4 000	
12.24	发出			2 000		2 000	
12.31	购入	2 000	2.50			4 000	

采用先进先出法逐笔计算的 A 材料收、发、结存成本如表 2-6 所示。

表 2-6　A 材料成本计算表（先进先出法）

金额单位：元
数量单位：千克

日期	摘要	收入			发出			结存		
		数量	单位成本	总成本	数量	单位成本	总成本	数量	单位成本	总成本
12.1	期初结存							3 000	2.00	6 000
12.4	购入	2 000	2.20	4 400				3 000 2 000	2.00 2.20	6 000 4 400
12.9	发出				3 000 1 000	2.00 2.20	6 000 2 200	1 000	2.20	2 200
12.12	购入	3 000	2.30	6 900				1 000 3 000	2.20 2.30	2 200 6 900

（续表）

日期	摘要	收入			发出			结存		
		数量	单位成本	总成本	数量	单位成本	总成本	数量	单位成本	总成本
12.24	发出				1 000 1 000	2.20 2.30	2 200 2 300	2 000	2.30	4 600
12.31	购入	2 000	2.50	5 000				2 000 2 000	2.30 2.50	4 600 5 000
合计		7 000		16 300	6000		12 700	2 000 2 000	2.30 2.50	4 600 5 000

（三）月末一次加权平均法

月末一次加权平均法是指以本月全部进货数量加上月初存货数量作为权数，去除本月全部进货成本加上月初存货成本，计算出存货的加权平均单位成本，以此为基础计算本月发出存货成本和期末结存存货成本的一种方法。计算公式如下：

$$\text{存货单位成本}=\left(\text{月初结存存货实际成本}+\text{本月收入存货实际成本}\right)\div\left(\text{月初结存存货的数量}+\text{本月收入存货数量}\right)$$

本月发出存货的成本 = 本月发出存货的数量 × 存货单位成本

本月月末结存存货成本 = 月末结存存货的数量 × 存货单位成本

或：

本月月末结存存货成本 = 月初结存存货成本 + 本月收入存货成本 − 本月发出存货成本

采用月末一次加权平均法只在月末一次计算加权平均单价，可以简化成本计算工作。但由于仅月末一次计算加权平均单价和发出存货成本，不便于企业对存货成本的日常管理与控制。

【业务 2-30】 承［业务 2-29］，采用月末一次加权平均法计算 A 材料发出、结存成本。

A 材料的单位成本＝(6 000＋16 300)÷(3 000＋7 000)＝2.23(元/千克)

A 材料的本月发出成本＝6 000×2.23＝13 380(元)

A 材料的月末结存成本＝4 000×2.23＝8 920(元)

（四）移动加权平均法

移动加权平均法是指以每次进货的成本加上原有结存存货的成本的合计额，除以每次进货数量加上原有结存存货的数量的合计数，据以计算加权平均单位成本，作为在下次进货前计算各次发出存货成本依据的一种方法。计算公式如下：

存货单位成本 = (原有结存存货成本 + 本次进货的成本) ÷ (原有结存存货数量 + 本次进货数量)

本次发出存货成本 = 本次发出存货数量 × 本次发货前存货的单位成本

本月月末结存存货成本 = 月末结存存货的数量 × 本月月末存货单位成本

或：

本月月末结存存货成本＝月初结存存货成本＋本月收入存货成本－本月发出存货成本

采用移动加权平均法能够使企业管理层及时了解存货的结存情况，计算的平均单位成本以及发出和结存的存货成本比较客观。但由于每次收货都要计算一次平均单位成本，计算工作量较大，对收发货较频繁的企业不太适用。

【业务 2-31】 承[业务 2-29]，采用移动加权平均法计算 A 材料成本及每次收货后的新的平均单位成本。

第一次购货后的平均单位成本＝(6 000＋4 400)÷(3 000＋2 000)＝2.08(元)

第二次购货后的平均单位成本＝(2 080＋6 900)÷(1 000＋3 000)＝2.245(元)

第三次购货后的平均单位成本＝(4 490＋5 000)÷(2 000＋2 000)＝2.372 5(元)

采用移动加权平均法计算月末 A 材料的成本如表 2-7 所示。

表 2-7 A 材料成本计算表(移动加权平均法)

金额单位：元

数量单位：千克

日期	摘要	收入			发出			结存		
		数量	单位成本	总成本	数量	单位成本	总成本	数量	单位成本	总成本
12.1	期初结存							3 000	2.00	6 000
12.4	购入	2 000	2.20	4 400				5 000	2.08	10 400
12.9	发出				4 000	2.08	8 320	1 000	2.08	2 080
12.12	购入	3 000	2.30	6 900				4 000	2.245	8 980
12.24	发出				2 000	2.245	4 490	2 000	2.245	4 490
12.31	购入	2 000	2.50	5 000				4 000	2.372 5	9 490
合计		7 000		16 300	6 000		12 810	4 000	2.372 5	9 490

从以上各例可以看出，发出存货的计价方法不同，会直接影响当期的销售成本和期末存货价值，从而影响企业损益的计算和资产负债表中有关项目的价值表现。因此，企业应根据自身的经营规模和性质以及存货收发等实际情况，选择合适的发出存货计价方法，方法一旦确定就不得随意变更。

子任务一 原 材 料

原材料是指企业在生产过程中，经过加工改变其形态或性质并构成产品主要实体的各种原料、主要材料和外购半成品，以及不构成产品实体，但有助于产品形成的辅助材料等。原材料具体包括原料及主要材料、辅助材料、外购半成品(外购件)、修理用备件(备品备件)、包装材料、燃料等。

原材料的日常收发及结存可以采用实际成本核算，也可以采用计划成本核算。

任务初探

问题思考： 什么是原材料？原材料的种类有哪些？

案例准备： 请根据企业原材料核算的不同方法搜集案例数据，并对两种不同核算方法进行对比。

任务研学

一、原材料采用实际成本核算

原材料采用实际成本核算时，材料的收入、发出及结存，无论总分类核算还是明细分类核算，均按照实际成本计价。采用实际成本核算使用的科目有“原材料”“在途物资”等，它适用于规模小、存货品种简单、材料收发业务不多的企业。

2.33　原材料采用实际成本法核算

（一）主要账户设置

“原材料”科目用于核算库存各种材料的收发和结存情况，应按照材料的保管地点、材料的类别、品种和规格等设置明细科目进行核算。“原材料”科目的账户结构如图 2-20 所示。

原材料（实际成本核算）

借方	贷方
期初余额 入库材料的实际成本	发出材料的实际成本
期末余额：企业库存材料的实际成本	

图 2-20　“原材料”科目的账户结构

“在途物资”科目用于核算企业采用实际成本（进价）进行材料、商品等物资的日常核算、价款已支付但尚未验收入库的采购成本，应按照供货单位和物资品种等设置明细科目进行核算。“在途物资”科目的账户结构如图 2-21 所示。

在途物资

借方	贷方
期初余额 购入在途物资的实际成本	验收入库在途物资的实际成本
期末余额：企业在途物资的采购成本	

图 2-21　“在途物资”科目的账户结构

（二）原材料购进的核算

1. 发票账单已到，材料已验收入库

对于发票与原材料同时到达的采购业务，企业在支付货款、验收材料入库后，应根据结算凭证、发票和收料单等确定原材料的实际成本，借记“原材料”科目；根据取得的增值税专用发票上注明的增值税税额，借记“应交税费——应交增值税（进项税额）”科目；按照实际支付或应支付的货款，贷记“银行存款”或“应付票据”等科目。

【业务 2-32】 2023 年 1 月 11 日，陕西鸿腾股份有限公司从尚飞公司购买一批 A 材料 100 件，单价为 500 元，价款共计 50 000 元，取得增值税专用发票，增值税税额为 4 500 元，以一张期限 3 个月不带息的商业汇票支付，当日材料验收入库。请编制该笔业务的会计分录。

借：原材料——A 材料	50 000	
应交税费——应交增值税（进项税额）	4 500	
贷：应付票据		54 500

2. 发票账单已到，材料尚未验收入库

对于发票账单已到，材料尚未验收入库的采购业务，企业在支付货款后，应根据结算凭证、发票和收料单等确定原材料的实际成本，借记“在途物资”科目；根据取得的增值税专用发票上注明的增值税税额，借记“应交税费——应交增值税（进项税额）”科目；按照实际支付或应支付的货款，贷记“银行存款”或“应付票据”等科目。

【业务 2-33】 2023 年 1 月 11 日，陕西鸿腾股份有限公司从尚飞公司购买一批 A 材料 100 件，单价 500 元，价款共计 50 000 元，取得增值税专用发票，增值税税额为 4 500 元，材料尚在途中，款项尚未支付。请编制该笔业务的会计分录。

借：在途物资——A 材料	50 000	
应交税费——应交增值税（进项税额）	4 500	
贷：应付账款		54 500

3. 发票账单未到，材料已验收入库

对于发票账单未到，材料已验收入库的采购业务，发票账单未到难以确定实际成本，期末应按照暂估价值先入账，在下月月初，用红字冲销原暂估入账金额，待收到发票账单后再按照实际金额记账。即对于材料已到达并已验收入库，但发票账单等结算凭证未到，货款尚未支付的采购业务，应于期末按材料的暂估价值，借记“原材料”科目，贷记“应付账款——暂估应付账款”科目。下月月初，用红字冲销原暂估入账金额，以便下月付款或开出、承兑商业汇票后，按正常程序，借记“原材料”“应交税费——应交增值税（进项税额）”科目，贷记“银行存款”或“应付票据”等科目。

【业务 2-34】 陕西鸿腾股份有限公司购入 H 材料一批，材料已验收入库，月末发票账单尚未收到也无法确定其实际成本，暂估价值为 30 000 元。甲公司为增值税一般纳税人，采用实际成本进行材料日常核算。请编制该笔业务的会计分录。

（1）期末暂估材料入账：

借：原材料——H 材料	30 000	
贷：应付账款——暂估应付账款		30 000

(2) 下月月初，用红字冲销原暂估入账金额：

借：原材料——H材料　　30 000(红字)
　　贷：应付账款——暂估应付账款　　30 000(红字)

【业务2-35】　承[业务2-34]，上述购入的H材料于次月收到发票账单，增值税专用发票上注明的价款为31 000元，增值税税额为4 030元，已用银行存款付讫。请编制该笔业务的会计分录。

借：原材料——H材料　　31 000
　　应交税费——应交增值税(进项税额)　　4 030
　　贷：银行存款　　35 030

4. 货款已经预付，材料尚未验收入库

对于货款已经预付，材料尚未验收入库的采购业务，采购方按照合同或协议约定预先支付一定比例的材料款，供应单位发货后，根据结算金额，再补付剩余材料款。即当采购方预付材料款项时，借记"预付账款"科目，贷记"银行存款"科目。收到材料时，借记"原材料""应交税费——应交增值税(进项税额)"科目，贷记"预付账款"科目。补付剩余材料款时，借记"预付账款"科目，贷记"银行存款"科目。

【业务2-36】　陕西鸿腾股份有限公司为增值税一般纳税人，根据与大煤钢厂(增值税一般纳税人)的购销合同规定，为购买J材料向该钢厂预付100 000元价款的80%，计80 000元，已通过汇兑方式汇出。该公司采用实际成本进行材料日常核算，请编制该笔业务的会计分录。

借：预付账款——大煤钢厂　　80 000
　　贷：银行存款　　80 000

【业务2-37】　承[业务2-36]，陕西鸿腾股份有限公司收到该钢厂发运来的J材料，已验收入库。取得的增值税专用发票上注明的价款为100 000元，增值税税额为13 000元，所欠款项以银行存款付讫。请编制该笔业务的会计分录。

(1) 材料入库时：

借：原材料——J材料　　100 000
　　应交税费——应交增值税(进项税额)　　13 000
　　贷：预付账款　　113 000

(2) 补付货款时：

借：预付账款　　33 000
　　贷：银行存款　　33 000

(三) 发出原材料的核算

企业采用实际成本核算发出材料的成本，主要有以下几种情形：①生产、经营管理领用材料，企业按照领用材料的用途和实际成本，借记"生产成本""制造费用""销售费用"

“管理费用”等科目，贷记“原材料”科目。②出售材料结转成本，按出售材料的实际成本，借记“其他业务成本”科目，贷记“原材料”科目。③发出委托外单位加工的材料，按发出材料的实际成本，借记“委托加工物资”科目，贷记“原材料”科目。

企业采用实际成本进行材料日常核算的，发出材料的实际成本，可以采用先进先出法、月末一次加权平均法、移动加权平均法或个别计价法计算确定。

【业务 2-38】 陕西鸿腾股份有限公司库存材料采用实际成本法核算，按先进先出法计算发出材料成本。

2023 年 3 月 1 日结存 A 材料 3 000 千克，每千克实际成本为 10 元；3 月 4 日和 3 月 20 日分别购入该材料 9 000 千克和 6 000 千克，每千克实际成本分别为 11 元和 12 元；3 月 10 日和 3 月 25 日，分别发出 A 材料 10 500 千克和 6 000 千克，全部用于生产车间生产产品。3 月份，A 材料发出和结存成本计算结果如下，请编制该笔业务的会计分录。

3 月 10 日发出 A 材料成本＝3 000×10＋7 500×11＝112 500(元)

3 月 25 日发出 A 材料成本＝(9 000－7 500)×11＋4 500×12＝70 500(元)

3 月份发出 A 材料成本合计＝112 500＋70 500＝183 000(元)

3 月份结存 A 材料成本合计＝(6 000－4 500)×12＝18 000(元)

(1) 3 月 10 日发出 A 材料时：

借：生产成本——基本生产成本	112 500	
贷：原材料——A 材料		112 500

(2) 3 月 25 日发出 A 材料时：

借：生产成本——基本生产成本	70 500	
贷：原材料——A 材料		70 500

【业务 2-39】 承[业务 2-38]，假设采用月末一次加权平均法，陕西鸿腾股份有限公司 2023 年 3 月发出 A 材料用于生产产品，采用实际成本进行材料日常核算；3 月 31 日，结转 3 月发出 A 材料成本，计算 A 材料的成本如下，请编制该笔业务的会计分录。

A 材料平均单位成本＝(30 000＋171 000)÷(3 000＋15 000)＝11.17(元)

本月发出 A 材料的成本＝16 500×11.17＝184 305(元)

月末结存 A 材料的成本＝30 000＋171 000－184 305＝16 695(元)

应编制如下会计分录：

借：生产成本——基本生产成本	184 305	
贷：原材料——A 材料		184 305

【业务 2-40】 承[业务 2-38]，假设采用移动加权平均法，陕西鸿腾股份有限公司 2023 年 3 月发出 B 材料用于生产车间生产产品，采用实际成本进行材料日常核算，应计算 A 材料的成本如下，请编制该笔业务的会计分录。

第一批收货后 A 材料的平均单位成本＝(30 000＋99 000)÷(3 000＋9 000)＝10.75(元)

第一批发出A材料的成本＝10 500×10.75＝112 875(元)

当时结存的存货成本＝1 500×10.75＝16 125(元)

第二批收货后A材料的平均单位成本＝(16 125＋72 000)÷(1 500＋6 000)＝11.75(元)

第二批发出A材料的成本＝6 000×11.75＝70 500(元)

当时结存的存货成本＝1 500×11.75＝17 625(元)

A材料月末结存1 500千克，月末库存存货成本为17 625元；本月发出存货成本合计为183 375元(112 875＋70 500)。

(1) 3月10日发出A材料时：

借：生产成本——基本生产成本　　112 875
　贷：原材料——A材料　　112 875

(2) 3月25日发出A材料时：

借：生产成本——基本生产成本　　70 500
　贷：原材料——A材料　　70 500

企业各生产单位及有关部门领用的材料具有种类多、业务频繁等特点。为了简化核算，企业可以在月末根据领料单或限额领料单中有关领料的单位、部门等加以归类，编制发料凭证汇总表，据以编制记账凭证、登记入账。发出材料实际成本的确定，可以由企业从上述个别计价法、先进先出法、月末一次加权平均法、移动加权平均法等方法中选择。计价方法一经确定，不得随意变更。如需变更，应在附注中予以说明。

【业务2-41】 陕西鸿腾股份有限公司为增值税一般纳税人，根据发料凭证汇总表的记录，1月基本生产车间领用M材料500 000元，辅助生产车间领用M材料40 000元，车间管理部门领用M材料5 000元，销售机构领用M材料1 000元，企业行政管理部门领用M材料4 000元，计550 000元。陕西鸿腾股份有限公司采用实际成本进行材料日常核算，请编制该笔业务的会计分录。

借：生产成本——基本生产成本　　500 000
　　　　　——辅助生产成本　　40 000
　制造费用　　5 000
　销售费用　　1 000
　管理费用　　4 000
　贷：原材料——M材料　　550 000

(四) 采购原材料途中发生短缺和毁损的核算

采购材料在途中发生短缺和毁损，除了合理的损耗应当作为存货的其他可直接归属于存货采购费用计入采购成本，应根据造成短缺或毁损的原因分别处理：

(1) 应由供应单位、运输单位、保险公司或其他过失人赔偿的，应向有关单位或责任人索赔，自“在途物资”科目转入“应付账款”或“其他应收款”科目。

(2) 凡尚待查明原因和需要报经批准才能转销处理的损失，应将其损失从“在途物资”科目转入“待处理财产损溢”科目，查明原因后再分别处理：①属于应由供应单位、运输单位、保险公司或其他过失人赔偿的，应向有关单位或责任人索赔，自“在途物资”科目转入“应付账款”或“其他应收款”科目。②属于自然灾害造成的损失，应按扣除残料价值和保险公司赔偿后的净损失，从“待处理财产损溢”科目转入“营业外支出——非常损失”科目。③属于无法收回的其他损失，报经批准后，将其从“待处理财产损溢”科目转入“管理费用”科目。

(3) 在(2)中所述②和③两种情况下，短缺和毁损的材料所负担的增值税税额和准予抵扣的消费税税额应自“应交税费——应交增值税(进项税额)”和“应交税费——应交消费税”科目随同“在途物资”账户转入相对应科目。

【业务 2-42】 陕西鸿腾股份有限公司从南美公司购入 D 材料 1 000 千克，价款共计 50 000 元，增值税税额为 6 500 元，结算凭证已收到，款项已通过银行支付，材料尚未运到。请编制该笔业务的会计分录。

借：在途物资	50 000	
应交税费——应交增值税(进项税额)	6 500	
贷：银行存款		56 500

【业务 2-43】 上述材料运达企业时，实际验收 800 千克，短缺 200 千克。经查：应由运输部门赔偿 100 千克，其余 100 千克，保险公司赔偿其中的 50%，净损失经批准作为营业外支出处理。请编制该笔业务的会计分录。

实际入库材料成本＝50 000÷1 000×800＝40 000(元)

借：原材料——D 材料	40 000	
贷：在途物资——D 材料		40 000

短缺材料成本＝50 000÷1 000×200＝10 000(元)

借：其他应收款——运输部门	5 650	
——保险公司	2 825	
营业外支出	2 825	
贷：在途物资		10 000
应交税费——应交增值税(进项税额转出)		1 300

【业务 2-44】 承[业务 2-43]，假设上述 200 千克材料短缺，系供货方少发造成，请编制该笔业务的会计分录。

借：应付账款——南美公司	11 300	
贷：在途物资		10 000
应交税费——应交增值税(进项税额)		1 300

二、原材料采用计划成本核算

2.34 原材料采用计划成本法核算

(一) 主要账户设置

采用计划成本核算材料,材料的收入、发出及结存,无论是总分类核算还是明细分类核算,均按照计划成本计价。企业应设置的会计科目有“原材料”“材料采购”“材料成本差异”等。材料实际成本与计划成本的差异,通过“材料成本差异”科目核算。月末,计算本月发出材料应负担的成本差异并进行分摊,根据领用材料的用途计入相关资产的成本或者当期损益,从而将发出材料的计划成本调整为实际成本。

采用计划成本核算材料,“原材料”科目的借方登记入库材料的计划成本;贷方登记发出材料的计划成本;期末余额在借方,反映企业库存材料的计划成本。

“材料采购”科目借方登记采购材料的实际成本,贷方登记入库材料的计划成本。借方金额大于贷方金额表示超支,从“材料采购”科目贷方转入“材料成本差异”科目的借方;贷方金额大于借方金额表示节约,从“材料采购”科目借方转入“材料成本差异”科目的贷方;期末为借方余额,反映企业在途材料的实际采购成本。

“材料成本差异”科目反映企业已入库各种材料的实际成本与计划成本的差异,借方登记超支差异及发出材料应负担的节约差异,贷方登记节约差异及发出材料应负担的超支差异。期末如为借方余额,反映企业库存材料的实际成本大于计划成本的差异(即超支差异);如为贷方余额,反映企业库存材料实际成本小于计划成本的差异(即节约差异)。

(二) 原材料的账务处理

1. 购入材料

企业购入验收入库的材料,按计划成本借记“原材料”科目,贷记“材料采购”科目;按实际成本大于计划成本的差异,借记“材料成本差异”科目,贷记“材料采购”科目;按实际成本小于计划成本的差异,借记“材料采购”科目,贷记“材料成本差异”科目。

1) 货款已经支付,同时材料验收入库

【业务 2-45】 陕西鸿腾股份有限公司为增值税一般纳税人,购入 N 材料一批,增值税专用发票上注明的价款为 3 000 000 元,增值税税额为 390 000 元,发票账单已收到,计划成本为 3 200 000 元,材料已验收入库,全部款项以银行存款支付。陕西鸿腾股份有限公司采用计划成本进行材料日常核算,请编制该笔业务的会计分录。

借:材料采购——N 材料　　3 000 000
　　应交税费——应交增值税(进项税额)　　390 000
　贷:银行存款　　3 390 000

同时:

借:原材料——N 材料　　3 200 000
　贷:材料采购——N 材料　　3 200 000

结转材料成本差异：

借：材料采购——N材料　200 000
　　贷：材料成本差异——N材料　200 000

计划成本法下，购入的材料无论是否验收入库，都要先通过“材料采购”科目进行核算，以反映企业所购材料的实际成本，从而与“原材料”科目相比较，计算确定材料成本差异。

2）货款已经支付，材料尚未验收入库

【业务2-46】 陕西鸿腾股份有限公司为增值税一般纳税人，采用汇兑结算方式购入甲材料一批，增值税专用发票上注明的价款为200 000元，增值税税额为26 000元，发票账单已收到，计划成本为180 000元，材料尚未入库，款项已用银行存款支付。陕西鸿腾股份有限公司采用计划成本进行材料日常核算，请编制该笔业务的会计分录。

借：材料采购——甲材料　200 000
　　应交税费——应交增值税(进项税额)　26 000
　　贷：银行存款　226 000

3）货款尚未支付，材料已经验收入库

【业务2-47】 陕西鸿腾股份有限公司为增值税一般纳税人，采用商业承兑汇票支付方式购入乙材料一批，增值税专用发票上注明的价款为500 000元，增值税税额为65 000元，发票账单已收到，计划成本为490 000元，材料已验收入库。陕西鸿腾股份有限公司采用计划成本进行材料日常核算，请编制该笔业务的会计分录。

借：材料采购——乙材料　500 000
　　应交税费——应交增值税(进项税额)　65 000
　　贷：应付票据　565 000

同时：

借：原材料——乙材料　490 000
　　贷：材料采购——乙材料　490 000

借：材料成本差异——乙材料　10 000
　　贷：材料采购——乙材料　10 000

在本业务中，乙材料的实际成本为500 000元，计划成本为490 000元，实际成本大于计划成本10 000元(为超支差异)，应记入“材料成本差异”科目的借方。

4）尚未收到发票账单，材料已经验收入库

对于尚未收到发票账单的收料凭证，月末应按计划成本暂估入账，借记“原材料”等科目，贷记“应付账款——暂估应付账款”科目，下月月初，用红字予以冲回，借记“原材料”科目(红字)，贷记“应付账款——暂估应付账款”科目(红字)。

【业务 2-48】　陕西鸿腾股份有限公司为增值税一般纳税人，购入丙材料一批，材料已验收入库，发票账单未到，月末应按照计划成本 600 000 元估价入账。陕西鸿腾股份有限公司采用计划成本进行材料日常核算，请编制该笔业务的会计分录。

借：原材料——丙材料　　600 000

　　贷：应付账款——暂估应付账款　　600 000

下月月初，用红字冲销原暂估入账金额：

借：原材料——丙材料　　600 000(红字)

　　贷：应付账款——暂估应付账款　　600 000(红字)

收到存货结算凭证并支付货款时，视同货款已经支付，同时材料验收入库处理。

2. 发出材料

在采用计划成本对材料进行日常核算的情况下，企业发出材料主要有以下几种情形：①生产、经营管理领用材料，按照领用材料的用途和计划成本，借记“生产成本”“制造费用”“销售费用”“管理费用”等科目，贷记“原材料”科目。②出售材料结转成本，按出售材料计划成本，借记“其他业务成本”科目，贷记“原材料”科目。③发出委托外单位加工的材料，按发出委托加工材料计划成本，借记“委托加工物资”科目，贷记“原材料”科目。

在实务中，为了简化核算，企业平时发出原材料不编制会计分录，通常在月末，根据领料单等编制“发料凭证汇总表”结转发出材料的计划成本，按计划成本分别记入“生产成本”“制造费用”“销售费用”“管理费用”“其他业务成本”“委托加工物资”等科目，贷记“原材料”科目，同时结转材料成本差异。

【业务 2-49】　陕西鸿腾股份有限公司为增值税一般纳税人，根据“发料凭证汇总表”的记录，某月 N 材料的消耗(计划成本)为：基本生产车间领用 2 000 000 元，辅助生产车间领用 600 000 元，车间管理部门领用 250 000 元，企业行政管理部门领用 50 000 元。陕西鸿腾股份有限公司采用计划成本进行材料日常核算，请编制该笔业务的会计分录。

借：生产成本——基本生产成本　　2 000 000

　　　　　　——辅助生产成本　　600 000

　　制造费用　　250 000

　　管理费用　　50 000

　　贷：原材料——N 材料　　2 900 000

根据《企业会计准则第 1 号——存货》的规定，企业日常采用计划成本核算的，发出的材料成本应由计划成本调整为实际成本，通过“材料成本差异”科目进行结转，按照所发出材料的用途，分别记入“生产成本”“制造费用”“销售费用”“管理费用”“其他业务成本”“委托加工物资”等科目。发出材料应负担的成本差异应当按期(月)分摊，不得在季末或年末一次计算。年度终了，企业应对材料成本差异率进行核实调整。

材料成本差异率的计算公式如下：

$$\text{本月材料成本差异率}=\left(\text{月初结存材料的成本差异}+\text{本月验收入库材料的成本差异}\right)\div\left(\text{月初结存材料的计划成本}+\text{本月验收入库材料的计划成本}\right)\times 100\%$$

$$\text{本月发出材料应负担的成本差异}=\text{本月发出材料的计划成本}\times\text{本月材料成本差异率}$$

如果企业的材料成本差异率各期之间是比较均衡的，也可以采用期初材料成本差异率分摊本期的材料成本差异。其计算公式如下：

$$\text{期初材料成本差异率}=(\text{期初结存材料的成本差异}\div\text{期初结存材料的计划成本})\times 100\%$$

$$\text{发出材料应负担的成本差异}=\text{发出材料的计划成本}\times\text{期初材料成本差异率}$$

【业务 2-50】 承[业务 2-45]和[业务 2-49]，陕西鸿腾股份有限公司为增值税一般纳税人，某月月初结存N材料的计划成本为1 000 000元，成本差异为超支30 740元；当月入库N材料的计划成本为3 200 000元，成本差异为节约200 000元。根据上述业务结转发出材料的成本差异，请编制该笔业务的会计分录。

借：材料成本差异——N材料　　116 870
　贷：生产成本——基本生产成本　　80 600
　　　　　　——辅助生产成本　　24 180
　　　制造费用　　10 075
　　　管理费用　　2 015

2.35 初级实战演练

本业务中，基本生产成本应分摊的材料成本差异节约额为80 600元(2 000 000×4.03%)，辅助生产成本应分摊的材料成本差异节约额为24 180元(600 000×4.03%)，制造费用应分摊的材料成本差异节约额为10 075元(250 000×4.03%)，管理费用应分摊的材料成本差异节约额为2 015元(50 000×4.03%)。

任务拓展

通过对原材料业务的学习，学生应了解原材料的概念和内容，掌握原材料核算方法。

请同学们登录网中网企业财务会计理实互动实训教学平台，根据平台任务完成原材料核算练习。

子任务二　周转材料

周转材料是指企业能够多次使用、但不符合固定资产定义、逐渐转移其价值但仍保持其原有形态，不确认为固定资产的材料。例如，为了包装本企业商品而储备的各种包装物，各种工具、管理用具、玻璃器皿、劳动保护用品以及在经营过程中周转使用的容器等低值易耗品和建造承包商的钢模板、木模板、脚手架等其他周转材料。

任务初探

问题思考：什么是周转材料？企业的周转材料有什么特点？

案例准备：请搜集周转材料管理的相关案例并进行课堂讨论。

任务研学

一、周转材料概述

周转材料是企业日常办公、生产领用的包装物、低值易耗品等。企业的周转材料主要包括包装物和低值易耗品。

（一）包装物

包装物是指为了包装商品而储备的各种包装容器，如桶、箱、瓶、坛、袋等。其核算内容包括：

2.36　包装物

（1）生产过程中用于包装产品作为产品组成部分的包装物。

（2）随同商品出售不单独计价的包装物。

（3）随同商品出售单独计价的包装物。

（4）出租给购买单位使用的包装物。

（5）出借给购买单位使用的包装物。

需要注意的是，以下各项不属于包装物核算的范畴：

（1）各种包装材料，如纸、绳子、铁丝、铁皮等不属于包装物，应在“原材料”科目核算。

（2）用于储存和保管产品、商品和材料而不对外出售、出租或出借的包装物不属于包装物，应根据其价值大小和使用年限长短，分别在“固定资产”和“低值易耗品”科目核算。

（3）单独列作商品、产品的自制包装物不属于包装物，应作为产成品进行核算和处理。

2.37　低值易耗品

（二）低值易耗品

低值易耗品是指单项价值在规定限额以下并且使用期限不满1年，能多次使用而基本保持其实物形态的劳动资料。例如，在生产车间中，车间人员会经常用到白手套、螺丝刀、塑料泡沫等。低值易耗品具有单位价值低，使用期限相对于固定资产短，使用过程中保持原有实物形态基本不变，价值可通过使用逐渐发生转移等特点。

作为存货核算和管理的低值易耗品，一般划分为一般工具、专用工具、替换设备、包装容器、劳动保护用品、管理用具、其他低值易耗品等。

一般工具是指直接用于生产过程的各种工具，如刀具、夹具、模具及其他各种辅助工具。专用工具是指专门用于生产各种产品或仅在某道工序中使用的各种工具，如专门模具、专用夹具等。替换设备是指容易磨损、更换频繁或为生产不同产品需要替换使用的各种设备，如轧制钢材用的轧辊、浇铸钢锭的锭模。包装容器是指用于企业内部周转使用，既不出租、也不出借的各种包装物品，如盛放材料、储存商品的木桶、瓷缸等。劳动保护用品是指发给工人用于劳动保护的安全帽、工作服和各种防护用品。管理用具是指管理部门和管理人员用的各种家具和办公用品，如文件柜、打字机等。其他低值易耗品是指不属于以上各类的低值易耗品。

二、周转材料的核算

（一）包装物

为了全面反映和监督包装物的增减变动及其价值损耗、结存情况，企业应当设置“周转材料——包装物”科目。“周转材料——包装物”科目的账户结构如图 2-22 所示。

借方　　　　周转材料——包装物	贷方
期初余额 包装物的增加	包装物的减少
期末余额：企业期末结存包装物的金额	

图 2-22 “周转材料——包装物”科目的账户结构

1. 生产领用包装物

生产领用包装物应当按照领用包装物的实际成本，借记“生产成本”科目，按照领用包装物的计划成本贷记“周转材料——包装物”科目，按照其差额借记或贷记“材料成本差异”科目（采用计划成本核算时使用该科目）。

【业务 2-51】 陕西鸿腾股份有限公司为一般纳税人，采用一般计税法计税，对包装物采用计划成本核算。2023 年 1 月生产产品领用包装物的计划成本为 70 000 元，材料成本差异率为−2%。根据上述业务结转发出材料的成本差异，请编制该笔业务的会计分录。

借：生产成本　　68 600

　　材料成本差异　　1 400

　　贷：周转材料——包装物　　70 000

2. 随同商品出售包装物

随同商品出售而不单独计价的包装物，应当按照包装物的实际成本，借记“销售费用”科目，按其计划成本贷记“周转材料——包装物”科目，按照其差额借记或贷记“材料成本差异”科目。

随同商品出售需要单独计价的包装物，应当按照实际取得的金额借记“银行存款”等科目，按照其销售收入贷记“其他业务收入”科目，按增值税专用发票上注明的销项税额贷记“应交税费——应交增值税（销项税额）”科目；同时，结转所销售包装物的成本，按其实际成本借记“其他业务成本”科目，按其计划成本贷记“周转材料——包装物”科目，按其差额借记或贷记“材料成本差异”科目。

【业务 2-52】 陕西鸿腾股份有限公司为一般纳税人，采用一般计税法计税。2023 年

1 月随同商品出售领用不单独计价包装物的计划成本为 80 000 元，材料成本差异率为 −3%。根据上述业务结转发出材料的成本差异，请编制该笔业务的会计分录。

借：销售费用	77 600	
材料成本差异	2 400	
贷：周转材料——包装物		80 000

【业务 2-53】　陕西鸿腾股份有限公司为一般纳税人，采用一般计税法计税。2023 年 1 月随同商品出售领用单独计价包装物的计划成本为 80 000 元，销售收入为 60 000 元，增值税税额为 12 800 元，款项已存入银行。该包装物的材料成本差异率为 2%。根据上述业务结转发出材料的成本差异，请编制该笔业务的会计分录。

(1) 出售单独计价包装物时：

借：银行存款	69 360	
贷：其他业务收入		60 000
应交税费——应交增值税（销项税额）		9 360

(2) 结转出售单独计价包装物成本时：

借：其他业务成本	81 600	
贷：周转材料——包装物		80 000
材料成本差异		1 600

2.38 初级实战演练

(二) 低值易耗品

为了全面反映和监督低值易耗品的增减变动及其结存情况，企业应当设置“周转材料——低值易耗品”科目。“周转材料——低值易耗品”科目的账户结构如图 2-23 所示。

借方　　周转材料——低值易耗品	贷方
期初余额 低值易耗品的增加	低值易耗品的减少
期末余额：企业期末结存低值易耗品的金额	

图 2-23　“周转材料——低值易耗品”科目的账户结构

低值易耗品的账务处理主要包括：①低值易耗品的购入；②低值易耗品的领用及摊销；③低值易耗品的报废等。这里主要介绍前两类账务处理。

1. 低值易耗品的购入

【业务 2-54】　2023 年 1 月 17 日，陕西鸿腾股份有限公司向宇飞家具厂购入办公桌一批，价款共 25 000 元（不含税），增值税税率为 13%，各项税款都已支付。办公桌作为低值易耗品验收入库。请编制该笔业务的会计分录。

借：周转材料——低值易耗品	25 000	
应交税费——应交增值税（进项税额）	3 250	
贷：银行存款		28 250

2. 低值易耗品的领用及摊销

(1) 一次摊销法。一次摊销法是指领用低值易耗品时，将其价值全部一次转入产品成本的方法。此方法适用于价值低、使用期限短，或易于破损的物品如玻璃器皿等。

注意：采用这种方法时，其最高单价和适用品种必须严格控制，否则会影响各期产品成本负担，以及影响在用低值易耗品的管理，防止损失浪费。

【业务 2-55】 陕西鸿腾股份有限公司生产车间领用工具一批，成本为 780 元，管理部门领用工具一批，成本为 160 元，采用一次销法锥销。请编制该笔业务的会计分录。

借：制造费用　　780
　　管理费用　　160
　　贷：周转材料——低值易耗品　　940

(2) 分期摊销法。分期摊销法是指根据领用低值易耗品的原值和预计使用期限计算的每月平均摊销额，将其价值分月摊入产品成本的方法。此方法适用于期限较长、单位价值较高，或一次领用数量较多的低值易耗品。

注意：采用这种方法时，要记住摊销期一般不应超过 1 年。

(3) 五五摊销法。五五摊销法亦称五成摊销法，是指在低值易耗品领用时先摊销其价值的 50%(五成)，报废时再摊销其价值的 50%(扣除残值)的方法。此方法用于每月领用数和报废数比较均衡的低值易耗品，如果一次领用的低值易耗品数量很大，为了均衡产品成本负担，也可将其摊销额先列入待摊费用，而后分期摊入产品成本。

注意：采用这种方法时，低值易耗品报废以前在账面上一直保留其价值的一半，表明在使用中的低值易耗品占用一部分资金，有利于对实物的使用进行管理，防止出现大量的账外物资。

【业务 2-56】 陕西鸿腾股份有限公司基本生产车间领用专用工具一批，实际成本为 100 000 元，采用五五摊销法进行核算。请编制该笔业务的会计分录。

(1) 领用专用工具时：

借：周转材料——低值易耗品(在用)　　100 000
　　贷：周转材料——低值易耗品(在库)　　100 000

(2) 领用时，摊销其价值的 50%：

借：制造费用　　50 000
　　贷：周转材料——低值易耗品(摊销)　　50 000

(3) 报废时，摊销其价值的另一半：

借：制造费用　　50 000

　　贷：周转材料——低值易耗品(摊销)　　50 000

同时：

借：周转材料——低值易耗品(摊销)　　100 000

　　贷：周转材料—低值易耗品(在用)　　100 000

2.39　初级实战演练

(4) 净值摊销法。净值摊销法是指根据使用部门、单位当期结存的在用低值易耗品净值和规定的月摊销率(一般为 10%)，计算每月摊销额而计入产品成本的方法。在用低值易耗品的净值是在用低值易耗品的计划成本减去累计摊销额后的余额。此方法适用于种类复杂、数量多、难以按件计算摊销额的低值易耗品。

注意：采用这种方法时，摊余价值随着使用时间的推移逐期递减，对比五五摊销法，其产品成本负担比较合理。

任务拓展

通过对周转材料业务的学习，学生应了解周转材料的内容，掌握周转材料核算方法。

请同学们登录网中网企业财务会计理实互动实训教学平台，根据平台任务完成周转材料核算练习。

拓展阅读：被企业忽视的易耗品，该如何管理？

https://mp.weixin.qq.com/s/u5nQaAV28J60wfvh_crgDQ

子任务三　库存商品

库存商品包括库存产成品、外购商品、存放在门市准备出售的、发出展览的和寄存在外的商品、接受来料加工制造的代制品和为外来单位加工修理的代修品。

任务初探

问题思考：什么是库存商品？企业如何对库存商品进行管理？

案例准备：搜集库存商品虚增成本案例资料，进行课堂讨论。

任务研学

2.40　库存商品

一、库存商品概述

库存商品是指企业已完成所有生产过程并已经验收入库、合乎标准规格和技术条件，可以按照合同规定的条件送交订货单位，或可以作为商品对外销售的产品以及外购或委托加工完成验收入库用于销售的各种商品。

库存商品具体包括库存产成品、外购商品、存放在门市部准备出售的商品、发出展览的商品、寄存在外的商品、接受来料加工的代制品和为外单位加工修理的代修品等。已完成销售手续但购买单位在月末未提取的产品，不应作为企业的库存商品，而应单独设置“代管商品”备查簿进行登记。

二、库存商品的核算

为了反映和监督库存商品的增减变动和结存情况，企业应当设置“库存商品”科目，“库存商品”科目可以按照库存商品规格、种类和品种等进行明细核算。“库存商品”科目的账户结构如图 2-24 所示。

借方　　库存商品	贷方
期初余额 验收入库的库存商品成本	发出的库存商品成本
期末余额：各种库存商品的实际成本或计划成本	

图 2-24 “库存商品”科目的账户结构

(一) 验收入库商品的账务处理

企业生产的产成品一般应按实际成本核算，产成品的出入库平时只登记数量不登记金额，到期末再计算入库产成品的实际成本。生产完工验收入库的产成品，按其实际成本借记“库存商品”等科目，贷记“生产成本——基本生产成本”等科目。采用实际成本进行产成品日常核算的，发出产成品的实际成本，可以采用先进先出法、加权平均法或个别认定法计算确定。

【业务 2-57】 陕西鸿腾股份有限公司 5 月已验收入库的 A 产品 100 台，实际单位成本为 2 000 元，共计 200 000 元；B 产品 200 台，实际单位成本为 1 500 元，共计 300 000 元。请编制该笔业务的会计分录。

借：库存商品——A 产品　　200 000
　　　　　　——B 产品　　300 000
　贷：生产成本——基本生产成本(A 产品)　　200 000
　　　　　　　——基本生产成本(B 产品)　　300 000

如果是商品流通企业，购入商品采用进价核算的，在商品到达验收入库后，按商品进价，借记“库存商品”科目，贷记“银行存款”“应付账款”等科目。委托外单位加工收回的商品，按商品收回的实际成本，借记“库存商品”科目，贷记“委托加工物资”科目。

(二) 发出商品的账务处理

企业在销售商品时，应在确认收入的同时计算、结转与收入相关的产成品成本，借记

“主营业务成本”等科目，贷记“库存商品”科目。产成品销售成本的计算和结转一般在期末进行。采用实际成本法进行产品成本日常核算的，应当根据本期的销售产品数量乘以单位生产成本计算确定本期产品销售成本总额。

【业务 2-58】 陕西鸿腾股份有限公司 5 月已销售 A 产品 50 台，B 产品 60 台。该月 A 产品的实际单位成本为 2 000 元，B 产品的实际单位成本为 1 500 元。请编制该笔业务的会计分录。

借：主营业务成本——A 产品	100 000	
——B 产品	90 000	
贷：库存商品——A 产品		100 000
——B 产品		90 000

如果是商品流通企业，除了采用上述方法，还可以通过毛利率法和售价金额核算法进行日常业务核算。

1. 毛利率法

毛利率法是根据本期销售净额乘以前期实际（或本月计划）毛利率匡算本期销售毛利，并计算发出存货成本的一种方法。其计算公式如下：

上期毛利率 =（上期销售毛利 ÷ 上期销售净额）× 100%

本期销售毛利 = 本期销售净额 × 上期毛利率

本期销售净额 = 本期商品销售收入 − 本期销售退回与折让销售毛利

本期销售成本 = 本期销售净额 − 本期销售毛利

期末存货成本 = 期初存货成本 + 本期购货成本 − 本期销售成本

【业务 2-59】 宇辉超市采用毛利率法进行核算，7 月 1 日的库存商品余额为 500 000 元，本月购进商品的价值为 60 000 元，本月的销售收入为 120 000 元，上季度该类商品的毛利率是 20%。计算本月已销商品和月末库存商品的成本，请编制该笔业务的会计分录。

本期销售毛利＝120 000×20%＝24 000（元）

本期销售成本＝120 000－24 000＝96 000（元）

期末存货成本＝500 000＋60 000－96 000＝464 000（元）

结转已销商品成本分录：

借：主营业务成本	96 000	
贷：库存商品		96 000

2. 售价金额核算法

售价金额核算法是指平时商品的购入、加工收回、销售均按售价记账，售价与进价的差额通过“商品进销差价”科目核算，期末计算进销差价率和本期已销售商品应分摊的进销差价，并据以调整本期销售成本的一种方法（适用于零售企业）。其计算公式如下：

$$\text{商品进销差价率} = \left(\text{期初库存商品进销差价} + \text{本期购入商品进销差价}\right) \div \left(\text{期初库存商品售价} + \text{本期购入商品售价}\right) \times 100\%$$

本期销售商品应分摊的商品进销差价＝本期商品销售收入×商品进销差价率

本期销售商品的成本＝本期商品销售收入－本期销售商品应分摊的商品进销差价＝本期商品销售收入×(1－商品进销差价率)

期末结存商品的成本＝期初库存商品的进价成本＋本期购进商品进价成本－本期销售商品的成本

2.41 初级实战演练

企业购入、加工收回以及销售退回等增加的库存商品，按商品售价，借记“库存商品”科目；按商品进价，贷记“银行存款”“委托加工物资”等科目；按售价与进价之间的差额，贷记“商品进销差价”科目。期末分摊已销商品的进销差价，借记“商品进销差价”科目，贷记“主营业务成本”科目。

【业务 2-60】 海天商场为增值税一般纳税人，采用售价金额核算法进行核算。9 月初库存商品的进价成本为 200 000 元，售价总额为 300 000 元；本月采购商品取得增值税专用发票，发票金额为 1 000 000 元，增值税税额为 130 000 元，售价总额为 1 200 000 元，款项已支付；本月销售商品收入为 800 000 元，增值税税额为 104 000 元，款项已收存银行。计算本月已销商品和月末库存商品的成本，请编制该笔业务的会计分录。

(1) 购入商品时：

借：库存商品	1 200 000	
应交税费——应交增值税(进项税额)	130 000	
贷：银行存款		1 130 000
商品进销差价		200 000

(2) 销售商品时：

借：银行存款	904 000	
贷：主营业务收入		800 000
应交税费——应交增值税(销项税额)		104 000

同时，按照售价结转销售成本：

借：主营业务成本	800 000	
贷：库存商品		800 000

(3) 期末计算、结转已销商品的进销差价：

期初库存商品进销差价＝300 000－200 000＝100 000(元)

本月购入商品进销差价＝1 200 000－1 000 000＝200 000(元)

商品进销差价率＝(1 000 000＋200 000)÷(300 000＋1 200 000)×100%＝80%

已销商品应分摊的商品进销差价＝800 000×80%＝640 000(元)

本月销售商品的实际成本＝800 000－640 000＝160 000(元)

期末结存商品实际成本＝200 000＋1 000 000－160 000＝1 040 000(元)

结转已销商品的进销差价时：

借：商品进销差价　　640 000

　　贷：主营业务成本　　640 000

任务拓展

通过对库存商品业务的学习，学生应了解库存商品内容，掌握库存商品核算方法。

请同学们登录网中网企业财务会计理实互动实训教学平台，根据平台任务完成库存商品核算练习。

子任务四　委托加工物资

委托加工物资是指企业委托外单位加工所需要的材料、包装物、低值易耗品等物资。委托加工材料发出后，其保管地点发生位移，仍属企业存货范畴。经过加工，材料或商品实物形态、性能和使用价值将发生变化，加工过程中需要消耗其他材料，发生加工费、税费等加工成本。因此，加强委托加工物资的合同管理和准确完整核算加工成本，是企业委托加工物资会计核算与监督的主要任务。

任务初探

问题思考：什么是委托加工物资？企业为什么要委托外单位来加工材料、商品物资呢？

案例准备：搜集案例，分析讨论以购销合同方式进行委托加工的收入确认的业务处理方式。

任务研学

2.42　委托加工物资

一、委托加工物资概述

委托加工物资是指企业委托外单位加工的各种材料、商品等物资。企业委托外单位加工物资的成本包括：

(1) 加工中实际耗用物资的成本。

(2) 支付的加工费用及应负担的运杂费等。

(3) 支付的税费，包括委托加工物资收回后直接出售的应税消费品所应负担的消费税等。

二、委托加工物资的核算

为了全面反映和监督委托加工物资的增减变动和结存情况，企业应当设置“委托加工物资”科目，其账户结构如图 2-25 所示。“委托加工物资”科目可以按照加工合同、受托加工单位和加工物资的品种等进行明细核算。

委托加工物资	
借方	贷方
期初余额 委托加工物资的实际成本	加工完成验收入库的物资的实际成本和剩余物资的实际成本
期末余额：企业尚未完工的委托加工物资的实际成本	

图 2-25 “委托加工物资”科目的账户结构

（一）发给外单位加工的物资的账务处理

企业发给外单位加工的物资，按实际成本，借记“委托加工物资”科目，贷记“原材料”“库存商品”等科目；如果以计划成本核算，在发出委托加工物资时，应同时结转发出材料应负担的材料成本差异，收回委托加工物资时，应视同材料等购入结转形成材料成本差异。

（二）支付加工费用、应负担的运杂费的账务处理

支付加工费、运杂费时，借记“委托加工物资”科目，贷记“银行存款”等科目。需要缴纳消费税的委托加工物资，按由受托方代收代缴的消费税，借记“委托加工物资”科目（收回后用于直接销售的）或“应交税费——应交消费税”科目（收回后用于继续加工的），贷记“应付账款”“银行存款”等科目。委托外单位加工的存货如果收回后直接用于对外销售或生产非应税消费品的，消费税计入委托加工物资成本。委托加工物资的入账成本包括委托加工的材料、加工费、运费、装卸费及相关税费。

（三）加工完成，验收入库时的账务处理

加工完成验收入库的物资和剩余的物资，按加工收回物资的实际成本和剩余物资的实际成本，借记“原材料”“库存商品”等科目，贷记“委托加工物资”科目。采用计划成本或售价核算的，按计划成本或售价，借记“原材料”或“库存商品”科目；按实际成本，贷记“委托加工物资”科目；按实际成本与计划成本或售价之间的差额，借记或贷记“材料成本差异”科目或贷记“商品进销差价”科目。采用计划成本或售价核算的，也可以采用上期材料成本差异率或商品进销差价率计算本期应分摊的材料成本差异或商品进销差价。

【业务 2-61】 陕西鸿腾股份有限公司委托远通公司加工一批商品（属于应税消费品），2023 年有关经济业务如下，请编制该笔业务的会计分录。

（1）1 月 10 日，发出材料一批，计划成本为 500 000 元，材料成本差异率为－2%。

① 发出委托加工材料时：

借：委托加工物资	500 000	
贷：原材料		500 000

② 结转发出材料应分摊的材料成本差异时：

借：材料成本差异　　10 000

　　贷：委托加工物资　　10 000

(2) 2 月 10 日，陕西鸿腾股份有限公司给远通公司支付商品加工费 15 000 元，支付应当缴纳的消费税 60 000 元。该商品收回后用于连续生产，消费税可抵扣。双方均为一般纳税人，适用增值税税率为 13%。

借：委托加工物资　　15 000

　　应交税费——应交消费税　　60 000

　　　　　　——应交增值税(进项税额)　　1 950

　　贷：银行存款　　76 950

(3) 3 月 5 日，陕西鸿腾股份有限公司用银行存款支付往返运杂费 5 000 元。

借：委托加工物资　　5 000

　　贷：银行存款　　5 000

(4) 3 月 6 日，委托加工商品 10 000 件(每件计划成本为 80 元)加工完毕，陕西鸿腾股份有限公司已办理验收入库手续。

借：库存商品　　800 000

　　贷：委托加工物资　　515 000

　　　　材料成本差异　　285 000

2.43 初级实战演练

任务拓展

通过对委托加工物资业务的学习，学生应了解委托加工物资的内容，掌握委托加工物资核算方法。

请同学们登录网中网企业财务会计理实互动实训教学平台，根据平台任务完成委托加工物资核算练习。

子任务五　存货清查

存货清查是指通过对存货的实地盘点，确定存货的实有数量，并与账面结存数进行核对，从而确定存货实存数与账面结存数是否相符的一种专门方法。存货清查时如果发生盘盈或盘亏，应编制存货盘点报告(实存账存对比表)，及时查明原因，按照规定程序报批处理。

任务初探

问题思考：什么是存货清查？企业进行存货清查的意义是什么？

案例准备：搜集存货清查相关案例，分析讨论存货盘点的重要性。

任务研学

2.44 存货的清查

一、存货清查的方法

存货实物数量的确定主要有定期盘存制和永续盘存制两种盘点方法。

（一）定期盘存制

定期盘存制又称实地盘存制，是指平时只在账簿记录中登记各项实物财产的增加数，不登记减少数，期末通过实物盘点来确定其实有数并据以倒算出本期实物财产减少数的一种盘存方法。其计算公式如下：

本期减少数 = 账面期初结存数 + 本期增加数 − 期末实际结存数

期初结余 + 本期购入 − 期末结存 = 销货成本

这种方式的优点是核算工作比较简单，但由于销售或耗用的成本是倒算出来的，在计量、收发、保管时无法得到监控，甚至出现浪费、非法盗用的情况；将存货的全部成本全部计入当期费用，在管理过程中也不便于对存货进行随时控制。

（二）永续盘存制

永续盘存制又称账面盘存制，是指平时对各项实物财产的增减变动都必须根据会计凭证逐日逐笔地在有关账簿中登记，并随时结算出其账面结存数量的一种盘存方法。该方法要以账面记录为依据，计算当期发出成本和期末结存成本，并需要对存货进行定期或不定期的实地盘点，以保证账实相符。其计算公式如下：

账面期末数 = 账面期初结存数 + 本期增加数 − 本期减少数

这种方法设置了完整的明细分类账户，通过账面记录及时反映存货的增减变动及结存情况，有利于对存货的控制，加强对实物财产的管理。其缺点是信息系统和各部门、各环节的配合度要求较高，日常工作量较大。

二、存货清查的核算

为了全面反映和监督企业在财产清查中查明的各种存货的盘盈、盘亏及毁损等情况，应当设置“待处理财产损溢”科目，可以设置“待处理流动资产损溢”和“待处理固定资产损溢”两个明细科目。“待处理财产损溢”科目的账户结构如图 2-26 所示。

待处理财产损溢

借方	贷方
批准前财产的盘亏或毁损数 批准后转销的财产盘盈数	批准前财产的盘盈数 批准后转销的财产盘亏或毁损数
期末余额：无	

图 2-26 “待处理财产损溢”科目的账户结构

(一) 存货盘盈的账务处理

存货盘盈是指存货的实际库存数大于账面数。发生盘盈时，应调增存货的账面数，使之与实际库存数一致，调增的存货，按其确定的价值记入“待处理财产损溢”科目的贷方；盘盈的存货，在报经批准后处理时，应冲减企业的“管理费用”，如图 2-27 所示。有关账务处理方法如下。

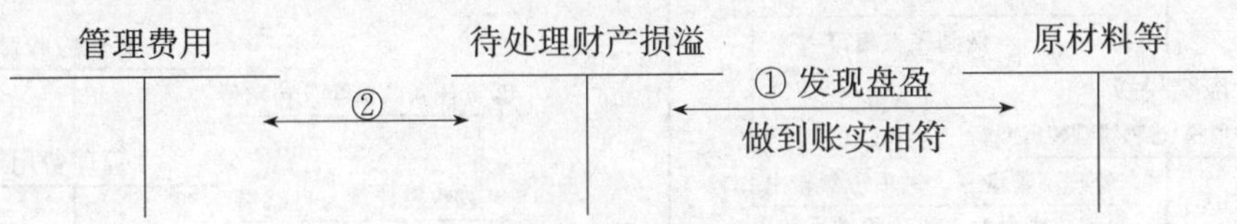

图 2-27　存货盘盈的账务处理

批准前：

借：原材料等

　　贷：待处理财产损溢

批准后：

借：待处理财产损溢

　　贷：管理费用

【业务 2-62】 陕西鸿腾股份有限公司在财产清查中发现，甲材料盘盈 10 千克，实际单位成本为 20 元/千克，经查属于材料收发计量方面的错误。请编制该笔业务的会计分录。

(1) 批准前：

借：原材料——甲材料　　200

　　贷：待处理财产损溢——待处理流动资产损溢　　200

(2) 批准后：

借：待处理财产损溢——待处理流动资产损溢　　200

　　贷：管理费用　　200

2.45　初级实战演练

(二) 存货盘亏的账务处理

存货盘亏是指存货的实际库存数小于账面数。发生盘亏时，应调减存货的账面数，使之与实际库存数一致，调减的存货，按其成本记入“待处理财产损溢”科目的贷方，盘亏的存货，在报经批准后处理时，应根据具体原因，分别进行处理：

(1) 属于自然损耗产生的定额内损耗，经批准后转作“管理费用”科目。

(2) 属于计量收发差错和管理不善等原因造成的存货短缺或毁损，应先扣除残料价值，可以收回的保险赔偿和过失人赔偿，将净损失记入“管理费用”科目。

(3) 属于自然灾害或意外事故等非常原因造成的存货毁损，应先扣除残料价值和可以收回的保险赔偿和过失赔偿，然后将净损失记入“营业外支出”科目。因非正常原因导致的存货盘亏或毁损，按规定不能抵扣的增值税进项税额，应当予以转出。自然灾害造成外购存货的毁损，其进项税额可以抵扣，不需要转出，具体如图 2-28 所示。有关账务处理方法如下。

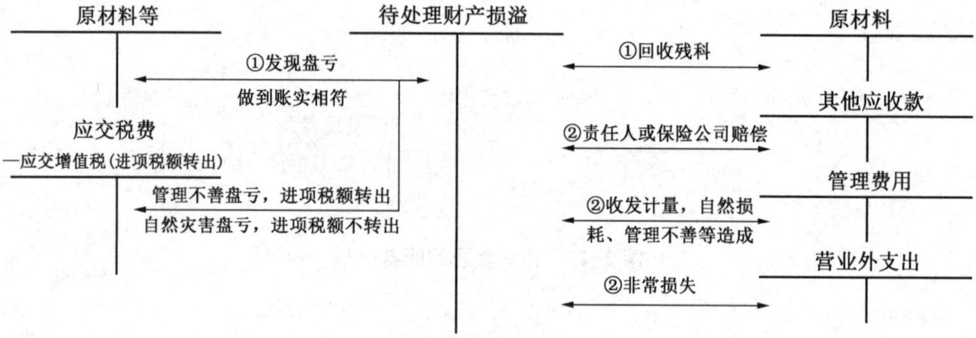

图 2-28　存货盘亏的账务处理

批准前：

借：待处理财产损溢

　　贷：原材料等

　　　　应交税费——应交增值税(进项税额转出)[自然灾害原因除外]

批准后：

借：原材料[回收残料]

　　其他应收款[保险公司和责任人赔偿]

　　管理费用[收发计量、自然损耗、管理不善等造成]

　　营业外支出[自然灾害、非正常损失]

　　贷：待处理财产损溢

【业务 2-63】 陕西鸿腾股份有限公司为一般纳税人，采用一般计税方法计税。7 月进行财产清查时发现 3 月购买的甲材料盘亏 20 千克，实际成本为 6 000 元，购买材料时已取得增值税专用发票，价款为 6 000 元，增值税税额为 780 元，该笔专用发票已于购买当月认证通过，且进项税额已经从购买当期销项税额中抵扣。经查，该材料的盘亏是由于管理不善造成的，请编制该笔业务的会计分录。

(1) 批准前：

借：待处理财产损溢——待处理流动资产损溢　　6 780

　　贷：原材料——甲材料　　6 000

　　　　应交税费——应交增值税(进项税额转出)　　780

(2) 批准后：

借：管理费用　　6 780

　　贷：待处理财产损溢——待处理流动资产损溢　　6 780

任务拓展

通过对存货清查业务的学习，学生应了解存货清查的意义，掌握存货清查方法。

请同学们登录网中网企业财务会计理实互动实训教学平台，根据平台任务完成存货清查核算练习。

子任务六　存货期末计量

任务初探

问题思考：什么是存货可变现净值？什么是存货减值？存货期末计量原则是什么？企业如何计提存货跌价准备？

案例准备：请根据以上问题，进行课堂讨论。

任务研学

一、存货跌价准备的计提和转回

2.46　存货的减值

资产负债表日，存货应当按照成本与可变现净值孰低计量。其中，成本是指期末存货的实际成本，如企业在存货成本的日常核算中采用计划成本法、售价金额核算法等简化核算方法，则成本为经调整后的实际成本。可变现净值是指在日常活动中，存货的估计售价减去至完工时估计将要发生的成本、估计的销售费用以及估计的相关税费后的金额。可变现净值的特征表现为存货的预计未来净现金流量，而不是存货的售价或合同价。

当存货成本低于可变现净值时，存货按成本计价；当存货成本高于可变现净值时，存货按可变现净值计价，表明存货可能发生跌价损失，应在存货销售之前确认跌价损失，计入当期损益，并相应减少存货的账面价值。以前减记存货价值的影响因素已经消失的，减记的金额应当予以恢复，并在原已计提的存货跌价准备金额内转回，转回的金额计入当期损益（资产减值损失）。

二、存货跌价准备的账务处理

为了反映和监督存货跌价准备的计提、转回和转销情况，企业应当设置“存货跌价准备”科目，贷方登记计提的存货跌价准备金额；借方登记实际发生的存货跌价损失金额和转回的存货跌价准备金额，期末余额一般在贷方，反映企业已计提但尚未转销的存货跌价准备。“存货跌价准备”科目的账户结构如图 2-29 所示。

<table>
<tr><td colspan="2" align="center">存货跌价准备</td></tr>
<tr><td>借方</td><td align="right">贷方</td></tr>
<tr><td>实际发生的存货跌价损失金额和转回的存货跌价准备金额</td><td>期初余额
计提的存货跌价准备金额</td></tr>
<tr><td></td><td>期末余额：企业已计提但尚未转销的存货跌价准备</td></tr>
</table>

图 2-29 "存货跌价准备"科目的账户结构

当存货成本高于其可变现净值时，企业应当按照存货可变现净值低于账面价值的差额，借记"资产减值损失——计提的存货跌价准备"科目，贷记"存货跌价准备"科目。转回已计提的存货跌价准备金额时，按企业会计准则允许恢复增加的金额，借记"存货跌价准备"科目，贷记"资产减值损失——计提的存货跌价准备"科目。

企业结转存货销售成本时，对于已计提存货跌价准备的，应当一并结转，同时调整销售成本，借记"存货跌价准备"科目，贷记"主营业务成本""其他业务成本"等科目。

【业务 2-64】 2022 年 12 月 31 日，陕西鸿腾股份有限公司 A 商品的账面余额（成本）为 100 000 元。由于市场价格下跌，预计可变现净值为 80 000 元，应计提的存货跌价准备为 20 000 元(100 000－80 000)。假定 A 商品以前未计提存货跌价准备，请编制该笔业务的会计分录。

借：资产减值损失——计提的存货跌价准备　　20 000
　　贷：存货跌价准备　　20 000

【业务 2-65】 承[业务 2-64]，2023 年 6 月 30 日，A 商品的账面余额（成本）为 100 000 元，已计提存货跌价准备金额为 20 000 元。由于市场价格有所上升，使得 A 商品的预计可变现净值为 95 000 元，应转回的存货跌价准备为 15 000 元[(100 000－95 000)－20 000]。请编制该笔业务的会计分录。

借：存货跌价准备　　15 000
　　贷：资产减值损失——计提的存货跌价准备　　15 000

【业务 2-66】 承[业务 2-65]，假设 2023 年 12 月 31 日，A 商品的账面余额（成本）为 100 000 元，已计提存货跌价准备金额 5 000 元。由于市场价格持续上升，A 商品的预计可变现净值为 120 000 元，则应转回的存货跌价准备为 5 000 元[(120 000－95 000)－5 000＝20 000＞5 000]。请编制该笔业务的会计分录。

借：存货跌价准备　　5 000
　　贷：资产减值损失——计提的存货跌价准备　　5 000

本业务中，2023 年 12 月 31 日，A 商品的账面余额（成本）为 100 000 元，A 商品的预计可变现净值为 120 000 元，则应转回的存货跌价准备金额为 5 000 元[(120 000－100 000)>5 000]，即“存货跌价准备”科目的贷方余额应为 0，而此时 A 商品之前已计提存货跌价准备金额 5 000 元，因此应转回 5 000 元(5 000－0)，从而使“存货跌价准备”科目的贷方余额为 0。需要说明的是，尽管在 2023 年 12 月 31 日，A 商品的账面余额(成本)为 100 000 元，A 商品的预计可变现净值为 120 000 元，高于成本 20 000 元，但之前(即在 2023 年 6 月 30 日)已计提的存货跌价准备为 5 000 元，因此，应在原已计提的存货跌价准备金额范围内转回，而不得超出该金额。

2.47　初级实战演练

任务拓展

通过对存货期末计价业务的学习，学生应了解存货期末计价原则，掌握存货期末计价方法。

请同学们登录网中网企业财务会计理实互动实训教学平台，根据平台任务完成存货期末计价业务核算练习。

思政案例

55 次挪用公款 837 万余元！警惕“蚂蚁搬家式”贪腐①

财会领域是发生腐败问题的高风险区，而会计岗位直接掌握资金，是挪用公款类犯罪的重灾区。2022 年 5 月 17 日，山西省河津市某机构会计、执法监督股股长许某，因挪用公款罪被判处有期徒刑 12 年。经查实，3 年多时间，许某自己一人竟 55 次挪用公款 837 万余元。

一次操作失误暴露监管漏洞单位公款成了个人“小金库”

“我是来投案自首的。”2021 年 9 月 30 日下午，在河津市纪委监委信访室外徘徊许久后，44 岁的许某鼓起勇气走了进来，如实交代了自己的违纪违法事实。调查中，许某挪用套取公款的数字“账单”令调查人员震惊。2018 年 9 次挪用公款共计 94 万余元，2019 年 12 次挪用公款共计 296 万余元，2020 年 15 次挪用公款共计 240 万余元，2021 年 19 次挪用公款共计 206 万余元。许某像蚂蚁搬家一样，55 次将贪婪的“黑手”伸向单位公款，总计挪用公款 837 万余元。

许某 1999 年参加工作，2017 年 4 月起担任河津市农村经济事务中心会计。刚参加工作时，他也曾“想通过努力工作和辛勤付出赢得大家的赞誉，获得受人敬重的社会地位”。然而，一次偶然的操作失误打开了他的贪欲之门。

① 佚名. 深度关注|切断“蚂蚁搬家式”贪腐之路[EB/OL](2022-07-15)[2023-12-12]. https://www.ccdi.gov.cn/toutiaon/202207/t20220715_205160.html.

2018年8月，许某在报销其垫付的50元单位账户年检手续费时，因操作失误，未将系统自动弹出的公用经费剩余指标(20507元)修改为50元，便将套打出的纸质财政授权支付凭证加盖单位银行预留印鉴和法人印章，办理了转账支付。在发现个人银行卡上多出2万多元后，许世平虽内心惶恐，但并未向单位领导汇报，也未做相关退款处理。观望1个月发现未被察觉后，许某开始有恃无恐，先后分4次将多出的2万多元提现，将这些钱用于赌博。

尝到甜头后，许某自认为找到了不劳而获的捷径，当月便如法炮制，三次“出手”挪用9.7万余元。从2018年8月6日到2021年9月28日，从起初的战战兢兢到后来的肆意妄为，许某采取虚构款项用途、伪造财政直接支付凭证、骗取银行预留印鉴等手段，以预付工程款、农村土地确权费、绩效工资、住房公积金、养老保险等名目，多次挪用公款。

经调查，许某还存在违规兼职取酬等问题。2021年12月9日，许某受到开除党籍、开除公职处分，并依法追缴其违法所得，其涉嫌犯罪问题移送检察机关审查起诉。

立德树人：

诚信为本　合规如矩

诚信为本——会计工作担负着向社会提供真实会计信息的责任，只有会计做到诚信，才能构建企业之间互相信任的基础。

合规如矩——会计在处理业务时，要以法律法规和部门规章为准绳，做到合规、合法，不越界、不打擦边球。

力学笃行

一、单选题

1. 下列各项中,不属于存货内容的是(　　)。

   A. 在产品　　B. 低值易耗品

   C. 委托代销产品　　D. 工程物资

2. 购进存货运输途中发生的合理损耗应(　　)。

   A. 计入存货采购成本　　B. 由运输单位赔偿

   C. 计入管理费用　　D. 由保险公司赔偿

3. 某企业为增值税一般纳税人,2023 年 9 月购入原材料一批,增值税专用发票上注明的不含税价款是 50 万元,增值税税率为 13%,税金已经支付。另以银行存款支付装卸费 0.3 万元(不考虑增值税)。入库时发生挑选整理费 0.2 万元。运输途中发生合理损耗 0.1 万元。不考虑其他因素,该批原材料的入账价值为(　　)万元。

   A. 50　　B. 56.5　　C. 50.5　　D. 50.6

4. 下列各项中,不构成委托加工存货成本的是(　　)。

   A. 实际耗用的原材料　　B. 仓储费

   C. 加工费　　D. 实际耗费的半成品

5. 某企业为增值税一般纳税人,2023 年 4 月购入材料 1 000 千克,价款为 300 万元,增值税税额为 39 万元,该材料在运输途中发生 1% 的合理损耗(10 千克),同时发生了 10% 的不合理损耗(100 千克),在入库前发生挑选整理费 2 万元。该材料入库的实际单位成本为(　　)元。

   A. 3 056.18　　B. 3 033.17　　C. 3 000　　D. 3 022.47

二、多选题

1. 下列各项中,有关包装物的会计处理表述正确的有(　　)。

   A. 随商品出售不单独计价的包装物成本,计入销售费用

   B. 生产领用的包装物成本,计入生产成本

   C. 随商品出售单独计价的包装物成本,计入其他业务成本

   D. 出借的包装物成本,计入其他业务成本

2. “材料成本差异”科目借方核算的内容有(　　)。

   A. 入库材料成本节约差异　　B. 入库材料成本超支差异

   C. 结转发出材料应负担的节约差异　　D. 结转发出材料应负担的超支差异

3. 委托加工物资的实际成本一般包括(　　)。

   A. 耗用物资的实际成本　　B. 支付的加工费

   C. 支付的往返运输费用　　D. 支付的管理人员工资

4. 下列各项中,关于先进先出法的表述正确的有(　　)。

A. 先进先出法不能随时结转发出存货成本

B. 按先进先出的假定流转顺序来确定发出存货的成本及期末结存存货的成本

C. 需有假设前提即先购进的存货先发出

D. 如果存货收发业务较多，且存货单价不稳定时工作量较大

5. 存货按实际成本计价的企业，发出存货成本的计价方法有(　　)。

A. 月末一次加权平均法　　B. 个别计价法

C. 移动加权平均法　　D. 后进先出法

三、判断题

1. 期末，企业购入的货物已经验收入库，但发票账单尚未收到，企业需在备查簿上作相应的登记，而不用进行账务处理。(　　)

2. 已经计提的存货跌价准备在以后期间不允许转回。(　　)

3. 一般情况下如果某种存货的市场价格持续下跌，并且在可预见的未来无回升的希望，那么说明该存货可能发生了减值，应计提存货跌价准备。(　　)

4. 原材料采用实际成本法核算，不存在成本差异的计算与结转问题。(　　)

5. 工程完工后，盘盈、盘亏、报废、毁损的工程物资，减去残料价值以及保险公司、过失人等赔偿后的差额，计入当期损益。(　　)

四、业务题

甲公司为增值税一般纳税人，适用的增值税税率为13%，原材料采用实际成本法核算，发出材料采用先进先出法计价。2023年6月初，M材料库存50 000千克，金额为36万元；“存货跌价准备——M材料”科目贷方金额为1万元，甲公司6月发生的与M材料有关的业务如下：

(1) 5日，购入M材料100 000千克，以银行存款支付价款60万元、增值税税额7.8万元，材料尚未收到，10日该批M材料运达企业并验收入库。

(2) 12日，销售部门领用M材料60 000千克，13日行政管理部门领用M材料10 000千克。

(3) 15日，发出M材料40 000千克委托乙公司加工商品，以银行存款支付不含税运费2万元、增值税税额0.18万元。

(4) 25日，因自然灾害导致M材料毁损10 000千克，根据保险合同规定，应由保险公司赔偿2万元，其余损失由甲公司承担。

(5) 30日，由于市场价格下跌，预计结存M材料的可变现净值为15万元，期初的存货跌价准备未转销。

要求：根据上述资料，假定甲公司取得的增值税专用发票已经税务机关认证，不考虑其他因素，请写出每笔业务的会计分录。

项目三 非流动资产

学习目标

● 知识目标

1. 掌握长期股权投资的概念、范围以及分类。
2. 掌握长期股权投资的初始成本的确定、后续计量的成本法与权益法,以及减值与处置的会计处理。
3. 掌握固定资产的概念、特征及分类。
4. 掌握固定资产的初始计量、后续计量、清查以及减值与处置的会计处理。
5. 掌握投资性房地产的特征、范围。
6. 掌握投资性房地产初始计量、后续计量的成本计量模式和公允价值计量模式以及减值与处置的会计处理。
7. 掌握无形资产的特征、种类、计价及摊销方法。
8. 掌握无形资产内部研究开发费用的确认与计量、取得、后续计量以及处置的核算方法。

● 能力目标

1. 能够正确确定长期股权投资的初始成本、后续计量的成本法与权益法,以及减值与处置的会计处理。
2. 能够根据主要来源进行固定资产取得、后续计量、清查以及减值与处置的会计处理。
3. 能够对投资性房地产初始计量、后续计量的成本计量模式和公允价值计量模式以及减值与处置进行正确的会计处理。
4. 能够对无形资产内部研究开发费用的确认与计量、取得、后续计量以及处置进行正确的核算。
5. 能够对长期待摊费用进行正确的会计处理。

● 素养目标

1. 培养学生爱国情怀、社会担当、责任意识。
2. 培养学生“诚信为本、操守为重、坚持准则、不做假账”的会计人员基本素养。
3. 培养学生严谨细致的工匠精神,具备投资核算岗位人员、固定资产核算岗位人员、无形资产核算岗位人员的基本素养。

4. 培养学生科技创新、知识产权保护意识、社会责任担当。

德技并修

党的二十大报告中指出："中国人民的前进动力更加强大、奋斗精神更加昂扬、必胜信念更加坚定，焕发出更为强烈的历史自觉和主动精神，中国共产党和中国人民正信心百倍推进中华民族从站起来、富起来到强起来的伟大飞跃。"新时代中国人民更加自信自强，志气、骨气、底气大大增强，正在意气风发迈上全面建设社会主义现代化国家新征程。

项目引例

探索安琪酵母：非流动资产结构

2021 年 12 月 31 日，安琪酵母股份有限公司（股票代码 600298，以下简称安琪酵母）的资产负债表中显示非流动资产由"长期应收款""长期股权投资""投资性房地产""固定资产""在建工程""使用权资产""无形资产""商誉""长期待摊费用""递延所得税资产""其他非流动资产"构成，如表 3-1 所示。

表 3-1 2021 年安琪酵母非流动资产 单位：万元

非流动资产：	2021 年 12 月 31 日	2020 年 12 月 31 日
长期应收款	40 080.00	23 590.00
长期股权投资	—	2 022.00
投资性房地产	448.60	461.70
固定资产	565 900.00	520 400.00
在建工程	92 450.00	33 330.00
无形资产	53 190.00	36 810.00
商誉	3 626.00	3 626.00
长期待摊费用	1 313.00	320.60
递延所得税资产	7 884.00	4 227.00
其他非流动资产	30 740.00	611 600.00
非流动资产合计	797 800.00	1 010 000.00

安琪酵母的非主业资产包括投资性房地产、长期股权投资等，非主业资产占总资产的比例几乎可以忽略不计，说明安琪酵母非常专注于自身领域。安琪酵母的生产资产主要包括固定资产、在建工程、工程物资以及无形资产里面的土地，占总资产的比例为

50%～60%，因此安琪酵母属于重资产企业，主要成本在资产上，需要数量大的产品来分摊成本，如果销量下滑，成本不能随之明显降低，就会显著降低企业利润。安琪酵母专注于酵母及发酵行业，规模越来越大，固定资产和在建工程都大比例提高，后期应重点关注非流动资产产生收益的能力。

项目学习流程及策略图

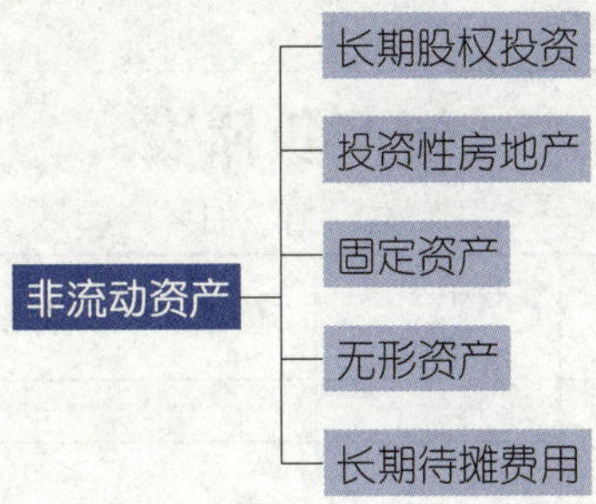

非流动资产是指不能在1年或者超过1年的一个营业周期内变现或者耗用的资产，具有占用资金多、周转速度慢、变现能力差等特点，会对企业相互联系的多个会计期间的财务状况、经营成果产生影响，因此，对非流动资产的管理和会计处理，应按照各自不同的特点，分别采用不同的程序和方法。非流动资产是指流动资产以外的资产，主要包括债权投资、其他债权投资、长期应收款、长期股权投资、其他权益工具投资、投资性房地产、固定资产、在建工程、无形资产、长期待摊费用、其他非流动资产等。本项目主要详细介绍长期股权投资、投资性房地产、固定资产、无形资产、长期待摊费用。

任务一　长期股权投资

长期股权投资是指企业通过投资取得被投资单位的股份。企业对其他单位的股权投资，通常是为了长期持有，以及通过股权投资达到控制被投资单位，或对被投资单位施加重大影响，或为了与被投资单位建立密切关系，以分散经营风险。长期股权投资的列报如图 3-1 所示。

资产负债表

编制单位：　　　　　　　　　　年　月　日　　　　　　　　　　单位：元

资产	期末余额	上年年末余额	负债和所有者权益	期末余额	上年年末余额
……					
非流动资产：					
……					
长期股权投资	××××				
……					

图 3-1　长期股权投资的列报

任务初探

企业对外股权投资是企业投资活动的重要内容，主要是企业出于对被投资企业控制、共同控制和重大影响等方面的战略考虑，优化企业资源配置，获取经济收益。“海尔智家”是海尔集团拥有的 3 家上市公司之一，2020 年 7 月 29 日，拟向青岛海尔生态投资有限公司转让其持有的海尔卡奥斯物联生态科技有限公司 54.50%的股权，并表示本次转让是“为聚焦智慧家庭主业，剥离非主营业务，优化资源配置，节约非主业资本性开支”，相应注册资本约 7.50 亿元，双方协议的交易价格为 40.60 亿元。

问题思考：什么是长期股权投资？从企业会计核算的角度看，长期股权投资的范围及分类是怎样的？取得时如何核算？如何进行后续计量？减值和处置时如何核算？

案例准备：收集并阅读《企业会计准则第 22 号——金融工具确认和计量》《企业会计准则第 8 号——资产减值》和《企业会计准则 2 号——长期股权投资》，了解长期股权投资的范围、确认和计量。

任务研学

一、长期股权投资的范围

按照企业会计准则相关规定，根据投资方在股权投资后对被投资单位能够施加影响的程度，企业的股权投资应区分为应当按照金融工具准则进行核算和应当按照长期股权投资准则核算两种情况：

(1) 属于按照长期股权投资准则规范的股权投资，是根据投资方在获取投资后能够对被投资单位施加影响程度划分确定的，包括对联营企业、合营企业和子公司的投资。

(2) 除了上述(1)的股权投资，对其他股权投资划分为金融工具准则范围的金融资产进行核算与管理。

3.1　长期股权投资的范围

【业务 3-1】　企业下列各项权益性投资中，不能作为长期股权投资核算的是(　　)。

A. 对子公司的投资　　B. 对合营企业的投资

C. 对联营企业的投资　　D. 无控制、重大影响的对外投资

【答案】 D

二、长期股权投资的确认与计量

(一) 长期股权投资的初始计量

1. 长期股权投资成本法的初始计量

企业的长期股权投资，可以通过企业合并和非企业合并形式取得，还可通过以支付现金、非现金资产(发行权益性证券、投资者投入、债务重组、非货币性资产交换)等非企业合并方式取得。

企业以支付现金取得的长期股权投资，应当按照实际支付的购买价款作为初始投资成本，包括购买过程中支付的直接相关手续费、税金及其他必要支出。但所支付价款中包含的被投资单位已宣告但尚未发放的现金股利或利润应作为应收项目核算，不构成取得长期股权投资的成本。

2. 长期股权投资权益法的初始计量

权益法下，企业应将长期股权投资的初始投资成本与投资时应享有的被投资企业可辨认净资产公允价值份额进行比较，并分不同情况进行处理。成本法与权益法下长期股权投资后续计量的区别如表 3-2 所示。

表 3-2　成本法与权益法下长期股权投资后续计量的区别

项目	成本法	权益法
被投资方是投资方的	子公司	联营企业
		合营企业
定义	指长期股权投资日常核算按投资成本计价的一种方法	指取得长期股权投资以初始投资成本计价，后续根据投资企业享有被投资单位所有者权益份额的变动相应对其投资的账面价值进行调整的一种方法
持股比例	＞50％	20％～50％(包含 50％)
		两方各占 50％或多方时，各方占 0～50％

（续表）

项目	成本法	权益法
投资企业与被投资企业关系	控制	重大影响
		共同控制
账面价值	除了追加投资或收回投资，长期股权投资的账面价值一般应当保持不变	长期股权投资的账面价值随被投资单位所有者权益的变动而变动
分配股利或利润	投资企业应当按照被投资单位宣告发放的现金股利或利润中应享有的份额确认投资收益	投资企业应当按照被投资单位宣告发放的现金股利或利润中应享有的份额，冲减长期股权投资（损益调整）
适用情况	(1) 企业会计准则规定，投资方能够对被投资单位实施控制的长期股权投资 (2) 按照小企业会计准则规定，长期股权投资应当采用成本法进行会计处理	企业会计准则规定，投资方对联营企业和合营企业的长期股权投资

初始投资成本大于投资时应享有被投资企业可辨认净资产公允价值份额，其差额不调整长期股权投资的初始投资成本。

初始投资成本小于投资时应享有被投资企业可辨认净资产公允价值份额，其差额应当计入当期损益，同时调整长期股权投资的成本。

（二）长期股权投资的后续计量

1. 长期股权投资成本法的后续计量

成本法下持有期间被投资单位宣告分派的现金股利或利润，企业应按享有的部分确认为投资收益，借记“应收股利”科目，贷记“投资收益”科目。如果收到的股利为购入时的应收股利，则应冲减应收股利；如果收到的股利为股票股利，则只调整持股数量，降低每股成本，不做账务处理。

2. 长期股权投资权益法的后续计量

1）持有期间被投资企业实现净损益

当被投资企业实现净利润时，按照持股比例计算应享有的份额，借记“长期股权投资——损益调整”科目，贷记“投资收益”科目；当被投资企业实现净亏损时，按照持股比例计算应享有的份额，借记“投资收益”科目，贷记“长期股权投资——损益调整”科目，但应以长期股权投资的账面价值以及其他实质上构成对被投资单位净投资的长期权益减记至0为限，投资方负有承担额外损失义务的除外。被投资企业以后实现净利润的，被投资方在其收益分享额弥补未确认的亏损分担额后，恢复确认收益分享额。

2）被投资企业宣告发放现金股利或利润

被投资企业宣告发放现金股利或利润时，投资企业应当按照持股比例计算应分得的现金股利，借记“应收股利”科目，贷记“长期股权投资——损益调整”科目。

3）持有期间被投资企业其他综合收益变动

被投资企业其他综合收益变动时，投资企业应当按照归属于本企业的部分，借记或贷记“长期股权投资——其他综合收益”科目，贷记或借记“其他综合收益”科目。

(三) 长期股权投资的减值

长期股权投资在按照规定核算其账面价值的基础上，如果在资产负债表日存在可能发生减值的迹象时，应计提减值准备。企业对子公司、合营企业及联营企业的长期股权投资，应当根据其公允价值减去处置费用后的净额与其预计未来现金流量的现值两者之间较高者确定可收回金额，其可收回金额低于账面价值的，借记“资产减值损失——计提的长期股权投资减值准备”科目，贷记“长期股权投资减值准备”科目。

(四) 长期股权投资的处置

1. 长期股权投资成本法的处置

采用成本法核算的长期股权投资，其账面价值与实际取得价款的差额，应当计入当期损益，并应同时转销原已计提的资产减值准备。按实际收到的金额借记“其他货币资金——存出投资款”等科目，按其账面余额贷记“长期股权投资”科目，按其差额贷记或借记“投资收益”科目。已计提减值准备的，借记“长期股权投资减值准备”科目。计算转让长期股权投资应交增值税时，与转让交易性金融资产处理相同。

2. 长期股权投资权益法的处置

采用权益法核算的长期股权投资，除了进行上述处理，还应将原计入资本公积或其他综合收益中的金额，在处置该项投资时，同时结转，将与所出售股权相对应的部分自资本公积或其他综合收益再转入当期损益。借记或贷记“其他综合收益”“资本公积——其他资本公积”科目，贷记或借记“投资收益”科目。

三、长期股权投资的账务处理

长期股权投资核算应设置“长期股权投资”科目，核算长期股权投资的增、减变动和结存情况。“长期股权投资”科目属于资产类，反映和监督长期股权投资的取得、持有、处置等业务活动，其账户结构如图 3-2 所示。

长期股权投资

借方	贷方
期初余额 企业取得股权时的实际投资成本或享有被投资单位权益的增加金额	企业享有被投资单位权益的减少金额或股权投资处置的成本
期末余额：企业持有的长期股权投资的价值	

图 3-2　“长期股权投资”科目的账户结构

权益法下，“长期股权投资”科目还应当分别设置“投资成本”“损益调整”“其他权益变动”等明细科目进行明细核算，如表 3-3 所示。

“其他综合收益”科目属于所有者权益类科目，核算企业权益法下被投资单位其他综合收益发生变动，按照投资比例计算属于本企业的其他综合收益的利得或损失，其账户结构如图 3-3 所示。

表 3-3 “长期股权投资”二级明细科目核算内容

一级科目	二级科目	核算内容
长期股权投资	投资成本	企业取得股权时确定的初始投资成本
	损益调整	企业购入股权以后按照应享有或应分担的被投资单位实现的净损益(净利润或净亏损)的份额的调整数
	其他权益变动	企业购入股权以后按照被投资单位净损益、其他综合收益以外所有者权益的其他变动,企业按照持股比例计算应享有或承担的部分
	其他综合收益	企业享有的被投资单位其他综合收益发生变动时按照投资比例计算的部分

借方　　其他综合收益	贷方
期初余额 权益法下被投资单位其他综合收益发生减少变动,按照投资比例计算属于本企业的部分,而形成的损失	期初余额 权益法下被投资单位其他综合收益发生增减变动,按照投资比例计算属于本企业的部分,而形成的利得
期末余额:企业权益法下被投资单位其他综合收益发生变动,按照投资比例计算属于本企业的其他综合收益的利得	期末余额:企业权益法下被投资单位其他综合收益发生变动,按照投资比例计算属于本企业的其他综合收益的损失

图 3-3 “其他综合收益”科目的账户结构

“长期股权投资减值准备”科目属于“长期股权投资”科目的备抵调整科目,可按照被投资单位进行明细核算,其账户结构如图 3-4 所示。

借方　　长期股权投资减值准备	贷方
处置长期股权投资时,结转已计提的长期股权投资减值准备	期初余额 企业计提的长期股权投资减值准备
	期末余额:已计提但尚未转销的长期股权投资减值准备

图 3-4 “长期股权投资减值准备”科目的账户结构

(一) 企业合并形成长期股权投资的账务处理

1. 同一控制下企业合并形成的长期股权投资

同一控制下企业合并实质是集团内部资产的重新配置与账面调拨,仅涉及集团内部不同企业间资产和所有者权益的变动，不具有商业实质，不应产生经营性损益和非经营性损益，其账务处理如表 3-4 所示。

表 3-4　同一控制下企业合并形成长期股权投资的账务处理

情形	账务处理
合并方以支付现金、转让非现金资产或承担债务方式作为合并对价	借：长期股权投资 　　资本公积——资本溢价或股本溢价（差额，可贷方） 　　盈余公积（资本公积不足冲减时） 　　利润分配——未分配利润 　　贷：银行存款等
合并方以发行权益性证券作为合并对价	借：长期股权投资（合并日按照被合并方所有者权益在最终控制方合并财务报表中的账面价值的份额） 　　资本公积——资本溢价或股本溢价（差额，可贷方） 　　盈余公积（资本公积不足冲减时） 　　利润分配——未分配利润（资本公积和盈余公积不足冲减时） 　　贷：股本

3.2　同一控制下企业合并形成长期股权投资的账务处理

2. 非同一控制下企业合并形成的长期股权投资

非同一控制下的企业合并实质是不同市场主体间的产权交易，购买方如果以转让非现金资产方式作为对价的，实质是转让或处置了非现金资产，具有商业实质性质，产生经营性或非经营性损益，其账务处理如表 3-5 所示。

表 3-5　非同一控制下企业合并形成长期股权投资的账务处理

情形	账务处理
购买方以支付现金，转让非现金资产（以无形资产为例）或承担债务方式等作为合并对价	借：长期股权投资 　　累计摊销 　　无形资产减值准备 　　贷：银行存款/无形资产等 　　　　资产处置损益等
合并方以发行权益性证券作为合并对价	借：长期股权投资（按照发行的权益性证券的公允价值） 　　贷：股本 　　　　资本公积——资本溢价或股本溢价（差额） 借：管理费用 　　贷：银行存款

3.3　初级实战演练

3.4　非同一控制下企业合并形成长期股权投资的账务处理

（二）以非企业合并方式形成的长期股权投资

企业以非企业合并方式形成的长期股权投资，其实质是进行权益投资性质的商业交易以支付现金、非现金资产等其他方式取得的长期股权投资，应按现金、非现金货币性资产的公允价值或按照非货币性资产交换或债务重组准则确定的初始投资成本，借记“长期股权投资”科目，贷记“银行存款”等科目。

3.5　非企业合并形成长期股权投资的账务处理

(三) 采用成本法下长期股权投资的账务处理

长期股权投资采用成本法核算的,应按被投资单位宣告发放的现金股利或利润中属于投资企业的部分,借记“应收股利”科目,贷记“投资收益”科目。

3.6 初级实战演练

【业务 3-2】 2023 年 7 月 1 日,陕西鸿腾股份有限公司购入 A 公司的股份,实际支付价款 7 200 万元,其中包含已宣告分派现金股利 300 万元。在购买过程中支付手续费等相关费用 100 万元,增值税专用发票注明增值税税率为 6%,增值税税额为 6 万元。请编制该笔业务的会计分录。

	借方	贷方
借:长期股权投资——A 公司	70 000 000	
应收股利——A 公司	3 000 000	
应交税费——应交增值税(进项税额)	60 000	
贷:其他货币资金——存出投资款		73 060 000

(四) 采用权益法下长期股权投资的账务处理

1. 对长期股权投资初始入账价值的调整

长期股权投资初始入账价值调整的账务处理如表 3-6 所示。

表 3-6 长期股权投资初始入账价值调整的账务处理

情形	账务处理
长期股权投资的初始投资成本大于投资时应享有被投资单位可辨认净资产公允价值份额	不调整已确认的初始投资成本
长期股权投资的初始投资成本小于投资时应享有被投资单位可辨认净资产公允价值份额	借:长期股权投资——投资成本 贷:营业外收入

3.7 长期股权投资的核算方法及初始成本的调整

【业务 3-3】 2023 年 1 月 3 日,陕西鸿腾股份有限公司购入 B 公司股份,以证券公司资金专户支付 2 000 万元的价款,占其股份的 30%,对 B 公司具有重大影响。假定该试点 B 公司可辨认净资产公允价值与其账面价值相同。取得投资时 B 公司账面所有者权益总额为 4 000 万元。请编制该笔业务的会计分录。

长期股权投资的成本为 2 000 万元。

取得投资时应享有 A 公司净资产公允价值的份额=4 000×30%=1 200(万元)

因此,长期股权投资的成本大于取得投资时应享有 A 公司净资产公允价值的份额,不对其账面价值进行调整。

3.8 长期股权投资的成本法和权益法后续计量

	借方	贷方
借:长期股权投资——B 公司(投资成本)	20 000 000	
贷:其他货币资金——存出投资款		20 000 000

【业务 3-4】 2022 年 1 月 1 日,陕西鸿腾股份有限公司以 500 万元取得 A 公司 30%股权,能够对其财务和经营政策施加重大影响。取得投资时,A 公司可辨认净资产公允价值为 2 000 万元。

投资时，陕西鸿腾股份有限公司享有A公司可辨认净资产公允价值的份额为600万元(2 000×30%)，投资成本为500万元，多余部分确认为营业外收入。

借：长期股权投资——投资成本　　5 000 000
　　贷：银行存款　　5 000 000

借：长期股权投资——投资成本　　1 000 000
　　贷：营业外收入　　1 000 000

2. 被投资单位实现盈利或发生亏损的账务处理

被投资单位实现盈利或发生亏损的账务处理如表3-7所示。

表3-7　被投资单位实现盈利或发生亏损的账务处理

情形	账务处理
资产负债表日，企业应按被投资单位实现净利润份额	借：长期股权投资——损益调整 　　贷：投资收益
资产负债表日，企业应按被投资单位发生净亏损份额	借：投资收益 　　贷：长期股权投资——损益调整 　　　　长期应收款 　　　　预计负债

被投资单位发生净亏损时，投资方按如下顺序冲减：

(1) 以长期股权投资的账面价值为限冲减长期股权投资的账面价值。

(2) 以长期应收款的账面价值为限冲减长期应收款。

(3) 按合同约定确认预计负债。

(4) 账外备查簿登记。

若被投资单位实现净利润，按照(4)(3)(2)(1)的顺序恢复。

3. 被投资单位分配股利或利润的账务处理

被投资单位分配股利或利润的账务处理如表3-8所示。

表3-8　被投资单位分配股利或利润的账务处理

情形	账务处理
被投资单位宣告发放现金股利或利润时，企业计算应分得的部分	借：应收股利 　　贷：长期股权投资——损益调整
收到被投资单位发放的股票股利	不进行账务处理，但应在备查簿中登记

发生亏损的被投资单位以后实现净利润的，企业计算应享有的份额，如有未确认投资损失的，应先弥补未确认的投资损失，弥补损失后仍有余额的，依次借记“预计负债”科目、“长期应收款”科目和“长期股权投资”科目(损益调整)，贷记“投资收益”科目。

【业务3-5】　承[业务3-4]，2022年，A公司实现净利润10 000 000元。2023年5月2日，A公司宣告分派现金股利，每10股派1.50元。2023年6月9日，陕西鸿腾股份有限公司收到了A公司分派的现金股利。2023年A公司发生净亏损4 500 000元。请帮助陕西鸿腾股份有限公司编制该笔业务的会计分录。

(1) 2022年12月31日,确认投资收益时:

10 000 000×30%=3 000 000(元)

借:长期股权投资——A公司(损益调整)　　3 000 000

　　贷:投资收益　　3 000 000

(2) 2023年5月2日,A公司宣告分派现金股利时:

10 000 000÷10×1.5=1 500 000(元)

借:应收股利　　1 500 000

　　贷:长期股权投资——A公司(损益调整)　　1 500 000

(3) 2023年12月31日,确认投资损失时:

4 500 000×30%=1 350 000(元)

借:投资收益　　1 350 000

　　贷:长期股权投资——A公司(损益调整)　　1 350 000

4. 被投资单位净损益、利润分配以外的其他综合收益变动或所有者权益的其他变动账务处理

被投资单位其他综合收益变动或所有者权益的其他变动的账务处理如表3-9所示。

表3-9　被投资单位其他综合收益变动或所有者权益的其他变动的账务处理

情形	账务处理
被投资单位其他综合收益发生变动	借:长期股权投资——其他综合收益 　　贷:其他综合收益 (或相反分录)
被投资单位所有者权益的其他变动	借:长期股权投资——其他权益变动 　　贷:资本公积——其他资本公积 (或相反分录)

【业务3-6】 承[业务3-4],假定2022年A公司其他权益工具投资公允价值增加,因而计入其他综合收益的金额为1 200 000元。请编制该笔业务的会计分录。

借:长期股权投资——A公司(其他综合收益)　　360 000

　　贷:其他综合收益　　360 000

【业务3-7】 承[业务3-4],假定2022年A公司股本溢价1 000 000元。请编制该笔业务的会计分录。

借:长期股权投资——A公司(其他权益变动)　　300 000

　　贷:资本公积——其他资本公积　　300 000

(五) 计提长期股权投资减值准备

处置长期股权投资时,应同时结转已计提的长期股权投资减值准备;长期股权投资计提的资产减值损失一经确认，在以后会计期间不允许转回。

借：资产减值损失

　　贷：长期股权投资减值准备

借：银行存款（可收回的金额）

　　营业外支出（差额）

　　贷：长期股权投资（账面余额）

3.9　长期股权投资的减值

【业务 3-8】　承[业务 3-2]，A 公司发生巨额亏损，2023 年年末陕西鸿腾股份有限公司对 A 公司的投资预计可收回金额为 62 000 000 元，长期股权投资的账面价值为 70 000 000 元。请编制该笔业务的会计分录。

借：资产减值损失——计提的长期股权投资减值准备　　8 000 000

　　贷：长期股权投资减值准备　　8 000 000

（六）处置长期股权投资的账务处理

处置采用权益法核算的长期股权投资时，应当采用与被投资单位直接处置相关资产或负债相同的基础，对相关的其他综合收益进行处理。

借：银行存款

　　长期股权投资减值准备

　　贷：长期股权投资

　　　　应收股利

　　　　投资收益（或借方）

任务拓展

通过对长期股权投资业务的学习，学生应了解《股票发行与交易管理暂行条例》《禁止证券欺诈行为暂行办法》《证券市场禁入暂行规定》和其他有关规定，掌握长期股权投资的成本法、权益法、减值和处置的核算。

请同学们登录网中网企业财务会计理实互动实训教学平台，根据平台任务完成长期股权投资业务核算练习。

任务二　投资性房地产

投资性房地产是指企业为赚取租金或资本增值(房地产买卖的差价),或两者兼有而持有的房地产。投资性房地产应当能够单独计量和出售。投资性房地产的列报如图3-5所示。

资产负债表

编制单位：　　　　年　月　日　　　　单位：元

资产	期末余额	上年年末余额	负债和所有者权益	期末余额	上年年末余额
……					
非流动资产：					
……					
投资性房地产	××××				
……					

图3-5　投资性房地产的列报

任务初探

《国际会计准则第40号——投资性房地产》认为,投资性房地产产生的现金流量在很大程度上独立于企业持有的其他资产,至于商品或劳务的生产或供应过程中使用的房地产(或用于管理目的的房地产),其产生的现金流量不仅归属于该项房地产,而且归属于在生产或供应过程中所使用的其他资产。正因为这一点,国际会计准则才将投资性房地产与自用房地产区分开来。昆明百货大楼股份有限公司(以下简称昆百大)创建于1959年,是中华人民共和国成立后国家兴建的第一批大型商业企业。昆百大于1992年8月开始进行股份化改组,1993年12月发行A股,1994年2月2日,“昆百大A”在深圳证券交易所上市,公司主营范围是房地产和商业。在第五届董事会第四十五次会议决议中,昆百大审议并通过了《昆百大A关于对投资性房地产后续计量由成本计量模式变更为公允价值计量模式议案》,决定将投资性房地产后续计量模式由成本计价模式变更为公允价值计价模式。

问题思考: 什么是投资性房地产？投资性房地产的计量模式有哪些？投资性房地产的计量模式是否可以相互转换？

案例准备: 收集并阅读《企业会计准则第3号——投资性房地产》《企业会计准则第8号——资产减值》和《企业会计准则第28号——会计政策会计估计变更和差错更正》,了解投资性房地产的内容、核算账户以及不同计量模式下的核算。

任务研学

一、投资性房地产的管理

(一) 投资性房地产的分类

投资性房地产包括已出租的土地使用权、持有并准备增值后转让的土地使用权、已出租的建筑物。企业持有投资性房地产的目的主要是赚取租金和资本增值。

属于投资性房地产的项目主要有以下几类：

(1) 已出租的土地使用权。

(2) 持有并准备增值后转让的土地使用权。

(3) 已出租的建筑物。

以下情况不属于投资性房地产：①以经营租赁方式租入土地使用权再转租给其他单位的，不能确认为投资性房地产。②按照国家有关规定认定的闲置土地，不属于持有并准备增值后转让的土地使用权。③企业以经营租赁方式租入建筑物再转租的建筑物不属于投资性房地产。④企业自用房地产和作为存货的房地产不属于投资性房地产。⑤如果某项房地产部分用于赚取租金或资本增值、部分用于生产商品、提供劳务或经营管理，能够单独计量和出售的、用于赚取租金或资本增值的部分，应当确认为投资性房地产；不能够单独计量和出售的、用于赚取租金或资本增值的部分，不确认为投资性房地产。

企业将建筑物出租，按租赁协议向承租人提供的相关辅助服务在整个协议中不重大的，如企业将办公楼出租并向承租人提供保安、维修等辅助服务，应当将该建筑物确认为投资性房地产。不同用途下建筑物的确认如表 3-10 所示。

表 3-10　不同用途下建筑物的确认

用途	确认
自用	固定资产/无形资产
作为存货出售	存货
赚取租金/资本增值	投资性房地产

(二) 投资性房地产的管理要求

投资性房地产是企业的一种经营性活动，经营方式主要是出租赚取租金和持有并准备增值后转让获取资本增值。出租包括出租建筑物和土地使用权，其实质是在一定时期内让渡资产使用权的商业行为。

投资性房地产的租金和资本增值高低，与国内外市场供求、经济发展、房地产市场波动、国家对房地产市场的管控及其政策变化等众多经济、政治、法律等因素影响紧密相关；加之，投资性房地产投资金额巨大、周期长，在持有期间管理难度大，客观存在较大风险，所以要加强投资性房地产的会计核算与监督管理。

3.10　初级
实战演练

二、投资性房地产的确认与计量

(一) 投资性房地产的确认

1. 投资性房地产的确认条件

投资性房地产在符合其定义的前提下，同时满足下列条件的予以确认：

(1) 与该投资性房地产有关的经济利益很可能流入企业，即有证据表明企业能够获取租金或资本增值，或两者兼而有之。

(2) 该投资性房地产的成本能够可靠地计量。

2. 投资性房地产的确认时点

投资性房地产的确认时点如表 3-11 所示。

表 3-11　投资性房地产的确认时点

通用情况	时点
已出租的土地使用权、已出租的建筑物	租赁期开始日
持有以备经营出租的空置建筑物	董事会或类似机构作出书面决议的日期
持有并准备增值后转让的土地使用权	自用土地使用权停止自用，准备增值后转让的日期

(二) 投资性房地产的计量

投资性房地产的计量分为成本模式和公允价值模式两种。

1. 成本模式

成本模式是指投资性房地产的初始计量和后续计量均采用实际成本进行核算，外购、自行建造等按照初始购置或自行建造的实际成本计量，后续发生符合资本化条件的支出计入账面成本，后续计量按照固定资产或无形资产的相关规定按期计提折旧或摊销、资产负债表日发生减值的计提减值准备。

2. 公允价值模式

3.11 初级实战演练

公允价值模式是指投资性房地产初始计量采用实际成本核算、后续计量按照投资性房地产的公允价值进行计量。按准则规定，只有存在确凿证据表明投资性房地产的公允价值能够持续可靠取得的情况下，企业才可以采用公允价值模式进行后续计量。

(三) 投资性房地产的会计科目设置

为了反映和监督投资性房地产的取得、计提折旧或摊销、公允价值变动和处置等情况，企业应按照成本模式和公允价值模式分别设置“投资性房地产”等会计科目。

1. 成本模式会计科目

投资性房地产成本模式下的会计科目如表 3-12 所示。

表 3-12 投资性房地产成本模式下的会计科目

情形	会计科目	核算内容
初始核算	投资性房地产	租赁期开始日
后续核算	投资性房地产累计折旧/投资性房地产累计摊销	分别核算计提折旧或计提摊销
	投资性房地产减值准备	核算计提的减值准备
处置核算	其他业务收入	核算投资性房地产的处置收益
	其他业务成本	核算投资性房地产的处置成本

2. 公允价值模式会计科目

投资性房地产公允价值模式下的会计科目如表 3-13 所示。

表 3-13 投资性房地产公允价值模式下的会计科目

情形	会计科目	核算内容
初始核算	投资性房地产——成本	核算其实际成本及增减变化
后续核算	投资性房地产——公允价值变动 公允价值变动损益	核算投资性房地产的公允价值增减变动
	其他综合收益	核算非投资性房地产转换为投资性房地产转换日的公允价值大于账面价值的差额
处置核算	其他业务收入	核算投资性房地产的处置收益

三、投资性房地产的账务处理

(一) 取得投资性房地产的账务处理

企业取得投资性房地产，在成本模式下或公允价值模式下均应按照取得时的实际成本核算。取得投资性房地产的账务处理如表 3-14 所示。

对公允价值变动损益的不同处理，一方面有利于满足谨慎性要求，即费用不应少计、收入不应多计，使得反映的净利润偏低；另一方面有利于满足可靠性要求，即公允价值增值有着客观确凿证据，理应如实记账。转换日的公允价值大于原账面价值的差额属于未实现损益，作为其他综合收益计入利润表但不增加净利润，这就既满足了谨慎性要求，又增加了会计核算的有用性要求。

表 3-14 取得投资性房地产的账务处理

项目	账务处理
外购	借：投资性房地产——成本（价款＋相关税费＋其他支出） 　　贷：银行存款 **【提示】** 企业购入的房地产，部分用于出租(或资本增值)，部分自用，用于出租(或资本增值)的部分应当予以单独确认的，应按照不同部分的公允价值占公允价值总额的比例将成本在不同部分之间进行分配

（续表）

项目	账务处理
自行建造(成本模式下)	借：投资性房地产 　　贷：银行存款等
自用房地产或存货转换为采用公允价值模式计量的投资性房地产	(1) 转换日的公允价值＜原账面价值 　借：投资性房地产——成本 　　　累计折旧 　　　固定资产减值准备 　　　公允价值变动损益[借方差] 　　　贷：固定资产 (2) 转换日的公允价值＞原账面价值 　借：投资性房地产——成本 　　　累计折旧 　　　固定资产减值准备 　　　贷：固定资产 　　　　　其他综合收益(贷方差)

【业务3-9】 2023年4月，陕西鸿腾股份有限公司计划购入一栋写字楼用于对外出租，4月1日与C公司签订了经营租赁合同，约定自写字楼购买日起将这栋写字楼出租给C公司使用，期限3年。5月15日，陕西鸿腾股份有限公司实际购入写字楼，支付价款共计2 180万元(增值税税率为9%)，并采用成本模式进行后续计量。请编制该笔业务的会计分录。

陕西鸿腾股份有限公司购入写字楼时：

借：投资性房地产——写字楼　　20 000 000
　　应交税费——应交增值税(进项税额)　　1 800 000
　　贷：银行存款　　21 800 000

【业务3-10】 承[业务3-9]，假设陕西鸿腾股份有限公司拥有的投资性房地产符合采用公允价值模式计量的条件，并采用公允价值模式进行初始计量。请编制该笔业务的会计分录。

陕西鸿腾股份有限公司购入写字楼时：

借：投资性房地产——写字楼(成本)　　20 000 000
　　应交税费——应交增值税(进项税额)　　1 800 000
　　贷：银行存款　　21 800 000

【业务3-11】 2023年5月，陕西鸿腾股份有限公司从其他单位购入一块土地的使用权，并在这块土地上开始建造一栋厂房。2023年11月，陕西鸿腾股份有限公司预计厂房即将完工，与D公司签订了经营租赁合同，将厂房租赁给D公司使用。租赁合同约定，该厂房于完工(达到预定可使用状态)时开始起租。2023年11月10日，厂房完工(达到预定可使用状态)。该块土地使用权的成本为700万元，厂房的实际造价为900万元。请编制该笔业务的会计分录。

借：投资性房地产——厂房　　9 000 000
　　贷：在建工程　　9 000 000

借：投资性房地产——厂房　　6 000 000
　　贷：无形资产　　6 000 000

（二）投资性房地产后续核算的账务处理

1. 采用成本模式对投资性房地产进行后续计量

在成本模式下，企业应当按照投资性房地产的实际成本进行计量，在持有期间比照固定资产或无形资产的相关规定计提折旧或摊销。

借：其他业务成本
　　贷：投资性房地产累计折旧[摊销]

借：其他应收款等
　　贷：其他业务收入

2. 采用公允价值模式对投资性房地产进行后续计量

采用公允价值模式进行后续核算，投资性房地产不应计提折旧或摊销。

借：投资性房地产——公允价值变动
　　贷：公允价值变动损益——投资性房地产[或相反会计分录]

3.12　初级实战演练

（三）投资性房地产处置的账务处理

企业出售、转让、报废投资性房地产或者发生投资性房地产毁损，应当将处置收入扣除其账面价值和相关税费后的金额计入当期损益。处置投资性房地产的账务处理如表3-15所示。

表3-15　处置投资性房地产的账务处理

成本模式计量	公允价值模式计量
借：银行存款 　　贷：其他业务收入	借：银行存款等 　　贷：其他业务收入
借：其他业务成本 　　投资性房地产累计折旧 　　贷：投资性房地产	借：其他业务成本 　　投资性房地产——公允价值变动[或贷方] 　　贷：投资性房地产——成本

【业务3-12】　2023年10月，陕西鸿腾股份有限公司将一栋办公楼出租给D公司使用，该办公楼已确认为投资性房地产，采用成本模式进行后续计量。假设这栋办公楼的成本为3 600万元，按照直线法计提折旧，使用寿命为10年，预计净残值为0。按照经营租赁合同，D公司每月支付陕西鸿腾股份有限公司租金15.54万元。当年12月，这栋办公楼发生减值迹象，经减值测试，其可收回金额为1 500万元，此时办公楼的账面价值为2 500万元，以前未计提减值准备。请编制该笔业

3.13　初级实战演练

务的会计分录。

(1) 计提折旧(按月)时：

月折旧额＝(2 400÷10)÷12＝300 000(元)

借：其他业务成本　　300 000
　　贷：投资性房地产累计折旧　　300 000

(2) 确认租金时：

借：银行存款[或其他应收款]　　15 540 000
　　贷：其他业务收入　　14 000 000
　　　　应交税费——应交增值税(进项税额)　　1 540 000

(3) 计提减值准备时：

资产减值金额＝25 000 000－15 000 000＝10 000 000(元)

借：资产减值损失　　10 000 000
　　贷：投资性房地产减值准备　　10 000 000

任务拓展

通过对投资性房地产业务的学习，学生应了解《企业会计准则第 3 号——投资性房地产》和《企业会计准则第 28 号——会计政策会计估计变更和差错更正》，掌握投资性房地产核算的方法。

请同学们登录网中网企业财务会计理实互动实训教学平台，根据平台任务完成投资性房地产业务核算练习。

任务三 固定资产

固定资产是指企业为生产产品、提供劳务、出租或者经营管理而持有的、使用时间超过 12 个月的，价值达到一定标准的非货币性资产，包括房屋、建筑物、机器、机械、运输工具以及其他与生产经营活动有关的设备、器具、工具等。固定资产的列报如图 3-6 所示。

资产负债表

编制单位： 年 月 日 单位：元

资产	期末余额	上年年末余额	负债和所有者权益	期末余额	上年年末余额
……					
非流动资产：					
……					
固定资产	××××				
……					

图 3-6 固定资产的列报

任务初探

固定资产属于制造业的劳动资料，是制造业物质生产的基础，也是制造业发展的重要条件。2019 年 4 月 23 日，《财政部 税务总局关于扩大固定资产加速折旧优惠政策适用范围的公告》规定固定资产加速折旧优惠的行业范围，不再限于生物药品制造业，专用设备制造业，铁路、船舶、航空航天和其他运输设备制造业，计算机、通信和其他电子设备制造业，仪器仪表制造业，信息传输、软件和信息技术服务业 6 大行业和轻工、纺织、机械、汽车 4 个领域，其范围已扩大至全部制造业领域。

问题思考：固定资产如何分类？固定资产应该如何核算？什么是固定资产的折旧？影响固定资产折旧的因素有哪些？

案例准备：收集并阅读《企业会计准则第 4 号——固定资产》《企业会计准则第 8 号——资产减值》和《财政部 税务总局关于扩大固定资产加速折旧优惠政策适用范围的公告》，了解固定资产的分类、会计科目以及核算。

任务研学

一、固定资产的管理

（一）固定资产的特征

固定资产是指同时具有以下特征的有形资产：

(1) 企业持有固定资产的目的是用于生产商品、提供劳务、出租或经营管理，而不是直接用于出售。其中，出租是指以经营租赁方式出租的机器设备等。

(2) 企业使用固定资产的期限超过一个会计年度。

（二）固定资产的分类

固定资产的分类如表 3-16 所示。

表 3-16　固定资产的分类

分类标准	具体内容
按经济用途分类	(1) 生产经营用固定资产 (2) 非生产经营用固定资产
综合分类	(1) 生产经营用固定资产 (2) 非生产经营用固定资产 (3) 租出固定资产(指企业在经营租赁方式下出租给外单位使用的固定资产) (4) 不需用固定资产 (5) 未使用固定资产 (6) 土地(指过去已经估价单独入账的土地) (7) 租入固定资产(指企业除了短期租赁和低价值资产租赁租入的固定资产，该资产在租赁期内，应作为使用权资产进行核算与管理)

（三）固定资产的管理要求

(1) 正确预测并确定固定资产的需要量和规模。

(2) 严格划分资本性支出和收益性支出的界限，合理确认并准确计量固定资产的价值，坚持实质重于形式的原则，正确区分固定资产和在建工程。

(3) 加强固定资产的日常管理。在日常管理过程中，企业应建立和健全固定资产的管理责任制度，严格规范固定资产的采购、验收、交付使用、出售和报废清理及定期清查盘点等手续制度，确保各项经办业务的各项原始凭证真实、准确、完整，提高固定资产的使用效率和效果。

3.14　固定资产的确认

(4) 正确核算固定资产的折旧和减值，及时准确计提固定资产折旧，需要计提固定资产减值的应准确合理识别固定资产减值迹象并按规定计提减值，确保固定资产的及时更新改造。

二、固定资产核算的会计科目

为了反映和监督固定资产取得、计提折旧和处置等情况，企业一般需要设置“固定资产”“累计折旧”“在建工程”“工程物资”“固定资产清理”“固定资产减值准备”等科目。

"固定资产"科目核算属于资产类科目,其账户结构如图3-7所示。企业应当设置"固定资产登记簿"和"固定资产卡片",按固定资产的类别、使用部门和每项固定资产进行明细核算。经营性租入的固定资产,不属于企业资产,应当另设"备查簿"进行登记,不在"固定资产"科目核算。

固定资产 借方	贷方
期初余额 固定资产原价的增加	固定资产原价的减少
期末余额:企业期末固定资产的原价	

图3-7　"固定资产"科目的账户结构

"在建工程"科目核算企业进行各项工程(固定资产的新建、改造和大修理等工程)所发生的实际支出,该科目应分别设置"建筑工程""安装工程""在安装设备""待摊支出""单项工程"等明细科目进行核算,其账户结构如图3-8所示。

在建工程 借方	贷方
期初余额 企业投入在建工程的各项支出增加数	企业工程竣工,固定资产交付使用的工程成本数、项目工程物资、退回工程款、退库材料的发生额
期末余额:企业尚未达到预定可使用状态的在建工程的成本	

图3-8　"在建工程"科目的账户结构

"工程物资"账户核算企业为基建工程、改建工程和大修理工程准备的各种物资的实际成本。该科目应分别设置"专用材料""专用设备""工器具"等进行明细核算,其账户结构如图3-9所示。

工程物资 借方	贷方
期初余额 企业购入为在建工程准备的各种物资的成本	企业领用工程物资的成本
期末余额:企业期末为在建工程准备的各种物资的成本	

图3-9　"工程物资"科目的账户结构

"固定资产清理"科目核算企业因出售、报废或毁损等原因转入清理的固定资产净值、发生的清理费用和清理收入,其账户结构如图3-10所示。

<table>
<tr><th colspan="2">固定资产清理</th></tr>
<tr><th>借方</th><th>贷方</th></tr>
<tr><td>期初余额
固定资产转入清理的净值和清理过程中发生的费用</td><td>期初余额
企业出售固定资产的取得的价款、残料价值和变价收入</td></tr>
<tr><td>期末余额：企业清理固定资产后的净损失</td><td>期末余额：企业尚未清理完毕的固定资产的价值以及清理后的净收益</td></tr>
</table>

图 3-10 "固定资产清理"科目的账户结构

"固定资产减值准备"科目是"固定资产"科目的备抵科目，核算固定资产提取的减值准备，其账户结构如图 3-11 所示。

<table>
<tr><th colspan="2">固定资产减值准备</th></tr>
<tr><th>借方</th><th>贷方</th></tr>
<tr><td>企业因出售、报废、毁损等原因减少固定资产而冲减的固定资产减值准备</td><td>期初余额
企业计提的固定资产减值准备</td></tr>
<tr><td></td><td>期末余额：企业计提的固定资产减值准备</td></tr>
</table>

图 3-11 "固定资产减值准备"科目的账户结构

三、取得固定资产的账务处理

（一）外购固定资产

1. 外购固定资产成本的确定

企业外购的固定资产，应按实际支付的购买价款，相关税费（不含可抵扣增值税），使固定资产达到预定可使用状态前所发生的可归属于该项资产的运输费、装卸费、安装费和专业人员服务费等，作为固定资产的取得成本。

2. 外购固定资产的账务处理

1）外购不需要安装的固定资产

借：固定资产
　　应交税费——应交增值税（进项税额）
　　贷：银行存款/应付账款等

2）外购需要安装的固定资产

（1）购入时：

借：在建工程
　　应交税费——应交增值税（进项税额）
　　贷：银行存款/应付账款等

（2）发生的安装调试成本：

借：在建工程

　　应交税费——应交增值税（进项税额）

　　贷：银行存款等

（3）耗用的材料和人工等：

借：在建工程

　　贷：原材料、应付职工薪酬等

（4）达到预定可使用状态：

借：固定资产

　　贷：在建工程

3. 企业以一笔款项购入多项没有单独标价的固定资产

企业应将各项资产单独确认为固定资产，按各项固定资产公允价值的比例对总成本进行分配，分别确定各项固定资产的成本。

【业务 3-13】 2023 年 2 月 12 日，陕西鸿腾股份有限公司购入一台不需要安装即可投入使用的设备，取得的增值税专用发票上注明的设备价款为 20 000 元，增值税税额为 2 600 元，另支付运杂费 500 元、增值税 45 元、包装费 400 元，款项以银行存款支付。请编制该笔业务的会计分录。

借：固定资产　　20 900

　　应交税费——应交增值税（进项税额）　　2 645

　　贷：银行存款　　23 545

（二）建造固定资产

企业自行建造固定资产主要有自营和出包两种方式。自行建造的固定资产，按建造该项资产达到预定可使用状态前所发生的必要支出作为固定资产的成本。企业自行建造固定资产，应先通过“在建工程”科目核算，工程达到预定可使用状态时再转入“固定资产”科目。

1. 自营工程

自营工程的账务处理如表 3-17 所示。

表 3-17　自营工程的账务处理

节点	账务处理
购入工程物资时	借：工程物资 　　应交税费——应交增值税（进项税额） 　　贷：银行存款等
领用工程物资时	借：在建工程 　　贷：工程物资

（续表）

节点	账务处理
领用外购原材料	借：在建工程 　　贷：原材料
领用本企业生产的商品时	借：在建工程 　　贷：库存商品
发生工程人员工资等其他费用时	借：在建工程 　　贷：应付职工薪酬等
达到预定可使用状态	借：固定资产 　　贷：在建工程

【业务 3-14】 2023 年 3 月 2 日，陕西鸿腾股份有限公司购入工程物资 100 000 元，增值税税额为 13 000 元，全部用于工程建设。领用本企业生产的水泥一批，实际成本为 30 000 元，相关进项税额为 3 900 元，税务部门确定的计税价格为 40 000 元。工程人员工资为 40 000 元。工程完工能够达到预定可使用状态。请编制该笔业务的会计分录。

（1）购入工程物资时：

借：工程物资——专用材料　　100 000

　　应交税费——应交增值税（进项税额）　　1 300

　　贷：银行存款　　101 300

（2）领用工程物资时：

借：在建工程——自营工程（车间）　　100 000

　　贷：工程物资——专用材料　　100 000

（3）工程领用本企业生产的水泥时：

借：在建工程——自营工程（车间）　　30 000

　　贷：库存商品　　30 000

（4）分配工程应负担的职工薪酬时：

借：在建工程——自营工程（车间）　　40 000

　　贷：应付职工薪酬　　40 000

（5）工程完工达到预定可使用状态时：

借：固定资产——车间　　170 000

　　贷：在建工程——自营工程（车间）　　170 000

2. 出包工程

出包工程是指企业通过招标方式将工程项目发包给建造承包商，由建造承包商组织施工的建筑工程和安装工程。企业采用出包方式进行的固定资产工程，其工程的具体支出主要由建造承包商核算。在这种方式下，“在建工程”科目主要反映企业与建造承包商办理工程价款结算的情况，企业以支付给建造承包商的工程价款作为工程成本，通过“在建工程”科目核算。工程达到预定可使用状态时，将“在建工程”科目余额转入“固定资产”科目。出包工程的账务处理如表 3-18 所示。

表 3-18　出包工程的账务处理

节点	账务处理
企业按合理估计的发包工程进度和合同规定向建造承包商结算进度款	借：在建工程 　　应交税费——应交增值税（进项税额） 　　贷：银行存款
工程完成时按合同规定补付的工程款	借：在建工程 　　应交税费——应交增值税（进项税额） 　　贷：银行存款
工程达到预定可使用状态时	借：固定资产 　　贷：在建工程

【业务 3-15】　2023 年 3 月 5 日，陕西鸿腾股份有限公司计划建造一个车库，出包给 A 建筑公司。根据承包合同，3 月 8 日工程开工时，预付工程价款 109 000 元，取得 A 建筑公司的增值税专用发票，注明价款 100 000 元、增值税税率 9%、增值税税额 9 000 元。3 月 31 日，工程完工后，收到 A 建筑公司工程结算单据和增值税专用发票，补付工程款 218 000 元（其中价款 200 000 元，增值税 18 000 元），车库已验收交付使用。请编制该笔业务的会计分录。

（1）支付工程价款时：

借：在建工程——出包工程　　100 000
　　应交税费——应交增值税（进项税额）　　9 000
　　贷：银行存款　　109 000

（2）补付价款时：

借：在建工程——出包工程　　200 000
　　应交税费——应交增值税（进项税额）　　18 000
　　贷：银行存款　　218 000

（3）竣工交付使用时：

借：固定资产　　300 000
　　贷：在建工程——出包工程　　300 000

3.15　固定资产的初始计量

四、固定资产折旧

（一）固定资产折旧概述

企业应当在固定资产使用寿命内，按照确定的方法对应计折旧额进行系统分摊。应计折旧额是指应当计提折旧的固定资产原价扣除其预计净残值后的金额。已计提减值准备的固定资产，还应当扣除已计提的固定资产减值准备累计金额。

3.16 固定资产折旧概述

1. 影响固定资产折旧的主要因素

(1) 固定资产原价，是指固定资产的成本。

(2) 预计净残值，是指假定固定资产预计使用寿命已满并处于使用寿命终了时的预期状态，企业目前从该项资产处置中获得的扣除预计处置费用后的金额。

(3) 固定资产减值准备，是指固定资产已计提的固定资产减值准备累计金额。

(4) 固定资产的使用寿命，是指企业使用固定资产的预计期间，或者该固定资产所能生产产品或提供劳务的数量。

2. 计提折旧的范围

除了以下情况，企业应当对所有固定资产计提折旧：

(1) 已提足折旧仍继续使用的固定资产。

(2) 单独计价入账的土地。

企业在确定计提折旧的范围时，还应注意以下几点：

(1) 固定资产应当按月计提折旧，当月增加的固定资产，当月不计提折旧，从下月起计提折旧；当月减少的固定资产，当月仍计提折旧，从下月起不计提折旧。

(2) 固定资产提足折旧后，不论能否继续使用，均不再计提折旧；提前报废的固定资产，也不再补提折旧。所谓提足折旧，是指已经提足该项固定资产的应计折旧额。

(3) 已达到预定可使用状态但尚未办理竣工决算的固定资产，应当按照估计价值确定其成本，并计提折旧；待办理竣工决算后，再按实际成本调整原来的暂估价值，但不需要调整原已计提的折旧额。

3.17 固定资产折旧的概念和范围

3. 固定资产的使用寿命、预计净残值和折旧方法的复核

企业至少应当于每年年度终了，对固定资产的使用寿命、预计净残值和折旧方法进行复核。使用寿命预计数与原先估计数有差异的，应当调整固定资产使用寿命。预计净残值预计数与原先估计数有差异的，应当调整预计净残值。与固定资产有关的经济利益预期实现方式有重大改变的，应当改变固定资产折旧方法。

（二）固定资产的折旧方法

企业应当根据与固定资产有关的经济利益的预期实现方式，合理选择固定资产折旧方法。可选用的折旧方法包括年限平均法（又称直线法）、工作量法、双倍余额递减法和年数总和法等。

1. 年限平均法

采用年限平均法计提固定资产折旧，其特点是将固定资产的应计折旧额（并非成本）均衡地分摊到固定资产预计使用寿命内，每期折旧额相等。其计算公式如下：

$$\text{年折旧率} = (1 - \text{预计净残值率}) \div \text{预计使用寿命(年)} \times 100\%$$

$$\text{月折旧率} = \text{年折旧率} \div 12$$

$$\text{月折旧额} = \text{固定资产原价} \times \text{月折旧率}$$

2. 工作量法

工作量法是指根据实际工作量计算固定资产每期应计提折旧额的一种方法。其计算公式如下：

$$\text{单位工作量折旧额} = [\text{固定资产原价} \times (1 - \text{预计净残值率})] \div \text{预计总工作量}$$

$$\text{某项固定资产月折旧额} = \text{该项固定资产当月工作量} \times \text{单位工作量折旧额}$$

3. 双倍余额递减法

双倍余额递减法是指在不考虑固定资产预计净残值的情况下，根据每期期初固定资产原价减去累计折旧后的余额和双倍的直线法折旧率计算固定资产折旧的一种方法。采用双倍余额递减法计提固定资产折旧，一般应在固定资产使用寿命到期前两年内，将固定资产账面净值扣除预计净残值后的余额平均摊销。其计算公式如下：

$$\text{年折旧率} = 2 / \text{预计使用寿命(年)} \times 100\%$$

$$\text{年折旧额} = \text{每个折旧年度年初固定资产账面净值} \times \text{年折旧率}$$

$$\text{月折旧额} = \text{年折旧额} \div 12$$

4. 年数总和法

年数总和法是指将固定资产的原价减去预计净残值后的余额，乘以一个逐年递减的分数计算每年的折旧额，这个分数的分子代表固定资产尚可使用寿命，分母代表固定资产预计使用寿命逐年数字总和。其计算公式如下：

$$\text{年折旧率} = \text{尚可使用年限} \div \text{预计使用寿命的年数总和} \times 100\%$$

$$\text{年折旧额} = (\text{固定资产原价} - \text{预计净残值}) \times \text{年折旧率}$$

已计提减值准备的固定资产，应当按照该项资产的账面价值(固定资产账面余额扣减累计折旧和减值准备后的金额)以及尚可使用寿命重新计算确定折旧率和折旧额。

(三) 固定资产折旧的账务处理

固定资产应当按月计提折旧，计提的折旧记入“累计折旧”科目，根据固定资产的用途和受益对象性质计入相关资产的成本或者当期损益，借记“制造费用”(用于生产车间)、“管理费用”(用于行政管理部门或不需用、未使用的固定资产)、“销售费用”(用于专设销售部门)、“在建工程”(用于工程建设)、“研发支出”(用于项目研发)、“其他业务成本”(用于经营租出)等科目，贷记“累计折旧”科目。

3.18 固定资产折旧的方法及账务处理

【业务 3-16】 陕西鸿腾股份有限公司销售部门有一台办公设备，其原值为 9 600 元，预计使用 5 年，预计残值是 800 元，预计清理费用是 200 元，采用平均年限法计提折旧。请编制该笔业务的会计分录。

3.19 初级实战演练

$$\text{年折旧额} = \frac{9\,600 - (800 - 200)}{5} = 1\,800(\text{元})$$

$$\text{月折旧额} = 1\,800 \div 12 = 150(\text{元})$$

借：销售费用　　1 800

　贷：累计折旧　　1 800

五、固定资产的后续支出

固定资产的后续支出，是指固定资产在使用过程中发生的更新改造支出、修理费用等。与固定资产有关的更新改造等后续支出，符合资本化条件的应当予以资本化。

（一）资本化的后续支出

固定资产资本化的后续支出的账务处理如表3-19所示。

表3-19　固定资产资本化的后续支出的账务处理

情形	账务处理
固定资产转入改扩建时	借：在建工程 　累计折旧 　固定资产减值准备 　贷：固定资产
发生改扩建工程支出时	借：在建工程 　应交税费——应交增值税（进项税额） 　贷：银行存款
终止确认被替换部件时	借：营业外支出 　贷：在建工程[被替换部分的账面价值] 企业在处置被替换部分过程中，可能会获得变价收入和残料价值等。将其冲减营业外支出，不影响固定资产入账价值 借：银行存款[变价收入] 　原材料[残料价值] 　贷：营业外支出
改扩建工程达到预定可使用状态时	借：固定资产 　贷：在建工程
转为固定资产后	按重新确定的使用寿命、预计净残值和折旧方法计提折旧 更新改造后固定资产的入账成本＝（改造前固定资产原值－累计折旧－固定资产减值准备）＋资本化的更新改造支出－被替换部分的账面价值

（二）费用化的后续支出

与固定资产有关的修理费用等后续支出，不符合固定资产确认条件的，应当根据不同情况分别在发生时计入当期管理费用、销售费用。如涉及可抵扣的增值税，应同时确认增值税的进项税额，借记“管理费用”（行政管理部门固定资产修理费用）、“销售费用”（专设销售机构的固定资产修理费用）、“应交税费——应交增值税（进项税额）”科目，贷记“原材料”“应付职工薪酬”“银行存款”等科目。

【业务3-17】　2023年2月5日，陕西鸿腾股份有限公司为增值税一般纳税人，发生行政管理部门设备日常维修费50 000元、专设销售机构管理用办公设备维修费30 000元，增值税专用发票上注明的增值税税额为10 400元。请编制该笔业务的会计分录。

借：管理费用　50 000
　　销售费用　30 000
　　应交税费——应交增值税(进项税额)　10 400
　　贷：银行存款　90 400

六、处置固定资产

固定资产处置，即固定资产的终止确认，具体包括固定资产的出售、报废、毁损、对外投资、非货币性资产交换、债务重组等。企业处置固定资产应通过“固定资产清理”科目核算。处置固定资产的账务处理如下。

3.20　固定资产后续支出的账务处理

3.21　初级实战演练

(一) 固定资产转入清理

借：固定资产清理
　　累计折旧
　　固定资产减值准备
　　贷：固定资产

(二) 发生的清理费用

借：固定资产清理
　　应交税费——应交增值税(进项税额)
　　贷：银行存款等

(三) 收回出售固定资产的价款、残料价值和变价收入等

借：银行存款
　　原材料等
　　贷：固定资产清理
　　　　应交税费——应交增值税(销项税额)[残料入库不涉及]

(四) 保险赔偿等的处理

借：其他应收款
　　贷：固定资产清理

(五) 清理净损益的处理

(1) 因已丧失使用功能或因自然灾害发生毁损等原因而报废清理产生的利得或损失应计入营业外收支。

生产经营期间报废清理产生的处理净损失：

借：营业外支出——非流动资产处置损失[正常原因丧失使用功能]
　　　　　　　——非常损失[自然灾害等]
　　贷：固定资产清理

生产经营期间报废清理产生的处理净收益：

借：固定资产清理
　　贷：营业外收入——非流动资产处置利得

(2) 因出售、转让等原因产生的固定资产处置利得或损失应计入资产处置损益。

借：固定资产清理

　　贷：资产处置损益[利得]

借：资产处置损益[损失]

　　贷：固定资产清理

出售固定资产的净损益应转入“资产处置损益”科目。毁损报废固定资产的净损失应转入“营业外支出”科目。

【业务 3-18】 2023 年 7 月 5 日，陕西鸿腾股份有限公司出售一台旧设备，原价为 23.00 万元，已计提折旧 5.00 万元。出售该设备开具的增值税专用发票上注明的价款为 20.00 万元、增值税税额为 2.60 万元，发生的清理费用为 1.50 万元，请编制该笔业务的会计分录。

该企业出售设备后确认的净收益＝20－(23－5)－1.50＝0.50(万元)

借：固定资产清理	180 000	
累计折旧	50 000	
贷：固定资产		230 000
借：银行存款	226 000	
贷：固定资产清理		200 000
应交税费——应交增值税(销项税额)		26 000
借：固定资产清理	15 000	
贷：银行存款		15 000
借：固定资产清理	5 000	
贷：资产处置损益		5 000

七、固定资产清查

企业应定期或者至少于每年年末对固定资产进行清查盘点。在固定资产清查过程中，如果发现盘盈、盘亏的固定资产，应填制固定资产盘盈盘亏报告表。对固定资产的损溢，应及时查明原因，并按照规定程序报批处理。

(一) 固定资产盘盈

批准前：

借：固定资产(重置成本)

　　贷：以前年度损益调整

借：以前年度损益调整

　　贷：应交税费——应交所得税

批准后：

借：以前年度损益调整

　　贷：盈余公积

　　　　利润分配——未分配利润

企业盘盈的固定资产应作为前期差错进行处理，通过“以前年度损益调整”科目核算。

【业务3-19】 2023年4月30日，陕西鸿腾股份有限公司年末固定资产清查时发现上年购入的一台设备未入账，其重置成本为10 000元，该公司按净利润的10%提取法定盈余公积，不考虑所得税及其他因素，请编制该笔业务的会计分录。

借：固定资产　　10 000
　　贷：以前年度损益调整　　10 000

借：以前年度损益调整　　10 000
　　贷：盈余公积——法定盈余公积　　1 000
　　　　利润分配——未分配利润　　9 000

（二）固定资产盘亏

批准前：

借：待处理财产损溢
　　累计折旧
　　固定资产减值准备
　　贷：固定资产
　　　　应交税费——应交增值税（进项税额转出）[自然灾害除外]

批准后：

借：其他应收款[保险赔款或过失人赔偿]
　　营业外支出——盘亏损失
　　贷：待处理财产损溢

企业盘亏固定资产，应按其账面净值（即固定资产原值减去已计提折旧）乘以适用税率计算不可以抵扣的进项税额。

3.22 初级实战演练

借：待处理财产损溢——待处理固定资产损溢
　　贷：应交税费——应交增值税（进项税额转出）

八、固定资产减值

3.23 库存现金、存货和固定资产清查的对比

（一）固定资产减值金额的确定

固定资产在资产负债表日存在可能发生减值的迹象时，其可收回金额低于账面价值的，企业应当将该固定资产的账面价值减记至可收回金额，减记的金额确认为减值损失计入当期损益，同时计提相应的固定资产减值准备。

（二）固定资产减值的账务处理

已计提减值准备的固定资产，应当按照该固定资产的账面价值以及尚可使用寿命重新计算确定折旧率和折旧额。固定资产减值损失一经确认，在以后会计期间不得转回。

【业务3-20】 2023年4月18日，陕西鸿腾股份有限公司对固定资产进行检查，发现一台机器可收回金额低于其账面价值，其原值为50 000元，已提折旧20 000元，预计可收

回金额为 9 000 元。以前未对该固定资产计提过减值准备,请编制该笔业务的会计分录。

借:资产减值损失——计提的固定资产减值准备　　21 000

　　贷:固定资产减值准备　　21 000

3.24　固定资产的处置、清查和减值

3.25　初级实战演练

任务拓展

通过对固定资产业务的学习,学生应了解固定资产的分类和折旧的计算方法,掌握固定资产购入、自行建造、折旧、出售、报废和毁损的核算。

请同学们登录网中网企业财务会计理实互动实训教学平台,根据平台任务完成固定资产业务核算练习。

任务四　无 形 资 产

无形资产是指没有实物形态的可辨认非货币性资产。无形资产具有广义和狭义之分，广义的无形资产包括金融资产、长期股权投资、专利权、商标权等，因为它们没有物质实体，而是表现为某种法定权利或技术。无形资产的列报如图 3-12 所示。

资产负债表

编制单位：　　　　年　月　日　　　　单位：元

资产	期末余额	上年年末余额	负债和所有者权益	期末余额	上年年末余额
……					
非流动资产：					
……					
无形资产	××××				
……					

图 3-12　无形资产的列报

任务初探

无形资产对企业的价值创造和发展扩张意义重大，它主要包括专利权、商标权、著作权等各种知识产权。近年来我国多项重大科技成果涌现，“嫦娥五号”首颗地月采样往返探测器首次实现了我国地外天体采样返回，暗物质粒子探测卫星目前是世界上观测能段范围最宽、能量分辨率最优的暗物质粒子探测卫星；“天官二号”空间实验室是我国首个具备补加功能的载人航天科学实验空间实验室，这些重大的科技成果皆是专利申请的重要基础。

问题思考：专利权属于无形资产吗？企业的无形资产都包括哪些？企业应该如何对无形资产进行核算？

案例准备：收集并阅读《企业会计准则第 6 号——无形资产》和《企业会计准则第 8 号——资产减值》，了解无形资产的范围与核算。

一、无形资产的概念和特征

（一）无形资产的概念

无形资产是指企业拥有或者控制的没有实物形态的可辨认非货币性资产，通常包括专利权、非专利技术、商标权、著作权、土地使用权、特许权等。

（二）无形资产的特征

无形资产具有以下主要特征：

（1）具有资产基本特征，即由企业拥有或者控制并能为其带来经济利益。

（2）不具有实物形态。

（3）具有可辨认性。

（4）属于非货币性资产。

（三）无形资产的管理

无形资产准确及时的确认与计量、提供高质量的无形资产会计核算资料和会计信息，可防范和化解企业因无形资产权属不清、技术落后、缺乏核心技术，管理失当、存在重大技术安全隐患等导致企业法律纠纷，缺乏可持续发展能力风险，并对引导创新决策、有效配置创新资源等方面具有重要意义和作用。

（四）无形资产的确认与计量

无形资产的确认与计量，应同时满足与该无形资产有关的经济利益很可能流入企业和该无形资产的成本能够可靠地计量两个条件。

3.26 无形资产的确认

二、无形资产核算的会计科目

为了反映和监督无形资产的取得、摊销和处置等情况，企业应当设置“无形资产”“累计摊销”“无形资产减值准备”等科目进行核算，其账户结构如图3-13至图3-15所示。

无形资产

借方	贷方
期初余额 企业取得无形资产的成本	企业出售无形资产转出的无形资产账面余额
期末余额：企业无形资产的成本	

图3-13 “无形资产”科目的账户结构

累计摊销

借方	贷方
企业处置无形资产转出的累计摊销	期初余额 企业计提的无形资产摊销
	期末余额：企业无形资产的累计摊销额

图3-14 “累计摊销”科目的账户结构

“无形资产减值准备”科目是“无形资产”科目的备抵科目，核算无形资产提取的减值准备。

无形资产减值准备	
借方	贷方
企业因处置等原因减少无形资产而冲减的无形资产减值准备	期初余额 企业计提的无形资产减值准备
	期末余额：企业计提但尚未转销的无形资产减值准备

图 3-15　“无形资产减值准备”科目的账户结构

三、无形资产的账务处理

（一）取得无形资产

无形资产应按取得成本进行初始计量。

1. 外购无形资产

外购无形资产的成本包括购买价款、相关税费，以及直接归属于使该项资产达到预定用途所发生的其他支出。

下列各项不包括在无形资产的初始成本中：①引入新产品进行宣传发生的广告费、管理费用及其他间接费用。②无形资产达到预定用途以后发生的费用。

【业务 3-21】 2023 年 8 月 1 日，陕西鸿腾股份有限公司从 V 公司购入一项商标权，支付价款 2 650 000 元，另支付相关费用 10 600 元，款项已通过银行转账支付，如果使用了该项商标权，预计其销售数量将提高 25%，销售利润将增长 29%。假设不涉及其他相关税费。请编制该笔业务的会计分录。

借：无形资产——商标权　　2 510 000
　　应交税费——应交增值税（进项税额）　　150 600
　　贷：银行存款　　2 660 600

2. 企业自行研究开发无形资产

企业自行研究开发无形资产项目所发生的支出应区分研究阶段支出和开发阶段支出，其账务处理如表 3-20 所示。

表 3-20　自行研发无形资产的账务处理

节点		账务处理
研究阶段		借：研发支出——费用化支出 　　应交税费——应交增值税（进项税额） 　　贷：银行存款、原材料、应付职工薪酬等 期末： 借：管理费用 　　贷：研发支出——费用化支出
开发阶段	不符合资本化条件	

（续表）

节点		账务处理
开发阶段	符合资本化条件	借：研发支出——资本化支出 应交税费——应交增值税（进项税额） 贷：银行存款、原材料、应付职工薪酬等
达到预定用途		借：无形资产 贷：研发支出——资本化支出

【业务 3-22】 陕西鸿腾股份有限公司自行研究开发一项技术，截至 2022 年 12 月 31 日，发生研发支出 100 000 元，经测试该项研发活动完成了研究阶段，从 2023 年 1 月 1 日开始进入开发阶段。2023 年发生的研发支出 130 000 元，假定符合《企业会计准则第 6 号——无形资产》规定的开发支出资本化的条件。2024 年 6 月 30 日，该项研发活动结束，最终开发出一项非专利技术。请编制该笔业务的会计分录。

(1) 2022 年发生的研发支出：

借：研发支出——费用化支出　　100 000
　贷：银行存款　　100 000

(2) 2022 年 12 月 31 日，发生的研发支出全部属于研究阶段的支出：

借：管理费用　　100 000
　贷：研发支出——费用化支出　　100 000

(3) 2023 年，发生研发支出满足资本化确认条件：

借：研发支出——资本化支出　　130 000
　贷：银行存款　　130 000

3.27 无形资产的初始计量

(4) 2024 年 6 月 30 日，该技术研发完成并形成无形资产：

借：无形资产——非专利技术　　130 000
　贷：研发支出——资本化支出　　130 000

3.28 初级实战演练

（二）无形资产摊销

企业应当于取得无形资产时分析判断其使用寿命。使用寿命有限的无形资产应进行摊销，使用寿命不确定的无形资产不应摊销。无形资产的应摊销金额、摊销期、预计残值和摊销方法如表 3-21 所示。

表 3-21　无形资产的应摊销金额、摊销期、预计残值和摊销方法

事项	使用寿命有限的无形资产
应摊销金额	应摊销金额＝成本－预计残值－无形资产减值准备
摊销期	自可供使用（即其达到预定用途）当月起开始摊销，处置当月不再摊销

（续表）

事项	使用寿命有限的无形资产
预计残值	通常视为0
摊销方法	年限平均法(直线法)、生产总量法 企业选择的无形资产的摊销方法,应当反映与该项无形资产有关的经济利益的预期实现方式。无法可靠确定预期实现方式的,应当采用直线法摊销

【业务3-23】 2023年8月30日,陕西鸿腾股份有限公司购买了一项非专利技术,成本为3 600 000元,合同规定收益年限为10年,公司采用直线法摊销,则每月摊销时应如何进行账务处理?请编制该笔业务的会计分录。

借:管理费用　　30 000
　贷:累计摊销　　30 000

（三）出售和报废无形资产

1. 出售无形资产

企业出售无形资产,应当将取得的价款与该无形资产账面价值及出售的相关税费的差额作为资产处置损益进行会计处理。

借:银行存款等
　无形资产减值准备
　累计摊销
　贷:无形资产
　　应交税费——应交增值税(销项税额)
　　资产处置损益[差额,或借方]

2. 报废无形资产

无形资产预期不能为企业带来未来经济利益的,应将其报废并予以转销,其账面价值转入当期损益。

借:营业外支出
　累计摊销
　无形资产减值准备
　贷:无形资产

【业务3-24】 陕西鸿腾股份有限公司将其拥有的一项专利权出售给永翔公司,该项专利权原价为12 000元,已摊销2 000元,转让时实际取得不含税转让收入20 000元,增值税税率为6%,增值税税额为1 200元,款项存入银行。请编制该笔业务的会计分录。

借:银行存款　　21 200
　累计摊销　　2 000
　贷:无形资产——专利权　　12 000
　　应交税费——应交增值税(销项税额)　　1 200
　　资产处置损益　　10 000

3.29 无形资产的处置

3.30 初级实战演练

3.31 无形资产的摊销和减值

3.32 初级实战演练

（四）无形资产的减值

无形资产在资产负债表日存在可能发生减值的迹象，且其可收回金额低于账面价值的，企业应当将该无形资产的账面价值减记至可收回金额，减记的金额确认为减值损失，计入当期损益，同时计提相应的减值准备。按照应减记的金额，借记“资产减值损失”科目，贷记“无形资产减值准备”科目。无形资产减值损失一经确认，以后会计期间不得转回。

任务拓展

通过对无形资产业务的学习，学生应了解无形资产的概念与范围，掌握无形资产主要业务的核算方法。

请同学们登录网中网企业财务会计理实互动实训教学平台，根据平台任务完成无形资产业务核算练习。

任务五　长期待摊费用

其他非流动资产是指除了长期股权投资、债权投资、其他债权投资、其他权益工具投资、固定资产、无形资产等非流动资产的资产。本书以长期待摊费用为例，但须知实务中规范的资产负债表分别有单独的“长期待摊费用”项目和“其他非流动资产”项目。长期待摊费用的列报如图 3-16 所示。

资产负债表

编制单位：　　　　年　月　日　　　　单位：元

资产	期末余额	上年年末余额	负债和所有者权益	期末余额	上年年末余额
……					
非流动资产：					
……					
长期待摊费用	××××				
……					

图 3-16　长期待摊费用的列报

任务初探

问题思考： 什么是长期待摊费用？长期待摊费用应如何核算？

案例准备： 收集并阅读《中华人民共和国企业所得税法》第十三条规定，了解在计算应纳税所得额时，已足额提取折旧的固定资产的改建支出、租入固定资产的改建支出、固定资产的大修理支出、其他应当作为长期待摊费用的支出，可按照规定摊销，准予扣除。

任务研学

一、长期待摊费用核算的内容

长期待摊费用是指企业已经发生但应由本期和以后各期负担的分摊期限在 1 年以上的各项费用，如以租赁方式租入的使用权资产发生的改良支出等。摊销长期待摊费用时，借记“管理费用”“销售费用”等科目。如果长期待摊费用项目不能使以后会计期间受益，应当将尚未摊销的该项目的摊余价值全部转入当期损益。

二、长期待摊费用核算的账户设置

企业应设置“长期待摊费用”科目，核算长期待摊费用的发生、摊销情况。“长期待摊费用”科目应按费用项目进行明细核算，“长期待摊费用”科目的账户结构如图 3-17 所示。

长期待摊费用

借方	贷方
期初余额 企业发生的长期待摊费用	企业摊销的长期待摊费用
期末余额：企业尚未摊销完毕的长期待摊费用的摊余价值	

图 3-17　“长期待摊费用”科目的账户结构

【业务 3-25】 2023 年 2 月 1 日，陕西鸿腾股份有限公司对其以经营租赁方式新租入的办公楼进行装修，领用生产用材料 100 000 元。请编制该笔业务的会计分录。

借：长期待摊费用　　100 000
　　贷：原材料　　100 000

任务拓展

通过对长期待摊费用业务的学习，学生应了解长期待摊费用核算的内容，掌握长期待摊费用核算的方法。

请同学们登录网中网企业财务会计理实互动实训教学平台，根据平台任务完成长期待摊费用业务核算练习。

思政案例

专利申请量跃升世界第一：中国创新潜力振奋人心

世界知识产权组织近日公布，2019 年中国首次成为该组织《专利合作条约》框架下国际专利申请量最多的国家。

专利所有权是一个国家工业技术能力的重要标志，1999 年世界知识产权组织收到中国提交的专利申请为 276 件，2019 年这一数字飙升至 58 990 件，20 年间增长了 200 多倍。而且，中国的跃升带动亚洲整体的上升，来自亚洲的申请已占全部申请数量的半数以上，表明创新格局在向东方转移。

全球专利申请报告数据显示，企业成为新技术开发的主力。在众多申请者中，中国华为公司以 4 411 件专利申请连续三年成为企业申请人第一名，排名靠前的创新企业还有中兴、阿里巴巴和腾讯。这说明这些迅速成长的企业已经有能力克服自主研发的高成本、长周期和高风险，成为创新发展的重要推动力，也让我们看到了中国经济未来发展的巨大潜能。

《专利合作条约》体系开始运行于 1978 年，这一体系和我们的改革开放同庚。中国用数十年时间走过西方知识产权体系几百年的发展历程，继续踏踏实实勤练“内功”非常重要。从宏观来说，面对更加复杂的国际发展环境，如何把创新推向深入，如实现从“制造大国”到“制造强国”的跨越，是当下亟需解决的问题。

立德树人：

培养“诚信为本，操守为重，坚持准则，不做假账”的会计人员基本素养。

培养科技创新意识、知识产权保护意识、社会责任担当意识。

培养法治意识，做到遵纪守法、廉洁自律。

力学笃行

一、单选题

1. 陕西鸿腾股份有限公司于2023年1月10日自非关联方处取得乙公司70%股权，成本为2 000万元，相关手续于当日完成，并能够对乙公司实施控制。2023年2月6日，乙公司宣告分派现金股利，陕西鸿腾股份有限公司按照持股比例可取得20万元，乙公司于2023年2月12日实际分派现金股利。不考虑相关税费等其他因素的影响，2023年陕西鸿腾股份有限公司应确认的投资收益的金额为(　　)万元。

   A. 14　　B. 0　　C. 30　　D. 20

2. 陕西鸿腾股份有限公司于2023年1月1日与乙公司签订协议，以4 000万元购入乙公司持有的B公司20%的股权，从而对B公司具有重大影响。投资日B公司可辨认净资产账面价值与公允价值均为22 000万元。2023年B公司发生亏损200万元，2023年10月1日B公司向陕西鸿腾股份有限公司销售一批商品，成本为80万元，售价为100万元，至2023年12月31日，陕西鸿腾股份有限公司将上述商品对外销售80%。不考虑其他因素的影响，陕西鸿腾股份有限公司2023年应确认的投资收益为(　　)万元。

   A. −40.00　　B. −40.80　　C. −39.20　　D. −43.20

3. 下列关于投资性房地产的计量的表述中错误的是(　　)。

   A. 外购投资性房地产的成本，包括购买价款、相关税费和可直接归属于该资产的其他支出

   B. 企业购入的房地产，部分用于出租(或资本增值)、部分自用，用于出租(或资本增值)的部分应当予以单独确认的，应按照不同部分的公允价值占公公允价值总额的比例将成本在不同部分之间进行分配

   C. 同一企业只能采用一种模式对所有投资性房地产进行后续计量，不得同时采用两种计量模式

   D. 已采用公允价值模式计量的投资性房地产，可以从公允价值模式转为成本模式

4. 下列各项中，企业应通过“长期待摊费用”科目核算的是(　　)。

   A. 行政管理部门电子设备的日常维修费

   B. 租入使用权资产的改良支出

   C. 财务部门电子设备的日常修理费

   D. 专设销售机构的房屋装修费

5. 2023年3月1日，陕西鸿腾股份有限公司对租赁方式租入的办公楼进行装修，发生应付职工薪酬15万元、其他费用45万元。2023年10月31日，该办公楼装修完工，达到预定可使用状态并交付使用，至租赁到期还有5年。假定不考虑其他因素，该企业发生

的该装修费用对2023年度损益的影响金额为(　　)万元。

A. 45　　B. 12　　C. 2　　D. 60

二、多选题

1. 下列各项中,影响长期股权投资账面价值的有(　　)。
   A. 采用成本法核算长期股权投资时,持有期间被投资单位宣告发放现金股利
   B. 采用权益法核算长期股权投资时,被投资企业宣告发放现金股利
   C. 采用权益法核算长期股权投资时,持有期间被投资单位宣告发放股票股利
   D. 采用权益法核算长期股权投资时,持有期间被投资单位的其他综合收益变动
2. 下列房地产中,不属于投资性房地产的有(　　)。
   A. 工业企业自用的土地使用权
   B. 房地产开发企业持有的用于建造商品房的土地使用权
   C. 房地产开发企业持有并准备增值后转让的土地使用权
   D. 以赚取租金为目的出租给其他企业的办公楼
3. 下列关于投资性房地产后续计量的表述中,错误的有(　　)。
   A. 采用公允价值模式进行后续计量的,资产负债表日其公允价值与账面余额的差额计入其他综合收益
   B. 采用成本模式进行后续计量的,不需要按月计提折旧或摊销
   C. 采用公允价值模式进行后续计量的,不允许再采用成本模式计量
   D. 采用成本模式进行后续计量的,不允许再采用公允价值模式计量
4. 陕西鸿腾股份有限公司为增值税一般纳税人,自营建造一幢厂房。下列各项中,应计入该厂房成本的有(　　)。
   A. 领用工程物资的成本　　B. 领用本企业自产产品的成本
   C. 购买工程物资支付的增值税　　D. 确认工程人员的薪酬
5. 在计算应纳税所得额时,下列支出中应作为长期待摊费用,按照规定摊销,准予扣除的有(　　)。
   A. 已足额提取折旧的固定资产的改建支出
   B. 租入固定资产的改建支出
   C. 固定资产的大修理支出
   D. 其他应当作为长期待摊费用的支出

三、判断题

1. 企业核算长期股权投资时,无论是采用成本法核算还是权益法核算,被投资单位宣告分派股票股利均不需进行账务处理。(　　)
2. 企业以经营租赁方式租入后再转租给其他单位的土地使用权,不能确认为投资性房地产。(　　)
3. 企业在财产清查中盘盈固定资产的重置成本,应通过"营业外收入"科目核算。(　　)
4. 无形资产减值损失一经确认,在以后会计期间不得转回。(　　)

5. 长期待摊费用是指企业已经发生但应由本期和以后各期负担的分摊期限在1年以上的各项费用。（　　）

四、业务题

业务一　2023年6月1日，陕西鸿腾股份有限公司购入A公司的股份，实际支付价款7 200万元。在购买过程中另支付手续费等相关费用300万元。增值税专用发票注明增值税税率6%，增值税进项税额18万元。

要求：根据上述资料，编制相应的会计分录。

业务二　2023年2月3日，陕西鸿腾股份有限公司从其他单位购入一块土地使用权，并在这块土地上开始自行建造一栋厂房。2023年9月，陕西鸿腾股份有限公司预计厂房即将完工，与F公司签订了经营租赁合同，将厂房租赁给F公司使用。租赁合同约定，该厂房于完工(达到预定可使用状态)时开始起租。2023年10月1日，厂房完工(达到预定可使用状态)。这块土地使用权的成本为570万元，厂房的实际造价为780万元。

要求：根据上述资料，编制相应的会计分录。

业务三　陕西鸿腾股份有限公司的某设备原值为100 000元，预计使用年限为5年，预计净残值率为4%。采用年数总和法计算折旧。

要求：根据上述资料，计算每年该项设备应计提的折旧额。

业务四　2023年7月20日，陕西鸿腾股份有限公司接受投资者投入一项专利技术，投资各方协商作价742 000元，取得增值税专用发票，其中价款为700 000元，增值税税率为6%。

要求：根据上述资料，编制相应的会计分录。

业务五　陕西鸿腾股份有限公司为增值税一般纳税人，2023年发生业务如下：

1. 2023年2月1日，陕西鸿腾股份有限公司对其以经营租赁方式新租入的办公楼进行装修，领用生产用材料200 000元。

2. 2023年2月13日，辅助生产车间为该装修工程提供的劳务支出共210 000元。

3. 2023年2月15日，应付有关人员工资等职工薪酬430 000元。

4. 2023年12月31日，该办公楼装修完工，达到预定可使用状态并交付使用，并按租赁期10年开始进行摊销。

要求：根据材料，编制每笔业务的分录。

项目四　负　债

学习目标

● 知识目标

1. 掌握短期借款的含义、短期借款利息的计算、短期借款的核算。
2. 理解应付及预收款项的内容，掌握应付及预收款项的业务核算。
3. 掌握应付职工薪酬的内容、账户设置及典型业务核算。
4. 掌握应交税费及其明细应交增值税的账户设置，掌握各项应交税费的核算。
5. 理解非流动负债的含义，熟悉长期借款、应付债券、长期应付款的核算内容。

● 能力目标

1. 能够根据借款合同等原始凭证确定借款类别、偿还时间、借款本金、计算利息，能根据原始凭证编制记账凭证。
2. 能够根据应付及预收款项业务的原始凭证正确编制记账凭证，并根据记账凭证登记总账和明细账。
3. 能够编制工资结算单和工资结算汇总表，并根据应付职工薪酬相关业务编制记账凭证。
4. 能够准确计算税费金额，按时进行纳税申报以及缴纳税费，根据原始凭证编制记账凭证。
5. 能够进行长期借款、应付债券、长期应付款基本业务的账务处理。

● 素养目标

1. 培养学生求真务实、诚实守信、细致严谨的工作态度。
2. 培养学生勤于动脑、大胆实践、勇于探索的精神。
3. 培养学生团队协作的能力。
4. 培养学生具备基本的财务风险意识。
5. 培养学生正确的世界观、人生观、价值观。

德技并修

习近平总书记指出：我们现在是距离中华民族文化复兴最近的一个时代，我们自信起来了！在2022年全球创新指数排名中，中国跃升至第11位，是世界上进步最快的国家之一。今天的中国，科技研发人员总量和PCT国际专利申请量连续多年稳居世界首位，全球创新指数排名10年间上升了20多位。

项目引例

企业的债务融资——"负债"

资产负债率是通过期末资产负债表上负债总额与资产总额相比较得出的，是目前最经常用于评价企业债务风险的指标。以下是两家知名企业的资产负债率：

(1) 恒大(2020年年报，百万元)：1 950 728÷2 301 159=84.77%。

(2) 万科(2020年年报，百万元)：1 519 333÷1 869 177=81.28%。

上述企业不同时点的资产负债率，若仅从数字层面观察，恒大与万科都是高负债企业，它们的负债率超过80%，且万科的负债率只比恒大低了不到4%，它们的负债应当是处于同一区间。

然而实际情况是，尽管恒大和万科的负债率都超过80%，但和它们真实的负债水平相去甚远。其中，万科的15 193亿元负债总额中，来自购房者交付的预付购房款高达6 307.47亿元，这部分"债权人"需要的不是到期还钱，而是如期交付商品房。只要万科能够如期交付房屋，这部分负债就会转变成营业收入；扣除这部分的影响，万科的负债率降为72%(资产和负债同时扣减预收款)；进一步，万科的刚性债务(有期、有息的长短期借款、应付债券、应付票据、租赁债务等)只有2 867.20亿元，而同期万科账面上现金余额是1 970.27亿元。因此，同为账面负债超过1.5万亿元的房地产企业，万科没有遭受负债的困扰。

相比之下，恒大的1.95万亿元负债中，刚性负债约16 151亿元(含各类借款、各类应付贸易账款等)，同期恒大的现金类资产合计1 935.81亿元，与16 151亿元负债之间的缺口很大。这也是恒大被市场普遍怀疑的直接原因。

上述例子表明，负债不只是代表企业需要到期偿付的义务。实际上，负债还具有更深层的含义，需要我们去解析。例如，高资产负债率的含义是否就仅限于高偿债风险？对恒大来说，如果此时债权人全部达成债务展期协议，恒大的风险是否就会消除？高负债率对恒大的意义，除了巨额的到期债务，需要用"真金白银"偿付，还有什么其他含义？

项目学习流程及策略图

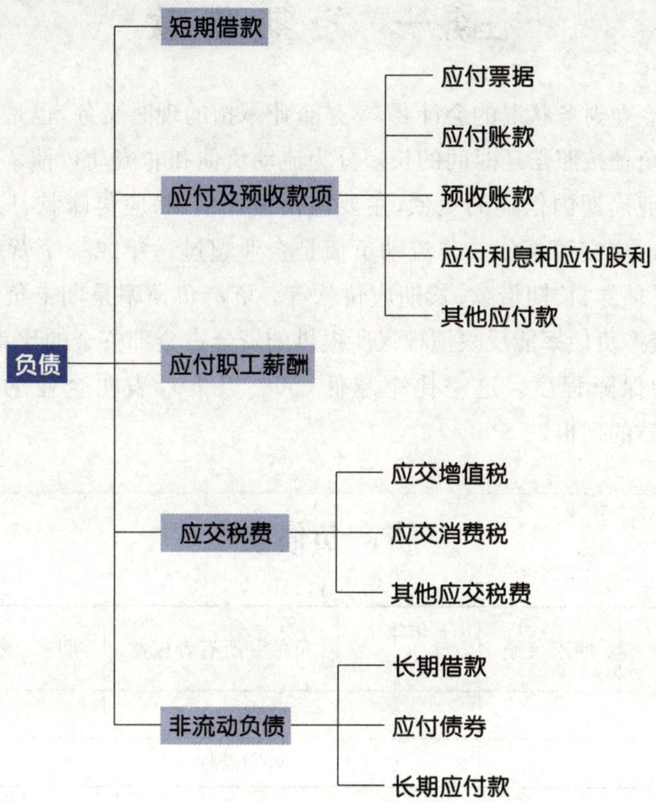
负债
短期借款
应付及预收款项
应付票据
应付账款
预收账款
应付利息和应付股利
其他应付款
应付职工薪酬
应交税费
应交增值税
应交消费税
其他应交税费
非流动负债
长期借款
应付债券
长期应付款

任务一　短期借款

负债是反映企业财务状况的会计要素，是企业承担的现时义务，也是企业筹集资金的一种重要方式。负债按照偿还时间的长短分为流动负债和非流动负债。流动负债是企业在一年或一个营业周期内偿还的负债，主要包括短期借款、应付账款、应付票据、预收账款、应付职工薪酬、应交税费等。非流动负债是企业超过一年或一个营业周期偿还的负债，主要包括应付债券、长期借款、长期应付款等。资产负债率是期末负债总额除以资产总额的百分比，资产负债率能反映债权人所提供的资金占全部资金的比重，以及企业资产对债权人权益的保障程度。这一比率越低(50%以下)，表明企业的偿债能力越强。图 4-1 为短期借款的列报。

资产负债表

编制单位：　　　　年　月　日　　　　单位：元

资产	期末余额	上年年末余额	负债和所有者权益	期末余额	上年年末余额
			流动负债：		
			短期借款	××××	

图 4-1　短期借款的列报

任务初探

问题思考： 什么是短期借款？企业向非金融机构取得的 1 年内(含 1 年)偿还的借款属于短期借款吗？短期借款的利息包括哪些支付方式？不同的利息支付方式会计处理有什么不同？

案例准备： 收集并阅读关于短期借款的分类以及用途和风险的案例分析。了解质押借款、抵押借款、信用借款、委托借款意味着企业的发展状况。

任务研学

一、短期借款的管理

4.1　短期借款的核算

短期借款是指企业向银行或其他金融机构等借入的期限在 1 年以下(含 1 年)的各种款项。

短期借款一般是企业为了满足正常生产经营所需的资金或者是为了抵偿某项债务而借入的。短期借款具有借款金额小、时间短、利息低等特点，主要包括经营周转借款、临时借款、结算借款、票据贴现借款等，对企业资产的流动性要求高。

二、短期借款的核算

企业应设置“短期借款”科目核算短期借款的取得、偿还等情况。本科目可按借款种类、贷款人和币种设置明细科目进行明细核算。“短期借款”科目的账户结构如图 4-2 所示。

借方　　　　　　短期借款	贷方
	期初余额
偿还短期借款的本金金额	企业取得短期借款本金的金额
	期末余额：企业尚未偿还的短期借款

图 4-2 “短期借款”科目的账户结构

短期借款的账务处理包括取得短期借款、发生短期借款利息、归还短期借款等环节。

（一）取得短期借款

企业取得短期借款时，借记“银行存款”科目，贷记“短期借款”科目。

（二）发生短期借款利息

企业借入短期借款应支付利息。在实际工作中，如果短期借款利息是按期支付的，如按季度支付利息，或者利息是在借款到期时连同本金一起归还，并且其数额较大的，企业应于月末采用预提方式对短期借款的利息进行核算。

短期借款利息属于企业的筹资费用，应当在发生时作为财务费用直接计入当期损益。在资产负债表日，企业应当按照计算确定的短期借款利息费用，借记“财务费用”科目，贷记“应付利息”科目；实际支付利息时，借记“应付利息”科目，贷记“银行存款”或“库存现金”科目。

如果企业的短期借款利息按月支付，或者在借款到期时连同本金一起归还，数额不大的可以不采用预提的方法，而在其实际支付或收到银行的计息通知时，直接计入当期损益，借记“财务费用”科目，贷记“银行存款”科目。发生短期借款利息时的账务处理如表 4-1所示。

（三）归还短期借款

短期借款到期时，应及时归还。短期借款到期偿还本金时，企业应借记“短期借款”科目，贷记“银行存款”科目。如果在借款到期时连同本金一起归还利息的，企业应将归还的利息通过“应付利息”或“财务费用”科目核算。短期借款本息一起归还的账务处理如表 4-2所示。

表 4-1　发生短期借款利息时的账务处理

<table>
<tr><th>业务</th><th colspan="2">账务处理</th></tr>
<tr><td rowspan="2">发生短期借款利息时</td><td>预提利息</td><td>适用情形：短期借款协议按期(季度)支付利息，或到期一次性支付本金和利息时，且数额较大
计提利息时：
借：财务费用
　　贷：应付利息
实际支付利息时：
借：应付利息(前期已计提未支付的利息)
　　财务费用(当期计算的利息)
　　贷：银行存款</td></tr>
<tr><td>直接支付利息
(不需要预提)</td><td>适用情形：短期借款协议按月支付利息，或到期一次性支付本金和利息时，且数额不大
实际支付利息或收到银行的计息通知时：
借：财务费用
　　贷：银行存款</td></tr>
</table>

表 4-2　短期借款本息一起归还的账务处理

<table>
<tr><th>业务</th><th colspan="2">账务处理</th></tr>
<tr><td rowspan="2">短期借款到期，本息一起归还</td><td>归还本金</td><td>借：短期借款
　　贷：银行存款</td></tr>
<tr><td>归还利息</td><td>借：财务费用(当期计算的利息)
　　应付利息(前期已计提未支付的利息)
　　贷：银行存款</td></tr>
</table>

【业务 4-1】　2023 年 7 月 1 日，陕西鸿腾股份有限公司向银行借入一笔生产经营用短期借款共计 600 000 元，期限为 6 个月，年利率为 6%。根据与银行签署的借款协议，该项借款的本金到期后一次归还，利息按月支付。请编制该笔业务的会计分录。

(1) 7 月 1 日，借入短期借款时：

借：银行存款　　600 000
　　贷：短期借款　　600 000

(2) 每月末，计算并支付每月利息时：

每月应支付的利息金额＝600 000×6%÷12＝3 000(元)

借：财务费用　　3 000
　　贷：银行存款　　3 000

(3) 12 月 31 日，借款到期，偿还银行借款本金时：

借：短期借款　　600 000
　　贷：银行存款　　600 000

【业务 4-2】 承[业务 4-1],假设根据与银行签署的借款协议,该项借款的本金到期后一次归还,利息按季支付。请编制该笔业务的会计分录。

(1) 7 月 1 日,借入短期借款时:

借:银行存款　　600 000

　贷:短期借款　　600 000

(2) 7 月末,计提 7 月应付利息时:

7 月份应计提的利息金额=600 000×6%÷12=3 000(元)

借:财务费用　　3 000

　贷:应付利息　　3 000

8 月末计提利息费用的处理与 7 月相同。

(3) 9 月 20 日,按季度支付银行借款利息时:

借:财务费用(3 000÷30×20)　　2 000

　应付利息(3 000+3 000)　　6 000

　贷:银行存款　　8 000

(4) 9 月 30 日,计提 9 月最后 10 日应付利息时:

借:财务费用(3 000÷30×10)　　1 000

　贷:应付利息　　1 000

10 月末、11 月末计提利息费用的处理与 7 月相同。

(5) 12 月 20 日,按季度支付银行借款利息:

借:财务费用(3 000÷30×20)　　2 000

　应付利息(1 000+3 000+3 000)　　7 000

　贷:银行存款　　9 000

(6) 12 月 31 日,偿还银行借款本金和最后 11 日的利息:

借:短期借款　　600 000

　贷:银行存款　　600 000

借:财务费用(3 000−3 000÷30×20)　　1 000

　贷:银行存款　　1 000

4.2　初级实战演练

任务拓展

通过对短期借款业务的学习,学生应了解短期借款的含义,掌握取得短期借款、发生利息、归还短期借款的业务处理。

请同学们登录网中网企业财务会计理实互动实训教学平台,根据平台任务完成短期借款核算练习。

任务二 应付及预收款项

应付及预收款项属于企业的流动负债。其主要包括两方面的内容，即企业与外部往来业务和企业内部往来业务形成的债务。企业与外部往来业务形成的债务是指与银行等金融机构以外的其他经济主体发生业务往来所形成的负债，主要包括企业与供应商之间因赊购而形成的应付账款、应付票据、预收账款等。企业内部往来业务形成的债务是指企业与其内部各部门、职工个人工资以外的其他交易或事项发生的应付、暂收的业务，如备用金结算、保证金结算等。应付及预收款项的列报如图 4-3 所示。

资产负债表

编制单位： 年 月 日 单位：元

资产	期末余额	上年年末余额	负债和所有者权益	期末余额	上年年末余额
			流动负债：		
			……		
			应付票据	××××	
			应付账款	××××	
			预收款项	××××	
			其他应付款	××××	

图 4-3 应付及预收款项的列报

应付及预收款项实质是企业的商业信用债务。商业信用债务是指企业在商品或劳务交易中，以延期付款或预收货款方式进行购销活动而形成的借贷关系，是企业之间的直接信用行为。商业信用是一种“自动性筹资”，商业信用的形式主要有赊购商品、预收货款和商业汇票。商业信用有助于加速产业资本循环和推动社会再生产快速发展，是社会再生产发展过程中的必然产物；商业信用是银行信用的基础，可以作为企业与银行之间的支付手段，从而提高企业资金的使用效益，节约企业的交易费用，商业信用的作用是加速产业资本循环和周转、节约交易费用、加速商品流通等。

子任务一 应付票据

任务初探

问题思考：哪类票据结算通过应付票据核算？应付票据入账价值应如何确定？银行承兑汇票的承兑手续费如何处理？带息票据计提的票据利息记入哪个科目？票据到

期无力偿还票据款项时，如何进行会计处理？

案例准备：收集并阅读我国《票据法》相关资料，了解我国各类票据使用的管理要求。

任务研学

一、应付票据的管理

应付票据是指企业因购买材料、商品和接受服务等而开出、承兑的商业汇票，按其承兑人不同，分为商业承兑汇票和银行承兑汇票。

我国商业汇票的付款期限最多不超过 6 个月，因此，企业应将应付票据作为流动负债管理和核算。同时，由于应付票据的偿付时间较短，在财务会计实务中，对于不带息票据，一般均按照开出、承兑的应付票据的面值进行初始计量。对于带息商业汇票，企业开出并承兑商业汇票时按面值入账，期末最终价值应包含票据面值与支付的利息。利息应于期末按照票据的面值与确定的利率和期限计提，计提的利息计入应付票据的账面价值。

企业应当设置应付票据备查簿，详细登记商业汇票的种类、号数和出票日期、到期日、票面余额、交易合同号和收款人姓名或单位名称以及付款日期和金额等资料。应付票据到期结清时，上述内容应当在备查簿内予以注销。

4.3 应付票据的核算

二、应付票据的核算

企业应设置“应付票据”科目核算应付票据的开出、偿付、转销等情况。“应付票据”科目的账户结构如图 4-4 所示。

应付票据

借方	贷方
	期初余额
企业支付票据的金额	企业开出、承兑汇票的面值
	期末余额：企业尚未到期的商业汇票的票面金额

图 4-4 “应付票据”科目的账户结构

（一）开出应付票据

企业因购买材料、商品和接受服务或者因抵偿前欠货款等而开出、承兑的商业汇票，应当按其票面金额作为应付票据的入账金额。开出应付票据账务处理如表 4-3 所示。

表 4-3 开出应付票据的账务处理

业务	账务处理	
开出应付票据	因购买材料、商品和接受服务等而开出、承兑的商业汇票	借：材料采购/在途物资/原材料/库存商品等 应交税费——应交增值税（进项税额） 贷：应付票据
	因抵偿前欠货款等而开出、承兑的商业汇票	借：应付账款 贷：应付票据

企业因开出银行承兑汇票而支付的银行承兑汇票手续费，应当计入当期财务费用。支付手续费时，按照确认的手续费，借记“财务费用”科目，取得增值税专用发票的，按注明的增值税进项税额，借记“应交税费——应交增值税（进项税额）”科目，按照实际支付的金额，贷记“银行存款”科目。支付银行承兑汇票手续费的账务处理如表 4-4 所示。

表 4-4　支付银行承兑汇票手续费的账务处理

业务	账务处理
支付银行承兑汇票手续费	借：财务费用 　　应交税费——应交增值税（进项税额） 　　贷：银行存款

（二）偿付应付票据

企业开具的商业汇票到期支付票据款时，根据开户银行的付款通知，借记“应付票据”科目，贷记“银行存款”科目。商业汇票到期支付票据款的账务处理如表 4-5 所示。

表 4-5　商业汇票到期支付票据款的账务处理

业务	账务处理
商业汇票到期支付票据款	借：应付票据 　　贷：银行存款

【业务 4-3】　陕西鸿腾股份有限公司为增值税一般纳税人，原材料按实际成本核算。2023 年 6 月 1 日购入 A 材料一批，数量 1 000 千克，单价 600 元/千克。取得增值税专用发票上注明的价款为 600 000 元，增值税税额为 78 000 元，原材料验收入库。该公司开出并经开户银行承兑的商业汇票一张，面值为 678 000 元、期限 3 个月。交纳银行承兑手续费 71.87 元，其中增值税税额 4.07 元。2023 年 9 月 1 日，商业汇票到期，陕西鸿腾股份有限公司通知其开户银行以银行存款支付票款。请编制该笔业务的会计分录。

（1）6 月 1 日，开出并承兑商业汇票购入材料：

借：原材料　　600 000
　　应交税费——应交增值税（进项税额）　　78 000
　　贷：应付票据　　678 000

（2）6 月 1 日，支付商业汇票承兑手续费：

借：财务费用　　67.80
　　应交税费——应交增值税（进项税额）　　4.07
　　贷：银行存款　　71.87

（3）9 月 1 日，支付票据款项：

借：应付票据　　678 000
　　贷：银行存款　　678 000

> 注意：如果企业开出、承兑的商业汇票为带息票据，则应付票据初始计量的金额应按票据的面值入账。借记“原材料”“应交税费——应交增值税(进项税额)”等科目，贷记“应付票据”科目。

企业在票据持有期间，应在每期期末计提票据利息，借记“财务费用”科目，贷记“应付票据”科目。

企业在票据到期支付票据本息时，应按票据的账面余额，借记“应付票据”科目，按照最后一次未计提的利息借记“财务费用”科目，贷记“银行存款”科目。

【业务4-4】 2023年2月1日，陕西鸿腾股份有限公司购入买价为100 000元，增值税进项税额为13 000元的材料一批，材料已验收入库。该公司开出一张面值为113 000元、期限为3个月、票面利率为3%的商业承兑汇票。请编制该笔业务的会计分录。(材料按实际成本核算)

(1) 2023年2月1日，发生应付票据：

借：原材料	100 000	
应交税费——应交增值税(进项税额)	13 000	
贷：应付票据		113 000

(2) 2023年2月28日、3月31日计提票据利息：

月利息金额=113 000×3%÷12=282.5(元)

借：财务费用	282.5	
贷：应付票据		282.5

(3) 2023年4月30日，确认最后一期利息并支付票据本息：

借：财务费用[确认最后一期利息]	282.5	
应付票据[票据面值+已计提票据利息]	113 565.0	
贷：银行存款		113 847.5

(三) 转销应付票据

如果应付商业承兑汇票到期，企业无力支付票款，由于商业汇票已经失效，企业应将应付票据按账面余额转作应付账款，借记“应付票据”科目，贷记“应付账款”科目。

如果应付银行承兑汇票到期，企业无力支付票款，则由承兑银行代为支付并作为付款企业的贷款处理，企业应将应付票据的账面余额转作短期借款，借记“应付票据”科目，贷记“短期借款”科目。

【业务4-5】 承[业务4-3]，假设上述银行承兑汇票在2023年9月1日到期时，陕西鸿腾股份有限公司无力支付票款。请编制该笔业务的会计分录。

借：应付票据	678 000	
贷：短期借款		678 000

4.4 初级实战演练

任务拓展

通过对应付票据业务的学习，学生应了解商业汇票的含义，掌握票据取得、票据利息以及票据到期的业务处理。

请同学们登录网中网企业财务会计理实互动实训教学平台，根据平台任务完成应付票据核算练习。

子任务二 应付账款

任务初探

问题思考：哪些业务发生时通过应付账款核算？应付账款初始计量入账价值如何确定？涉及商业折扣和现金折扣时，应付账款的入账价值会受到什么影响？无法支付的应付账款应如何处理？

案例准备：查阅采购与应付管理业务资料，了解业务发生过程中各种单据的传递，并学习如何实现财务与业务的整合、数据共享，以及实现资金流与业务流的双轨并行，从而实现业务财务的一体化，提高工作效率，规范企业的管理。

任务研学

一、应付账款的管理

应付账款是指企业因购买材料、商品或接受服务等经营活动而应付给供应单位的款项。实务中，为了使所购入材料、商品的金额、品种、数量、质量等与合同规定的条款相符，避免因验收时发现所购材料、商品的数量或质量存在问题而对入账的材料、商品或应付账款金额进行改动，在材料、商品和发票账单同时到达的情况下，企业一般在所购材料、商品验收入库后，根据发票账单登记入账，确认应付账款。

在所购材料、商品已经验收入库，但是发票账单未能同时到达的情况下，企业与材料、商品供应单位的债务已经成立，在会计期末，为了反映企业的负债情况，需要将所购材料、商品和相关的应付账款暂估入账，待下月月初用红字将上月月末暂估入账的应付账款予以冲销。

4.5 应付账款的核算

二、应付账款的核算

企业应设置“应付账款”科目核算应付账款的发生、偿还、转销等情况。本科目可按债权人设置明细科目进行明细核算。“应付账款”科目的账户结构如图 4-5所示。

1. 发生应付账款

企业购入材料、商品或接受服务等所产生的应付账款，应按应付金额入账。购入材

应付账款

借方	贷方
减少的应付未付款项	期初余额 增加的应付未付款项
	期末余额：企业尚未支付的应付账款余额

图 4-5 “应付账款”科目的账户结构

料、商品等验收入库，但货款尚未支付，应根据有关凭证（发票账单、随货同行发票上记载的实际价款或暂估价值），借记“材料采购”“在途物资”“原材料”“库存商品”等科目，按照可抵扣的增值税进项税额，借记“应交税费——应交增值税（进项税额）”科目，按应付的款项，贷记“应付账款”科目。

应付账款在发生时涉及商业折扣的，应按扣除商业折扣后的金额作为初始计量金额。

应付账款在发生时涉及现金折扣的，企业应当对交易价格进行估计，同时，应当按照期望值或最可能发生金额确定交易金额的最佳估计数。但是，企业不能在两种方法之间随意进行选择。期望值是指按照各种可能发生的交易金额及相关概率计算确定的金额；最可能发生金额是指一系列可能发生的对价金额中最可能发生的单一金额，即合同最可能产生的单一结果。

企业接受供应单位提供服务而发生的应付未付款项，根据供应单位的发票账单所列金额，借记“生产成本”“管理费用”等科目，按照增值税专用发票上注明的可抵扣的增值税进项税额，借记“应交税费——应交增值税（进项税额）”科目，贷记“应付账款”科目。

4.6 初级实战演练

2. 偿还应付账款

企业偿还应付账款或开出商业汇票抵付应付账款时，借记“应付账款”科目，贷记“银行存款”“应付票据”等科目。

【业务 4-6】 陕西鸿腾股份有限公司为增值税一般纳税人。2023 年 6 月 1 日，从 A 公司购入一批 M 材料，数量 2 000 千克，单价 50 元/千克。取得增值税专用发票上注明的价款为 100 000 元，增值税税额为 13 000 元；同时，对方代垫运费 1 000 元、增值税税额 90 元，已收到对方开具的增值税专用发票。材料验收入库（该企业材料按实际成本进行日常核算），款项尚未支付。7 月 11 日，陕西鸿腾股份有限公司以银行存款支付购入 M 材料相关款项 114 090 元。请编制该笔业务的会计分录。

（1）2023 年 6 月 1 日，确认应付账款：

借：原材料　　101 000
　　应交税费——应交增值税（进项税额）　　13 090
　　贷：应付账款——A 公司　　114 090

(2) 2023 年 7 月 11 日，偿还应付账款：

借：应付账款——A 公司　　114 090

　　贷：银行存款　　114 090

【业务 4-7】 陕西鸿腾股份有限公司为增值税一般纳税人。2023 年 9 月 1 日，购买 A 材料 5 000 千克，并取得增值税专用发票，A 材料的单价为 200 元/千克(不含增值税)，适用的增值税税率为 13%。由于是成批采购，销售方给予了 10%的商业折扣，并在购销合同中规定现金折扣条件为“2/20，N/30”，且计算现金折扣时不考虑增值税；当日收到 A 材料并验收入库。陕西鸿腾股份有限公司预计其 20 天内付款的概率为 90%，20 天后付款的概率为 10%。2023 年 9 月 19 日，陕西鸿腾股份有限公司支付材料款。请编制该笔业务的会计分录。

本例中，对于商业折扣，陕西鸿腾股份有限公司从应确认的材料成本中予以扣除；对于现金折扣，陕西鸿腾股份有限公司认为按照最可能发生金额能够更好地预测其有义务支付的对价金额。因此，陕西鸿腾股份有限公司应确认的材料成本金额为 882 000 元[200×(1－10%)×5 000×(1－2%)]。

增值税进项税额＝200×(1－10%)×5 000×13%＝117 000(元)

(1) 9 月 1 日，收到材料时：

借：原材料　　882 000

　　应交税费——应交增值税(进项税额)　　117 000

　　贷：应付账款　　999 000

(2) 9 月 19 日，支付材料款项时：

借：应付账款　　999 000

　　贷：银行存款　　999 000

实务中，企业外购电力、燃气等动力一般通过“应付账款”科目核算，即在每月付款时先作暂付款处理，按照增值税专用发票上注明的价款，借记“应付账款”科目；按照增值税专用发票上注明的可抵扣的增值税进项税额，借记“应交税费——应交增值税(进项税额)”科目，贷记“银行存款”等科目；月末按照外购动力的用途分配动力费时，借记“生产成本”“制造费用”“管理费用”等科目，贷记“应付账款”科目。

【业务 4-8】 2023 年 6 月 20 日，陕西鸿腾股份有限公司收到银行转来省电力公司供电部门开具的增值税专用发票，发票上注明的电费为 56 000 元、增值税税额为 7 280 元，企业以银行存款付讫。月末，该公司经计算，本月应付电费 56 000 元，其中生产车间电费 36 000 元、行政管理部门电费 20 000 元。请编制该笔业务的会计分录。

(1) 支付外购电力费：

借：应付账款——省电力公司　　56 000

　　应交税费——应交增值税(进项税额)　　7 280

　　贷：银行存款　　63 280

（2）月末分配外购电力费：

借：制造费用　　　　　　　　　　　　　　　　　36 000
　　管理费用　　　　　　　　　　　　　　　　　20 000
　　贷：应付账款——省电力公司　　　　　　　　　　　56 000

3. 转销应付账款

应付账款一般在较短期限内支付，但有时由于债权单位撤销或其他原因而使应付账款无法清偿。企业对于确实无法支付的应付账款应予以转销，按其账面余额计入营业外收入，借记"应付账款"科目，贷记"营业外收入"科目。

【业务 4-9】 2023 年 12 月 31 日，陕西鸿腾股份有限公司确认一笔应付某公司货款 60 000 元为无法支付的款项，对此予以转销。请编制该笔业务的会计分录。

4.7 初级实战演练

借：应付账款　　　　　　　　　　　　　　60 000
　　贷：营业外收入　　　　　　　　　　　　　60 000

任务拓展

通过对应付账款业务的学习，学生应了解应付账款的含义，掌握应付账款发生和应付账款偿还的业务处理。

请同学们登录网中网企业财务会计理实互动实训教学平台，根据平台任务完成应付账款核算练习。

子任务三　预收账款

任务初探

问题思考： 预收账款属于资产还是负债？预收账款借方余额和贷方余额分别表示什么含义？哪类交易事项通过预收账款核算？企业销售商品预收的货款通过预收账款核算吗，为什么？预收账款业务涉及增值税的，增值税一般在什么时候确认？

案例准备： 收集并阅读我国《企业会计准则第 21 号——租赁》，了解预收租赁款的基本核算内容。

任务研学

一、预收账款的概念

预收账款是指企业按照合同规定预收的款项。预收账款是以买卖双方协议或合同为依据，由购货方预先支付一部分（或全部）货款给供应方而发生的一项负债，这项负债要用

4.8 预收账款的核算

以后的商品或劳务来偿付。

二、预收账款的核算

企业应设置“预收账款”科目，核算预收账款的取得、偿付等情况。本科目一般应按照客户设置明细科目进行明细核算。“预收账款”科目的账户结构如图4-6所示。

借方　　　　预收账款	贷方
	期初余额
冲销的预收账款金额	发生预收账款的金额
期末余额：尚未转销的款项	期末余额：预收的款项

图 4-6 “预收账款”科目的账户结构

1. 取得预收账款

企业预收款项时，按实际收到的全部预收款，借记“库存现金”“银行存款”科目；涉及增值税的，按照预收款计算的应交增值税，贷记“应交税费——应交增值税(销项税额)”科目；全部预收款项扣除应交增值税后的差额，贷记“预收账款”科目。

2. 偿付预收账款

企业分期确认有关收入时，按照实现的收入，借记“预收账款”科目，贷记“主营业务收入”“其他业务收入”科目。企业收到客户补付款项时，借记“库存现金”“银行存款”科目，贷记“预收账款”“应交税费——应交增值税(销项税额)”科目；退回客户多预付的款项时，借记“预收账款”科目，贷记“库存现金”“银行存款”科目。涉及增值税的，还应进行相应的会计处理。

【业务 4-10】 陕西鸿腾股份有限公司为增值税一般纳税人，出租有形动产适用的增值税税率为13%。2023 年 7 月 1 日，陕西鸿腾股份有限公司与乙公司签订经营租赁(非主营业务)设备合同，向乙公司出租设备 3 台，期限为 4 个月，3 台设备租金(含税)共计90 400元。合同约定，合同签订日预付租金(含税)45 200 元，合同到期结清全部租金余款。合同签订日，陕西鸿腾股份有限公司收到租金并存入银行，开具的增值税专用发票上注明租金 40 000 元、增值税税额 5 200 元。租赁期满日，陕西鸿腾股份有限公司收到租金余款及相应的增值税。请编制该笔业务的会计分录。

(1) 收到乙公司预付租金：

	借	贷
借：银行存款	45 200	
贷：预收账款——乙公司		40 000
应交税费——应交增值税(销项税额)		5 200

(2) 7 月至 10 月每月末确认租金收入：

每月租金收入＝90 400÷(1＋13%)÷4＝20 000(元)

借：预收账款——乙公司 20 000

  贷：其他业务收入 20 000

(3) 租赁期满收到租金余款及增值税税款：

借：银行存款 45 200

  贷：预收账款——乙公司 40 000

    应交税费——应交增值税(销项税额) 5 200

其中，“预收账款——乙公司”的40 000元(20 000×4－40 000＝40 000)为借方余额从贷方转出。

预收款业务不多的企业，可以不单独设置“预收账款”科目，其所发生的预收款，可通过“应收账款”科目核算。

【业务4-11】 承[业务4-10]，假设陕西鸿腾股份有限公司不设置“预收账款”科目，其预收的款项通过“应收账款”科目核算。请编制该笔业务的会计分录。

(1) 收到乙公司预付租金：

借：银行存款 45 200

  贷：应收账款——乙公司 40 000

    应交税费——应交增值税(销项税额) 5 200

(2) 7月至10月每月末确认租金收入：

每月租金收入＝90 400÷(1＋13%)÷4＝20 000(元)

借：应收账款——乙公司 20 000

  贷：其他业务收入 20 000

(3) 租赁期满收到租金余款及增值税税款：

借：银行存款 45 200

  贷：应收账款——乙公司 40 000

    应交税费——应交增值税(销项税额) 5 200

任务拓展

通过对预收账款业务的学习，学生应了解预收账款的含义，掌握预收账款账户的设置，掌握确认收入时结转预收账款以及补付或退还款项的业务处理。

请同学们登录网中网企业财务会计理实互动实训教学平台，根据平台任务完成预收账款核算练习。

子任务四　应付利息和应付股利

任务初探

问题思考： 通过"应付利息"科目核算时，利息按约定应如何支付？长期借款、应付债券到期一次性还本付息时，通过"应付利息"科目核算吗？如何判断应付股利确认的时点？宣告发放股票股利时，通过"应付股利"科目核算吗？

案例准备： 收集并阅读利息、股利、股息相关资料案例，了解利息、股利、股息的含义以及三者之间的区别与联系。

任务研学

一、应付利息的管理

（一）应付利息的含义

应付利息是指企业按照合同约定应支付的利息，包括预提短期借款的利息，分期付息到期还本的长期借款、企业债券等应支付的利息。

（二）应付利息的核算

企业应设置"应付利息"科目核算应付利息的发生、支付情况。本科目一般应按照债权人设置明细科目进行明细核算。"应付利息"科目的账户结构如图 4-7 所示。

借方　　应付利息	贷方
实际支付的利息	期初余额 按照合同约定计算的应付利息
	期末余额：企业应付未付的利息

图 4-7　"应付利息"科目的账户结构

企业采用合同约定的利率计算确定利息费用时，按应付合同利息金额，借记"财务费用"等科目，贷记"应付利息"科目；实际支付利息时，借记"应付利息"科目，贷记"银行存款"等科目。

【业务 4-12】 陕西鸿腾股份有限公司借入 5 年期到期还本、每年付息的长期借款 1 000 000 元，合同约定年利率为 6%。借款费用未满足资本化条件。不考虑其他因素。请编制该笔业务的会计分录。

（1）每年计算确认利息费用：

企业每年应支付的利息＝1 000 000×6%＝60 000(元)

借：财务费用　　60 000
　　贷：应付利息　　60 000

(2) 实际支付利息：

借：应付利息　　180 000
　　贷：银行存款　　180 000

二、应付股利的管理

(一) 应付股利的含义

应付股利是指企业根据股东大会或类似机构审议批准的利润分配方案确定分配给投资者的现金股利或利润。

(二) 应付股利的核算

企业应设置“应付股利”科目核算企业确定或宣告发放但尚未实际支付的现金股利或利润。本科目应按照投资者设置明细科目进行明细核算。“应付股利”科目的账户结构如图 4-8 所示。

4.9 初级实战演练

应付股利

借方	贷方
实际支付的现金股利或利润	期初余额 应支付的现金股利或利润
	期末余额：企业应付未付的现金股利或利润

图 4-8 “应付股利”科目的账户结构

企业根据股东大会或类似机构审议批准的利润分配方案，确认应付给投资者的现金股利或利润时，借记“利润分配——应付现金股利或利润”科目，贷记“应付股利”科目；向投资者实际支付现金股利或利润时，借记“应付股利”科目，贷记“银行存款”等科目。

【业务 4-13】 陕西鸿腾股份有限公司有 A、B 两个股东，其出资分别占注册资本的 40%和 60%。2023 年度该公司实现净利润 3 000 000 元，经过股东会批准，决定分配利润 2 000 000 元。股利已用银行存款支付。请编制该笔业务的会计分录。

(1) 确认应付投资者利润：

A 股东应分配的股利＝2 000 000×40%＝800 000(元)

B 股东应分配的股利＝2 000 000×60%＝1 200 000(元)

借：利润分配——应付现金股利或利润　　2 000 000
　　贷：应付股利——A 股东　　800 000
　　　　　　　　——B 股东　　1 200 000

（2）支付投资者利润：

借：应付股利——A 股东　　800 000
　　　　　　——B 股东　　1 200 000
　贷：银行存款　　2 000 000

需要注意的是，企业董事会或类似机构通过的利润分配方案中拟分配的现金股利或利润，不需要进行账务处理，但应在附注中披露。企业分配的股票股利不通过“应付股利”科目核算。

任务拓展

通过对应付利息和应付股利业务的学习，学生应了解应付利息和应付股利的含义，掌握利息的计算、预提和支付、宣告发放现金股利、收到现金股利的业务处理。

请同学们登录网中网企业财务会计理实互动实训教学平台，根据平台任务完成应付利息和应付股利核算练习。

子任务五　其他应付款

任务初探

问题思考：哪些业务需要通过“其他应付款”科目核算？其他应付款发生时应计入哪个方向？

案例准备：收集并阅读其他应付款管理相关资料，了解其他应付款核算的内容。

任务研学

一、其他应付款的管理

其他应付款是指企业在应付票据、应付账款、预收账款、应付职工薪酬、应交税费、应付利息、应付股利等经营活动以外的其他各项应付、暂收的款项，如应付短期租赁固定资产租金、应付低价值资产租赁的租金、应付租入包装物租金、出租或出借包装物向客户收取的押金、存入保证金等。

4.10　初级实战演练

二、其他应付款的核算

企业应设置“其他应付款”科目核算其他应付款的增减变动及其结存情况。本科目按照其他应付款的项目和对方单位（或个人）设置明细科目进行明细核算。“其他应付款”科目的账户结构如图 4-9 所示。

其他应付款

借方	贷方
	期初余额
偿还或转销的各种应付、暂收款项	发生的各种应付、暂收款项
	期末余额：企业应付未付的其他应付款项

图 4-9 "其他应付款"科目的账户结构

企业发生其他各种应付、暂收款项时，借记"管理费用""库存现金""银行存款"等科目，贷记"其他应付款"科目；支付或退回其他各种应付、暂收款项时，借记"其他应付款"科目，贷记"银行存款"等科目。

【业务 4-14】 2023 年 6 月 1 日，陕西鸿腾股份有限公司向客户出借一批包装箱，收到现金押金 3 000 元；2023 年 9 月 1 日，客户将该批完好无损的包装箱还回，陕西鸿腾股份有限公司于当日退还其现金押金 3 000 元。请编制该笔业务的会计分录。

4.11 其他应付款、应付股利、应付利息的核算

(1) 6 月 1 日，收到押金：

借：库存现金　　　　3 000

　　贷：其他应付款　　　　3 000

(2) 9 月 1 日，退还押金：

借：其他应付款　　　　3 000

　　贷：库存现金　　　　3 000

任务拓展

通过对其他应付款业务的学习，学生应了解其他应付款的含义，掌握其他应付款的内容和其他应付款的业务处理。

请同学们登录网中网企业财务会计理实互动实训教学平台，根据平台任务完成其他应付款核算练习。

任务三　应付职工薪酬

任务初探

问题思考：职工范围的界定是什么？职工薪酬包括哪些内容？职工薪酬支付的方式有哪些？企业中哪些非货币职工薪酬的发放视同销售？国家规定计提标准的职工薪酬有哪些，是如何规定的？辞退福利的含义及其与短期薪酬的关系是什么？

案例准备：收集并阅读《国家税务总局关于企业工资薪金及职工福利费扣除问题的通知》和《财政部关于企业加强职工福利费财务管理的通知》，了解国家对职工薪酬的相关政策要求。

4.12　应付职工薪酬的核算

任务研学

一、职工薪酬的内容

职工薪酬是指企业为获得职工提供的服务或解除劳动关系而给予的各种形式的报酬或补偿。职工薪酬包括短期薪酬、离职后福利、辞退福利和其他长期职工福利。企业提供给职工配偶、子女、受赡养人、已故员工遗属及其他受益人等的福利，也属于职工薪酬。

这里所称的“职工”，主要包括三类人员：一是与企业订立劳动合同的所有人员，含全职、兼职和临时职工；二是未与企业订立劳动合同，但由企业正式任命的企业治理层和管理层人员，如董事会成员、监事会成员等；三是在企业的计划和控制下，虽未与企业订立劳动合同或未由其正式任命，但向企业所提供服务与职工所提供服务类似的人员（包括通过企业与劳务中介公司签订用工合同而向企业提供服务的人员）。

应付职工薪酬的列报如图 4-10 所示。

资产负债表

编制单位：　　　　　　　　年　月　日　　　　　　　　单位：元

资产	期末余额	上年年末余额	负债和所有者权益	期末余额	上年年末余额
			流动负债：		
			……		
			应付职工薪酬	××××	

图 4-10　应付职工薪酬的列报

(一) 短期薪酬

短期薪酬是指企业在职工提供相关服务的年度报告期间结束后 12 个月内需要全部予以支付的职工薪酬,因解除与职工的劳动关系给予的补偿(属于辞退福利)除外。短期薪酬具体包括以下几项。

1. 职工工资、奖金、津贴和补贴

职工工资、奖金、津贴和补贴是指按照构成工资总额的计时工资、计件工资、支付给职工的超额劳动报酬和增收节支的劳动报酬、为补偿职工特殊或额外的劳动消耗和因其他特殊原因支付给职工的津贴,以及为保证职工工资水平不受物价影响支付给职工的物价补贴等。其中,企业按照短期奖金计划向职工发放的奖金属于短期薪酬,按照长期奖金计划向职工发放的奖金属于其他长期职工福利。

2. 职工福利费

职工福利费是指企业向职工提供的生活困难补助、丧葬补助费、抚恤费、职工异地安家费、防暑降温费等职工福利支出。

3. 医疗保险费、工伤保险费等社会保险费

医疗保险费、工伤保险费等社会保险费是指企业按照国家规定的基准和比例计算,向社会保险经办机构缴纳的医疗保险费、工伤保险费。

4. 住房公积金

住房公积金是指企业按照国家规定的基准和比例计算,向住房公积金管理机构缴存的住房公积金。

5. 工会经费和职工教育经费

工会经费和职工教育经费是指企业为了改善职工文化生活、为职工学习先进技术及提高文化水平和业务素质,用于开展工会活动和职工教育及职业技能培训等相关支出而计提的经费。

6. 短期带薪缺勤

短期带薪缺勤是指职工虽然缺勤但企业仍向其支付报酬的安排,包括年休假、病假、婚假、产假、丧假、探亲假等。长期带薪缺勤属于其他长期职工福利。

7. 短期利润分享计划

短期利润分享计划是指因职工提供服务而与职工达成的基于利润或其他经营成果提供薪酬的协议。长期利润分享计划属于其他长期职工福利。

8. 其他短期薪酬

其他短期薪酬是指上述薪酬以外的其他为获得职工提供的服务而给予的短期薪酬。

(二) 长期职工薪酬

1. 离职后福利

离职后福利是指企业为获得职工提供的服务而在职工退休或与企业解除劳动关系后,提供的各种形式的报酬和福利,短期薪酬和辞退福利除外。离职后福利计划,是指企业与职工就离职后福利达成的协议,或者企业为向职工提供离职后福利制定的规章或办法等。企业应当将离职后福利计划分类为设定提存计划和设定受益计划。其中,设定提存计划,是指向独立的基金缴存固定费用后,企业不再承担进一步支付义务的离职后福利计划;设定受益计划,是指除设定提存计划以外的离职后福利计划。

2. 辞退福利

辞退福利是指企业在职工劳动合同到期之前解除与职工的劳动关系,或者为鼓励职工自愿接受裁减而给予职工的补偿。

3. 其他长期职工福利

其他长期职工福利是指短期薪酬、离职后福利、辞退福利之外所有的职工薪酬,包括长期带薪缺勤、长期残疾福利、长期利润分享计划等。

4.13 初级实战演练

【业务 4-15】 下列各项中,属于企业短期薪酬内容的有(　　)。

A. 支付给职工的生活困难补助　　B. 为职工缴纳的医疗保险费

C. 支付给职工休产假期间的工资　　D. 为辞退职工而支付的补偿金

【解析】 答案为选项 A、B、C。选项 D 为辞退福利内容,不属于短期职工薪酬。

二、短期薪酬的核算

企业应设置"应付职工薪酬"科目,核算应付职工薪酬的计提、结算、使用等情况。本科目应按照"工资""职工福利费""非货币性福利""社会保险费""住房公积金""工会经费""职工教育经费""带薪缺勤""利润分享计划""设定提存计划""设定受益计划""辞退福利"等职工薪酬项目设置明细科目进行明细核算。"应付职工薪酬"科目的账户结构如图 4-11所示。

应付职工薪酬

借方	贷方
	期初余额
实际发放的职工薪酬扣还的款项	已分配计入有关成本费用项目的职工薪酬
	期末余额:企业尚未发放的职工薪酬

图 4-11 "应付职工薪酬"科目的账户结构

企业应当在职工为其提供服务的会计期间,将实际发生的短期薪酬确认为负债,并计入当期损益,其他会计准则要求或允许计入资产成本的除外。

(一) 货币性职工薪酬

1. 货币性职工薪酬的确认

1) 职工工资、奖金、津贴和补贴

对于职工工资、奖金、津贴和补贴等货币性职工薪酬,企业应当在职工为其提供服务的会计期间,将实际发生的职工工资、奖金、津贴和补贴等,根据职工提供服务的受益对象，将应确认的职工薪酬，借记“生产成本”“制造费用”“合同履约成本”“管理费用”“销售费用”等科目，贷记“应付职工薪酬——工资”科目。

实务中，企业一般由各部门每月按车间（或部门）根据考勤记录、工时记录、产量记录、工资标准、工资等级、绩效奖励等编制职工薪酬结算单。工资结算单一般一式三份：一份按职工姓名裁剪成“工资条”连同实发工资一起发给职工，以便职工查对；一份作为各车间（或部门）职工工资统计的依据；一份经过职工签字后作为工资结算单和付款的原始凭证。然后企业根据各车间（或部门）职工薪酬结算单进行汇总，编制职工薪酬结算汇总表和职工薪酬费用分配表。最后企业根据职工薪酬费用分配汇总表中的“实发金额”栏的合计数，从开户银行提取现金向职工发放或将会计主管盖章的职工薪酬结算单交由银行转账支付。

【业务 4-16】 陕西鸿腾股份有限公司 2023 年 11 月应付职工工资总额为 77 100 元，当月职工薪酬结算单如表 4-6 所示，职工薪酬结算汇总表如表 4-7 所示，职工薪酬费用分配表如表 4-8 所示，请编制该笔业务的会计分录。

表 4-6　职工薪酬结算单

2023 年 11 月　　　　单位：元

姓名	部门		基本工资	津贴和补贴			加班工资	应扣工资		应发工资	代扣款项			实发工资
				夜班津贴	住房补贴	其他补贴		事假	病假		个人所得税	社会保险	住房公积金（12%）	
石天宇	基本车间	一车间	4 500.00		500.00	300.00	200.00			5 500.00	15.00	605.00	660.00	4 220.00
王　艳	基本车间	一车间	4 500.00		500.00	300.00				5 300.00	9.00	583.00	636.00	4 072.00
张亭飞	基本车间	二车间	4 800.00		500.00	300.00	350.00			5 950.00	28.00	655.00	714.00	4 553.00
刘　俊	基本车间	二车间	4 800.00		500.00	300.00				5 600.00	18.00	616.00	672.00	4 294.00
李　妙	基本车间	管理人员	5 200.00	1 000.00	500.00	300.00	200.00			7 200.00	66.00	792.00	864.00	5 478.00
孙晓红	辅助车间	供电车间	4 400.00	800.00	500.00	300.00		100.00		5 900.00	27.00	649.00	708.00	4 516.00
葛　田	辅助车间	供电车间	4 400.00		500.00	300.00	250.00			5 450.00	13.00	600.00	654.00	4 183.00
申　鑫	辅助车间	修理车间	4 600.00		500.00	300.00				5 400.00	12.00	594.00	648.00	4 146.00
王　芳	辅助车间	修理车间	4 600.00	750.00	500.00	300.00	300.00			6 450.00	43.00	710.00	774.00	4 923.00
李　强	行政管理部门		5 200.00		500.00	300.00				6 000.00	30.00	660.00	720.00	4 590.00
付　泽	行政管理部门		5 200.00		500.00	300.00			50.00	5 950.00	28.00	655.00	714.00	4 553.00
康承运	专设销售部门		5 800.00		500.00	300.00				6 600.00	48.00	726.00	792.00	5 034.00
杨　雪	专设销售部门		5 000.00		500.00	300.00				5 800.00	24.00	638.00	696.00	4 442.00
合计			63 000.00	2 550.00	6 500.00	3 900.00	1 300.00	100.00	50.00	77 100.00	361.00	8 483.00	9 252.00	59 004.00

工资主管：王齐　　　　审核：刘宇浩　　　　制表：史羊

表 4-7 职工薪酬结算汇总表

2023 年 11 月　　单位：元

部门		应发工资	代扣款项						实发工资
			个人所得税	养老保险（8%）	失业保险（1%）	医疗保险（2%）	住房公积金（12%）	小计	
基本车间	一车间	10 800.00	24.00	864.00	108.00	216.00	1 296.00	2 508.00	8 292.00
	二车间	11 550.00	46.00	924.00	116.00	231.00	1 386.00	2 703.00	8 847.00
	管理人员	7 200.00	66.00	576.00	72.00	144.00	864.00	1 722.00	5 478.00
辅助车间	供电车间	11 350.00	40.00	908.00	114.00	227.00	1 362.00	2 651.00	8 699.00
	修理车间	11 850.00	55.00	948.00	119.00	237.00	1 422.00	2 781.00	9 069.00
行政管理部门		11 950.00	58.00	956.00	120.00	239.00	1 434.00	2 807.00	9 143.00
专设销售部门		12 400.00	72.00	992.00	124.00	248.00	1 488.00	2 924.00	9 476.00
合计		77 100.00	361.00	6 168.00	773.00	1 542.00	9 252.00	18 096.00	59 004.00

工资主管：王齐　　审核：刘宇浩　　制表：史羊

表 4-8 职工薪酬费用分配表

2023 年 11 月　　单位：元

借方账户			生产工人	车间管理人员	行政管理人员	专设销售部门人员	合计
总账	二级账	明细账					
生产成本	基本生产成本	一车间	10 800.00				10 800.00
		二车间	11 550.00				11 550.00
	辅助生产成本	供电车间	11 350.00				11 350.00
		修理车间	11 850.00				11 850.00
制造费用				7 200.00			7 200.00
管理费用					11 950.00		11 950.00
销售费用						12 400.00	12 400.00
合计			45 550.00	7 200.00	11 950.00	12 400.00	77 100.00

工资主管：王齐　　审核：刘宇浩　　制表：史羊

借：生产成本——基本生产成本——一车间　　10 800
　　　　　　　　　　　　　——二车间　　11 550
　　　　　　辅助生产成本——供电车间　　11 350
　　　　　　　　　　　　　——修理车间　　11 850
　　制造费用　　7 200
　　管理费用　　11 950
　　销售费用　　12 400
　　贷：应付职工薪酬——工资　　77 100

2）国家规定计提标准的职工薪酬

国家规定计提标准的职工薪酬主要包括工会经费、职工教育经费、社会保险费和住房公积金等。

(1) 工会经费与职工教育经费。

根据《中华人民共和国工会法》的规定，企业按每月全部职工工资总额的2%向工会拨缴经费，在成本费用中列支，主要用于为职工服务和工会活动。职工教育经费一般由企业按照每月工资总额的8%计提，主要用于职工接受岗位培训、继续教育等方面的支出。

期末，企业根据规定的计提基础和比例计算确定应付工会经费、职工教育经费，借记“生产成本”“制造费用”“管理费用”“销售费用”“在建工程”“研发支出”等科目，贷记“应付职工薪酬——工会经费”“应付职工薪酬——职工教育经费”等科目；实际上缴或发生实际开支时，借记“应付职工薪酬——工会经费”“应付职工薪酬——职工教育经费”等科目，贷记“银行存款”等科目。

【业务4-17】　承[业务4-16]，陕西鸿腾股份有限公司根据职工薪酬分配表编制2023年11月的工会经费和职工教育经费计提分配表，如表4-9所示。请编制该笔业务的会计分录。

表4-9　工会经费和职工教育经费计提分配表

2023年11月　　　　单位：元

借方账户			应发工资	应付职工薪酬		
				工会经费(2%)	职工教育经费(8%)	合计
生产成本	基本生产成本	一车间	10 800.00	216.00	864.00	1 080.00
		二车间	11 550.00	231.00	924.00	1 155.00
	辅助生产成本	供电车间	11 350.00	144.00	576.00	1 135.00
		修理车间	11 850.00	227.00	908.00	1 185.00
制造费用			7 200.00	237.00	948.00	720.00
管理费用			11 950.00	239.00	956.00	1 195.00
销售费用			12 400.00	248.00	992.00	1 240.00
合计			77 100.00	1 542.00	6 168.00	7 710.00

工资主管：王齐　　　　审核：刘宇浩　　　　制表：史羊

借：生产成本——基本生产成本——一车间　　1 080
　　　　　　　　　　　　　　——二车间　　1 155
　　　　　　辅助生产成本——供电车间　　1 135
　　　　　　　　　　　　——修理车间　　1 185
　　制造费用　　720
　　管理费用　　1 195
　　销售费用　　1 240
　贷：应付职工薪酬——工会经费　　1 542
　　　　　　　　　——职工教育经费　　6 168

(2) 社会保险费与住房公积金。

社会保险费包括医疗保险费、养老保险费、失业保险费、工伤保险费。企业承担的社会保险费，除了养老保险费和失业保险费应按规定确认为离职后福利，其他的社会保险应作为企业的短期薪酬。

住房公积金分为职工所在单位为职工缴存和职工个人缴存两部分，但其全部属于职工个人所有。

期末，对于企业应缴纳的社会保险费（不含基本养老保险费和失业保险费）和住房公积金，应按照规定的计提基础和比例，在职工提供服务期间根据受益对象计入当期损益或相关资产成本，并确认相应的应付职工薪酬金额，借记“生产成本”“制造费用”“管理费用”“销售费用”“在建工程”“研发支出”等科目，贷记“应付职工薪酬——社会保险费/住房公积金”科目；对于职工个人承担的社会保险费和住房公积金，由职工所在企业每月从其工资中代扣代缴，借记“应付职工薪酬——工资”科目，贷记“其他应付款——社会保险费（医疗保险）/住房公积金”科目。

【业务 4-18】 承[业务 4-16]，陕西鸿腾股份有限公司根据职工薪酬分配表编制 2023 年 11 月四险一金计提分配表，如表 4-10 所示。请编制该笔业务的会计分录。

表 4-10 四险一金计提分配表

2023 年 11 月 单位：元

借方账户			应发工资	应付职工薪酬					
				养老保险(16%)	医疗保险(8%)	失业保险(0.7%)	工伤保险(0.4%)	住房公积金(12%)	合计
生产成本	基本生产成本	一车间	10 800.00	1 728.00	864.00	76.00	43.00	1 296.00	4 007.00
		二车间	11 550.00	1 848.00	924.00	81.00	46.00	1 386.00	4 285.00
	辅助生产成本	供电车间	11 350.00	1 816.00	908.00	79.00	45.00	1 362.00	4 210.00
		修理车间	11 850.00	1 896.00	948.00	83.00	47.00	1 422.00	4 396.00
制造费用			7 200.00	1 152.00	576.00	50.00	29.00	864.00	2 671.00
管理费用			11 950.00	1 912.00	956.00	84.00	48.00	1 434.00	4 434.00
销售费用			12 400.00	1 984.00	992.00	87.00	50.00	1 488.00	4 601.00
合计			77 100.00	12 336.00	6 168.00	540.00	308.00	9 252.00	28 604.00

工资主管：王齐　　审核：刘宇浩　　制表：史羊

借：生产成本——基本生产成本——一车间　　4 007
　　　　　　　　　　　　　——二车间　　4 285
　　辅助生产成本——供电车间　　4 210
　　　　　　　　——修理车间　　4 396
　　制造费用　　2 671
　　管理费用　　4 434
　　销售费用　　4 601
　　贷：应付职工薪酬——社会保险费——医疗保险　　6 168
　　　　　　　　　——社会保险费——工伤保险　　308
　　　　　　　　　——住房公积金　　9 252
　　　　　　　　　——设定提存计划——养老保险　　12 336
　　　　　　　　　——设定提存计划——失业保险　　540

3）职工福利费

对于职工福利费，企业应当在实际发生时按照实际发生额计入当期损益或相关资产成本，借记"生产成本""制造费用""管理费用""销售费用"等科目，贷记"应付职工薪酬——职工福利费"科目。

【业务 4-19】 陕西鸿腾股份有限公司下设一所职工食堂，每月根据在岗职工数量及岗位分布情况、相关历史经验数据等计算需要补贴食堂的金额，从而确定每期因补贴职工食堂需要承担的福利费金额。2023 年 9 月，该公司在岗职工共计 200 人，其中管理部门 30 人，生产车间生产人员 170 人。历史经验数据表明，每个职工每月需补贴食堂 150 元。请编制该笔业务的会计分录。

借：生产成本　　25 500
　　管理费用　　4 500
　　贷：应付职工薪酬——职工福利费　　30 000

4）带薪缺勤

对于职工带薪缺勤，企业根据其性质及职工享有的权利，分为累积带薪缺勤和非累积带薪缺勤两类。企业应当对累积带薪缺勤和非累积带薪缺勤分别进行会计处理。如果带薪缺勤属于长期带薪缺勤的，企业应当作为其他长期职工福利处理。

（1）累积带薪缺勤，是指带薪权利可以结转下期的带薪缺勤，本期尚未用完的带薪缺勤权利可以在未来期间使用。企业应当在职工提供了服务从而增加了其未来享有的带薪缺勤权利时，确认与累积带薪缺勤相关的职工薪酬，并以累积未行使权利而增加的预期支付金额计量。确认累积带薪缺勤时，借记"管理费用"等科目，贷记"应付职工薪酬——带薪缺勤——短期带薪缺勤——累积带薪缺勤"科目。

【业务 4-20】 陕西鸿腾股份有限公司从 2023 年 1 月 1 日起实行累积带薪缺勤制度。该制度规定，每个职工每年可享受 5 个工作日带薪年休假，未使用的年休假只能向后结转一个公历年度，超过 1 年未使用的权利作废，在职工离开企业时也无权获得现金支付；

职工休年假时，首先使用当年可享受的权利，不足部分再从上年结转的带薪年休假中扣除。

至2023年12月31日陕西鸿腾股份有限公司有2 000名职工未享受当年的带薪年休假，陕西鸿腾股份有限公司预计2024年有1 900名职工将享受不超过5天的带薪年休假，剩余100名职工每人将平均享受6天半年休假，假定这100名职工全部为总部各部门经理，陕西鸿腾股份有限公司平均每名职工每个工作日工资为300元。不考虑其他相关因素。2023年12月31日，请编制该笔业务的会计分录。

陕西鸿腾股份有限公司在2023年12月31日应当预计由于职工累积未使用的带薪年休假权利而产生的预期支付的金额，即相当于150天[100×(6.5－5)]的年休假工资金额45 000元(150×300)。

借：管理费用　　45 000

　　贷：应付职工薪酬——带薪缺勤——短期带薪缺勤——累积带薪缺勤　　45 000

(2) 非累积带薪缺勤，是指带薪权利不能结转下期的带薪缺勤，本期尚未用完的带薪缺勤权利将予以取消，并且职工离开企业时也无权获得现金支付。我国企业职工休婚假、产假、丧假、探亲假、病假期间的工资通常属于非累积带薪缺勤。由于职工提供服务本身不能增加其能够享受的福利金额，企业在职工未缺勤时不应当计提相关费用和负债。

为此，企业应当在职工实际发生缺勤的会计期间确认与非累积带薪缺勤相关的职工薪酬。企业确认职工享有的与非累积带薪缺勤权利相关的薪酬，视同职工出勤确认的当期损益或相关资产成本。通常情况下，与非累积带薪缺勤相关的职工薪酬已经包括在企业每期向职工发放的工资等薪酬中，因此，不必额外作相应的账务处理。

【业务4-21】 2023年5月，陕西鸿腾股份有限公司有2名销售人员放弃15天的婚假，假设平均每名职工每个工作日工资为200元，月工资为6 000元。当存在以下状况时：

(1) 假设陕西鸿腾股份有限公司未实行非累积带薪缺勤货币补偿制度。

(2) 假设陕西鸿腾股份有限公司实行非累积带薪缺勤货币补偿制度，补偿金额为放弃带薪休假期间平均日工资的2倍。

请编制该笔业务的会计分录。

(1) 未实行非累积带薪缺勤货币补偿制度：

借：销售费用　　12 000

　　贷：应付职工薪酬——工资、奖金、津贴和补贴　　12 000

借：应付职工薪酬——工资、奖金、津贴和补贴　　12 000

　　贷：银行存款　　12 000

(2) 实行非累积带薪缺勤货币补偿制度：

补偿金额＝15×2×200×2＝12 000(元)

借：销售费用　　24 000

　　贷：应付职工薪酬——工资、奖金、津贴和补贴　　12 000

　　　　　　　　　——非累积带薪休假　　12 000

借：应付职工薪酬——工资、奖金、津贴和补贴 12 000

——非累积带薪休假 12 000

贷：银行存款 24 000

2. 货币性职工薪酬的发放与上缴

1）支付职工工资、奖金、津贴和补贴

企业按照有关规定向职工支付工资、奖金、津贴和补贴等，借记“应付职工薪酬——工资”科目，贷记“银行存款”“库存现金”等科目；企业从应付职工薪酬中扣还的各种款项（代垫的职工家属医药费、个人所得税等），借记“应付职工薪酬”科目，贷记“银行存款”“库存现金”“其他应收款”“应交税费——应交个人所得税”等科目。

【业务 4-22】 陕西鸿腾股份有限公司 2023 年 11 月职工薪酬结算汇总表中，应发工资总额为 77 100 元，企业代扣职工个人所得税 361 元、代扣个人承担的养老保险 6 168 元、代扣个人承担的失业保险 773 元，代扣个人承担的医疗保险 1 542 元，代扣个人承担的住房公积金 9 252 元，实发工资 59 004 元。该公司按实发工资金额通过银行转账方式予以支付。请编制该笔业务的会计分录。

（1）银行转账发放工资：

借：应付职工薪酬——工资、奖金、津贴和补贴 59 004

贷：银行存款 59 004

（2）代扣个人所得税款：

借：应付职工薪酬——工资、奖金、津贴和补贴 361

贷：应交税费——应交个人所得税 361

（3）代扣个人承担的社会保险和公积金：

借：应付职工薪酬——工资、奖金、津贴和补贴 17 735

贷：其他应付款——社会保险费——医疗保险 1 542

——住房公积金 9 252

——设定提存计划——养老保险 6 168

——设定提存计划——失业保险 773

（4）实际上缴个人所得税：

借：应交税费——应交个人所得税 361

贷：银行存款 361

4.14 初级实战演练

2）缴纳工会经费、职工教育经费、社会保险费和住房公积金

企业实际缴纳工会经费和职工教育经费时，应编制工会经费和职工教育经费缴存表，借记“应付职工薪酬——工会经费”“应付职工薪酬——职工教育经费”科目，贷记“银行存款”等科目。

企业实际缴纳社会保险费和住房公积金时（包含个人承担的部分和企业承担的部分），应编制社会保险费和住房公积金缴存表，属于职工个人承担的部分，应借记“其他应

付款——社会保险费——医疗保险”“其他应付款——住房公积金”“其他应付款——设定提存计划——养老保险”“其他应付款——设定提存计划——失业保险”等科目；属于企业承担的部分，应借记“应付职工薪酬——社会保险费——医疗保险”“应付职工薪酬——社会保险费——工伤保险”“应付职工薪酬——住房公积金”“应付职工薪酬——设定提存计划——养老保险”“应付职工薪酬——设定提存计划——失业保险”等科目，贷记“银行存款”科目。

【业务 4-23】 承[业务 4-17]，陕西鸿腾股份有限公司根据工会经费和职工教育经费计提分配表(表 4-9)实际缴纳工会经费和职工教育经费。请编制该笔业务的会计分录。

借：应付职工薪酬——工会经费　　1 542
　　　　　　　　——职工教育经费　　6 168
　贷：银行存款　　7 710

【业务 4-24】 陕西鸿腾股份有限公司根据职工薪酬结算汇总表(表 4-7)和四险一金计提分配表(表 4-10)编制社会保险费和住房公积金缴存表，如表 4-11 所示，并实际缴纳社会保险费和住房公积金。请编制该笔业务的会计分录。

表 4-11　社会保险费和住房公积金缴存表

2023 年 11 月　　单位：元

缴存项目	企业承担的部分	个人承担的部分	小计
医疗保险	6 168.00	1 542.00	7 710.00
养老保险	12 336.00	6 168.00	18 504.00
失业保险	540.00	773.00	1 313.00
工伤保险	308.00		308.00
住房公积金	9 252.00	9 252.00	18 504.00
合计	28 604.00	17 735.00	46 339.00

获取社会保险费和住房公积金缴存付款凭证时：

借：其他应付款——社会保险费——医疗保险　　1 542
　　　　　　　——住房公积金　　9 252
　　　　　　　——设定提存计划——养老保险　　6 168
　　　　　　　——设定提存计划——失业保险　　773
　　应付职工薪酬——社会保险费——医疗保险　　6 168
　　　　　　　　——社会保险费——工伤保险　　308
　　　　　　　　——住房公积金　　9 252
　　　　　　　　——设定提存计划——养老保险　　12 336
　　　　　　　　——设定提存计划——失业保险　　540
　贷：银行存款　　46 339

3）支付职工福利费

企业向职工食堂、职工医院、生活困难职工等支付职工福利费时，借记“应付职工薪酬——职工福利费”科目，贷记“银行存款”“库存现金”科目。

【业务4-25】 承[业务4-19]，2023年10月，陕西鸿腾股份有限公司支付30 000元补贴给食堂。请编制该笔业务的会计分录。

借：应付职工薪酬——职工福利费	30 000	
贷：银行存款		30 000

（二）非货币性职工薪酬

企业以其自产产品作为非货币性福利发放给职工的，应当根据受益对象，按照该产品的含税公允价值计入相关资产成本或当期损益，同时确认应付职工薪酬，借记“生产成本”“制造费用”“管理费用”等科目，贷记“应付职工薪酬——非货币性福利”科目，同时借记“应付职工薪酬——非货币性福利”科目，贷记“主营业务收入”科目，并结转相关产品成本，涉及增值税销项税的，还应进行相应的增值税处理。

企业将拥有的房屋等资产无偿提供给职工使用的，应当根据受益对象，将该住房每期应计提的折旧计入相关资产成本或当期损益，同时确认应付职工薪酬，借记“生产成本”“制造费用”“管理费用”等科目，贷记“应付职工薪酬——非货币性福利”科目，并且同时借记“应付职工薪酬——非货币性福利”科目，贷记“累计折旧”科目。

企业租赁住房等资产供职工无偿使用的，应当根据受益对象，将每期应付的租金计入相关资产成本或当期损益，并确认应付职工薪酬，借记“生产成本”“制造费用”“管理费用”等科目，贷记“应付职工薪酬——非货币性福利”科目；支付租赁住房等资产供职工无偿使用所发生的租金时，借记“应付职工薪酬——非货币性福利”科目，贷记“银行存款”“库存现金”等科目。

难以认定受益对象的非货币性福利，直接计入当期损益和应付职工薪酬。

【业务4-26】 陕西鸿腾股份有限公司为家电生产企业，共有职工200名，其中170名为直接参加生产的职工，30名为总部管理人员。2023年12月，陕西鸿腾股份有限公司以其生产的每台成本为900元的电暖器作为春节福利发放给公司每名职工。该型号的电暖器不含增值税的市场售价为每台1 000元，陕西鸿腾股份有限公司销售商品适用的增值税税率为13%。请编制该笔业务的会计分录。

应确认的应付职工薪酬＝200×1 000＋200×1 000×13%＝226 000（元）

应记入“生产成本”科目的金额＝170×1 000＋170×1 000×13%＝192 100（元）

应记入“管理费用”科目的金额＝30×1 000＋30×1 000×13%＝33 900（元）

借：生产成本	192 100	
管理费用	33 900	
贷：应付职工薪酬——非货币性福利		226 000

【业务4-27】 承[业务4-26]，陕西鸿腾股份有限公司向职工发放电暖器作为非货币

性福利，应确认主营业务收入，同时根据现行增值税制度规定，计算增值税销项税额。请编制该笔业务的会计分录。

应确认的主营业务收入＝200×1 000＝200 000(元)

应确认的增值税销项税额＝200×1 000×13%＝26 000(元)

应结转的销售成本＝200×900＝180 000(元)

借：应付职工薪酬——非货币性福利　　226 000
　贷：主营业务收入　　200 000
　　应交税费——应交增值税(销项税额)　　26 000

借：主营业务成本　　180 000
　贷：库存商品——电暖器　　180 000

【业务 4-28】 陕西鸿腾股份有限公司为总部各部门经理级别以上职工提供汽车免费使用，同时为副总裁以上高级管理人员每人租赁一套住房。陕西鸿腾股份有限公司总部共有部门经理以上职工 20 名，每人提供一辆桑塔纳汽车免费使用，假定每辆桑塔纳汽车每月计提折旧 1 000 元；该公司共有副总裁以上高级管理人员 5 名，公司为其每人租赁一套面积为 200 平方米的公寓，月租金为每套 8 000 元(含税)。请编制该笔业务的会计分录。

(1) 确认提供汽车的非货币性福利：

公司提供汽车供职工使用的非货币性福利＝20×1 000＝20 000(元)

借：管理费用　　20 000
　贷：应付职工薪酬——非货币性福利　　20 000

借：应付职工薪酬——非货币性福利　　20 000
　贷：累计折旧　　20 000

(2) 确认为职工租赁住房的非货币性福利：

公司租赁住房供职工使用的非货币性福利＝5×8 000＝40 000(元)

借：管理费用　　40 000
　贷：应付职工薪酬——非货币性福利　　40 000

4.15 初级实战演练

【业务 4-29】 承[业务 4-28]，陕西鸿腾股份有限公司每月支付副总裁以上高级管理人员住房租金时，请编制该笔业务的会计分录。

借：应付职工薪酬——非货币性福利　　40 000
　贷：银行存款　　40 000

三、辞退福利

企业向职工提供辞退福利的，应当在“企业不能单方面撤回因解除劳动关系或裁减所提供的辞退福利时”和“企业确认涉及支付辞退福利的重组相关的成本或费用时”两者孰早日，确认辞退福利产生的职工薪酬负债，并计入当期损益，借记“管理费用”科目，贷记“应付职工薪酬——辞退福利”科目。

【业务 4-30】 陕西鸿腾股份有限公司是一家电冰箱制造企业。2023 年 9 月，为了能够在下一年度顺利实施转产，陕西鸿腾股份有限公司管理层制订了一项辞退计划，从 2024 年 1 月 1 日起，将以职工自愿方式，辞退其单开门式电冰箱生产车间的职工。辞退计划的详细内容，包括拟辞退的职工所在部门、数量、各级别职工能够获得的补偿以及计划实施的时间等均已与职工沟通，并达成一致意见。辞退计划已于 2023 年 12 月 10 日经董事会正式批准，并将于下一个年度内实施完毕。请编制该笔业务的会计分录。

该项辞退计划的详细内容如表 4-12 所示。

表 4-12 辞退计划

<table>
<tr><th>部门</th><th>职位</th><th>辞退数量(人)</th><th>工龄(年)</th><th>补偿金额(万元/人)</th></tr>
<tr><td rowspan="9">电冰箱车间</td><td rowspan="3">车间主任、副主任</td><td rowspan="3">10</td><td>1～10</td><td>20.00</td></tr>
<tr><td>10～20</td><td>30.00</td></tr>
<tr><td>20～30</td><td>40.00</td></tr>
<tr><td rowspan="3">高级工程师</td><td rowspan="3">40</td><td>1～10</td><td>10.00</td></tr>
<tr><td>10～20</td><td>15.00</td></tr>
<tr><td>20～30</td><td>20.00</td></tr>
<tr><td rowspan="3">一般工人</td><td rowspan="3">100</td><td>1～10</td><td>5.00</td></tr>
<tr><td>10～20</td><td>15.00</td></tr>
<tr><td>20～30</td><td>20.00</td></tr>
<tr><td>合计</td><td></td><td>150</td><td></td><td></td></tr>
</table>

2023 年 12 月 31 日，该公司预计各级别职工拟接受辞退职工数量的最佳估计数(最可能发生的数量)及其应支付的补偿金额如表 4-13 所示。

表 4-13 预计接受辞退补偿表

<table>
<tr><th>部门</th><th>职位</th><th>辞退数量(人)</th><th>工龄(年)</th><th>补偿金额(万元/人)</th><th>接受人数(人)</th><th>补偿金额(万元)</th></tr>
<tr><td rowspan="9">电冰箱车间</td><td rowspan="3">车间主任、副主任</td><td rowspan="3">10</td><td>1～10</td><td>20.00</td><td>4</td><td>80.00</td></tr>
<tr><td>10～20</td><td>30.00</td><td>3</td><td>90.00</td></tr>
<tr><td>20～30</td><td>40.00</td><td>1</td><td>40.00</td></tr>
<tr><td rowspan="3">高级工程师</td><td rowspan="3">40</td><td>1～10</td><td>10.00</td><td>15</td><td>150.00</td></tr>
<tr><td>10～20</td><td>15.00</td><td>10</td><td>150.00</td></tr>
<tr><td>20～30</td><td>20.00</td><td>5</td><td>100.00</td></tr>
<tr><td rowspan="3">一般工人</td><td rowspan="3">100</td><td>1～10</td><td>5.00</td><td>5</td><td>25.00</td></tr>
<tr><td>10～20</td><td>15.00</td><td>10</td><td>150.00</td></tr>
<tr><td>20～30</td><td>20.00</td><td>25</td><td>500.00</td></tr>
<tr><td>合计</td><td></td><td>150</td><td></td><td></td><td>78</td><td>1 285.00</td></tr>
</table>

根据表 4-13,愿意接受辞退职工的最佳估计数为 78 名,预计补偿金额为 1 285 万元,则企业在 2024 年(辞退计划于 2023 年 12 月 10 日由董事会批准)应编制的会计分录为:

借:管理费用　　1 285

　贷:应付职工薪酬——辞退福利　　1 285

(三) 其他长期职工福利

企业向职工提供的其他长期职工福利,符合设定提存计划条件的,应当按照设定提存计划的有关规定进行会计处理;符合设定受益计划条件的,应当按照设定受益计划的有关规定进行会计处理。

长期残疾福利水平取决于职工提供服务期间长短的,企业应在职工提供服务的期间确认应付长期残疾福利义务,计量时应当考虑长期残疾福利支付的可能性和预期支付的期限;与职工提供服务期间长短无关的,企业应当在导致职工长期残疾的事件发生的当期确认应付长期残疾福利。

【业务 4-31】 陕西鸿腾股份有限公司与其销售总经理达成协议:3 年后利润达到 1 亿元,其薪酬为利润的 2%。下列各项中,该公司向销售总经理提供薪酬的类别是(　　)。

A. 带薪缺勤　　B. 辞退福利

C. 离职后福利　　D. 利润分享计划

【解析】 答案为选项 D。利润分享计划,是指因职工提供服务而与职工达成的基于利润或其他经营成果提供薪酬的协议。

任务四 应交税费

企业根据税法规定应交纳的各种税费包括：增值税、消费税、企业所得税、城市维护建设税、资源税、土地增值税、房产税、车船税、城镇土地使用税、教育费附加、印花税、耕地占用税、环境保护税、契税、车辆购置税等。应交税费的列报如图 4-12 所示。

资产负债表

编制单位：　　　　　　　　　　年　月　日　　　　　　　　　　单位：元

资产	期末余额	上年年末余额	负债和所有者权益	期末余额	上年年末余额
			流动负债：		
			……		
			应交税费	××××	

图 4-12 应交税费的列报

企业应设置“应交税费”科目，核算各种税费的应交、实交等情况。本科目按应交税费项目设置明细科目进行明细核算。“应交税费”科目的账户结构如图 4-13 所示。

应交税费

借方	贷方
	期初余额
实际交纳的税费	应交纳的各种税费
期末余额：企业多交或尚未抵扣的税费	期末余额：企业尚未交纳的税费

图 4-13 “应交税费”科目的账户结构

企业代扣代交的个人所得税，也通过“应交税费”科目核算，而企业交纳的印花税、耕地占用税等不需要预计应交数的税金，不通过“应交税费”科目核算。

子任务一 应交增值税

任务初探

问题思考：增值税的征税范围有哪些？哪些企业需要交纳增值税？增值税的税率

有几档？增值税纳税申报的时间是什么时候？增值税的税收优惠有哪些？核算应交增值税有哪些明细科目？

案例准备：收集并阅读《中华人民共和国增值税法（征求意见稿）》，了解国家对增值税的征收管理要求。

4.16 增值税概述

任务研学

一、应交增值税概述

（一）增值税征税范围和纳税义务人

增值税是以商品（含应税劳务、应税行为）在流转过程中实现的增值额作为计税依据而征收的一种流转税。按照我国现行增值税有关制度的规定，在我国境内销售货物、加工修理修配劳务、服务、销售无形资产和不动产以及进口货物的企业、单位和个人为增值税的纳税人。其中，“服务”是指提供交通运输服务、建筑服务、邮政服务、电信服务、金融服务、现代服务、生活服务。

根据经营规模大小及会计核算水平的健全程度，增值税纳税人分为一般纳税人和小规模纳税人。一般纳税人是指年应税销售额超过财政部、国家税务总局规定标准的增值税纳税人。小规模纳税人是指年应税销售额未超过规定标准，并且会计核算不健全，不能够提供准确税务资料的增值税纳税人。

（二）增值税的计税方法

增值税的计税方法分为一般计税方法和简易计税方法。

1. 一般计税方法

1）概述

增值税的一般计税方法，是先按当期销售额和适用的税率计算出销项税额，然后以该销项税额对当期购进项目支付的增值税款（即进项税额）进行抵扣，间接算出当期的应纳增值税税额。应纳增值税税额的计算公式如下：

应纳增值税税额 = 当期销项税额 − 当期进项税额

（1）公式中的“当期销项税额”是指纳税人当期销售货物、加工修理修配劳务、服务、无形资产和不动产时按照销售额和增值税税率计算并收取的增值税税额。其中，销售额是指纳税人销售货物、加工修理修配劳务、服务、无形资产和不动产向购买方收取的全部价款和价外费用，但是不包括收取的销项税额。当期销项税额的计算公式如下：

销项税额 = 销售额 × 增值税税率

（2）公式中的“当期进项税额”是指纳税人购进货物、加工修理修配劳务、服务、无形资产或者不动产，支付或者负担的增值税税额。

2）准允抵扣的进项税额

下列增值税进项税额准予从销项税额中抵扣：

(1) 从销售方取得的增值税专用发票(含《机动车销售统一发票》,下同)上注明的增值税税额。

(2) 从海关取得的海关进口增值税专用缴款书上注明的增值税税额。

(3) 购进农产品,除了取得增值税专用发票或者海关进口增值税专用缴款书,按照农产品收购发票或者销售发票上注明的农产品买价和9%扣除率计算的进项税额;如用于生产销售或委托加工适用13%税率货物的农产品,按照农产品收购发票或者销售发票上注明的农产品买价和10%扣除率计算的进项税额。

(4) 从境外单位或者个人购进服务、无形资产或者不动产,从税务机关或者扣缴义务人取得的解缴税款的完税凭证上注明的增值税税额。

(5) 一般纳税人支付的道路通行费,取得的收费公路通行费增值税电子普通发票上注明的增值税税额;桥、闸通行费,凭取得的通行费发票上注明的收费金额和规定的方法计算的可抵扣的增值税进项税额。当期销项税额小于当期进项税额不足抵扣时,其不足部分可以结转下期继续抵扣。

3) 增值税适用税率

一般纳税人采用的税率分为13%、9%、6%和零税率。具体规定如下:

(1) 一般纳税人销售货物、劳务、有形动产租赁服务或者进口货物,税率为13%。

(2) 一般纳税人销售或者进口粮食等农产品、食用植物油、食用盐、自来水、暖气、冷气、热水、煤气、石油液化气、天然气、二甲醚、沼气、居民用煤炭制品、图书、报纸、杂志、音像制品、电子出版物、饲料、化肥、农药、农机、农膜以及国务院及其有关部门规定的其他货物,税率为9%。

(3) 一般纳税人提供交通运输、邮政、基础电信、建筑、不动产租赁服务,销售不动产,转让土地使用权,税率为9%;其他应税行为,税率为6%。

(4) 一般纳税人出口货物,税率为0;但是,国务院另有规定的除外。境内单位和个人发生的跨境应税行为税率为0,具体范围由财政部和国家税务总局另行规定。

2. 简易计税方法

增值税的简易计税方法,是按照销售额与征收率的乘积计算应纳增值税税额,不得抵扣进项税额。应纳税额的计算公式如下:

$$\text{应纳增值税税额} = \text{销售额} \times \text{征收率}$$

公式中的销售额不包括其应纳增值税税额,如果纳税人采用销售额和应纳增值税税额合并定价方法的,应按照公式"销售额=含税销售额÷(1+征收率)"还原为不含税销售额计算。

> **注意**:增值税一般纳税人计算增值税大多采用一般计税方法;小规模纳税人一般采用简易计税方法;一般纳税人发生财政部和国家税务总局规定的特定应税销售行为,也可以选择简易计税方式计税,但是不得抵扣进项税额。

采用简易计税方式的增值税征收率为3%,国家另有规定的除外。

4.17 一般纳税人企业增值税的核算

二、一般纳税人的核算

(一)增值税核算应设置的会计科目

为了核算企业应交增值税的发生、抵扣、交纳、退税及转出等情况,增值税一般纳税人应当在"应交税费"科目下设置"应交增值税""未交增值税""预交增值税""待抵扣进项税额""待认证进项税额""待转销项税额""增值税留抵税额""简易计税""转让金融商品应交增值税""代扣代交增值税"等明细科目。

1. "应交税费——应交增值税"明细科目

"应交税费——应交增值税"明细科目核算一般纳税人进项税额、销项税额抵减、已交税金、转出未交增值税、转出多交增值税、减免税款、出口抵减内销产品应纳税额、销项税额、出口退税、进项税额转出等情况。该明细科目设置以下专栏:

(1)"进项税额"专栏,记录一般纳税人购进货物、加工修理修配劳务、服务、无形资产或不动产而支付或负担的、准予从当期销项税额中抵扣的增值税税额。

(2)"销项税额抵减"专栏,记录一般纳税人按照现行增值税制度规定因扣减销售额而减少的销项税额。

(3)"已交税金"专栏,记录一般纳税人当月已交纳的应交增值税税额。

(4)"转出未交增值税"和"转出多交增值税"专栏,分别记录一般纳税人月度终了转出当月应交未交或多交的增值税税额。

(5)"减免税款"专栏,记录一般纳税人按现行增值税制度规定准予减免的增值税税额。

(6)"出口抵减内销产品应纳税额"专栏,记录实行"免、抵、退"办法的一般纳税人按规定计算的出口货物的进项税抵减内销产品的应纳税额。

(7)"销项税额"专栏,记录一般纳税人销售货物、加工修理修配劳务、服务、无形资产或不动产应收取的增值税税额。

(8)"出口退税"专栏,记录一般纳税人出口货物、加工修理修配劳务、服务、无形资产按规定退回的增值税税额。

(9)"进项税额转出"专栏,记录一般纳税人购进货物、加工修理修配劳务、服务、无形资产或不动产等发生非正常损失以及其他原因而不应从销项税额中抵扣、按规定转出的进项税额。

"应交税费——应交增值税"明细账中设置的专栏如表4-14所示。

2. "应交税费——未交增值税"明细科目

"应交税费——未交增值税"明细科目核算一般纳税人月度终了从"应交增值税"或"预交增值税"明细科目转入当月应交未交、多交或预交的增值税税额,以及当月交纳以前期间未交的增值税税额。

3. "应交税费——预交增值税"明细科目

"应交税费——预交增值税"明细科目核算一般纳税人转让不动产、提供不动产经营

表 4-14　“应交税费——应交增值税”明细账中设置的专栏

年		凭证号数	摘要	借方					贷方					借或贷	余额
月	日			进项税额	销项税额抵减	已交税金	减免税款	出口抵减内销产品应纳税额	转出未交增值税	销项税额	出口退税	进项税额转出	转出多交增值税		

租赁服务、提供建筑服务、采用预收款方式销售自行开发的房地产项目等，以及其他按现行增值税制度规定应预交的增值税税额。

4. “应交税费——待抵扣进项税额”明细科目

“应交税费——待抵扣进项税额”明细科目核算一般纳税人已取得增值税扣税凭证并经税务机关认证，按照现行增值税制度规定准予以后期间从销项税额中抵扣的进项税额。

5. “应交税费——待认证进项税额”明细科目

“应交税费——待认证进项税额”明细科目核算一般纳税人由于未经税务机关认证而不得从当期销项税额中抵扣的进项税额，包括：一般纳税人已取得增值税扣税凭证、按照现行增值税制度规定准予从销项税额中抵扣，但尚未经税务机关认证的进项税额；一般纳税人已申请稽核但尚未取得稽核相符结果的海关缴款书进项税额。

6. “应交税费——待转销项税额”明细科目

“应交税费——待转销项税额”明细科目核算一般纳税人销售货物、加工修理修配劳务、服务、无形资产或不动产，已确认相关收入（或利得）但尚未发生增值税纳税义务而需于以后期间确认为销项税额的增值税税额。

7. “应交税费——简易计税”明细科目

“应交税费——简易计税”明细科目核算一般纳税人采用简易计税方法发生的增值税计提、扣减、预缴、缴纳等业务。

8. “应交税费——转让金融商品应交增值税”明细科目

“应交税费——转让金融商品应交增值税”明细科目核算增值税纳税人转让金融商品发生的增值税税额。

9. “应交税费——代扣代交增值税”明细科目

“应交税费——代扣代交增值税”明细科目核算纳税人购进在境内未设经营机构的境外单位或个人在境内的应税行为代扣代缴的增值税。

（二）取得资产、接受劳务或服务

1. 一般纳税人购进货物、加工修理修配劳务、服务、无形资产或者不动产

一般纳税人购进货物、加工修理修配劳务、服务、无形资产或者不动产，按应计入相关成本费用或资产的金额,借记"材料采购""在途物资""原材料""库存商品""生产成本""无形资产""固定资产""管理费用"等科目,按当月已认证的可抵扣增值税税额,借记"应交税费——应交增值税(进项税额)"科目,按当月未认证的可抵扣增值税税额,借记"应交税费——待认证进项税额"科目,按应付或实际支付的金额,贷记"应付账款""应付票据""银行存款"等科目。购进货物等发生的退货,应根据税务机关开具的红字增值税专用发票编制相反的会计分录,如原增值税专用发票未做认证,应将发票退回并作相反的会计分录。

企业购进农产品,除了取得增值税专用发票或者海关进口增值税专用缴款书,还可以按照农产品收购发票或者销售发票上注明的农产品买价和9%扣除率计算的进项税额,以及购进用于生产销售或委托加工适用13%税率货物的农产品,按照农产品收购发票或者销售发票上注明的农产品买价和10%扣除率计算的进项税额,借记"应交税费——应交增值税(进项税额)"科目,按农产品买价扣除进项税额后的差额,借记"材料采购""在途物资""原材料""库存商品"等科目,按照应付或实际支付的价款,贷记"应付账款""应付票据""银行存款"等科目。

【业务4-32】 陕西鸿腾股份有限公司为增值税一般纳税人,销售商品适用的增值税税率为13%,原材料按实际成本核算,销售商品价格为不含增值税的公允价格。2023年6月份发生交易或事项如下:

(1) 6日,购入原材料一批,增值税专用发票上注明的价款为120 000元,增值税税额为15 600元,材料尚未到达,全部款项已用银行存款支付。

(2) 10日,收到6日购入的原材料并验收入库,实际成本总额为120 000元。同日,与运输公司结清运输费用,增值税专用发票上注明的运输费用为5 000元,增值税税额为450元,运输费用和增值税税额已用转账支票付讫。

(3) 15日,购入不需要安装的生产设备一台,增值税专用发票上注明的价款为30 000元,增值税税额为3 900元,款项尚未支付。

(4) 20日,购入农产品一批,农产品收购发票上注明的买价为200 000元,规定的扣除率为9%。货物尚未到达,价款已用银行存款支付。

(5) 24日,公司管理部门委托外单位修理机器设备,取得对方开具的增值税专用发票上注明的修理费用为20 000元,增值税税额为2 600元,款项已用银行存款支付。

(6) 24日,该公司购进一幢简易办公楼作为固定资产核算,并投入使用。已取得增值税专用发票并经税务机关认证,增值税专用发票上注明的价款为1 500 000元,增值税税额为135 000元,全部款项以银行存款支付。不考虑其他相关因素。

请编制上述业务的会计分录。

(1) 6日,购入原材料:

	借方	贷方
借:在途物资	120 000	
应交税费——应交增值税(进项税额)	15 600	
贷:银行存款		135 600

(2) 10日,收到6日购入的原材料并结清运费:

借：原材料 125 000
　　应交税费——应交增值税(进项税额) 450
　　贷：银行存款 5 450
　　　　在途物资 120 000

(3) 15 日，购入不需要安装的生产设备一台：

借：固定资产 30 000
　　应交税费——应交增值税(进项税额) 3 900
　　贷：应付账款 33 900

(4) 20 日，购入农产品：

进项税额＝购买价款×扣除率＝200 000×9%＝18 000(元)

借：在途物资 182 000
　　应交税费——应交增值税(进项税额) 18 000
　　贷：银行存款 200 000

(5) 24 日，管理部门委托外单位修理机器设备：

借：管理费用 20 000
　　应交税费——应交增值税(进项税额) 2 600
　　贷：银行存款 22 600

(6) 24 日，购进一幢简易办公楼：

借：固定资产 1 500 000
　　应交税费——应交增值税(进项税额) 135 000
　　贷：银行存款 1 635 000

2. 货物等已验收入库但尚未取得增值税扣税凭证

企业购进的货物等已到达并验收入库，但尚未收到增值税扣税凭证并未付款的，应在月末按货物清单或相关合同协议上的价格暂估入账，不需要将增值税的进项税额暂估入账。下月月初，用红字冲销原暂估入账金额，待取得相关增值税扣税凭证并经认证后，按应计入相关成本费用或资产的金额，借记“原材料”“库存商品”“固定资产”“无形资产”等科目，按可抵扣的增值税税额，借记“应交税费——应交增值税(进项税额)”科目，按应付或实际支付的金额，贷记“应付账款”“应付票据”“银行存款”等科目。

【业务 4-33】 承[业务 4-32]，2023 年 6 月 30 日，陕西鸿腾股份有限公司购进原材料一批已验收入库，但尚未收到增值税扣税凭证，款项也未支付。随货同行的材料清单列明的原材料销售价格为 260 000 元。请编制该笔业务的会计分录。

(1) 当月暂估入账：

借：原材料 260 000
　　贷：应付账款——暂估应付款 260 000

(2) 下月月初,用红字冲销原暂估入账金额:

借:应付账款——暂估应付款　　260 000
　贷:原材料　　260 000

7月11日,取得相关增值税专用发票上注明的价款为260 000元,增值税税额为33 800元,增值税专用发票已经认证。全部款项以银行存款支付。请编制该笔业务的会计分录。

借:原材料　　260 000
　应交税费——应交增值税(进项税额)　　33 800
　贷:银行存款　　293 800

3. 进项税额转出

企业已单独确认进项税额的购进货物、加工修理修配劳务、服务、无形资产或者不动产但其事后改变用途(如用于简易计税方法计税项目、免征增值税项目、非增值税应税项目等),或发生非正常损失,原已计入进项税额、待抵扣进项税额或待认证进项税额,按照现行增值税制度规定不得从销项税额中抵扣。

这里所说的"非正常损失",根据现行增值税制度规定,是指因管理不善造成货物被盗、丢失、霉烂变质,以及因违反法律法规造成货物或者不动产被依法没收、销毁、拆除的情形。

进项税额转出的账务处理为,借记"待处理财产损溢""应付职工薪酬""固定资产""无形资产"等科目,贷记"应交税费——应交增值税(进项税额转出)""应交税费——待抵扣进项税额"或"应交税费——待认证进项税额"科目。转作待处理财产损失的进项税额,应与非正常损失的购进货物、在产品或库存商品、固定资产或无形资产的成本一并处理。

【业务4-34】 承[业务4-32],2023年6月,陕西鸿腾股份有限公司发生进项税额转出事项如下:

(1) 10日,库存材料因管理不善发生火灾损失,材料实际成本为20 000元,相关增值税专用发票上注明的增值税税额为2 600元。陕西鸿腾股份有限公司将毁损库存材料作为待处理财产损溢入账。

借:待处理财产损溢——待处理流动资产损溢　　22 600
　贷:原材料　　20 000
　　应交税费——应交增值税(进项税额转出)　　2 600

(2) 18日,领用一批外购原材料用于集体福利,该批原材料的实际成本为60 000元,相关增值税专用发票上注明的增值税税额为7 800元。

借:应付职工薪酬——职工福利费　　67 800
　贷:原材料　　60 000
　　应交税费——应交增值税(进项税额转出)　　7 800

需要说明的是，一般纳税人购进货物、加工修理修配劳务、服务、无形资产或不动产，用于简易计税方法计税项目、免征增值税项目、集体福利或个人消费等，即使取得的增值税专用发票上已注明增值税进项税额，该税额按照现行增值税制度规定也不得从销项税额中抵扣的，取得增值税专用发票时，应将待认证的目前不可抵扣的增值税进项税额，借记“应交税费——待认证进项税额”科目，贷记“银行存款”“应付账款”等科目。经税务机关认证为不可抵扣的增值税进项税额时，借记“应交税费——应交增值税(进项税额)”科目，贷记“应交税费——待认证进项税额”科目；同时，将增值税进项税额转出，借记相关成本费用或资产科目，贷记“应交税费——应交增值税(进项税额转出)”科目。

【业务 4-35】 承[业务 4-32]，2023 年 6 月 28 日，陕西鸿腾股份有限公司外购空调扇 300 台作为福利发放给直接从事生产的职工，取得的增值税专用发票上注明的价款为 150 000 元、增值税税额为 19 500 元，以银行存款支付了购买空调扇的价款和增值税进项税额，增值税专用发票尚未经税务机关认证。请编制该笔业务的会计分录。

(1) 购入时：

借：库存商品——空调扇　　150 000

　　应交税费——待认证进项税额　　19 500

　　贷：银行存款　　169 500

(2) 经税务机关认证不可抵扣时：

借：应交税费——应交增值税(进项税额)　　19 500

　　贷：应交税费——待认证进项税额　　19 500

同时：

借：库存商品——空调扇　　19 500

　　贷：应交税费——应交增值税(进项税额转出)　　19 500

(3) 实际发放时：

借：应付职工薪酬——非货币性福利　　169 500

　　贷：库存商品——空调扇　　169 500

(三) 销售业务的账务处理

1. 一般纳税人销售货物、加工修理修配劳务、服务、无形资产或不动产

企业销售货物、加工修理修配劳务、服务、无形资产或不动产，应当按应收或已收的金额，借记“应收账款”“应收票据”“银行存款”等科目；按取得的收益金额，贷记“主营业务收入”“其他业务收入”“固定资产清理”等科目；按现行增值税制度规定计算的销项税额(或采用简易计税方法计算的应纳增值税额)；贷记“应交税费——应交增值税(销项税额)”或“应交税费——简易计税”科目。

企业销售货物等发生销售退回的，应根据税务机关开具的红字增值税专用发票作相反的会计分录。根据会计准则相关规定的收入或利得确认时点早于按照现行增值税制度

确认增值税纳税义务发生时点的，应将相关销项税额记入“应交税费——待转销项税额”科目，待实际发生纳税义务时再转入“应交税费——应交增值税（销项税额）”或“应交税费——简易计税”科目。按照增值税制度确认增值税纳税义务发生时点早于根据会计准则相关规定收入或利得确认时点的，应将应纳增值税税额，借记“应收账款”科目，贷记“应交税费——应交增值税（销项税额）”或“应交税费——简易计税”科目，根据会计准则相关规定确认收入或利得时，应按扣除增值税销项税额后的金额确认收入或利得。

【业务 4-36】 承[业务 4-32]，2023 年 6 月，陕西鸿腾股份有限公司发生与销售相关的交易或事项如下：

（1）15 日，销售产品一批，开具增值税专用发票上注明的价款为 3 000 000 元、增值税税额为 390 000 元，提货单和增值税专用发票已交给买方，款项尚未收到。

（2）28 日，为外单位代加工电脑桌 500 个，每个收取加工费 80 元，已加工完成。开具增值税专用发票上注明的价款为 40 000 元，增值税税额为 5 200 元，款项已收到并存入银行。

请编制该笔业务的会计分录。

（1）15 日，销售产品：

借：应收账款	3 390 000	
贷：主营业务收入		3 000 000
应交税费——应交增值税（销项税额）		390 000

（2）28 日，为外单位代加工电脑桌：

借：银行存款	45 200	
贷：主营业务收入		40 000
应交税费——应交增值税（销项税额）		5 200

2. 视同销售

企业有些交易和事项按照现行增值税制度规定，应视同对外销售处理，计算应交增值税。

视同销售需要交纳增值税的事项主要有以下几项：

（1）企业将自产或委托加工的货物用于集体福利或个人消费。

（2）企业将自产、委托加工或者外购的货物作为投资提供给其他单位或个体工商户。

（3）企业将自产、委托加工或者外购的货物分配给股东或投资者。

（4）企业将自产、委托加工或者外购的货物对外捐赠。

（5）将货物交付其他单位或个人代销。

（6）销售代销货物。

（7）设有两个以上机构并实行统一核算的纳税人，将货物从一个机构移送其他机构用于销售，但相关机构设在同一县（市）的除外。

在这些情况下，企业应当根据视同销售的具体内容，按照现行增值税制度规定计算的销项税额(或采用简易计税方法计算的应纳增值税税额),借记“长期股权投资”“应付职工薪酬”“利润分配”“营业外支出”等科目,贷记“应交税费——应交增值税(销项税额)”或“应交税费——简易计税”科目。

【业务 4-37】 承[业务 4-32],2023 年 6 月,陕西鸿腾股份有限公司发生视同销售交易或事项如下:

(1) 10 日,以公司生产的产品对外捐赠,该批产品的实际成本为 200 000 元,市场不含税售价为 250 000 元,开具的增值税专用发票上注明的增值税税额为 32 500 元。

(2) 28 日,陕西鸿腾股份有限公司用一批原材料对外进行长期股权投资。该批原材料实际成本为 600 000 元,双方协商不含税价值为 750 000 元,开具的增值税专用发票上注明的增值税税额为 97 500 元。不考虑其他因素。

请编制该笔业务的会计分录。

(1) 10 日,以公司生产的产品对外捐赠:

以自产产品对外捐赠应交的增值税销项税额=250 000×13%=32 500(元)

	借方	贷方
借:营业外支出	232 500	
贷:库存商品		200 000
应交税费——应交增值税(销项税额)		32 500

(2) 28 日,用一批原材料对外进行长期股权投资:

对外投资原材料应交的增值税销项税额=750 000×13%=97 500(元)

	借方	贷方
借:长期股权投资	847 500	
贷:其他业务收入		750 000
应交税费——应交增值税(销项税额)		97 500

同时:

	借方	贷方
借:其他业务成本	600 000	
贷:原材料		600 000

3. 交纳增值税

企业交纳当月应交的增值税,借记“应交税费——应交增值税(已交税金)”科目,贷记“银行存款”科目;企业交纳以前期间未交的增值税,借记“应交税费——未交增值税”科目,贷记“银行存款”科目。

4. 月末转出多交增值税和未交增值税

月度终了,企业应当将当月应交未交或多交的增值税自“应交增值税”明细科目转入“未交增值税”明细科目。当月应交未交的增值税,借记“应交税费——应交增值税(转出未交增值税)”科目,贷记“应交税费——未交增值税”科目;当月多交的增值税,借记“应交税费——未交增值税”科目,贷记“应交税费——应交增值税(转出多交增值税)”科目。

【业务 4-38】 承[业务 4-32]至[业务 4-37],2023 年 6 月末,陕西鸿腾股份有限公司当月发生增值税销项税额合计为525 200元，增值税进项税额转出合计为29 900元，增值税进项税额合计为228 850元。同时，陕西鸿腾股份有限公司通过银行存款支付当月增值税税款300 000元。请编制该笔业务的会计分录。

陕西鸿腾股份有限公司当月应交增值税计算结果如下：

当月应交增值税＝525 200＋29 900－228 850＝326 250(元)

借：应交税费——应交增值税(已交税金)　　300 000

　　贷：银行存款　　300 000

借：应交税费——应交增值税(转出未交增值税)　　26 250

　　贷：应交税费——未交增值税　　26 250

【业务4-39】 承[业务4-38]，2023年7月，陕西鸿腾股份有限公司交纳6月未交的增值税60 050元，请编制该笔业务的会计分录。

借：应交税费——未交增值税　　26 250

　　贷：银行存款　　26 250

需要说明的是，企业购入材料、商品等不能取得增值税专用发票的，发生的增值税应计入材料采购成本，借记“材料采购”“在途物资”“原材料”“库存商品”等。

> **思考：** 如果陕西鸿腾股份有限公司当期销项税额不足以抵扣进项税额时，陕西鸿腾股份有限公司期末应该如何处理？

4.18 小规模纳税人企业增值税的核算

(四) 小规模纳税人的账务处理

小规模纳税人核算增值税采用简易计税的方法，即购进货物、应税服务或应税行为，取得增值税专用发票上注明的增值税，一律不予抵扣，直接计入相关成本费用或资产。

小规模纳税人销售货物、应税服务或应税行为时，按照不含税的销售额和规定的增值税征收率计算应交纳的增值税(即应纳税额)，但不得开具增值税专用发票。一般来说，小规模纳税人采用销售额和应纳税额合并定价的方法并向客户结算款项，销售货物、应税服务或应税行为后，应进行价税分离，确定不含税的销售额。不含税的销售额计算公式如下：

$$\text{不含增值税销售额} = \text{含增值税销售额} \div (1 + \text{征收率})$$

$$\text{应纳增值税税额} = \text{不含增值税销售额} \times \text{征收率}$$

小规模纳税人进行账务处理时，只需在“应交税费”科目下设置“应交增值税”明细科目，该明细科目不再设置增值税专栏。“应交税费——应交增值税”科目贷方登记应交纳的增值税，借方登记已交纳的增值税。期末贷方余额，反映小规模纳税人尚未交纳的增值税；期末借方余额，反映小规模纳税人多交纳的增值税。

小规模纳税人购进货物、应税服务或应税行为，按照应付或实际支付的全部款项

(包括支付的增值税税额),借记“材料采购”“在途物资”“原材料”“库存商品”等科目,贷记“应付账款”“应付票据”“银行存款”等科目;销售货物、应税服务或应税行为,应按全部价款(包括应交的增值税税额),借记“银行存款”“应收账款”等科目,按不含税的销售额,贷记“主营业务收入”等科目,按应交增值税税额,贷记“应交税费——应交增值税”科目。

【业务4-40】 某企业为增值税小规模纳税人,适用增值税征收率为3%,原材料按实际成本核算。该企业发生经济交易如下:购入原材料一批,取得增值税专用发票上注明的价款为30 000元、增值税税额为3 900元,全部款项以银行存款支付,材料已验收入库。销售产品一批,开具的增值税普通发票上注明的货款(含税)为51 500元,款项已存入银行。用银行存款交纳增值税1 500元。请编制该笔业务的会计分录。

(1) 购入原材料:

借:原材料　　33 900
　　贷:银行存款　　33 900

(2) 销售产品:

不含增值税销售额=含增值税销售额÷(1+征收率)=51 500÷(1+3%)=50 000(元)

应纳增值税=不含增值税销售额×征收率=50 000×3%=1 500(元)

借:银行存款　　51 500
　　贷:主营业务收入　　50 000
　　　　应交税费——应交增值税　　1 500

(3) 交纳增值税:

借:应交税费——应交增值税　　1 500
　　贷:银行存款　　1 500

(五) 差额征税的账务处理

根据财政部和国家税务总局“营改增”相关规定,对于企业发生的某些业务(金融商品转让、经纪代理服务、融资租赁和融资性售后回租业务、一般纳税人提供客运场站服务、纳税人提供旅游服务、选择简易计税方法提供建筑服务等)无法通过抵扣机制避免重复征税的,应采用差额征税方式计算交纳增值税。

1. 企业按规定相关成本费用允许扣减销售额的账务处理

按现行增值税制度规定,企业发生相关成本费用允许扣减销售额的,发生成本费用时,按应付或实际支付的金额,借记“主营业务成本”等科目,贷记“应付账款”“应付票据”“银行存款”等科目。待取得合规增值税扣税凭证且纳税义务发生时,按照允许抵扣的税额,借记“应交税费——应交增值税(销项税额抵减)”或“应交税费——简易计税”科目(小规模纳税人应借记“应交税费——应交增值税”科目),贷记“主营业务成本”等科目。

【业务4-41】 某旅行社为增值税一般纳税人,应交增值税采用差额征税方式核算。

2023年10月，该旅行社为乙公司提供职工境内旅游服务，向乙公司收取含税价款318 000元，其中增值税18 000元，全部款项已收妥入账。旅行社以银行存款支付其他接团旅游企业的旅游费用和其他单位相关费用共计254 400元，其中，因允许扣减销售额而减少的销项税额14 400元。请编制该笔业务的会计分录。

（1）确认旅游服务收入：

借：银行存款	318 000	
贷：主营业务收入		300 000
应交税费——应交增值税（销项税额）		18 000

（2）支付旅游费用等：

借：主营业务成本	254 400	
贷：银行存款		254 400

（3）根据增值税扣税凭证抵减销项税额，并调整成本：

借：应交税费——应交增值税（销项税额抵减）	14 400	
贷：主营业务成本		14 400

上述会计分录(2)、(3)可合并编制如下会计分录：

借：主营业务成本	240 000	
应交税费——应交增值税（销项税额抵减）	14 400	
贷：银行存款		254 400

2. 企业转让金融商品按规定以盈亏相抵后的余额作为销售额

按现行增值税制度规定，企业实际转让金融商品，月末，如产生转让收益，则按应纳税额，借记“投资收益”等科目，贷记“应交税费——转让金融商品应交增值税”科目；如产生转让损失，则按可结转下月抵扣税额，借记“应交税费——转让金融商品应交增值税”科目，贷记“投资收益”等科目。交纳增值税时，应借记“应交税费——转让金融商品应交增值税”科目，贷记“银行存款”科目。年末，“应交税费——转让金融商品应交增值税”科目如有借方余额，则借记“投资收益”等科目，贷记“应交税费——转让金融商品应交增值税”科目。

（六）增值税税控系统专用设备和技术维护费用抵减增值税额的账务处理

按现行增值税制度规定，企业初次购买增值税税控系统专用设备支付的费用以及缴纳的技术维护费允许在增值税应纳税额中全额抵减。增值税税控系统专用设备，包括增值税防伪税控系统设备（如金税卡、IC卡、读卡器或金税盘和报税盘）、货物运输业增值税专用发票税控系统设备（如税控盘和报税盘）、机动车销售统一发票税控系统和公路、内河货物运输业发票税控系统的设备（如税控盘和传输盘）。企业初次购入增值税税控系统专用设备，按实际支付或应付的金额，借记“固定资产”科目，贷记“银行存款”“应付账款”等科目。按规定抵减的增值税应纳税额，借记“应交税费——应交增值税（减免税款）”科目

（小规模纳税人应借记“应交税费——应交增值税”科目），贷记“管理费用”等科目。企业发生增值税税控系统专用设备技术维护费，应按实际支付或应付的金额，借记“管理费用”科目，贷记“银行存款”等科目。按规定抵减的增值税应纳税额，借记“应交税费——应交增值税（减免税款）”科目（小规模纳税人应借记“应交税费——应交增值税”科目），贷记“管理费用”等科目。

【业务 4-42】 某公司为增值税一般纳税人，初次购买数台增值税税控系统专用设备作为固定资产核算，取得增值税专用发票上注明的价款为 38 000 元、增值税税额为 4 940 元，价款和税款以银行存款支付。请编制该笔业务的会计分录。

（1）取得设备，支付价款和税款时：

借：固定资产　　42 940
　贷：银行存款　　42 940

（2）按规定抵减增值税应纳税额时：

借：应交税费——应交增值税（减免税款）　　42 940
　贷：管理费用　　42 940

小微企业在取得销售收入时，应当按照现行增值税制度的规定计算应交增值税，并确认为应交税费，在达到增值税制度规定的免征增值税条件时，将有关应交增值税转入当期损益。

4.19　增值税发展历程

任务拓展

通过对增值税的学习，学生应了解增值税的内涵，熟悉增值税的征收范围，掌握增值税的账户设置以及增值税的业务处理。

请同学们登录网中网企业财务会计理实互动实训教学平台，根据平台任务完成增值税业务核算练习。

子任务二　应交消费税

任务初探

问题思考： 消费税的征税范围有哪些？哪些企业需要交纳消费税？消费税和增值税有哪些区别？消费税有哪些税收优惠？

案例准备： 收集并阅读《中华人民共和国消费税暂行条例》，了解国家对消费税的管理要求。

4.20 消费税的核算

任务研学

一、应交消费税概述

消费税是指在我国境内生产、委托加工和进口应税消费品的单位和个人，按其流转额交纳的一种税。消费税有从价定率、从量定额、从价定率和从量定额复合计税（简称复合计税）三种征收方法。采取从价定率方法征收的消费税，以不含增值税的销售额为税基，按照税法规定的税率计算。

企业的销售收入包含增值税的，应将其换算为不含增值税的销售额。采取从量定额计征的消费税，按税法确定的企业应税消费品的数量和单位应税消费品应缴纳的消费税计算确定。采取复合计税计征的消费税，由以不含增值税的销售额为税基，按照税法规定的税率计算的消费税和根据按税法确定的企业应税消费品的数量和单位应税消费品应缴纳的消费税计算的消费税合计确定。

二、应交消费税的核算

企业应在“应交税费”科目下设置“应交消费税”明细科目，核算应交消费税的发生、交纳情况。该科目贷方登记应交纳的消费税，借方登记已交纳的消费税，期末贷方余额，反映企业尚未交纳的消费税，期末借方余额，反映企业多交纳的消费税。

1. 销售应税消费品

企业销售应税消费品应交的消费税，应借记“税金及附加”科目，贷记“应交税费——应交消费税”科目。

【业务4-43】 陕西鸿腾股份有限公司销售所生产的高档化妆品，价款1 000 000元（不含增值税），开具的增值税专用发票上注明的增值税税额为130 000元，适用的消费税税率为15%，款项已存入银行。请编制该笔业务的会计分录。

（1）取得价款和税款时：

借：银行存款	1 130 000	
贷：主营业务收入		1 000 000
应交税费——应交增值税（销项税额）		130 000

（2）计算应交纳的消费税：

应纳消费税税额＝1 000 000×15%＝150 000（元）

借：税金及附加	150 000	
贷：应交税费——应交消费税		150 000

2. 自产自用应税消费品

企业将生产的应税消费品用于在建工程等非生产机构时，按规定应交纳的消费税，借记“在建工程”等科目，贷记“应交税费——应交消费税”科目。

【业务4-44】 乙企业在建工程领用自产柴油，成本为50 000元，应纳消费税6 000元。不考虑其他相关税费。请编制该笔业务的会计分录。

借：在建工程 56 000
  贷：库存商品 50 000
    应交税费——应交消费税 6 000

【业务4-45】 陕西鸿腾股份有限公司下设的职工食堂享受企业提供的补贴，本月领用自产产品一批，该产品的成本为20 000元，市场不含税售价为30 000元，适用的增值税税率为13%，消费税税率为10%。请编制该笔业务的会计分录。

借：应付职工薪酬——职工福利费 33 900
  税金及附加 3 000
  贷：主营业务收入 30 000
    应交税费——应交增值税(销项税额) 3 900
        ——应交消费税 3 000

同时：

借：主营业务成本 20 000
  贷：库存商品 20 000

3. 委托加工应税消费品

企业如有应交消费税的委托加工物资，一般应由受托方代收代缴消费税。委托加工物资收回后，直接用于销售的，应将受托方代收代缴的消费税计入委托加工物资的成本，借记“委托加工物资”等科目，贷记“应付账款”“银行存款”等科目；委托加工物资收回后用于连续生产应税消费品的，按规定准予抵扣的，应按已由受托方代收代缴的消费税，借记“应交税费——应交消费税”科目，贷记“应付账款”“银行存款”等科目，待用委托加工的应税消费品生产出应纳消费税的产品销售时，再交纳消费税。

【业务4-46】 陕西鸿腾股份有限公司委托乙企业代为加工一批应交消费税的材料(非金银首饰)。陕西鸿腾股份有限公司发出材料的成本为2 000 000元，应付加工费为400 000元，增值税税率为13%，由乙企业代收代缴的消费税为160 000元。材料已经加工完成，并由陕西鸿腾股份有限公司收回验收入库，加工费及相关税金尚未支付。陕西鸿腾股份有限公司采用实际成本法进行原材料的核算。双方均为增值税一般纳税人。请编制该笔业务的会计分录。

(1) 委托加工物资收回继续用于生产应税消费品：

借：委托加工物资 2 000 000
  贷：原材料 2 000 000

借：委托加工物资 400 000
  应交税费——应交增值税(进项税额) 52 000
      ——应交消费税 160 000
  贷：应付账款 612 000

借：原材料 2 400 000
  贷：委托加工物资 2 400 000

（2）委托加工物资收回直接对外销售：

借：委托加工物资　　2 000 000
　　贷：原材料　　2 000 000

借：委托加工物资　　560 000
　　应交税费——应交增值税（进项税额）　　52 000
　　贷：应付账款　　612 000

借：原材料　　2 560 000
　　贷：委托加工物资　　2 560 000

4.21　初级实战演练

4. 进口应税消费品

企业进口应税物资交纳的消费税由海关代征。应交的消费税按照组成计税价格和规定的税率计算，消费税计入该项物资成本，借记“在途物资”“材料采购”“原材料”“库存商品”科目，贷记“银行存款”等科目。

【业务 4-47】 陕西鸿腾股份有限公司从国外进口一批需要交纳消费税的商品，已知该商品关税完税价格为 540 000 元，按规定应交纳关税 108 000 元，假定进口的应税消费品的消费税税率为 10%，增值税税率为 13%。货物报关后，自海关取得的海关进口消费税专用缴款书注明的消费税为 72 000 元、海关进口增值税专用缴款书注明的增值税为 93 600 元。进口商品已验收入库，全部货款和税款已用银行存款支付。请编制该笔业务的会计分录。

进口商品的入账成本＝540 000＋108 000＋72 000＝720 000（元）

应交消费税税额＝72 000（元）

应交增值税税额＝（540 000＋108 000＋72 000）×13%＝93 600（元）

借：库存商品　　720 000
　　应交税费——应交增值税（进项税额）　　93 600
　　贷：银行存款　　813 600

子任务三　其他应交税费

任务初探

问题思考： 其他应交税费包括哪些内容？哪些税费计入税金及附加，哪些税费计入资产成本？税费的计算包括哪些方法？

案例准备： 收集并阅读我国其他应交税费的相关政策法规文件，了解国家对小税种的征收管理要求。

任务研学

一、其他应交税费概述

其他应交税费是指上述应交税费以外的其他各种应上交国家的税费，包括应交资源税、应交城市维护建设税、应交土地增值税、应交所得税、应交房产税、应交土地使用税、应交车船税、应交教育费附加、应交环境保护税、应交个人所得税等。企业应当在“应交税费”科目下设置相应的明细科目进行核算，贷方登记应交纳的有关税费，借方登记已交纳的有关税费，期末贷方余额，反映企业尚未交纳的有关税费。

二、应交资源税的核算

资源税是对在我国境内开采矿产品或者生产盐的单位和个人征收的税。对外销售应税产品应交纳的资源税应记入“税金及附加”科目，借记“税金及附加”科目，贷记“应交税费——应交资源税”科目；自产自用应税产品应交纳的资源税应记入“生产成本”“制造费用”等科目，借记“生产成本”“制造费用”等科目，贷记“应交税费——应交资源税”科目。

【业务4-48】 陕西鸿腾股份有限公司本期对外销售资源税应税矿产品3 600吨、将自产资源税应税矿产品800吨用于其产品生产，税法规定每吨矿产品应交资源税5元。请编制该笔业务的会计分录。

(1) 计算对外销售应税矿产品应交资源税：

企业对外销售应税矿产品而应交的资源税＝3 600×5＝18 000(元)

借：税金及附加　　18 000
　　贷：应交税费——应交资源税　　18 000

(2) 计算自用应税矿产品应交资源税：

企业自产自用应税矿产品而应交纳的资源税＝800×5＝4 000(元)

借：生产成本　　4 000
　　贷：应交税费——应交资源税　　4 000

(3) 交纳资源税：

借：应交税费——应交资源税　　22 000
　　贷：银行存款　　22 000

4.22　初级实战演练

三、应交城市维护建设税的核算

城市维护建设税是以增值税和消费税为计税依据征收的一种税。其纳税人为交纳增值税和消费税的单位和个人，以纳税人实际缴纳的增值税和消费税税额为计税依据，并分别与两项税金同时缴纳。纳税人所在地不同，其税率也不同，区间是1%～7%。应纳税额的计算公式如下：

4.23　城市维护建设税的核算

应纳税额＝(实际交纳的增值税＋实际交纳的消费税)×适用税率

企业按规定计算出应交纳的城市维护建设税，借记“税金及附加”等科目，贷记“应交税费——应交城市维护建设税”科目。实际交纳的城市维护建设税，借记“应交税费——应交城市维护建设税”科目，贷记“银行存款”科目。

【业务 4-49】 2023 年 7 月，陕西鸿腾股份有限公司实际交纳增值税 510 000 元、消费税 240 000 元，适用的城市维护建设税税率为 7%。请编制该笔业务的会计分录。

(1) 计算应交城市维护建设税：

应交的城市维护建设税=(510 000+240 000)×7%=52 500(元)

4.24 初级实战演练

借：税金及附加　　52 500

　　贷：应交税费——应交城市维护建设税　　52 500

(2) 用银行存款交纳城市维护建设税：

借：应交税费——应交城市维护建设税　　52 500

　　贷：银行存款　　52 500

四、应交教育费附加的核算

教育费附加是指为了加快发展地方教育事业、扩大地方教育经费资金来源而向企业征收的附加费用。教育费附加以各单位实际缴纳的增值税、消费税的税额为计征依据，按其一定比例分别与增值税、消费税同时缴纳。企业按规定计算出应交纳的教育费附加，借记“税金及附加”等科目，贷记“应交税费——应交教育费附加”科目。实际交纳的教育费附加，借记“应交税费——应交教育费附加”科目，贷记“银行存款”科目。

【业务 4-50】 陕西鸿腾股份有限公司按税法规定计算，2023 年第四季度应交纳教育费附加 300 000 元，款项已经用银行存款支付。请编制该笔业务的会计分录。

(1) 计算应交纳的教育费附加：

借：税金及附加　　300 000

　　贷：应交税费——应交教育费附加　　300 000

(2) 用银行存款交纳教育费附加：

借：应交税费——应交教育费附加　　300 000

　　贷：银行存款　　300 000

五、应交土地增值税的核算

土地增值税是对转让国有土地使用权、地上的建筑物及其附着物(简称转让房地产)并取得增值性收入的单位和个人所征收的一种税。

土地增值税按照转让房地产所取得的增值额和规定的税率计算征收。转让房地产的增值额是转让收入减去税法规定扣除项目金额后的余额。其中，转让收入包括货币收入、实物收入和其他收入；扣除项目主要包括取得土地使用权所支付的金额、开发土地的成本及费用、新建房及配套设施的成本及费用、与转让房地产有关的税金、旧房及建筑物的评估价格、财政部确定的其他扣除项目等。

土地增值税采用四级超率累进税率，其中最低税率为 30%，最高税率为 60%。

根据企业对房地产核算的方法不同，企业应交土地增值税的账务处理也有所区别：

(1) 企业转让的土地使用权连同地上建筑物及其附着物一并在“固定资产”科目核算的，转让时应交的土地增值税，借记“固定资产清理”科目，贷记“应交税费——应交土地增值税”科目。

(2) 土地使用权在“无形资产”科目核算的，借记“银行存款”“累计摊销”“无形资产减值准备”科目，按应交的土地增值税，贷记“应交税费——应交土地增值税”科目，同时冲销土地使用权的账面价值，贷记“无形资产”科目，按其差额，借记或贷记“资产处置损益”科目。

(3) 房地产开发经营企业销售房地产应交纳的土地增值税，借记“税金及附加”科目，贷记“应交税费——应交土地增值税”科目。交纳土地增值税，借记“应交税费——应交土地增值税”科目，贷记“银行存款”科目。

【业务4-51】 陕西鸿腾股份有限公司对外转让一栋厂房，根据税法规定计算的应交土地增值税为25 000元。请编制该笔业务的会计分录。

(1) 计算应交土地增值税：

借：固定资产清理	25 000	
贷：应交税费——应交土地增值税		25 000

(2) 用银行存款交纳土地增值税：

借：应交税费——应交土地增值税	25 000	
贷：银行存款		25 000

六、应交房产税、城镇土地使用税和车船税的核算

房产税是国家对在城市、县城、建制镇和工矿区征收的由产权所有人缴纳的一种税。房产税依照房产原值一次减除10%～30%后的余额计算交纳。没有房产原值作为依据的，由房产所在地税务机关参考同类房产核定；房产出租的，以房产租金收入为房产税的计税依据。

城镇土地使用税是以城市、县城、建制镇、工矿区范围内使用土地的单位和个人为纳税人，以其实际占用的土地面积和规定税额计算征收。

车船税是以车辆、船舶(简称车船)为课征对象，向车船的所有人或者管理人征收的一种税。

企业应交的房产税、城镇土地使用税、车船税，借记“税金及附加”科目，贷记“应交税费——应交房产税/应交城镇土地使用税/应交车船税”科目。

【业务4-52】 陕西鸿腾股份有限公司按税法规定本期应交纳房产税160 000元、车船税38 000元、城镇土地使用税45 000元。请编制该笔业务的会计分录。

(1) 计算应交纳的上述税金：

借：税金及附加	243 000	
贷：应交税费——应交房产税		160 000
——应交城镇土地使用税		45 000
——应交车船税		38 000

4.25 个人所得税的核算

(2) 用银行存款交纳上述税金：

借：应交税费——应交房产税　　160 000

——应交城镇土地使用税　　45 000

——应交车船税　　38 000

贷：银行存款　　243 000

任务拓展

通过对应交税费的学习，学生应了解各种税费的内涵，熟悉增值税和消费税的征收范围，掌握增值税的账户设置以及增值税的业务处理，掌握消费税及其他应交税费的业务处理。

请同学们登录网中网企业财务会计理实互动实训教学平台，根据平台任务完成应交税费业务核算练习。

任务五　非流动负债

子任务一　长期借款

任务初探

问题思考：什么是长期借款？长期借款和短期借款有什么区别？通过哪些科目核算长期借款的利息？

案例准备：收集并阅读关于长期借款的用途和风险相关案例分析，了解长期借款对企业发展的影响。

任务研学

一、长期借款的管理

长期借款是指企业向银行或其他金融机构借入的期限在 1 年以上(不含 1 年)的各种借款，一般用于固定资产的购建、改扩建工程、大修理工程、对外投资以及为了保持长期经营能力等方面。它是企业长期负债的重要组成部分，必须加强管理与核算。长期借款的列报如图 4-14 所示。

资产负债表

编制单位：　　　　年　月　日　　　　单位：元

资产	期末余额	上年年末余额	负债和所有者权益	期末余额	上年年末余额
			流动负债：		
			……		
			非流动负债：		
			长期借款	××××	

图 4-14　长期借款的列报

长期借款的使用关系到企业的生产经营规模和效益，企业除了要遵守有关的贷款规定、编制借款计划并要有不同形式的担保，还应监督借款的使用、近期支付长期借款的利息以及按规定的期限归还借款本金等。因此，长期借款会计处理的基本要求是反映和监督企业长期借款的借入、借款利息的结算和借款本息的归还情况，促使企业遵守信贷纪律，提高信用等级，同时也要确保长期借款有效使用。

二、长期借款的核算

企业应设置“长期借款”科目，核算长期借款的借入、归还等情况。该科目的贷方登记长期借款本息的增加额，借方登记本息的减少额，期末贷方余额反映企业尚未偿还的长期借款。该科目可按照贷款单位和贷款种类设置明细账，分“本金”“利息调整”“应计利息”等进行明细核算。利息调整是指合同利率与实际利率之差造成的利息差。

（一）取得长期借款

企业借入长期借款，应按实际收到的金额，借记“银行存款”科目，贷记“长期借款——本金”科目；如存在差额，还应借记“长期借款——利息调整”科目。

【业务 4-53】 陕西鸿腾股份有限公司为增值税一般纳税人，于 2023 年 11 月 30 日从银行借入资金 3 000 000 元，借款期限为 3 年，年利率为 4.8%（到期一次还本付息，不计复利）。所借款项已存入银行。陕西鸿腾股份有限公司用该借款于当日购买不需安装的设备一台，价款为 2 000 000 元，增值税税额为 260 000 元，另支付保险等费用 100 000 元，设备已于当日投入使用。请编制该笔业务的会计分录。

（1）取得借款时：

借：银行存款　　3 000 000

　　贷：长期借款——本金　　3 000 000

（2）支付设备款及保险费用时：

借：固定资产　　2 100 000

　　应交税费——应交增值税（进项税额）　　260 000

　　贷：银行存款　　2 360 000

（二）发生长期借款利息

资产负债表日，长期借款利息费用应当按照实际利率法计算确定，长期借款计算确定的利息费用，应当按以下原则计入有关成本、费用：

4.26 长期借款利息的科目归属

（1）属于筹建期间的，计入管理费用。

（2）属于生产经营期间的，计入财务费用。

如果长期借款用于购建固定资产等符合资本化条件的，在资产尚未达到预定可使用状态前，所发生的利息支出应当资本化，计入在建工程等相关资产成本。

资产达到预定可使用状态后发生的利息支出，以及按规定不予以资本化的利息支出，计入财务费用。

长期借款按合同利率计算确定的应付未付利息，如果属于分期付息的，记入“应付利息”科目；如果属于到期一次还本付息的，记入“长期借款——应计利息”科目。

企业应当根据长期借款的摊余成本和实际利率计算确定长期借款的利息费用，借记“在建工程”“制造费用”“财务费用”“研发支出——资本化支出”等科目；按合同利率计算确定的应付未付利息，贷记“应付利息”或“长期借款——应计利息”科目。借贷方之间的差额，贷记“长期借款——利息调整”科目。实际利率与合同利率差异较小的，也可以采用合同利率计算确定利息费用。实际支付利息时，借记“应付利息”科目，贷记“银行存款”科目。

【业务4-54】 承[业务4-53]，陕西鸿腾股份有限公司于2023年12月31日计提长期借款利息。请编制该笔业务的会计分录。

2023年12月31日计提的长期借款利息＝3 000 000×4.8%÷12＝12 000(元)

借：财务费用　　12 000
　贷：长期借款——应计利息　　12 000

2024年1月至2026年10月末预提利息分录同上。

(三) 归还长期借款

企业归还长期借款的本金时，应按归还的金额，借记“长期借款——本金”科目，贷记“银行存款”科目；按归还的利息，借记“应付利息”或“长期借款——应计利息”科目，贷记“银行存款”科目。

企业与银行或者其他金融机构就长期借款进行债务重组的，应当按照《企业会计准则第12号——债务重组》的有关规定进行处理；企业解散或者破产清算时，属于非持续经营状态，应当按照我国《破产法》和《公司法》的有关规定进行处理。

【业务4-55】 承[业务4-53]和[业务4-54]，陕西鸿腾股份有限公司于2026年11月30日，偿还该笔银行借款本息。请编制该笔业务的会计分录。

借：财务费用(2026年11月的利息)　　12 000
　　长期借款——本金　　3 000 000
　　　　　　——应计利息(2023年12月至2026年10月的利息)　　420 000
　贷：银行存款　　3 432 000

子任务二　应付债券

任务初探

问题思考： 什么是债券？债券的发行方式有哪些？发行债券涉及的利率有哪些？什么是发行债券的实际利率？债券溢价发行和折价发行方式下，企业每年实际承担的利息费用的变化趋势是什么？如何区分实际利率和票面利率？

案例准备： 收集并阅读关于发行债券的用途和风险相关案例分析，了解发行债券对企业融资的影响。

任务研学

一、债券的发行

企业为筹集长期资金而发行的、期限在 1 年以上的债券为应付债券，构成了企业的一项非流动负债。企业会在未来某一特定日期按债券所记载的利率、期限等约定还本付息。应付债券的列报如图 4-15 所示。

资产负债表

编制单位： 年 月 日 单位：元

资产	期末余额	上年年末余额	负债和所有者权益	期末余额	上年年末余额
			流动负债：		
			……		
			非流动负债：		
			……		
			应付债券	××××	

图 4-15 应付债券的列报

企业债券的发行价格一般取决于债券的票面金额、债券票面利率、发行时的市场利率以及债券期限的长短等因素。市场利率是指债券发行时金融市场上资金提供双方公司竞争形成的利率(相当于同期银行存款利率)。由于企业发行债券时票面利率可能等于市场利率，也可能高于或低于市场利率，因此，企业发行债券可采用以下三种不同的发行方式。

1. 面值发行

当债券的票面利率等于市场利率时，债券的发行价格等于面值，称为面值发行。

2. 溢价发行

当债券的票面利率高于市场利率时，债券的发行价格高于面值，称为溢价发行。债券发行价格高出债券面值的部分，称为债券溢价。债券购买者因溢价多付出的价款，可以从以后各期多得利息收入获得补偿；而发行公司因溢价发行多得的收入是对以后各期多付利息的一项调整，不能将溢价视为发行时的收益。

3. 折价发行

当债券的票面利率低于市场利率时，债券的发行价格低于面值，称为折价发行。债券发行价格低于债券面值的部分，称为债券折价，债券购买者因折价少付出的价款，是对以后各期少得利息收入的预先补偿；而发行公司因折价发行少得的收入，实质上是预先付给债券购买者的利息，同样是对利息费用的一项调整。

二、应付债券的核算

企业应当设置“应付债券”科目，核算应付债券发行、计提利息、还本付息等情况。该科目贷方登记应付债券取得的本金和发生的利息；借方登记归还的债券本金和利息；期末贷方余额表示企业尚未偿还的长期债券。本科目可按“面值”“利息调整”“应计利息”等设置明细科目进行明细核算。

企业无论按面值发行，还是溢价发行或折价发行债券，应按实际收到的金额，借记“银行存款”“库存现金”等科目；按债券票面价值，贷记“应付债券——面值”科目。实际收到的款项与债券票面金额的差额，借记或贷记“应付债券——利息调整”科目。

4.27 债券发行价格的确定

【业务4-56】 陕西鸿腾股份有限公司于2023年7月1日按面值发行3年期、到期时一次还本付息、票面年利率为8%，不计复利、面值总额为30 000 000元的债券，并于当日收到款项30 000 000元。假定票面年利率等于实际利率。请编制该笔业务的会计分录。

借：银行存款　　30 000 000

　　贷：应付债券——面值　　30 000 000

企业发行长期债券，应采用实际利率法(即按照债券实际利率计算其摊余成本和各期利息的方法)按期计提利息。

在每期计提利息时，应当将应付债券面值(折价或溢价发行时为摊余成本)和实际利率计算的债券利息费用，按照与长期借款利息相一致的处理原则，根据筹集资金的用途，或资本化计入有关成本或费用化计入当期费用，借记“在建工程”“制造费用”“财务费用”“研发支出——资本化支出”等科目。对于分期付息、到期一次还本的债券，其按票面利率计算确定的应付未付利息贷记“应付利息”科目；对于一次还本付息的债券，其按票面利率计算确定的应付未付利息贷记“应付债券——应计利息”科目。按实际利率计算的利息费用与按票面利率计算的“应付利息”或“应付债券——应计利息”的差额，借记或贷记“应付债券——利息调整”科目。

【业务4-57】 承[业务4-56]，陕西鸿腾股份有限公司发行债券所筹资金于当日用于建造固定资产，至2023年12月31日工程尚未完工，计提本年长期债券利息。该公司按照《企业会计准则第17号——借款费用》的规定计算，将该期债券产生的实际利息费用应全部资本化，作为在建工程成本。请编制该笔业务的会计分录。

借：在建工程　　1 200 000

　　贷：应付债券——应计利息　　1 200 000

本业务中，至2023年12月31日，该公司债券发行在外的时间为6个月，该年应计的债券利息为：30 000 000×8%÷12×6=1 200 000(元)。该长期债券为到期时一次还本付息，因此利息1 200 000元应记入“应付债券——应计利息”科目。

对于一次还本付息的长期债券，到期支付债券本息时，借记“应付债券——面值”“应付债券——应计利息”科目，贷记“银行存款”科目。对于分期付息、到期一次还本的长期债券，企业在每期支付利息时，借记“应付利息”科目，贷记“银行存款”等科目；到期偿还债券本金并支付最后一期利息时，借记“应付债券——面值”“在建工程”“财务费用”等科目，贷记“银行存款”等科目；借方和贷方存在差额的，借记或贷记“应付债券——利息调整”科目。

【业务 4-58】 承[业务 4-56]和[业务 4-57]，2026 年 7 月 1 日，陕西鸿腾股份有限公司以银行存款偿还债券本金和利息。请编制该笔业务的会计分录。

借：应付债券——面值　　30 000 000
　　　　　——应计利息　　7 200 000
　贷：银行存款　　37 200 000

本业务中，2023 年 7 月 1 日至 2026 年 7 月 1 日，陕西鸿腾股份有限公司长期债券的应计利息＝30 000 000×8%×3＝7 200 000(元)。

【业务 4-59】 为了扩大生产经营使用，陕西鸿腾股份有限公司于 2023 年 1 月 1 日对外发行债券进行筹集资金，发行债券期限 3 年、票面年利率为 10%、面值总额为 30 000 000 元、发行时的市场利率为 8%，每年年末支付利息、到期时还本。已知(P/F, 8%, 3)＝0. 793 8；(F/P, 8%, 3)＝1. 259 7；(F/A, 8%, 3)＝3. 246 4；(P/A, 8%, 3)＝2. 577 1。请编制该笔业务的会计分录。

(1) 2023 年 1 月 1 日对外发行债券：

发行债券时的摊余成本＝30 000 000×(P/F, 8%, 3)＋30 000 000×10%×(P/A, 8%, 3)
＝30 000 000×0. 793 8＋3 000 000×2. 577 1
＝31 545 300(元)

利息调整＝31 545 300－30 000 000＝1 545 300(元)

借：银行存款　　31 545 300
　贷：应付债券——面值　　30 000 000
　　　　　　——利息调整　　1 545 300

(2) 2023 年年末计提并支付利息：

当期利息费用＝31 545 300×8%＝2 523 624(元)

应付利息＝30 000 000×10%＝3 000 000(元)

溢价摊销额＝3 000 000－2 523 624＝476 376(元)

借：财务费用　　2 523 624
　　应付债券——利息调整　　476 376
　贷：应付利息　　3 000 000

借：应付利息　　3 000 000
　贷：银行存款　　3 000 000

(3) 2024 年年末计提并支付利息：

债券期初摊余成本＝31 545 300＋2 523 624－3 000 000＝31 068 924(元)

当期利息费用＝31 068 924×8％＝2 485 513.92(元)

应付利息＝30 000 000×10％＝3 000 000(元)

溢价摊销额＝3 000 000－2 485 513.92＝514 486.08(元)

借：财务费用　　2 485 513.92
　　应付债券——利息调整　　514 486.08
　　贷：应付利息　　3 000 000

借：应付利息　　3 000 000
　　贷：银行存款　　3 000 000

(4) 2025 年年末计提并支付利息：

应付利息＝30 000 000×10％＝3 000 000(元)

溢价摊销额＝1 545 300－476 376－514 486.08＝554 437.92(元)

当期利息费用＝3 000 000－554 437.92＝2 445 562.08(元)

借：财务费用　　2 445 562.08
　　应付债券——利息调整　　554 437.92
　　贷：应付利息　　3 000 000.00

借：应付利息　　3 000 000
　　贷：银行存款　　3 000 000

(5) 2025 年年末，债券到期：

借：应付债券——利息调整　　30 000 000
　　贷：银行存款　　30 000 000

子任务三　长期应付款

任务初探

问题思考：长期应付款核算的内容包括哪些？

案例准备：收集并阅读关于融资租赁等涉及长期应付款的案例资料，了解长期应付款的管理办法。

任务研学

一、长期应付款的管理

长期应付款，是指企业在长期借款和应付债券以外的其他各种长期应付款项，如以分期付款方式购入固定资产发生的应付款项等。长期应付款的列报如图 4-16 所示。

资产负债表

编制单位：　　　　　　　　　　　　年　月　日　　　　　　　　　　　　单位：元

资产	期末余额	上年年末余额	负债和所有者权益	期末余额	上年年末余额
			流动负债：		
			……		
			非流动负债：		
			……		
			长期应付款	××××	

图 4-16　长期应付款的列报

二、长期应付款的核算

（一）会计科目设置

企业应设置“长期应付款”科目，用以核算企业在长期借款和应付债券以外的其他各种长期应付的款项及偿还情况。该科目可按长期应付款的种类和债权人进行明细核算。该科目的贷方登记发生的长期应付款，借方登记偿还的应付款项，期末贷方余额反映企业尚未偿还的长期应付款。

（二）具体核算

1. 应付融资租入固定资产的租赁费

企业采用融资租赁方式租入的固定资产，应在租赁期开始日将租赁开始日租赁资产公允价值与最低租赁付款额现值两者中较低者，加上初始直接费用，作为租入资产的入账价值，借记“固定资产”等科目；按最低租赁付款额，贷记“长期应付款”科目；按发生的初始直接费用，贷记“银行存款”等科目；按其差额，借记“未确认融资费用”科目。

企业在计算最低租赁付款额的现值时，能够取得出租人租赁内含利率的，应当采用租赁内含利率作为折现率；否则，应当采用租赁合同规定的利率作为折现率。企业无法取得出租人的租赁内含利率且租赁合同没有规定利率的，应当采用同期银行贷款利率作为折现率。租赁内含利率，是指在租赁开始日，使最低租赁收款额的现值与未担保余值的现值之和等于租赁资产公允价值与出租人的初始直接费用之和的折现率。

2. 具有融资性的延期付款购买资产

企业购买资产有可能延期支付有关价款。如果延期支付的购买价款超过正常信用条件，实质上具有融资性质的，所购资产的成本不能以各期付款额之和直接确定，应当以延期支付购买价款的现值之和为基础确认。固定资产购买价款的现值，应当按照各期支付的价款选择适当的折现率进行折现后的金额加以确定。其中，折现率是反映当前市场货币时间价值和延期付款债务特定风险的利率，实质上是供货企业的必要报酬率。各期实际支付的价款之和与其现值之和之间的差额，应当在信用期间内采用实际利率法进行摊销，计入相关资产成本或当期损益。

具体来说，企业购入资产超过正常信用条件延期付款实质上具有融资性质时，应按购买价款的现值之和，借记“固定资产”“在建工程”等科目；按应支付的价款总额，贷记“长期应付款”科目；按其差额，借记“未确认融资费用”科目。

【业务 4-60】 2023 年 1 月 1 日，陕西鸿腾股份有限公司以分期付款的方式购入一台设备，总价款为 220 万元，购货合同约定购买之日首付 100 万元，以后每年年末支付 40 万元，分 3 年于 2025 年 12 月 31 日付清，假设银行同期银行贷款利率为 10%。已知(P/A，10%，3)＝2.486 9；(F/A，10%，3)＝3.310 0。根据上述经济事项，请编制该笔业务的会计分录。

(1) 2023 年 1 月 1 日购入时：

分期应付款的应付本金＝每期分期付款 400 000 元的年金现值

＝400 000×(P/A，10%，3)＝400 000×2.486 9

＝994 760(元)

总价款的现值＝1 000 000＋994 760＝1 994 760(元)

未确认融资费用＝2 200 000－1 994 760＝205 240(元)

借：固定资产　　1 994 760

　　未确认融资费用　　205 240

　贷：长期应付款　　1 200 000

　　　银行存款　　1 000 000

(2) 按期支付价款、分摊未确认融资费用，如表 4-15 所示：

表 4-15 合同付款期内采用实际利率法计算每期确认的融资费用 单位：元

日期 (1)	每期付款金额 (2)	每期确认的融资费用 (3)＝期初(5)×10%	应付本金减少额 (4)＝(2)－(3)	应付本金每期期末余额 (5)＝(5*)－(4)
				994 760.00
2023.12.31	400 000.00	99 476.00	300 524.00	694 236.00
2024.12.31	400 000.00	69 423.60	330 576.40	363 659.60
2025.12.31	400 000.00	36 340.40*	363 659.60	0
合计	1 200 000.00	205 240.00	994 760.00	

注释：(1) (5*)指上一年第(5)列数据。

(2) 36 340.40* 采用倒挤法计算，即 205 240－99 476－69 423.60＝36 340.40(元)。

① 2023 年 12 月 31 日，支付第一期应付款：

借：长期应付款　　400 000

　贷：银行存款　　400 000

借：财务费用　　99 476
　　贷：未确认融资费用　　99 476

② 2024 年 12 月 31 日，支付第二期应付款：

借：长期应付款　　400 000
　　贷：银行存款　　400 000

借：财务费用　　69 423.60
　　贷：未确认融资费用　　69 423.60

③ 2025 年 12 月 31 日，支付第三期应付款：

借：长期应付款　　400 000
　　贷：银行存款　　400 000

借：财务费用　　36 340.40
　　贷：未确认融资费用　　36 340.40

3. 补偿贸易引进设备应付款

企业采用补偿贸易方式引进国外设备时，应按设备、工具、零配件等的价款以及国外运杂费的外币金额和规定的汇率折合为人民币确认长期应付款。

需要安装的设备应先记入“在建工程”科目。设备引进时支付的进口关税、国内运杂费及安装费，借记“在建工程”科目，贷记“银行存款”或“长期应付款——应付补偿贸易引进设备款”科目。设备安装完毕交付使用时，再将“在建工程”科目借方发生额转入“固定资产”科目。

补偿贸易是以生产的产品归还设备价款。一般情况下，设备的引进和补偿设备价款是没有现金流入和流出的。同时，用产品归还设备价款时，视同产品销售进行处理，借记“应收账款”科目，贷记“主营业务收入”科目（国家为了鼓励企业开展补偿贸易，规定开展补偿贸易的企业，补偿期内免交设备所生产的产品的流转税，并借记“长期应付款——应付补偿贸易引进设备款”科目，贷记“应收账款”科目）。

【业务 4-61】 陕西鸿腾股份有限公司以补偿贸易方式从国外引进不需要安装的设备，设备价款为 900 000 元，零配件价款为 50 000 元。用银行存款支付进口关税 60 000 元，其中设备负担 50 000 元，零配件负担 10 000 元，进口设备增值税税率 13%，增值税以银行存款支付。按补偿贸易合同，出口一批产品，价款为 200 000 元。按合同规定，第一批产品的价款全部用于还款。请编制该笔业务的会计分录。

（1）引进设备时：

借：固定资产　　900 000
　　原材料　　50 000
　　贷：长期应付款——应付引进设备款　　950 000

（2）支付进口关税、增值税时：

应交增值税＝(950 000＋60 000)×13%＝131 300(元)

借：固定资产	50 000	
原材料	10 000	
应交税费——应交增值税(进项税额)	131 300	
贷：银行存款		191 300

(3) 销售产品时：

借：应收账款	200 000	
贷：主营业务收入		200 000

(4) 归还设备款时：

借：长期应付款——应付引进设备款	200 000	
贷：应收账款		200 000

思政案例

虚假填报继续教育专项附加扣除

甘肃省白银市税务部门在2022年度个税汇算退税审核时发现，某中学王某某、杜某等多名教师在办理汇算时错误填报了继续教育专项附加扣除。根据《个人所得税专项附加扣除暂行办法》规定，纳税人接受职业资格继续教育的，在取得该证书的当年可以享受个税继续教育专项附加扣除。经进一步调查，该中学共有多名老师误信网上虚假退税秘籍填报了继续教育专项附加扣除，税务部门迅速与学校取得联系，确认纳税人取得的"继续教育培训学分证书"，属于在取得教师资格证书后续年度发生的进修、学习、年审等培训证书，并非当年度取得教师资格证书的情况，不符合继续教育专项附加扣除条件。白银市税务部门对错误填报的纳税人逐一纠正补征税款。

——《税务部门公布5起未按规定办理个人所得税汇算案例》国家税务总局官网 http://www. chinatax. gov. cn/chinatax/n810219/c102025/c5196168/content. html.

税务提醒：虽然专项附加扣除申报即可享受，但是纳税人需对报送的专项附加扣除信息的真实性、准确性、完整性负责，并留存相关资料备查。税务机关核查时，纳税人无法提供留存备查资料或其他佐证材料的，不得享受相关专项附加扣除。同时，如果存在虚假填报专项附加扣除信息等违法行为，税务机关将依法进行处理。在大数据时代，广大纳税人更应如实填报专项附加扣除信息，请勿心存侥幸，因一时贪念触碰法律红线。

立德树人：

专业匠心、业财融合

专业匠心——在处理经济业务时，要发挥工匠精神，整理完整的会计资料，为每个数据提供可稽可查的支撑。

业财融合——会计一方面要知晓每张单据背后的业务逻辑，深入基层了解业务的前因后果，将业务数据与财务数据进行对接；另一方面要主动配合、跟踪和服务企业业务，加强过程控制和管理，优化资源配置。

力学笃行

一、单选题

1. 下列各项中，制造业企业计提生产经营用短期借款的利息应借计的会计科目是(　　)。

A. 应付利息　　B. 财务费用　　C. 制造费用　　D. 短期借款

2. A企业月初的短期借款账户的贷方余额为60万元，本月向银行借入6个月的借款20万元，归还以前的短期借款30万元，则本月末短期借款账户的余额为(　　)。

A. 贷方80万元　　B. 贷方50万元

C. 借方50万元　　D. 贷方30万元

3. 下列各项中，企业应付银行承兑汇票到期无力支付票款时，应将应付票据的账面余额转入到的会计科目是(　　)。

A. “其他应付款”　　B. “预付账款”

C. “应付账款”　　D. “短期借款”

4. A企业于2023年3月1日租入短期管理用办公设备一批，月租金为1 000元(含增值税)，每季度末一次性支付本季度租金，不考虑其他因素，该企业3月31日计提租入设备租金时相关会计科目处理正确的是(　　)。

A. 贷记“应付账款”科目1 000元　　B. 贷记“预收账款”科目1 000元

C. 贷记“其他应付款”科目1 000元　　D. 贷记“预付账款”科目1 000元

5. 2023年5月31日，A企业“应付账款”总账科目贷方余额为12.55万元，其中“应付账款——陕西鸿腾股份有限公司”明细科目贷方余额为17.55万元，“应付账款——乙公司”明细科目借方余额为5.00万元。“预付账款”总账科目借方余额为15.00万元，其中“预付账款——丙公司”明细科目借方余额为20.00万元，“预付账款——丁公司”明细科目贷方余额为5.00万元。不考虑其他因素，该企业5月31日资产负债表中“预付款项”项目期末余额为(　　)万元。

A. 20.00　　B. 25.00　　C. 18.50　　D. 23.50

二、多选题

1. 下列关于短期借款表述正确的有(　　)。

A. 短期借款属于流动负债

B. 取得短期借款时，记入“短期借款”科目的借方

C. 取得短期借款时，记入“短期借款”科目的贷方

D. 短期借款属于非流动负债

2. 下列各项中，应记入“应付账款”科目的有(　　)。

A. 应付供应商的货款　　B. 应付给职工的薪酬

C. 应付给供应商代垫的运杂费　　D. 代垫职工家属医药费

3. 企业发生赊购商品业务，下列各项中影响应付账款入账金额的有(　　)。

A. 商品价款　　B. 增值税进项税额

C. 销货方承担的运杂费　　D. 销货方代垫的运杂费

4. 下列各项中，应通过"其他应付款"科目核算的有(　　)。

A. 应付的客户存入保证金

B. 应付的因解除劳动合同而给予员工的经济补偿

C. 应付的经营租入固定资产租金

D. 应付租入包装物租金

5. 下列各项中，属于"应交税费——应交增值税"科目专栏的有(　　)。

A. 已交税金　　B. 进项税额转出　　C. 待转销项税额　　D. 简易计税

三、判断题

1. 短期借款利息属于企业的筹资费用，在发生时计入财务费用。(　　)
2. 企业应通过"其他应付款"科目核算应缴纳的教育费附加。(　　)
3. 企业转销无法支付的应付账款，应将其账面余额转入营业外收入。(　　)
4. 企业在职工提供了服务从而增加了其未来享有的带薪缺勤权利时，确认与非累积带薪缺勤相关的职工薪酬。(　　)
5. 企业代扣代缴的个人所得税，不应通过"应交税费"科目核算。(　　)

四、业务题

业务一　甲企业于2023年7月1日向银行借入生产经营用短期借款1 000 000元，期限6个月，年利率为5%，本金到期偿还，利息按月预提，按季度支付。

要求：

(1) 确定短期借款的到期日以及支付短期借款利息的日期。

(2) 计算短期借款每个月应确认的利息。

(3) 编制取得短期借款的分录。

(4) 编制预提、支付短期借款利息的分录。

(5) 编制偿还短期借款的分录。

业务二　A企业于2023年4月1日从丙企业购入原材料一批，其价款为50 000元，增值税税款为6 500元，该公司同时签发一张期限为3个月的带息票据，年利率为9%，票据到期偿还票据款项。

要求：

(1) 确定票据的入账金额。

(2) 确定票据的到期日。

(3) 编制签发票据的会计处理。

(4) 编制持有票据计算的利息的会计处理。

(5) 编制票据到期的会计处理。

业务三　A 企业为增值税一般纳税人，2023 年发生业务如下：

(1) 1 月 1 日，以经营租赁方式租入管理办公用设备一批，每月租金为 3 000 元，按季支付，1 月 31 日计提应付经营租入固定资产租金。

(2) 2 月 28 日计提 1 月 1 日以经营租赁方式租入管理办公用设备的租金为 3 000 元。

(3) 3 月 31 日，A 企业以银行存款支付上述 1 月至 3 月的租金。

(4) 4 月 1 日，A 企业收到乙公司的包装物押金 5 000 元存入银行。

(5) 4 月 30 日，退还 4 月 1 日收取的押金 5 000 元。

要求：根据材料，编制每笔业务的分录。

业务四　ABC 公司为增值税一般纳税人，适用的增值税税率为 13%，2023 年 11 月 30 日“应付职工薪酬”科目的贷方余额为 5 235 500 元(均为工资)。12 月，ABC 公司发生如下与职工薪酬有关的经济业务：

(1) 5 日，支付上月工资，代扣个人所得税 352 500 元，代扣职工个人负担的社会保险费 785 000 元，剩余款项以银行转账方式支付。

(2) 15 日，与生产车间 5 名生产工人解除劳动关系，以银行转账方式支付经济补偿金 500 000 元。

(3) 20 日，将自产的一批产品发放给本单位销售部门的优秀员工。该批产品成本为 1 200 000 元，已计提存货跌价准备 500 000 元，市场不含税售价为 800 000 元。

(4) 25 日，管理部门员工预借差旅费 20 000 元，以现金支付。

(5) 31 日，计提当月工资薪金 5 250 000 元，其中生产车间生产工人工资 2 360 000 元，车间管理人员工资 350 000 元，行政管理部门人员工资 1 295 000 元，专设销售机构人员工资 1 030 000 元，工程建设人员工资 215 000 万元。

(6) 31 日，确认累积带薪缺勤合计 250 000 元，其中行政管理部门人员 220 000 元，专设销售机构人员 30 000 元。

要求：根据材料，编制每笔业务的分录。

业务五　A 企业为增值税一般纳税人，2023 年 6 月发生业务如下：

(1) 3 日，采购原材料一批，取得增值税专用发票上注明的价款 100 000 元，增值税 13 000 元。材料已验收入库，材料等相关款项用银行存款支付。

(2) 12 日，建造固定资产领用原材料一批，已知该批原材料成本 50 000 元，涉及的增值税为 6 500 元。

(3) 15 日，采购农产品一批，收购发票上注明买价为 20 000 元，规定的增值税进项税额扣除率为 9%，另支付入库前挑选整理费 1 000 元，相关款项均以银行存款支付。

(4) 销售产品一批，开具的增值税专用发票上注明的价款为 200 000 元，增值税为 26 000 元。已知该产品的成本为 12 000 元。款项已收到并存入银行。

要求：

(1) 根据材料，编制每笔业务的分录。

(2) 计算 A 企业 6 月份应该交纳的增值税。

五、思考题

1. 短期借款与长期借款的区别是什么？
2. 应付票据到期无力支付票款的账务处理有哪些？
3. 应付账款与长期应付款的账务处理一样吗？
4. 应付职工薪酬的内容有哪些？它们的账务处理一样吗？
5. 应交税费核算的内容有哪些？
6. 增值税一般纳税人与小规模纳税人的账务处理主要区别是什么？

项目五　所有者权益

学习目标

● 知识目标

1. 了解股东出资的相关规定。
2. 了解各项所有者权益的管理要求。
3. 了解企业增资扩股及减资的基本手续制度要求。
4. 掌握所有者权益的构成内容。
5. 熟悉留存收益概念及内容。
6. 掌握实收资本、资本公积的账务处理。
7. 掌握盈余公积计提、使用的账务处理。
8. 掌握未分配利润的账务处理。

● 能力目标

1. 能够熟练进行一般企业接受货币出资及非货币出资的核算。
2. 能够熟练地进行资本公积的核算。
3. 能够熟练地进行盈余公积增减的核算。
4. 能够熟练地进行利润分配的计算及核算。

● 素养目标

1. 培养学生创新创业意识，推进大众创业、万众创新。
2. 培养沟通协作意识、大数据思维意识、会计职业判断能力。
3. 培养良好的分析判断、逻辑推理能力，逐步形成会计思维。

德技并修

党的二十大报告中指出："必须坚持科技是第一生产力、人才是第一资源、创新是第一动力，深入实施科教兴国战略、人才强国战略、创新驱动发展战略，开辟发展新领域新赛道，不断塑造发展新动能新优势。"当代中国青年要坚定不移听党话、跟党走，怀抱梦想又脚踏实地，敢想敢为又善作善成，立志做有理想、敢担当、能吃苦、肯奋斗的新时代好青年。

项目引例

华为在生死存亡之际，选择了“壮士断腕”

2020 年 11 月 17 日，华为集团正式对出售荣耀业务发布了声明。华为表示，为让荣耀渠道和供应商能够得以延续，华为投资控股有限公司决定整体出售荣耀业务资产，收购方为深圳市智信新信息技术有限公司。对于交割后的荣耀，华为不占有任何股份，也不参与经营管理与决策。收购荣耀的深圳智信新信息技术有限公司成了荣耀的新股东，该公司于 2020 年 9 月 27 日成立，注册资本为 1 亿元。其中，深圳国资委全资控股的深圳智慧城市科技发展集团对其持股 98.6%，深圳国资委协同发展私募基金合伙企业持股 1.4%。该基金的出资人包括了以前 30 余家荣耀代理商、经销商。荣耀经营团队跟 30 多家代理商共同把荣耀发展起来，互相信任，显然更有感情，这有利于荣耀继续发展、荣耀品牌持续保留，也有利于双方的沟通交流、荣耀继续做强做大。同时，深圳国资委控股的其他公司，也参与了此次收购。荣耀成了深圳国资控股企业，化整为零。这也侧面体现了国家意志，国家不会对华为的遭遇视之不理。深圳智信新信息技术有限公司股权结构如图 5-1 所示。

图 5-1　深圳智信新信息技术有限公司股权结构

项目学习流程及策略图

- 所有者权益概述
  - 实收资本(或股本)
  - 资本公积
  - 留存收益
    - 盈余公积
    - 未分配利润

所有者权益是指企业资产扣除负债后，由所有者享有的剩余权益。企业的所有者权益又称股东权益。所有者权益是所有者对企业资产的剩余索取权，它是企业的资产扣除债权人权益后应由所有者享有的部分，既可以反映所有者投入资本的保值、增值情况，又体现了保护债权人权益的理念。

所有者权益的来源包括所有者投入的资本、其他综合收益、留存收益等，通常由实收资本（或股本）、其他权益工具、资本公积、其他综合收益、盈余公积、未分配利润等构成。其中，所有者投入的资本，是指所有者投入企业的资本部分，它既包括构成企业注册资本或者股本的金额，也包括投入资本超过注册资本或股本部分的金额，即资本溢价或股本溢价，这部分投入资本作为资本公积（资本溢价）反映。其他综合收益，是指企业根据会计准则规定未在当期损益中确认的各项利得和损失。留存收益，是指企业从历年实现的利润中提取或形成的留存于企业的内部积累，包括盈余公积和未分配利润。

相较于负债，所有者权益的特征如下：

（1）所有者权益在企业经营期内可供企业长期、持续地使用，除非发生减资、清算或者分派现金股利，企业不必向投资人返还资本金。而负债则须按期还本付息给债权人，成为企业的负担。

（2）企业清算时，只有在清偿所有的负债后，所有者权益才返还给所有者。

（3）企业所有者凭其对企业投入的资本，享受税后分配利润的权利。所有者权益是企业分配税后净利润的主要依据，而债权人除了按规定取得利息，无权分配企业的盈利。

（4）企业所有人有权行使企业的经营管理权，或者授权管理人员行使经营管理权。但债权人并没有经营管理权。

（5）企业的所有者对企业的债务和亏损负有无限的责任或有限的责任，而债权人对企业的其他债务不发生关系，一般也不承担企业的亏损。

知识小链接

中华人民共和国财政部令第76号——财政部关于修改《企业会计准则——基本准则》的决定：

第五章　所有者权益

第二十六条　所有者权益是指企业资产扣除负债后由所有者享有的剩余权益。公司的所有者权益又称股东权益。

第二十七条　所有者权益的来源包括所有者投入的资本、直接计入所有者权益的利得和损失、留存收益等。直接计入所有者权益的利得和损失，是指不应计入当期损益、会导致所有者权益发生增减变动的、与所有者投入资本或者向所有者分配利润无关的利得或者损失。利得是指由企业非日常活动所形成的、会导致所有者权益增加的、与所有者投入资本无关的经济利益的流入。损失是指由企业非日常活动所发生的、会导致所有者权益减少的、与向所有者分配利润无关的经济利益的流出。

第二十八条　所有者权益金额取决于资产和负债的计量。

第二十九条　所有者权益项目应当列入资产负债表。

5.1《企业会计准则——基本准则》

5.2　所有者权益主要内容

任务一　实收资本(或股本)

任务初探

问题思考: 什么是实收资本?《中华人民共和国公司法》(以下简称《公司法》)对股东出资方式有哪些规定?实收资本和注册资本是一回事吗?

案例准备: 收集并阅读《公司法》和《企业会计准则——基本准则》,了解国家对公司所有者权益的相关规定。

任务研学

一、实收资本(或股本)概述

实收资本是指投资者按照企业章程或合同、协议的约定,实际投入企业的资本,在股份制企业中它被称为股本。所有者向企业投入的资本,在一般情况下无须偿还,并可以长期周转使用。实收资本的构成比例即投资者的出资比例或股东的股份比例,是企业据以向投资者进行利润或股利分配的主要依据。投资者既可以货币资金的方式出资,也可以固定资产、材料物资等实物资产的方式出资,符合国家规定的还可以采用无形资产的方式出资。

实收资本(或股本)的列报如图 5-2 所示。

资产负债表

编制单位:　　　　　　　　年　月　日　　　　　　　　单位:元

资产	期末余额	上年年末余额	负债和所有者权益	期末余额	上年年末余额
			……		
			所有者权益(或股东权益):		
			实收资本(或股本)	××××	
			……		

图 5-2　实收资本(或股本)的列报

5.3《中华人民共和国公司法》

知识小链接

《中华人民共和国公司法》中规定的公司形式包括有限责任公司和股份有限公司。有限责任公司,是指股东以其认缴的出资额为限对公司承担责任,公司以其全部财产对公司的债务承担责任的公司。股份有限公司是指将公司全部资本分为等额股份,股东以其认购的股份为限对公司承担责任,公司以其全部财产对公司的债务承担责任的公司。

股东可以用货币出资,也可以用实物、知识产权、土地使用权等可以用货币估价并可以依法转让的非货币财产作价出资；但是，法律、行政法规规定不得作为出资的财产除外。实物出资是指以房屋、机器设备、工具、原材料、零部件等有形资产的所有权出资。知识产权出资是指以无形财产，包括著作权、专利权、商标权、非专利技术等出资。据此，股东出资的标准是货币，或者能够用货币估价并且可以依法转让的财产。土地所有权不能出资，非法的财产(如毒品)不能出资。劳务、信用、自然人姓名、商誉、特许经营权不能用货币估价，因此不能出资。设定担保的财产也不能出资。对作为出资的非货币财产应当评估作价，核实财产，不得高估或者低估作价。法律、行政法规对评估作价有规定的，从其规定。股东应当按期足额缴纳公司章程中规定的各自所认缴的出资额。股东以货币出资的，应当将货币出资足额存入有限责任公司在银行开设的账户；以非货币财产出资的，应当依法办理其财产权的转移手续。股东不按照前款规定缴纳出资的，除了应当向公司足额缴纳，还应当向已按期足额缴纳出资的股东承担违约责任。

除了法律、行政法规或者国务院决定另有规定，公司的注册资本实行认缴登记制，以人民币表示。有限责任公司的注册资本为在公司登记机关登记的全体股东认缴的出资额。股份有限公司采取发起设立方式设立的，注册资本为在公司登记机关登记的全体发起人认购的股本总额。股份有限公司采取募集方式设立的，注册资本为在公司登记机关登记的实收股本总额。

2023 年 12 月 29 日，十四届全国人大常委会第七次会议表决通过新修订的《公司法》，自 2024 年 7 月 1 日起施行。此次修订的《公司法》有一个显著变化就是对公司注册资本认缴期限做出重大调整。新修订的《公司法》，明确规定全体股东认缴的出资额由股东按照公司章程的规定自公司成立之日起 5 年内缴足。

二、实收资本(或股本)的核算

为了反映和监督投资者投入资本的增减变动情况，企业应设置“实收资本”科目。该科目属于所有者权益类科目，贷方反映企业实际收到投资者缴付的资本，借方反映企业按法定程序减资时所减少的注册资本数额，余额在贷方，反映企业期末实收资本实有数额。该科目还必须按投资者设置明细科目，进行明细分类核算。股份有限公司通过“股本”科目核算。“实收资本(或股本)”科目的账户结构如图 5-3 所示。

实收资本(或股本)

借方	贷方
	期初余额
企业按法定程序减资时所减少的注册资本数额	企业实际收到投资者缴付的资本
	期末余额：企业实收资本实有数额

图 5-3　“实收资本(或股本)”科目的账户结构

> **注意：**企业收到投资者投入的资本，超过其在注册资本中所占份额的部分，应作为资本溢价，在“资本公积”科目核算，不记入本科目。

（一）一般企业接受投资的核算

1. 接受现金投资的核算

企业接受投资者投入货币资金的，应在实际收到或者存入开户银行时，按照实际收到的金额，借记“银行存款”等科目，贷记“实收资本”科目。实际收到或者存入企业开户银行的金额超过其在该企业注册资本中所占份额的部分，计入资本公积。

【业务5-1】 2023年1月11日，王小军、王小龙共同出资设立陕西朝阳有限责任公司，注册资本为20 000 000元。王小军、王小龙出资比例各为50%。按照陕西朝阳有限责任公司章程规定，王小军、王小龙各出资10 000 000元，款项全部存入银行。投资合同协议如图5-4所示，请编制该笔业务的会计分录。

投资合同协议

(甲方)投资人：王小军
(乙方)投资人：王小龙

以上各方投资人经友好协商，根据中华人民共和国法律、法规的规定，就各方共同出资成立陕西朝阳有限责任公司达成如下协议，以资共同遵守。

第一条　共同人的投资额和投资方式

共向出资人的出资总额(以下简称出资总额)为人民币2 000万元，其中，各方出资分别：甲方货币出资1 000万元，占出资总额的50%；乙方以货币出资1 000万元，占出资总额的50%；

甲方乙方投资人应于2023年10月13日前将上述出资额解入指定的银行：中国银行西海市支行　户名：陕西朝阳有限责任公司，账号：62220220203456789。

第二条　利润分享和亏损分担

共同投资人约定，甲方按50%、乙方按50%的比例分享共同投资的利润，分担共同投资的亏损。

共同投资人以其出资总额为限对有限责任公司承担责任。

第三条　实务执行

1. 投资人委托甲方代表全体投资人执行共同投资的日常事务，包括但不限于。

(1) 在有限责任公司发起设立阶段，行使及履行作为有限责任公司发起人的权利和义务。

(2) 在有限责任公司成立后，行使其作为有限责任公司股东的权利、履行相应义务。

(3) 收集共同投资所产生的孳息，并按照本协议有关规定处置。

2. 其他投资人有权检查日常事务的执行情况，甲方有义务向其他投资人报告共同投资的经营状况和财务状况。

3. 甲方执行共同投资事务所产生的收益归全体共同投资人，所产生的亏损或者民事责任，由共同投资人承担。

4. 甲方在执行事务时如因其过失或不遵守本协议而造成其他共同投资人损失时，应承担赔偿责任。

第四条　投资的转让

1. 一方投资人向其他投资人以外的人转让其股权时，应通知其他投资人。

2. 在同等条件下，其他投资人有优先受让的权利。

第五条　违约责任

为保证本协议的实际履行，任一投资方违约并造成其他投资人损失的情况下，以上述财产向其他共同投资人承担违约责任。

第六条　其他

1. 本协议未尽事宜由共同投资人协商一致后，另行签订补充协议。

2. 本协议经全体投资人签字盖章后即生效。本协议一式4份，共同投资人各执1份，被投资企业执1份，工商机关备案1份。

甲方代表人：王小军　　　　乙方代表人：王小龙
签订日期：2023年1月11日　　　　签订日期：2023年1月11日

图5-4　投资合同协议

借：银行存款　　20 000 000

　　贷：实收资本——王小军　　10 000 000

　　　　　　　　——王小龙　　10 000 000

2. 接受实物资产投资的核算

企业接受实物资产投资时，应按投资合同或者协议约定价值确定实物资产的价值（投资合同或协议约定价值不公允的除外）和在注册资本中应享有的份额，借记“固定资产”“原材料”等科目；按照取得的增值税专用发票，借记“应交税费——应交增值税（进项税额）”科目；按照在企业注册资本中所占份额，贷记“实收资本”科目；按其差额，贷记“资本公积”科目。

【业务5-2】 2023年9月21日，陕西朝阳有限责任公司收到大海公司作为资本投入的原材料一批，协议约定价值为300 000元（公允价值），该材料计税价格为300 000元，增值税发票上注明的增值税税额为39 000元。请编制该笔业务的会计分录。

借：原材料　　300 000

　　应交税费——应交增值税（进项税额）　　39 000

　　贷：实收资本——大海公司　　339 000

3. 接受无形资产投资账务处理

企业接受无形资产投资时，应按投资合同或者协议约定价值确定无形资产的价值（投资合同或协议约定价值不公允的除外）和在注册资本中应享有的份额，借记“无形资产”等科目；按照取得的增值税专用发票，按照在企业注册资本中所占份额，贷记“实收资本”科目；按其差额，贷记“资本公积”科目。

【业务5-3】 2023年8月16日，陕西朝阳有限责任公司接受C投资者投入的专利技术一项，投资各方确认价值与公允价值相等均为500 000元。请编制该笔业务的会计分录。

借：无形资产　　500 000

　　贷：实收资本——C投资者　　500 000

【业务5-4】 A公司、B公司、C公司共同投资设立陕西辉煌有限责任公司（一般纳税企业，适用增值税税率为13%），注册资本为10 000 000元。A公司、B公司、C公司持股比例分别为40%、22.6%和37.4%。按照章程规定，陕西辉煌有限责任公司于设立时收到A公司作为资本投入的厂房，合同约定该厂房价值为4 000 000元。收到B公司作为资本投入的原材料，合同约定该材料价值为2 000 000元，增值税进项税额为260 000元。B公司已开具了增值税专用发票。收到C公司作为资本投入的无形资产，合同约定价值为3 740 000元。上述合同约定的资产价值与公允价值相符，不考虑其他因素。请编制陕西辉煌有限责任公司该笔业务的会计分录。

借：固定资产——厂房　　4 000 000

　　原材料　　2 000 000

　　应交税费——应交增值税（进项税额）　　260 000

　　无形资产　　3 740 000

　　贷：实收资本——A公司（10 000 000×40%）　　4 000 000

　　　　　　　　——B公司（10 000 000×22.6%）　　2 260 000

　　　　　　　　——C公司（10 000 000×37.4%）　　3 740 000

（二）股份有限公司股本核算

为了反映和监督股份有限公司股本情况，股份有限公司应设置“股本”科目，该科目属于所有者权益类科目，贷方登记实际发行的股票票面总值；借方登记经批准核销的股票面值；期末贷方余额反映发行在外的股票面值。该科目应当按照股票的类别设置明细科目进行明细核算。企业发行股票时，按照实际收到的款项，借记“银行存款”等科目；按照股票面值，贷记“股本”科目；差额计入“资本公积——股本溢价”科目。发行股票相关的手续费、佣金等交易费用，如果是溢价发行股票的，应从溢价中抵扣，冲减“资本公积——股本溢价”科目。无溢价发行股票或溢价金额不足以抵扣的，应将不足抵扣的部分冲减盈余公积和未分配利润。“股本”科目的账户结构如图 5-5 所示。

股本

借方	贷方
	期初余额
批准核销的股票面值	实际发行的股票票面总值
	期末余额：发行在外的股票面值

图 5-5　“股本”科目的账户结构

知识小链接

《中华人民共和国公司法》规定：股份有限公司可以采取发起或者募集的方式设立。发起设立，是指由发起人认购公司应发行的全部股份而设立公司。以发起设立的方式设立股份有限公司的，在设立时其股份全部由该公司的发起人认购，而不向发起人之外的任何社会公众发行股份。因此，以发起设立方式设立的股份有限公司，在其发行新股之前，其全部股份都由发起人持有，公司的全部股东都是设立公司的发起人。募集设立，是指由发起人认购公司应发行股份的一部分，其余股份向社会公开募集或者向特定对象募集而设立公司。以募集设立方式设立股份有限公司的，在公司设立时，认购公司应发行股份的人不仅有发起人，还有发起人以外的人。因此，法律对采用募集设立方式设立公司规定了较为严格的程序，以保护广大投资者的利益，保障正常的经济秩序。

股份有限公司的设立采取发起设立方式设立的，注册资本为在公司登记机关登记的全体发起人认购的股本总额。采取募集方式设立的，注册资本为在公司登记机关登记的实收股本总额。

股票的面值与股份总数的乘积为股本，股本应等于公司的注册资本。股票的发行价格可以分为平价发行的价格和溢价发行的价格。平价发行是指股票的发行价格与股票的票面金额相同，也称等价发行、券面发行。溢价发行是指股票的实际发行价格超过其票面金额。《公司法》规定，股票发行价格可以按票面金额，也可以超过票面金额，但不得低于票面金额。

【业务 5-5】　2023 年 3 月 13 日，陕西鸿腾股份有限公司发行普通股 10 000 000 股，每股面值为 1 元，每股发行价格为 4 元。假定股票发行成功，股款 40 000 000 元已全部收到，不考虑发行过程中的税费等因素。根据上述资料，请编制该笔业务的会计分录。

本例中，应记入“股本”科目的金额＝10 000 000×1＝10 000 000(元)。

应记入“资本公积——股本溢价”科目的金额＝10 000 000×4－10 000 000×1＝30 000 000(元)。

借：银行存款　　40 000 000

　　贷：股本　　10 000 000

　　　　资本公积——股本溢价　　30 000 000

(三) 实收资本(或股本)的增减变动

5.4　实收资本的增减变动

一般情况下，企业的实收资本(或股本)应相对固定不变，但在某些特定情况下，实收资本(或股本)也可能发生增减变化。我国《企业法人登记管理条例施行细则》规定，除非国家另有规定，企业的注册资金应当与实收资本(或股本)相一致，当实收资本(或股本)比原注册资金增加或减少超过 20%时，应持资金使用证明或者验资证明，向原登记主管机关申请变更登记。如擅自改变注册资本或抽逃资金，企业将受到工商行政管理部门的处罚。

1. 实收资本(或股本)的增加

一般企业增加资本主要有四个途径：①接受投资者追加投资。②资本公积转增资本。③盈余公积转增资本。④发放股票股利方式增资。

知识小链接

资本公积转增资本和盈余公积转增资本属于企业所有者权益内部的增减变动，企业所有者权益总额不发生变化。

企业按规定接受投资者追加投资时，其核算方法与投资者初次投入时相同。企业采用资本公积或盈余公积转增资本时，应按转增的资本金额确认实收资本或股本。用资本公积转增资本时，借记“资本公积——资本溢价(或股本溢价)”科目，贷记“实收资本”(或“股本”)科目。用盈余公积转增资本时，借记“盈余公积”科目，贷记“实收资本”(或“股本”)科目。

需要注意的是，由于资本公积和盈余公积均属于所有者权益，用其转增资本时，如果是独资企业比较简单，直接结转即可；如果是股份有限公司或有限责任公司应该按照原投资者各自出资比例相应增加各投资者的出资额。

【业务 5-6】　承[业务 5-1]，2023 年 5 月 11 日，为扩大经营规模，经批准，陕西朝阳有限责任公司注册资本增加了 10 000 000 元，王小军、王小龙按照原出资比例分别追加投资 5 000 000 元。陕西朝阳有限责任公司如期收到王小军、王小龙追加的现金投资。请编制该笔业务的会计分录。

借：银行存款 10 000 000
　　贷：实收资本——王小军 5 000 000
　　　　　　　　——王小龙 5 000 000

【业务5-7】 承[业务5-1]，因扩大经营规模需要，经批准，陕西朝阳有限责任公司按照原出资比例将资本公积200 000元，转增资本。请编制该笔业务的会计分录。

借：资本公积 200 000
　　贷：实收资本——王小军 100 000
　　　　　　　　——王小龙 100 000

5.5 初级实战演练

【业务5-8】 承[业务5-1]，因扩大经营规模需要，经批准，陕西朝阳有限责任公司按照原出资比例将盈余公积200 000元，转增资本。请编制该笔业务的会计分录。

借：盈余公积 200 000
　　贷：实收资本——王小军 100 000
　　　　　　　　——王小龙 100 000

2. 实收资本（或股本）的减少

企业实收资本减少的原因一般包括以下几种：①因资本过剩减少实收资本（或股本）。②企业发生重大亏损而减少实收资本（或股本）。③因企业发展需要而调节资本结构。这里主要介绍前两种情况的核算。

1）因资本过剩减少实收资本（或股本）

企业因资本过剩而减资，一般要发还股款。一般企业和有限责任公司发还投资款时，按实际发还的投资款数额借记“实收资本”科目，贷记“银行存款”科目。

【业务5-9】 陕西朝阳有限责任公司因生产经营规模缩小，经批准减少注册资本500 000元，已办妥相关手续，以银行存款发还所有者投资款600 000元。请编制该笔业务的会计分录。

借：实收资本 600 000
　　贷：银行存款 600 000

股份有限公司因资本过剩减资发还股款时，一般采用收购本公司股票方式减资，应通过“库存股”科目核算回购股份的金额。回购本公司股份时，按实际支付的价款，借记“库存股”科目，贷记“银行存款”科目；减资时（注销股份时），按股票面值和注销股数计算的股票面值总额，借记“股本”科目，按注销库存股的账面余额，贷记“库存股”科目。如果回购股票支付的价款高于股票面值总额（溢价回购），按其差额，借记“资本公积——股本溢价”科目，股本溢价不足冲减的，应借记“盈余公积”“利润分配——未分配利润”科目；如果回购股票支付的价款低于股票面值总额（折价回购），应按股票面值总额，借记“股本”科目，按所注销的库存股账面余额，贷记“库存股”科目，按其差额，贷记“资本公积——股本溢价”科目。

【业务 5-10】　2023 年 12 月 31 日，陕西鸿腾股份有限公司股东权益的股本为 200 000 000元(面值为 1 元)，资本公积(股本溢价)为 60 000 000 元，盈余公积为 50 000 000元，未分配利润为 0。经董事会批准回购本公司股票并注销。2023 年发生业务如下：①以每股 3 元的价格回购本公司股票 2 000 万股。②以每股 2 元的价格回购本公司股票 4 000 万股。③注销股票。请编制该笔业务的会计分录。

(1) 以每股 3 元的价格回购本公司股票 2 000 万股：

借：库存股	60 000 000	
贷：银行存款		60 000 000

(2) 以每股 2 元的价格回购本公司股票 4 000 万股：

借：库存股	80 000 000	
贷：银行存款		80 000 000

(3) 注销股票：

借：股本	60 000 000	
资本公积——股本溢价	60 000 000	
盈余公积	20 000 000	
贷：库存股		140 000 000

2）企业发生重大亏损而减少实收资本

企业因发生严重亏损需要减少实收资本(或股本)，一般可采取销除股份或注销每股部分金额的办法，这实际上是用实收资本(或股本)弥补亏损。在会计处理上，企业应按销除股份的面值或注销每股部分金额的合计数，借记“实收资本”(或股本)科目，贷记“利润分配——未分配利润”科目。

这种会计处理并不影响公司所有者权益总额。但是如果一个企业发生重大亏损，且亏损达到近几年内将无法用留存收益来弥补的程度，那么根据制度规定，即使亏损年度以后的年度有利润，但只要有未弥补亏损就不能发放股利。所以在此情况下，用实收资本(或股本)的一部分弥补亏损以后，亏损年度的以后年度有利润的就可以发放股利，企业资产负债表中的未分配利润项目体现的也是正数，这样于股东有利，于企业形象也有利。

5.6　初级实战演练

任务拓展

通过对实收资本业务的学习，学生应了解实收资本的内容、形式及核算账户，熟练进行一般企业投入资本和股份有限公司股本的核算，以及实收资本(或股本)变动的核算。

请同学们登录网中网企业财务会计理实互动实训教学平台，根据平台任务完成实收资本业务核算练习。

任务二 资本公积

任务初探

问题思考：什么是资本公积？资本公积如何进行账务处理？

案例准备：收集并阅读我国《企业会计准则》和《公司法》中对资本公积的相关规定和管理要求。

任务研学

一、资本公积概述

资本公积是指企业收到投资者超出其在企业注册资本（股本）中所占份额的投资及其他资本公积等。资本公积包括资本溢价（或股本溢价）和其他资本公积等。

资本公积的列报如图 5-6 所示。

资产负债表

编制单位：　　　　年　月　日　　　　单位：元

资产	期末余额	上年年末余额	负债和所有者权益	期末余额	上年年末余额
			……		
			所有者权益（或股东权益）：		
			……		
			资本公积	××××	

图 5-6　资本公积的列报

知识小链接

资本公积与实收资本虽然都属于投入资本范畴，但两者有本质区别。实收资本一般是投资者投入的，而且属于法定资本，与企业注册资本相一致。因此，实收资本无论在来源上还是资金上，都有严格限制；资本公积有特定来源，另外某些资本公积并不需要由原投资者投入，也并不一定需要谋求经济利益。与实收资本（或股本）不同，资本公积不直接反映企业所有者在企业的基本产权关系，不作为企业持续经营期间进行利润或股利分配的依据。同时，资本公积与未分配利润、盈余公积也不同。

资本溢价是指投资者缴付企业的出资额大于其在企业注册资本中所占份额的数额。股本溢价是指股份有限公司溢价发行股票时实际收到的款项超过股票面值总额的数额。资本溢价（或股本溢价）是企业的一种储备资本，可以按法定程序转增注册资本。

其他资本公积是指资本溢价（或股本溢价）以外所形成的资本公积，包括以权益法结算的股份支付、采用权益法核算的长期股权投资涉及的业务等。

二、资本公积的确认与计量

（一）资本溢价（或股本溢价）的确认与计量

资本溢价按投资者超额缴入资本的数额，即投资者实际缴入的款额超过其在企业注册资本中所占份额的数额确认与计量。股本溢价按溢价发行股票的溢价扣除发行费用后的数额，即股份有限公司发行股票实际收到的款额超过其股票面值总额的部分确认与计量。

（二）其他资本公积的确认与计量

其他资本公积涉及的情况相对比较复杂，以下介绍三种。

（1）企业的长期股权投资采用权益法核算时，因被投资单位除净损益、其他综合收益以及利润分配以外的所有者权益的其他变动（主要包括被投资单位接受其他股东的资本性投入、被投资单位发行可分离交易的可转债中包含的权益成分、以权益结算的股份支付、其他股东对被投资单位增资导致投资方持股比例变动等），投资企业按应享有份额而增加或减少的资本公积，直接计入投资方所有者权益（资本公积——其他资本公积）。

（2）以权益结算的股份支付换取职工或其他方提供服务的，应按照确定的金额，将当期取得的服务计入相关资产成本或当期费用，同时增加资本公积（其他资本公积）。根据国家有关规定企业实行股权激励的，如果在等待期内取消了授予的权益工具，企业应在进行权益工具加速行权处理时，将剩余等待期内应确认的金额计入当期损益，并同时确认资本公积（其他资本公积）。

（3）企业集团（由母公司和其全部子公司构成）内发生的股份支付交易，如结算企业为接受服务企业的投资者，应当按照授予日权益工具的公允价值或应承担负债的公允价值确认为对接受服务企业的长期股权投资，同时确认资本公积（其他资本公积）或负债。

5.7　初级实战演练

三、资本公积的核算

为了反映和监督企业资本公积的增减变动情况，企业应设置“资本公积”科目，该科目属于所有者权益类科目。贷方登记资本公积的增加额；借方登记资本公积的减少额；期末贷方余额反映企业资本公积余额。核算时设置“资本溢价（或股本溢价）”“其他资本公积”明细科目核算。“资本公积”科目的账户结构如图 5-7 所示。

借方　　资本公积	贷方
减少的资本公积	期初余额 实际收到的投资者出资额超过其在注册资本或股本中所占份额的部分等
	期末余额：减少的资本公积

图 5-7　“资本公积”科目的账户结构

资本公积的核算包括资本溢价(或股本溢价)的核算、其他资本公积的核算和资本公积转增资本的核算等内容。

5.8 溢价的产生

(一) 资本溢价(或股本溢价)的核算

1. 资本溢价

股份有限公司以外的其他类型的企业,在企业创立时,投资者认缴的出资额与注册资本一致,一般不会产生资本溢价。但在企业重组或有新的投资者加入时,常常会出现资本溢价。因为企业进行正常生产经营后,其资本利润率通常要高于企业初创阶段,企业有内部积累,新投资者加入企业后,对这些积累将来也要分享,所以新加入的投资者往往要付出大于原投资者的出资额,才能取得与原投资者相同的出资比例。投资者多缴的部分计入资本溢价。

企业在收到投资者的出资额大于其在企业注册资本中所占份额的时,按其实际收到的金额或投资合同(协议)约定的价值,借记“银行存款”“固定资产”“无形资产”等科目;按其在注册资本所占的份额,贷记“实收资本”科目;按其差额,贷记“资本公积”科目。

【业务5-11】 陕西天天有限责任公司由甲、乙投资者共同出资200 000元成立,每人各投入100 000元。两年后,为了扩大生产经营规模,经批准引入新投资者丙,并将陕西天天有限责任公司的注册资本增加到300 000元。按照协议约定,丙应支付160 000元,享有该公司1/3的份额。该公司已经收到丙投资者的投资款,并存入银行。请编制该笔业务的会计分录。

5.9 初级实战演练

借:银行存款 160 000
　　贷:实收资本——丙 100 000
　　　　资本公积——资本溢价 60 000

2. 股本溢价

在按面值发行股票的情况下,公司发行股票取得的收入,应全部作为股本处理;在溢价发行股票的情况下,公司发行股票取得的收入,等于股票面值部分计入股本,超出股票面值的溢价收入计入股本溢价。

股份有限公司溢价发行股票,在收到现金等资产时,应当按照实际收到的金额,借记“银行存款”等科目;按股票面值和核定的股份总额乘积计算的金额,贷记“股本”科目;按溢价部分,贷记“资本公积——股本溢价”科目。

发行股票相关的手续费、佣金等交易费用,如果是溢价发行股票的,应从溢价中抵扣,冲减“资本公积——股本溢价”科目;无溢价发行股票或溢价金额不足以抵扣的,应将不足抵扣的部分冲减盈余公积,盈余公积不足抵扣的,冲减未分配利润。

【知识解析】 股份有限公司发行股票的手续费不能计入当期损益。因为发行股票是权益性融资行为,而发行股票的手续费是权益性融资费用,不得影响损益,所以发行股票的手续费通过冲减发行溢价的方式进行会计处理。

5.10 初级实战演练

【业务5-12】 陕西鸿腾股份有限公司委托证券公司发行股票50 000 000股,

每股面值为1元，每股发行价格为3元，与证券公司约定按照发行收入的额3%支付手续费，全部款项收到已存入银行。请编制该笔业务的会计分录。

陕西鸿腾股份有限公司收到证券公司转来的发行收入＝50 000 000×3×(1－3%)＝145 500 000(元)

借：银行存款	145 500 000	
贷：股本		50 000 000
资本公积——股本溢价		95 500 000

其中，支付给券商的手续费直接从银行存款中抵扣；同时，记入“资本公积——股本溢价”科目的金额95 500 000元，即溢价100 000 000元扣除手续费4 500 000元后的金额。

(二) 其他资本公积的核算

其他资本公积是指资本溢价(或股本溢价)项目以外形成的资本公积，即主要是指企业非日常经营活动所形成的直接计入所有者权益的利得和损失。

5.11　初级实战演练

知识小链接

其他资本公积不得转增资本。

其他资本公积主要核算以下内容：

(1) 以权益结算的股份支付换取职工或其他方提供服务。

(2) 企业与股东之间的资本性交易，如股东对企业的捐赠、债务豁免、股东放弃企业的股权等。

(3) 企业对被投资单位的长期股权投资采用权益法核算时，因被投资单位资本公积变动而增加或减少的资本公积。

(4) 可转换公司债券持有人行使转换权利时，将债务转为资本。

企业对外长期股权投资采用权益法核算时，在持股比例不变的情况下，被投资单位在净收益以外所有者权益的其他变动，必然也会引起投资企业经济利益流入或流出企业，对此，投资企业应按持股比例计算其享有被投资企业所有者权益的份额。如果是利得，借记“长期股权投资——其他权益变动”科目，贷记“资本公积——其他资本公积”科目；如果是损失，则作相反的分录。当日后处置采用权益法核算的长期股权投资时，应转销与该笔投资相关的其他资本公积，借记或贷记“资本公积——其他资本公积”科目，贷记或借记“投资收益”科目。

【业务5-13】　2023年1月1日，陕西辉煌有限责任公司向A公司投资8 000 000元，拥有该公司20%的股份，并对该公司有重大影响，对A公司长期股权投资采用权益法核算。2023年12月31日，A公司除了净损益、其他综合收益和利润分配的所有者权益增加了1 000 000元。假定在这之外，A公司的所有者权益没有变化，陕西辉煌有限责任公司的持股比例没有变化，A公司资产的账面价值与公允价值一致，不考虑其他因素。请编制该笔业务的会计分录。

陕西辉煌有限责任公司对A公司投资增加的资本公积＝1 000 000×20%＝200 000(元)

借：长期股权投资——A公司　　200 000
　　贷：资本公积——其他资本公积　　200 000

(三) 资本公积转增资本的核算

经股东大会或类似机构决议,用资本公积转增资本,应冲减资本公积,借记“资本公积——资本溢价(或股本溢价)”科目,贷记“实收资本”或“股本”科目。

【业务5-14】 因扩大经营规模的需要,经批准,陕西辉煌有限责任公司按照投资者甲、乙、丙的出资比例40%、35%、25%,将资本公积300 000元转增资本。请编制该笔业务的会计分录。

借：资本公积——资本溢价　　300 000
　　贷：实收资本——甲　　120 000
　　　　　　　　——乙　　105 000
　　　　　　　　——丙　　75 000

任务拓展

通过对资本公积业务的学习,学生应了解资本公积的来源与使用,掌握资本公积的核算方法。

请同学们登录网中网企业财务会计理实互动实训教学平台,根据平台任务完成资本公积业务核算练习。

任务三　留 存 收 益

任务初探

问题思考：留存收益是什么？它都包括哪些内容？

案例准备：查找一家上市公司年报数据，看看该公司报表附注中对留存收益的解释说明情况。

任务研学

一、留存收益概述

留存收益是指企业从历年实现的利润中提取或形成的留存于企业的内部积累，主要包括盈余公积和未分配利润。留存收益的列报如图 5-8 所示。

资产负债表

编制单位：　　　　　　　　　　年　月　日　　　　　　　　　　单位：元

资产	期末余额	上年年末余额	负债和所有者权益	期末余额	上年年末余额
			……		
			所有者权益(或股东权益)：		
			……		
			盈余公积	××××	
			未分配利润	××××	

图 5-8　留存收益的列报

(一) 盈余公积的管理

盈余公积是指企业按照有关规定从净利润中提取的积累资金。公司制企业的盈余公积包括法定盈余公积和任意盈余公积。其中，法定盈余公积是指企业按照规定的比例从净利润中提取的盈余公积；任意盈余公积是指企业按照股东会或股东大会决议提取的盈余公积。

5.12　初级实战演练

企业提取的盈余公积经批准可用于弥补亏损、转增资本、发放现金股利或利润等。

5.13　解析盈余公积

按照《公司法》有关规定，公司制企业应按照净利润(减弥补以前年度亏损)的 10%提取法定盈余公积。非公司制企业法定盈余公积的提取比例可超过净利润的 10%。法定盈余公积累计额已达注册资本的 50%时可以不再提取。如果以前年度未分配利润有盈余(即年初未分配利润余额为正数),在计算提取法定盈余公积的基数时,不应包括企业年初未分配利润;如果以前年度有未弥补的亏损(即年初未分配利润余额为负数),应先弥补以前年度亏损再提取盈余公积。

公司制企业可根据股东会或股东大会的决议提取任意盈余公积。非公司制企业经类似权力机构批准,也可提取任意盈余公积。

5.14 初级实战演练

(二) 未分配利润的管理

未分配利润是指企业实现的净利润经过弥补亏损、提取盈余公积和向投资者分配利润后留存在企业的、历年结存的利润。相对于所有者权益的其他部分来说,企业对于未分配利润的使用有较大的自主权。

根据我国《公司法》等有关法规的规定,企业当年实现的净利润,一般应按照以下内容、顺序和金额进行分配。

5.15 可供分配利润与未分配利润

1. 计算可供分配的利润

将本年净利润(或亏损)与年初未分配利润(或亏损)合并,可以计算出可供分配的利润。如果可供分配的利润为负数(即亏损),则不能进行后续分配;如果可供分配利润为正数(即本年累计盈利),则进行后续分配。可供分配利润的计算公式如下:

可供分配利润 = 当年实现的净利润(或净亏损) + 年初未分配利润(或 − 年初未弥补亏损) + 其他转入

2. 提取法定盈余公积

在不存在年初累计亏损的前提下,法定盈余公积按照税后净利润的10%提取。法定盈余公积已达注册资本的50%时可不再提取。提取的法定盈余公积用于弥补以前年度亏损或转增资本。但转增资本金后留存的法定盈余公积不得低于注册资本的25%。

3. 提取任意盈余公积

任意盈余公积计提标准由股东大会确定,如确因需要,经股东大会同意后,也可用于分配。

5.16 初级实战演练

4. 向股东(投资者)支付股利(分配利润)

企业以前年度未分配的利润,可以并入本年度分配。

企业股东会或董事会违反上述利润分配顺序,在抵补亏损和提取法定公积金之前向股东分配利润的,必须将违反规定发放的利润退还企业。

二、留存收益的核算

(一) 盈余公积的核算

为了反映和监督盈余公积的形成和使用情况,企业应设置"盈余公积"科目,该科目属于所有者权益类科目,贷方登记按规定提取的盈余公积数额,借方登记用盈余公积弥补亏损和转增资本的实际数额,余额在贷方,反映企业盈余公积的实有数额。"盈余公积"科目应按照盈余公积形成的来源分设"法定盈余公积"和"任意盈余公积"两个明细科目。"盈余公积"科目的账户结构如图 5-9 所示。

<table>
<tr><th colspan="2">盈余公积</th></tr>
<tr><td>借方</td><td>贷方</td></tr>
<tr><td>减少的盈余公积(用盈余公积弥补亏损和转增资本的实际数额等)</td><td>期初余额
按规定提取的盈余公积数额</td></tr>
<tr><td></td><td>期末余额：企业盈余公积的实有数额</td></tr>
</table>

图 5-9 “盈余公积”科目的账户结构

1. 提取盈余公积

企业按规定提取盈余公积时，应通过“利润分配”和“盈余公积”等科目核算，借记“利润分配——提取法定盈余公积(或提取任意盈余公积)”科目，贷记“盈余公积”科目。

【业务 5-15】 陕西鸿腾股份有限公司本年实现净利润 10 000 000 元，且以前年度无未弥补亏损。经股东大会批准，按照净利润 10%提取法定盈余公积，按照净利润 5%提取任意盈余公积。请编制该笔业务的会计分录。

借：利润分配——提取法定盈余公积	1 000 000	
——提取任意盈余公积	500 000	
贷：盈余公积——法定盈余公积		1 000 000
——任意盈余公积		500 000

2. 盈余公积弥补亏损

企业发生亏损时，应由企业自行弥补。弥补亏损的渠道主要有以下三种：

(1) 用亏损年度以后年度的税前利润弥补。按照规定，企业发生亏损时，可以用以后连续 5 年的税前利润弥补。即如果企业发生亏损，以后年度可以不交所得税，实现的利润先弥补以前年度的亏损，直到亏损弥补完以后再交所得税，这是国家对亏损企业的一种政策扶持。但需注意，税前利润弥补亏损有连续 5 年的限制，如果 5 年以后亏损还未完全弥补，就需要先缴纳所得税。例如，某企业 2016 年亏损 100 万元，2017—2022 年每年实现税前利润 10 万元，则该公司在 2017—2021 年连续 5 年不需要缴纳所得税，但是 2022 年尽管亏损还有 50 万元未弥补，也需先交纳所得税 2.5 万元(假定没有其他纳税调整项目)，然后再弥补亏损。

(2) 用以后年度的税后利润弥补。企业发生的亏损经过 5 年尚未弥补足额的，尚未弥补的亏损应用所得税后的利润进行弥补。

(3) 以盈余公积弥补亏损。企业以提取的盈余公积弥补亏损时，应当由企业董事会提议，并经股东大会批准。即企业发生的亏损 5 年内的可在盈利后用税前利润弥补；对按规定不能用税前利润弥补的亏损，则应用税后利润弥补；税后利润不足弥补的，经董事会、股东大会或类似机构批准，可用盈余公积弥补。弥补亏损时，借记“盈余公积——法定盈余公积”或“盈余公积——任意盈余公积”科目，贷记“利润分配——盈余公积补亏”科目。

【业务5-16】 经股东大会批准，陕西鸿腾股份有限公司用以前年度提取的法定盈余公积弥补当年亏损，当年亏损的金额为400 000元。假定不考虑其他因素，请编制该笔业务的会计分录。

借：盈余公积——法定盈余公积 400 000
　　贷：利润分配——盈余公积补亏 400 000

3. 盈余公积转增资本

《公司法》规定，提取的法定盈余公积用于转增资本金时，转增资本金后留存的法定盈余公积金不得低于注册资本的25%。按照转增资本的数额，借记"盈余公积"科目；按新增资本或股票面值，贷记"实收资本"或"股本"科目。如有差额，记入"资本公积——股本溢价"科目。

【业务5-17】 经批准，陕西鸿腾股份有限公司用以前年度提取的法定盈余公积400 000元转增资本。假定不考虑其他因素，请编制该笔业务的会计分录。

借：盈余公积 400 000
　　贷：实收资本——法定盈余公积 400 000

4. 盈余公积发放现金股利或利润

企业经股东大会等类似权力机构决议，使用盈余公积发放现金股利或利润时，借记"盈余公积"科目，贷记"应付股利"或"应付利润"科目。

（二）未分配利润的核算

在会计处理上，"利润分配"科目应设置"利润分配——未分配利润"明细科目进行核算，反映企业利润的分配（或亏损的弥补）和历年分配（或弥补）后的未分配利润（或未弥补亏损）。"利润分配"科目应设置"提取法定盈余公积""提取任意盈余公积""应付现金股利或利润""盈余公积补亏""转作股本的股利""未分配利润"等明细科目进行明细核算。"利润分配——未分配利润"科目的账户结构如图5-10所示。

利润分配——未分配利润

借方	贷方
期末从本年利润转入的净亏损	期末从本年利润转入的净利润
期末余额：历年累积的未弥补亏损（留待以后年度弥补的亏损）	期末余额：历年累积的未分配利润（可供以后年度分配的利润）

图5-10 "利润分配——未分配利润"科目的账户结构

5.17 初级实战演练

年度终了，企业应将全年实现的净利润或发生的净亏损，自"本年利润"科目转入"利润分配——未分配利润"科目，并将"利润分配"科目所属其他明细科目的余额，转入"未分配利润"明细科目。结转后，"利润分配——未分配利润"科目如为贷方余额，表示累积未分配的利润金额；如为借方余额，则表示累积未弥补的亏损金额。

知识小链接

结转当年所实现净利润的分录同时反映了当年实现的净利润自动弥补以前年度亏损的情况。因此，在用当年实现的净利润弥补以前年度亏损时，不需要另行编制会计分录。

董事会或类似机构通过的利润分配方案中拟分配的现金股利或利润不做账务处理，但应在报表附注中披露。企业根据股东大会或类似机构审议批准的利润分配方案，按应支付的现金股利或利润，作分配利润的账务处理。如分配的是股票股利，以股票股利转作股本的金额，借记“利润分配——转作股本股利”科目，贷记“股本”等科目。

【业务 5-18】 陕西鸿腾股份有限公司 2023 年年初未分配利润为 1 000 000 元，本年净利润为 10 000 000 元，按照 10％计提法定盈余公积，按照 5％计提任意盈余公积，宣告发放现金股利 800 000 元。假定不考虑其他因素，请编制年末业务的会计分录。

提取的法定盈余公积＝10 000 000×10％＝1 000 000（元）

提取的任意盈余公积＝10 000 000×5％＝500 000（元）

（1）结转净利润：

借：本年利润　　10 000 000
　　贷：利润分配——未分配利润　　10 000 000

（2）提取盈余公积：

借：利润分配——提取法定盈余公积　　1 000 000
　　　　　　——提取任意盈余公积　　500 000
　　贷：盈余公积——法定盈余公积　　1 000 000
　　　　　　　　——任意盈余公积　　500 000

（3）宣告发放现金股利：

借：利润分配——应付现金股利或利润　　800 000
　　贷：应付股利　　800 000

（4）结转利润分配各明细账：

借：利润分配——未分配利润　　2 300 000
　　贷：利润分配——提取法定盈余公积　　1 000 000
　　　　　　　　——提取任意盈余公积　　500 000
　　　　　　　　——应付现金股利或利润　　800 000

5.18　初级实战演练

任务拓展

通过对留存收益业务的学习，学生应了解盈余公积的来源与使用，掌握未分配利润的形成，熟练地进行盈余公积的核算、未分配利润的计算与核算。

请同学们登录网中网企业财务会计理实互动实训教学平台，根据平台任务完成留存收益业务核算练习。

思政案例

企业家因虚报注册资本罪落马的典型案例

——吉林省公主岭市某担保有限公司股东伊某犯虚报注册资本罪获刑

尹某，原系公主岭市某担保有限公司法定代表人。

2009年9月9日，被告人尹某和刘某等人在公主岭市工商注册了公主岭市某担保有限公司（以下简称某担保公司），注册资本50万元人民币，实收资本10万元人民币，刘某任该公司法人，尹某任该公司股东。后被告人尹某作为该担保公司的股东，欲变更注册资本至2 000万元人民币，遂与王某（另案处理）合谋，王某于2009年9月25日先后存入公主岭市某担保有限公司注册资金1 990万元人民币，待验资机构（某会计师事务所有限公司）当日审验完毕后，王某立即将公主岭市某担保公司验资账户内的2 000万元人民币注册资金全部抽逃，王某从中获利10万元人民币。后尹某向工商部门办理了公主岭市某担保公司注册资本变更登记，并开展了银行担保业务。

另查明，伊某还犯有骗取贷款罪。

一审法院认为，被告人尹某作为某担保公司的股东，伙同王某在申请公司变更登记过程中，采用垫资的欺诈手段，虚报注册资本，欺骗公司登记主管部门，取得公司登记，虚报注册资本数额巨大，其行为构成虚报注册资本罪。一审法院以虚报注册资本罪判处被告人尹某有期徒刑一年，并处罚金人民币二十万元；以骗取贷款罪判处被告人尹某有期徒刑二年，并处罚金人民币十万元，数罪并罚，决定执行有期徒刑三年，并处罚金人民币三十万元；责令被告人尹某退赔违法所得，返还给被害人某银行。

尹某不服一审判决，提起上诉。

二审法院经审理，认为，上诉人尹某作为某担保公司的股东，该公司属于注册资本实缴制的融资性担保公司，在申请公司变更登记过程中，尹某主观上明知无资金实力，客观上伙同他人实施了采用垫资的欺诈手段，虚报注册资本，欺骗公司登记主管部门，取得公司登记，虚报注册资本数额巨大，符合虚报注册资本罪的主、客观要件，构成虚报注册资本罪。二审法院裁定驳回上诉，维持原判。

（来源：《企业家刑事法律风险防范》连载之四十七）

立德树人：

法网恢恢，疏而不漏。作为企业的财务人员，我们要严格遵守国家的法律法规，认真履行职业操守，养成良好的职业习惯；在发现企业有相应的违法行为，一定要坚持准则，始终坚持按法律、法规和国家统一的会计制度的要求，客观公正、不做假账。

力学笃行

一、单选题

1. 下列各项中，会引起留存收益总额发生增减变动的是(　　)。

A. 盈余公积转增资本　　B. 盈余公积补亏

C. 资本公积转增资本　　D. 用税后利润弥补亏损

2. 某公司年初未分配利润为 1 000 万元，盈余公积为 500 万元，本年实现净利润 5 000 万元，分别提取法定盈余公积 500 万元，任意盈余公积 250 万元，宣告发放现金股利 500 万元，不考虑其他因素，该公司年末留存收益为(　　)万元。

A. 5 250　　B. 6 000　　C. 6 500　　D. 5 750

3. 2023 年年初某企业“利润分配——未分配利润”科目借方余额为 20 万元，2023 年该企业实现净利润为 160 万元，根据净利润的 10%提取盈余公积。该企业 2023 年年末可供分配利润的金额为(　　)万元。

A. 140　　B. 124　　C. 126　　D. 160

4. 在接受投资时，对于投资者投入的资金超过其在注册资本中所占份额的部分，应作为(　　)。

A. 实收资本　　B. 资本公积　　C. 盈余公积　　D. 营业外收入

5. 当企业的法定盈余公积达到注册资本的一定比例后，可不再计提法定盈余公积，那么这一比例是(　　)。

A. 20%　　B. 25%　　C. 30%　　D. 50%

6. 股份有限公司按规定注销库存股的，对被注销库存股的账面余额超过面值总额的部分，应依次冲减：(　　)

A. 盈余公积、未分配利润、资本公积　　B. 未分配利润、资本公积、盈余公积

C. 资本公积、未分配利润、盈余公积　　D. 资本公积、盈余公积、未分配利润

二、多选题

1. 企业吸收投资者出资时，下列会计科目的余额可能发生变化的有(　　)。

A. “资本公积”　　B. “盈余公积”　　C. “实收资本”　　D. “利润分配”

2. 下列各项中，会导致企业实收资本增加的有(　　)。

A. 盈余公积转增资本　　B. 接受投资者追加投资

C. 资本公积转增资本　　D. 接受非流动资产捐赠

3. 股份有限公司采用收购本公司股票的方式减资的，下列说法正确的有(　　)。

A. 按股票面值和注销股数计算的股票面值总额减少股本

B. 按股票面值和注销股数计算的股票面值总额减少库存股

C. 按所注销库存股的账面余额减少库存股

D. 购回股票支付的价款低于面值总额的,应按股票面值总额,借记“股本”科目,按所注销库存股的账面余额,贷记“库存股”科目,按其差额,贷记“资本公积——股本溢价”科目

4. 盈余公积的主要用途包括(　　)。

A. 转增资本　　B. 分派现金股利

C. 分配股票股利　　D. 弥补亏损

5. 下列项目中,能引起盈余公积发生增减变动的有(　　)。

A. 提取任意盈余公积　　B. 盈余公积转增资本

C. 用任意盈余公积补亏　　D. 用任意盈余公积派发现金股利

6. 某公司由甲、乙投资者分别出资 100 万元设立。为扩大经营规模,该公司的注册资本由 200 万元增加到 250 万元,丙企业以现金出资 100 万元享有公司 20%的注册资本,不考虑其他因素,该公司接受丙企业出资,相关科目的会计处理结果正确的有(　　)。

A. 贷记“实收资本”科目 100 万元　　B. 贷记“盈余公积”科目 100 万元

C. 贷记“资本公积”科目 50 万元　　D. 借记“银行存款”科目 100 万元

三、判断题

1. 年度终了,“利润分配”科目所属明细科目中,除了“未分配利润”明细科目可能有余额,其他明细科目均应无余额。(　　)

2. 企业溢价发行股票发生的手续费、佣金应从溢价中抵扣,溢价金额不足抵扣的调整留存收益。(　　)

3. 企业以资本公积转增资本会导致实收资本增加,从而导致企业所有者权益总额的增加。(　　)

4. 企业用当年实现利润弥补以前年度亏损,不需要单独进行账务处理,“利润分配——未分配利润”科目借贷方自动抵减即可完成。(　　)

5. 企业接受投资者以非现金资产投资时,应按投资合同或协议约定的价值确认资产的价值和在注册资本中应享有的份额,并将其差额确认为资本公积,但投资合同或协议约定的价值不公允的除外。(　　)

6. 如果以前年度未分配利润有盈余,在计算提取法定盈余公积的基数时,应包括企业年初未分配利润。(　　)

7. 企业收到的投资者超出其在企业注册资本中所占份额的投资,应直接计入当期损益。(　　)

四、业务题

1. 某上市公司 2022 年年初的未分配利润为 200 万元,全年实现净利润 800 万元,公司董事会于 2023 年 4 月 5 日提出公司上年利润分配方案并获股东大会批准,拟对 2022 年实现的利润进行分配。该公司按 10%提取法定盈余公积,5%提取任意盈余公积,分配现金股利 300 万元,用盈余公积转增资本 200 万元。

要求：根据上述资料，计算2022年年末的未分配利润，并编制有关的会计分录。

2. 某公司为新注册的有限责任公司。有关投入资本的情况如下：

(1) 收到投资者投入货币70万元。

(2) 收到作为资本投入的原材料一批，评估确认价格为20万元。经税务部门核定，应交增值税为2.6万元。已收到对方企业开来的增值税专用发票。

(3) 收到作为资本投入的不需要安装的生产流水线，合同约定的价值为100万元。

(4) 收到作为资本投入的专利权一项，投资方的账面价值为12万元，投资合同约定的价值为10万元。

要求：根据上述资料，编制相应的会计分录。

3. 甲公司2022年12月末，各损益类账务余额如下：(单位：万元)

主营业务收入	2 000(贷方)	其他业务收入	150(贷方)
投资收益	50(贷方)	营业外收入	15(贷方)
主营业务成本	1 500(借方)	其他业务成本	100(借方)
管理费用	180(借方)	财务费用	20(借方)
销售费用	200(借方)	营业外支出	12(借方)

本年利润贷方账户余额4 600万元(1～11月累计净利润)，“利润分配——未分配利润”账户余额3 000万元。经股东大会批准，按净利润的10%计提法定盈余公积，按净利润的10%计提任意盈余公积，投资者分配利润2 200万元。

要求：根据以上经济业务，编制收入费用结转、缴纳所得税、利润形成及利润分配等有关会计分录。

4. 甲公司于2018年发起设立方式成立，公司注册资本3 000万元。2022年1月1日，经公司股东会议并经证券监督管理机构核准，向社会公开发行普通股1 000万股，每股面值2元，每股发行价2元，发行费率1‰，取得扣除费用后的股款1 998万元，已经存入银行。甲公司2022年实现净利润5 000万元，经股东大会批准，按净利润的10%计提法定盈余公积，按净利润的5%计提任意盈余公积，向投资者分配利润200万元。

要求：根据以上经济业务，编制资本取得、利润形成以及利润分配等有关会计分录。

5. 所有者权益有关经济业务处理。

(1) 某国有独资企业收到国家拨入资本1 000万元，款项已存入企业开户银行。

(2) A企业接受投资者以存货和机器设备投资，其中原材料实际成本10 000元，进项税额1 300元，机器设备实际成本200 000元，进项税额26 000元，均已验收入库。

(3) 某企业接受外单位投入固定资产一台，投资单位账面原价100 000元，已提折旧20 000元，双方协议价值为90 000元。固定资产已投入使用。

(4) 甲股份有限公司发行股票，委托证券公司代理发行普通股1 000万股，每股面值1元，按每股5元的价格对外发行，按发行收入的3%向证券公司支付发行费用。股票发行已全部完成，股款已全部存入银行。

(5) 某企业决定用资本公积 150 000 元,盈余公积 200 000 元,一并转增资本。

(6) 某有限责任公司由 A、B、C 三位投资者投资组建,股权比例 2∶1∶1,资本总额为 1 000 000 元,现公司吸收新投资者 D,D 出资 500 000 元,取得五分之一的股权比例。新股东的出资已全部到位。

(7) 某企业年初累计未弥补亏损 500 000 元,本年实际利润 1 000 000 元,经决定用本年度实现利润弥补以前年度的累计亏损 500 000 元。

要求:根据经济业务,编制有关会计分录。

项目六 收入、费用和利润

学习目标

- 知识目标

1. 了解收入确认的原则和前提条件。
2. 掌握确认收入的条件。
3. 掌握经营费用和期间费用的内容及核算账户。
4. 掌握利润构成及其内容、营业外收支的内容和利润结转流程。
5. 掌握利润分配的顺序、利润分配的核算账户。

- 能力目标

1. 能够熟练进行确认收入的账务处理。
2. 能够熟练进行经营费用和期间费用的账务处理。
3. 能够熟练进行营业利润、利润总额和净利润的核算,以及营业外收支的核算。
4. 能够熟练进行利润分配的账务处理。
5. 能够熟练进行年度利润结转的账务处理。

- 素养目标

1. 培养学生遵纪守法、廉洁自律的法治意识。
2. 培养学生细致严谨的工匠精神、团结沟通的协作意识。
3. 培养学生大数据思维意识、会计职业判断能力。

德技并修

党的二十大报告中强调我们要加快建设国家战略人才力量,努力培养造就更多大师、战略科学家、卓越工程师和大国工匠等。从职业的角度来看,工匠精神指的是一种职业精神,是从业者的职业道德、职业能力、职业品质的体现。当代青年人必须要弘扬工匠精神,让青春熔铸于全面建设社会主义现代化国家和实现中华民族伟大复兴的奋进征程中。

项目引例

强国标尺——“收入、费用和利润”

“十三五”全国制造业企业销售收入年均增长11.2% 高科技技术制造业长势迅猛①②③

“十三五”期间，我国以高技术、智能化、柔性化为代表的先进制造业不断壮大。涌现出一批重大创新成果，促进了工业体系不断完善、质量加快提升、结构优化升级。国家税务总局增值税发票数据显示，“十三五”期间，全国制造业企业销售收入年均增长11.2%。其中，高技术制造业销售收入累计增长超过一倍，机器人、工业控制系统、集成电路、光电子器件等关键产品销售收入增长均超过两倍。

从横跨金沙江的巨型水电站到问鼎苍穹的“天问一号”从“深海一号”到驰骋于华夏大地的“复兴号”高铁；从C919全面进入实验试飞阶段到5G手机芯片投入商用……在苍茫太空、在深邃海域，“十三五”期间的一项项重大工程，彰显了中国制造的新高度和新水平。

问题思考：制造业是立国之本、强国之基，从根本上决定着一个国家的综合实力和国际竞争力。从会计核算角度，制造业企业的销售收入包括哪些？它们应如何进行核算？

项目学习流程及策略图

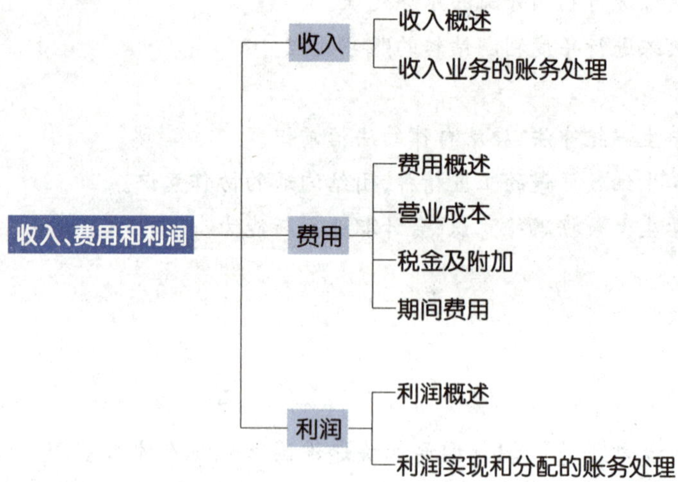

① 佚名.“十三五”期间我国高技术制造业增长迅猛[EB/OL].(2021-03-02)[2023-12-20]. https://www.gov.cn/xinwen/2021-03/02/content_5589829.htm.

② 佚名.十组税收数据反映“十三五”时期中国经济社会发展取得新的历史性成就[EB/OL].(2021-03-11)[2023-12-20]. https://www.gov.cn/xinwen/2021-03/11/content_5592232.htm.

③ 佚名.“十三五”全国制造业企业销售收入年均增长11.2%[EB/OL].(2021-03-11)[2023-12-25]. https://app.www.gov.cn/govdata/gov/202103/11/469227/article.html?ivk_sa=1024320u.

收入、费用和利润是动态反映企业经营成果的三大会计要素，利润表中各个具体项目正是三者的具体表现。宏观上，三者呈恒等式关系：利润＝收入－费用。

收入为企业日常活动形成的，会导致所有者权益（资产负债表要素）增加的，但是与所有者（股东）投入无关的经济利益的总流入。在利润表中，与收入相关的具体项目包括主营业务收入、其他业务收入、投资收益、营业外收入、公允价值变动收益等。费用和收入相反，是企业日常活动中发生的，会导致所有者权益减少的，与向所有者分配利润无关的经济利益的总流出，包括成本费用（主营业务成本、其他业务成本和税金及附加）、三大期间费用（销售费用、管理费用、财务费用）、资产减值损失、所得税费用等。利润就是企业一定会计期间的经营成果。利润一般有四个层次，毛利润、营业利润、利润总额和净利润。这四个层次的利润和收入费用均满足等式“利润＝收入－费用”，但是每个层次涉及的具体收入项目和费用项目不同。

任务一　收　　入

收入是指企业在日常活动中形成的，会导致所有者权益增加的，与所有者投入资本无关的经济利益的总流入。收入按照企业从事日常活动的性质的不同，分为销售商品收入、提供劳务收入、让渡资产使用权收入。收入按照企业经营业务主次的不同，分为主营业务收入和其他业务收入。收入类科目的列报如图 6-1所示。

6.1　认知收入

利润表

编制单位：　　　　　　　年　月　日　　　　　　　单位：元

项目	填列依据	本期金额	上期金额
营业收入	依据“主营业务收入”和“其他业务收入”科目的发生额分析填列		

图 6-1　收入类科目的列报

子任务一　收 入 概 述

企业加强收入核算与监督的目标包括保证收入的真实性、完整性，保证销售折让、折扣等可变对价正确合理，保证客户信用管理和货款的及时足额收回，反映企业向客户转让商品的模式及其相应的销售政策和策略等销售决策的科学性、合理性。

任务初探

问题思考： 什么是收入？企业对收入管理有什么要求？确认收入的必要条件？

案例准备： 收集并阅读我国《公司法》《企业财务通则》《企业所得税法实施条例》，了解国家对企业营业收入的管理要求。

6.2 《公司法》

6.3 《企业财务通则》

6.4 《企业所得税法实施条例》

任务研学

一、收入概述

收入是指企业在日常活动中形成的，会导致所有者权益增加的，与所有者投入资本无关的经济利益的总流入。收入具有以下特点。

（一）收入是企业在日常活动中形成的经济利益的总流入

日常活动，是指企业为完成其经营目标所从事的经常性活动以及与之相关的活动。工业企业销售产品，商业企业销售商品，安装公司提供安装服务，商业银行对外贷款，咨询公司提供咨询服务，租赁公司出租资产等活动，均属于企业为完成其经营目标所从事的经常性活动，由此形成的经济利益的总流入构成了收入。工业企业对外出售不需要的原材料，对外转让无形资产使用权，对外进行权益性投资或股权性投资等活动，虽不属于企业的经常性活动，但属于企业为完成其经营目标所从事的与经常性活动相关的活动，由此形成的经济制造的总流入也构成收入。

企业除了日常活动能带来经济利益流入，所从事或发生的其他活动也能为企业带来经济利益，但这些活动不属于企业为完成其经营目标所从事的经常性活动，也不属于与经常性活动相关的活动，那么这些经济利益只能作为企业的利得。例如，工业企业处置固定资产、无形资产形成的经济利益流入，因其他企业违约收取的罚款导致的经济利益流入等，只能作为企业的利得，而不能作为企业的收入。利得的产生属于企业没有经过经营过程就能取得的，一般也没有相应的费用发生。

（二）收入会导致企业所有者权益的增加

收入形成的经济利益总流入的形式多种多样，既可能表现为资产的增加，如增加银行存款、应收票据、应收账款；也可能表现为负债的减少，如减少预收账款；还有可能一方面增加资产，另一方面减少负债，如销售实现时，部分增加银行存款，部分减少预收账款。收入形成的经济利益的总流入能增加资产或减少负债或两者兼而有之。根据“资产－负债＝所有者权益”这一会计等式，收入的取得会使资产增加或负债减少，而资产的增加或负债的减少必定导致所有者权益的增加。导致所有者权益增加的仅仅指的是收入本身，而不是收入扣除费用后的差额。收入扣除费用后的净额有可能导致所有者权益的增加，也有可能导致所有者权益的减少。

企业为第三方或客户代收的款项，如企业代国家收取的增值税等，一方面增加企业的资产，另一方面增加企业的负债，并不增加企业的所有者权益，因此不构成企业的收入。

（三）收入与所有者投入资本无关

所有者投入资本主要是为谋求享有企业资产的剩余权益，由此形成的经济利益的总流入，不构成收入，而应作为企业的所有者权益。

6.5 初级实战演练

二、收入的分类

（一）按照收入的性质分类

按照收入的性质分类，收入可以分为商品销售的收入、提供劳务的收入和让渡资产使用权的收入。

（1）商品销售的收入，是指企业通过销售商品实现的收入。

（2）提供劳务的收入，是指企业通过提供劳务实现的收入。例如，企业通过提供旅游、运输、咨询、代理、培训、产品安装等劳务实现的收入。

（3）让渡资产使用权的收入，是指企业通过让渡资产使用权实现的收入，包括利息收入和使用费收入。利息收入主要是指金融企业对外贷款形成的利息收入，以及同业之间往来形成的利息收入等；使用费收入主要是指企业转让无形资产等资产的使用权形成的使用费收入。企业对外出租固定资产收取的租金、进行债权投资收取的利息、进行股权投资取得的现金股利等，也构成让渡资产使用权收入。

（二）按照企业经营业务的主次不同分类

1. 主营业务收入

主营业务收入是指企业为完成其经营目标所从事的经常性活动实现的收入，对企业的经济效益产生的影响比较大。一般来讲，在企业的收入中占的比重也比较大。对于不同的行业，企业的主营业务收入内容不同。

2. 其他业务收入

其他业务收入是指企业为完成其经营目标所从事的与经常性活动相关的活动实现的收入。其他业务收入属于企业日常活动中次要交易实现的收入，在企业的收入中占的比重比较小。对于不同的行业，企业的其他业务收入内容不同。

三、收入的确认与计量

企业在确认和计量收入时，确认收入的方式应当反映其向客户转让商品（或提供服务）的模式，收入的金额应当反映企业因转让这些商品（或服务）而预期有权收取的对价金额。

此处需要注意：一是客户，是指与企业订立合同以向该企业购买其日常活动的商品并支付对价的一方；二是商品，既包括商品又包括提供服务，但不包括出租固定资产的租金、进行债权投资收取的利息、进行股权投资取得的现金股利以及保费收入等。

(一) 收入确认的原则

企业应当在履行了合同中的履约义务，即在客户取得相关商品控制权时确认收入。所谓客户取得相关商品控制权，是指客户能够主导该商品的使用并从中获得几乎全部的经济利益，也包括有能力阻止其他方主导该商品的使用并从中获得经济利益。

企业在判断商品的控制权是否发生转移时，应当从客户的角度进行分析，即客户是否取得了相关商品的控制权以及何时取得该控制权。判断客户是否取得商品控制权应同时包括下列三项要素：

(1) 客户有能力。企业只有在客户拥有现时权利，能够主导该商品的使用并从中获得几乎全部经济利益时，才能确认收入。

(2) 客户主导该商品的使用。客户有能力主导该商品的使用，是指客户在其活动中有权使用该商品，或者能够允许或阻止其他方使用该商品。

(3) 客户能够获得几乎全部的经济利益。客户必须拥有获得商品几乎全部经济利益的能力，才能被视为获得了对该商品的控制。

(二) 收入确认的前提条件

企业与客户之间的合同同时满足五项条件的，企业应当在客户取得相关商品控制权时确认收入。

(1) 合同各方已批准该合同并承诺将履行各自义务。在现实商业交往中，合同各方达成一致。各方已签字盖章，即证明已批准该合同并承诺将履行各自义务。

(2) 该合同明确了合同各方与所转让商品相关的权利和义务。这里不包括各方签署的框架协议、战略合作协议，因为框架协议、战略合作协议没有法律的约束力。如果合同各方均有权单方面终止完全未执行的合同，且无须对合同其他方作出补偿的，该合同应当被视为不存在。

(3) 该合同有明确的与所转让商品相关的支付条款。没有支付条款用于捐赠，不属于收入。本条属于收入的计量。

(4) 该合同具有商业实质。即履行该合同将改变企业未来现金流量风险、时间分布或金额。没有商业实质的，非货币性资产交换，无论何时，均不应确认收入。

(5) 企业因向客户转让商品而有权取得的对价很可能收回。“很可能”是指可能性在50%及以上，企业在评估其因向客户转让商品而有权取得的对价是否很可能收回时，仅应考虑客户到期时支付对价能力和意图(即客户信用风险)。当对价是可变对价时，由于企业可能会向客户提供价格折让，企业有权收取的对价金额可能会低于合同标价，企业应当在估计交易价格时进行考虑。

(三) 收入确认和计量的步骤

收入确认和计量大致分为五步，也称五步法确定收入：一是识别与客户订立的合同；二是识别合同中的单项履约义务；三是确定交易价格；四是交易价格分摊至各项履约义务；五是履行每一单项履约义务时确认收入。其中第一、二、五步属于收入的确认，第三、四步属于收入的计量。

1. 识别与客户订立的合同

1) 合同的含义

合同，是指双方或多方之间订立有法律约束力的权利义务的协议，包括书面形式、口头形式(即时交易，如超市销售商品时钱货两清)以及其他可验证的形式(如隐含于商业惯例或企业以往的习惯做法中等)。

2) 合同的识别

识别与客户的合同，即要看企业与客户之间有没有合同，有一个还是多个合同，该合同属于新合同还是老合同。

企业与客户之间的合同同时满足下列五项条件的，企业应当在履行了合同中的履约义务，即在客户取得相关商品控制权时确认收入：①合同各方已批准该合同并承诺将履行各自义务(例如，合同上有相关负责人签字并加盖公章等)。②该合同明确了合同各方与所转让商品相关的权利和义务。③该合同有明确的与所转让商品相关的支付条款。④该合同具有商业实质，即履行该合同将改变企业未来现金流量的风险、时间分布或金额。⑤企业因向客户转让商品而有权取得的对价很可能收回。

企业在进行上述判断时，需要注意以下三个方面：

(1) 合同约定的权利和义务是否具有法律约束力。如果合同各方均有权单方面终止完全未执行的合同，且无须对合同其他方作出补偿的，该合同应当被视为不存在。

(2) 合同具有商业实质。没有商业实质的非货币性资产交换，无论何时，均不应确认收入。从事相同业务经营的企业之间，为便于向客户或潜在客户销售而进行的非货币性资产交换(例如，两家石油公司之间相互交换石油，以便及时满足各自不同地点客户的需求)，不应当确认收入。

(3) 企业在评估其客户转让商品而有权取得的是否很可能收回时，仅应考虑客户到期时支付对价的能力和意图(即客户的信用风险)。当对价是可变对价时，由于企业可能会向客户提供价格折让，企业有权收取的对价金额可能会低于合同标价，企业应当在估计交易价格时进行考虑。

对于不符合上述条件的合同，企业只有在不再负有向客户转让商品的剩余义务(例如，合同已完成或取消)，且已向客户收取的对价(包括全部或部分对价)，无须退回时，才能将已收取的对价确认为收入。否则，企业应当将已收取的对价作为负债进行会计处理，该负债代表了企业在未来向客户转让商品或退款的义务。其中，企业向客户收取无须退回的对价的，应当在将该部分对价所对应的商品的控制权转移给客户，已经停止向客户转让额外的商品，也不再负有此类义务时，或者相关合同已经终止时，将该部分对价确认为收入。

2. 识别合同中的单项履约义务

履约义务，是指合同中企业向客户转让可明确区分商品或服务的承诺。企业应当将向客户转让可明确区分商品(或者商品的组合)的承诺以及向客户转让一系列实质相同且转让模式相同的、可明确区分商品的承诺作为单项履约义务。例如，企业与客户签订合同，向其销售产品并提供维修服务。若该维修服务简单，该企业以外其他供应商也可以提供此类维修服务，该合同中销售商品和提供维修服务为两项单项履约义务。若该维修服务复杂且商品需要按客户定制要求生产，则合同中销售商品和提供维修服务合并为单项履约义务。合同开始日，企业应当识别合同所包含的各单项履约义务，并确定为单项履约义务是在某一时段内履行，还是某一时点履行，在履行了各单项履约义务时分别确认收入。

1）企业向客户转让可明确区分的商品（或者商品或者服务的组合）的承诺

企业向客户承诺的商品同时满足下列两个条件的时候，应当作为可明确区分的商品：

（1）客户能够从该商品本身或从该商品与其他易于获得资源一起使用中受益，即该商品本身能够明确分区。当客户能够使用、消耗或以高于残值的价格出售商品，或者以能够产生经济利益的其他方式持有商品时，表明客户能够从该商品本身获益。其他易于获得的资源，是指企业单独销售的商品，或者客户已经从企业获得资源或从其他交易或事项中获得的资源。

（2）企业向客户转让该商品的承诺与合同中其他承诺可单独分区，即转让该商品的承诺在合同中是可明确区分的。企业确定了商品本身能够明确区分后，还应当在合同层面继续评估转让该商品的承诺是否与合同中其他承诺彼此之间明确区分。

下列情况通常表明企业在向客户转让商品的承诺与合同中的其他承诺不可单独区分：

（1）企业须提供重大的服务以将该商品与合同中承诺的其他商品进行整合，形成合同约定的某个或某些组合产出转让给客户。

（2）该商品将对合同中承诺的其他商品予以重大修改或定制，即实质上每一项商品将被整合在一起以生产合同约定的组合产出。

（3）该商品与合同中承诺的其他商品具有高度关联性。也就是说，合同中承诺的每一项单项商品受到合同中其他商品的重大影响。合同中包含多项商品时，如果企业无法通过单独交付其中的某一单项商品而履行其合同承诺，可能表明合同中的这些商品彼此之间有强影响力。

2）企业向客户转让一系列实质相同且转让模式相同的、可明确区分商品的承诺

当企业向客户连续转让某项承诺的商品时，如每天提供类似劳务的长期劳务合同等，如果这些商品属于实质相同且转让模式相同的一系列商品，企业应当将这一系列商品作为单项履约义务。其中，转让模式相同，是指每一项可明确区分的商品均满足在某一时段内履行履约义务的条件，且采用相同方法确定其履约进度。例如，企业向客户提供 3 年的酒店管理服务，具体包括保洁、维修、安保等，但没有承诺具体的服务次数或者服务时间的要求，尽管企业每天提供的具体服务一定相同，但是企业每天对于客户的承诺都是相同的，即按照约定酒店管理标准，随时准备根据需要为其提供相关服务。因此，企业每天提供的该酒店管理服务符合“实质相同”的条件。

【业务 6-1】 陕西鸿腾股份有限公司为乙公司建造一栋办公楼，合同约定的价款为

20 000 000 元，6 个月完工，固定造价为 20 000 000 元。假如双方约定，如果陕西鸿腾股份有限公司提早 20 天完工，则乙公司将额外奖励陕西鸿腾股份有限公司 2 000 000 元。陕西鸿腾股份有限公司估计该工程提前 20 天完工的可能性为 95%。假设不考虑增值税等因素。陕西鸿腾股份有限公司该项业务能认定的交易价格是多少？

本业务中，陕西鸿腾股份有限公司估计该工程提前 20 天完工的可能性为 95%，则预计有权收取的对价为 22 000 000 元，即交易价格为 22 000 000 元（固定金额 20 000 000 元和可变金额 2 000 000 元）。

3. 确认交易价格

交易价格，是指企业因向客户转让商品而预期有权收取的对价金额。企业代第三方收取的款项（如增值税）以及企业预期将退还给客户的款项，应当作为负债进行会计处理，不计入交易价格。合同标价并不一定代表交易价格，在确定交易价格时，企业应当考虑可变对价、合同中存在的重大融资成分、非现金对价以及应付客户对价等因素的影响，并应当假定将按照现有合同的约定向客户转移商品，且该合同不会被取消、续约或变更。

1）可变对价

企业与客户的合同中约定的对价金额是固定的，也可能因为折扣、价格折让、返利、退款、奖励积分、激励措施、业绩奖金、索赔等因素而变化。

(1) 可变对价最佳估计数的确定。

企业应当按照期望值或最可能发生金额确定可变对价的最佳估计数。期望值是按照各种可能发生的对价金额即相关概率计算确定的金额。如果企业拥有大量具有类似特征的合同，并估计可能产生多个结果时，通常按照期望估计可变对价金额。

最可能发生金额是一系列可能发生的对价金额中最可能发生的单一金额，即合同最可能产生的单一结果。当合同仅有两个可能结果（例如，企业能够达到或不能达到某业绩奖金目标）时，按照最可能发生金额估计可变对价金额是恰当的。

(2) 计入交易价格的可变对价金额的限制。

企业按照期望值或最可能发生金额确定可变对价金额之后，计入交易价格的可变对价金额还应该满足限制条件，即包含可变对价的交易价格，应当不超过在相关不确定性消除时，累计已确认的收入极可能不会发生重大转回的金额。企业在评估是否极可能不会发生重大转回时，应当同时考虑收入转回的可能性及比重。其中，"极可能"发生的概率应远高于"很可能"（即可能性超过 50%），但不要求达到"基本确定"（即可能性超过 95%）。

企业应当将满足上述限制条件的可变对价的金额，计入交易价格。每一资产负债表日，企业应当重新估计应计入交易价格的可变对价金额，包括重新评估将估计的可变对价计入交易价格是否受到限制，以如实反映报告期末存在的情况以及报告期内发生的情况变化。

(3) 合同中存在的重大融资成分。

当企业将商品的控制权转移给客户的时间与客户实际付款的时间不一致时，如企业以赊销的方式销售商品，或者要求客户支付预付款等，如果各方以在合同中明确（或者以隐含的方式）约定的付款时间为客户或企业就转让商品的交易提供了重大融资利益，则合同中即包含了重大融资成分，企业在确定交易价格日应当对已承诺的对价金额作出调整，以剔除货币时间价值的影响。

合同中存在重大融资成分的，企业应当按照假定客户在取得商品控制权时以现金支付的应付金额（即现销价格）确定交易价格。企业在确定该重大融资成分的金额时，应使用将合同对价的名义金额折现为商品的现销价格的折现率。该折现率一经确定，不得因后续市场利率或客户信用风险等情况的变化而变更。企业确定的交易价格与合同承诺的对价金额之间的差额，应当在合同期间内采用实际利率法摊销。

为简化实务操作，如果在合同开始日，企业预计客户取得商品控制权与支付价款间隔不超过1年的，可以不考虑合同中存在的重大融资成分。

【业务6-2】 2023年1月1日，陕西鸿腾股份有限公司与乙公司签订一项销售合同，向乙公司销售其生产的一台大型设备。合同约定，乙公司采用分5年付款方式购买商品，每年交付80万元，设备合同价款共计400万元，每年的付款日均为当年12月31日。2023年1月1日，商品已经发出，该大型设备的成本为1 656 789元。在现销方式下，该大型设备的销售价格为3 032 632元。该设备适用的增值税税率为13%，收到货款时开出增值税专用发票。请编制该笔业务的会计分录。

根据上述资料，陕西鸿腾股份有限公司应当确认的销售商品收入金额为3 032 632元。

根据公式：未来5年收款额的现值＝现销方式下应收款项金额，可以得出：800 000×(P/A，r，5)＝3 032 632(元)，用插值法，计算出折现率：r＝10%。

(1) 2023年1月1日，确认销售商品收入：

借：长期应收款	4 520 000	
贷：主营业务收入		3 032 632
未实现融资收益		967 368
应交税费——待转销项税额		520 000
借：主营业务成本	1 656 789	
贷：库存商品		1 656 789

(2) 2023年12月31日(同年)确认未实现融资收益：

确认的融资收益＝(4 000 000－987 368)×10%＝303 263.20(元)

借：未实现融资收益	303 263.20	
贷：财务费用		303 263.20
借：银行存款(4 520 000/5)	904 000	
应收税费——待转销项税额(800 000×13%)	104 000	
贷：长期应收款		904 000
应交税费——应交增值税(销项税额)		104 000

(3) 第二年 12 月 31 日确认未实现融资收益：

确认的融资收益＝[(4 000 000－800 000)－(967 368－303 263.20)]×10%＝253 589.52(元)

借：未实现融资收益	253 589.52	
贷：财务费用		253 589.52
借：银行存款	904 000	
应交税费——待转销项税额	104 000	
贷：长期应收款		904 000
应交税费——应交增值税(销项税额)		104 000

2) 非现金对价

非现金对价包括实物资产、无形资产、股权、客户提供的广告服务等。通常情况下，企业应当按照非现金对价在合同开始日的公允价值确定交易价格。非现金对价公允价值不能合理估计的，企业应当参照其承诺向客户转让商品的单独售价间接确定交易价格。例如，甲公司向某客户销售一批空调，公允价值为 30 万元。该客户以其自用的一辆货车作为支付对价，公允价值为 28 万元，则甲公司应确认的收入为 28 万元，同时将收到的货车按 28 万元确认固定资产。

3) 应付客户对价

企业存在应付客户对价的，应当将该应付对价冲减交易价格，但应付客户对价是为了自客户取得其他可明确区分商品的除外。企业应付客户对价是为了向客户取得其他可明确区分商品的，应当采用与企业其他采购相一致的方式确所购买的商品。企业应付客户对价超过向客户取得可明确区分商品公允价值的，超过金额应当冲减交易价格。自客户取得的可明确区分商品公允价值不能合理估计的，企业应当将应付客户对价全额冲减交易价格。在将应付客户对价冲减交易价格进行会计处理时，企业应当在确认相关收入与支付(或承诺支付)客户对价两者孰晚的时点冲减当期收入。

4. 将交易价格分摊至各单项履约义务

当合同中包含两项或多项履约义务时，需要将交易价格分摊至各单项履约义务，分摊的方法是在合同开始日，按照各单项履约义务所承诺商品的单独售价(企业向客户单独销售商品的价格)的相对比例，将交易价格分摊至各单项履约义务。通过分摊交易价格，企业分摊至各单项履约义务的交易价格能够反映其因向客户转让已承诺的相关商品而有权收取的对价金额。

企业在类似环境下向类似客户单独销售某商品的价格，应作为确定该商品单独售价的最佳证据。合同或价目表上的标价可能是商品的单独售价，但不能默认其一定是该商品的单独售价。例如，企业为其销售的商品制定了标准价格，如果以低于该标准价格的折扣价格对外销售，则估计该商品的单独销售时要考虑的折扣因素。单独售价无法直接观察的，企业应当综合考虑其能够合理取得的全部相关信息，采用市场调整法、成本加成法、余值法等方法合理估计单独售价。

(1) 市场调整法,是指企业根据某商品或类似商品的市场售价,考虑本企业的成本和毛利等进行适当调整后的金额,确定其单独售价的方法。

(2) 成本加成法,是指企业根据某商品的预计成本加上其合理毛利后的金额,确定其单独售价的方法。

(3) 余值法,是指企业根据合同交易价格减去合同中其他商品可观察单独售价后的余额,确定某商品单独售价的方法。

当合同中包含两项或多项履约义务时,如果企业履行了其中的一项履约义务、向客户转让商品而获得了一项有权收取对价的权利,且该权利取决于时间流逝之外的其他因素,则企业应将其确认为合同资产,而不应确认为应收款项。

【业务 6-3】 陕西鸿腾股份有限公司与乙公司签订合同,向其销售一批电脑桌、办公座椅,两类商品不含增值税的单独售价分别为 60 000 元、20 000 元,合计为 80 000 元,不含增值税的合同总价款为 68 000 元。陕西鸿腾股份有限公司应按所售电脑桌、办公座椅单独售价的相对比例分摊计算各商品的交易价格计算如下:

电脑桌的交易价格=60 000－80 000×68 000=51 000(元)

办公座椅的交易价格=20 000－80 000×68 000=17 000(元)

当客户购买的一组商品中所包含的各单项商品的单独售价之和高于合同交易价格时,表明客户因购买该组商品而取得了合同折扣。合同折扣,是指合同中单项履约义务所承诺商品的单独售价之和高于合同交易价格的金额。企业应当在各单项履约义务之间按比例分摊合同折扣。有确凿证据表明合同折扣仅与合同中一项或多项(而非全部)履约义务相关的,企业应当将该合同折扣分摊至相关的一项或多项履约义务。

5. 履行各单项履约义务时确认收入

企业将商品转移给客户,客户取得了相关商品的控制权,意味着企业履行了合同履约义务,此时,企业应确认收入。企业将商品控制权转移给客户,可能是在某一时段内(即履行履约义务的过程中)发生,也可能在某一时点(即履约义务完成时)发生。企业应当根据实际情况,判断履约义务是否满足在某一时段内履行的条件,如不满足,则该履约义务属于在某一时点履行的履约义务。

需要说明的是,一般而言,确认和计量任何一项合同收入应考虑全部五个步骤,但履行某些合同义务确认收入不一定都经过五个步骤,如企业按照第二步确定某项合同仅为单项履约义务,可以从第三步直接计入第五步确认收入,不需要第四步(分摊交易价格)。

1) 在某一时段内履行的履约义务

(1) 在某一时段内履行履约义务的条件。

满足下列条件之一的,属于在某一时段内履行履约义务,如表 6-1 所示。

表 6-1　属于时段内的履行履约义务

履约义务	举例
客户在企业履约的同时即取得并消耗企业履约所带来的经济利益	常规或经常性的服务
客户能够控制企业履约过程中在建的商品	在客户场地上建造资产
企业履约过程中所产生的商品不具有可替代用途，且该企业在整个合同期间内有权就累计至今已完成的履约部分收取款项	建造只有客户能够使用的专项资产或按照客户的指示建造资产

其中，具有不可替代用途，是指因合同限制或实际可行性限制，企业不能轻易地将商品用于其他用途。有权就累计至今已完成的履约部分收取款项，是指在由于客户或其他方原因终止合同的情况下，企业有权就累计至今已完成的履约部分收取能够补偿其已发生成本和合理利润的款项，并且该权利具有法律约束力。

(2) 在某一时段内履行的履约义务的收入确认。

企业应当考虑商品的性质，采用产出法或投入法确定恰当的履约进度。

产出法，主要是根据已转移给客户的商品对于客户的价值确定履约进度，主要包括按照实际测量的完工进度、评估已经实现的结果、已经达到的里程碑、时间进度、已经完工或交付的产品等确定履约进度的方法。

投入法，主要是根据企业为履行履约义务的投入确定履约进度，主要包括以投入的材料数量、花费的人工工时或机器工时、发生的成本和时间进度等投入指标确定履约进度。

对于每一项履约义务，企业只能采用一种方法来确定其履约进度。对于类似情况下的类似履约义务，企业应当采用相同的方法确定履约进度。履约进度的计算公式如下：

履约进度 =（累计实际发生的成本 ÷ 预计总成本）× 100%

资产负债表日，当履约进度能合理确定时，企业按照合同的交易价格总额乘以履约进度扣除以前会计期间累计已确认的收入后的金额，确认当期收入。有关公式如下：

当期应确认的收入 = 合同的交易价格总额 × 履约进度 − 以前会计期间累计已确定的收入

当期营业成本 = 合同预计成本 × 履约进度 − 以前期间累计已确认的营业成本

当履约进度不能合理确定时，企业已经发生的成本预计能够得到补偿的，应当按照已经发生的成本金额确认收入，直到履约进度能够合理确定为止。

企业在采用成本法确定履约进度时，可能需要对已发生的成本进行适当调整的情形有：已经发生的成本反映企业履行其履约义务的进度；已经发生的成本与企业履行其履约义务的进度不成比例。

2) 在某一时点履行的履约义务

当一项履约义务不属于在某一时段内履行的履约义务时，应当属于在某一时点履行的履约义务。在判断客户是否已经取得商品控制权时，企业应当考虑以下情况：

(1) 企业就该商品享有现时收款权利，即客户就该商品负有现时付款义务。

(2) 企业已经将该商品的法定所有权转移给了客户，即客户已经拥有该商品的法定所有权。

(3) 企业已经将该商品实物转移给了客户，即客户已经实物占有该商品。

(4) 企业已经将该商品所有权上的主要风险和报酬转移到客户，即客户已取得该商品所有权上的主要风险和报酬。

(5) 客户已经接受该商品。

【业务 6-4】 (单选题)以下选项中对收入确认和计量的步骤表达不正确的是(　　)。

A. 应当先确定交易价格，再识别合同中的单项履约义务

B. 企业确认客户合同收入应以合同存在为前提

C. 若安装服务复杂且商品需要按客户定制要求生产，该合同中销售商品和提供安装服务应合并为单项履约义务

D. 交易价格不包括企业预期将退还给客户的款项

【解析】 选项 A 错误，应该先识别合同中的单项履约义务，再确定交易价格。

四、收入业务的核算

(一) 主营业务收入的核算

主营业务收入来自企业为完成经营目标而从事的日常活动中的主要项目，如工商企业的销售商品、银行的贷款和办理结算等。

1. 设置“主营业务收入”科目

6.6 初级实战演练

“主营业务收入”科目用于核算企业在销售商品、提供劳务等日常主营业务活动中所产生的收入。该科目属于损益类科目，应按照主营业务的种类设置明细科目。借方登记主营业务收入的减少值，期末实际结转到“本年利润”科目的主营业务收入，结转后无余额；贷方登记本期因销售商品、提供劳务产生的实际收入。“主营业务收入”科目的账户结构如图 6-2 所示。

主营业务收入

借方	贷方
1. 期末实际结转到“本年利润”科目的主营业务收入 2. 主营业务收入减少值	本期因销售商品、提供劳务产生的实际收入

图 6-2 “主营业务收入”科目的账户结构

6.7 初级实战演练

2. 设置“主营业务成本”科目

“主营业务成本”科目用于核算企业在销售商品、提供劳务等日常活动中的主要业务交易所发生的实际成本，该科目属于损益类科目，应按照产品或者项目种类设置明细科目。其借方登记本期结转的销售商品、提供劳务的实际成本，贷

方登记期末实际结转到“本年利润”科目的成本和因销售退回而冲减的主营业务成本，结转后无余额。“主营业务成本”科目的账户结构如图 6-3 所示。

主营业务成本	
借方	贷方
结转商品销售实际成本的数额	期末转入“本年利润”科目的数额

图 6-3　“主营业务成本”科目的账户结构

3. 设置“税金及附加”科目

“税金及附加”科目用于核算企业经营活动发生的消费税、城市维护建设税、资源税、教育费附加及房产税等。该科目是损益类科目，借方登记发生的相关税费，贷方登记期末从该账户结转到“本年利润”科目的数额，结转后该科目应无余额。“税金及附加”科目的账户结构如图 6-4 所示。

6.8　初级实战演练

税金及附加	
借方	贷方
发生的相关税费	期末转入“本年利润”科目的数额

图 6-4　“税金及附加”科目的账户结构

企业发生销售商品的业务，在满足销售商品收入确认条件的同时，按已收或应收的合同或协议价款和应收取的增值税销项税额，借记“银行存款”或“应收账款”“税金及附加”等科目；按确定的收入金额，贷记“主营业务收入”和“应交税费——应交增值税（销项税额）”等科目；同时或在资产负债表日，按已销商品的账面价值结转销售成本。

【业务 6-5】　2023 年 10 月 5 日，陕西鸿腾股份有限公司发给长虹机器厂 A 产品 1 000 件，增值税专用发票注明货款 500 000 元、增值税税额 80 000 元，代垫运杂费 10 000 元，该项收入符合销售收入的确认条件，并且已向银行办妥托收手续。月末结转该批产品的成本 400 000 元。请编制该笔业务的会计分录。

（1）确认销售收入的会计处理：

借：应收账款——长虹机器厂　　590 000

　　贷：银行存款　　10 000

　　　　主营业务收入　　500 000

　　　　应交税费——应交增值税(销项税额)　　80 000

（2）结转销售成本的会计处理：

借：主营业务成本　　400 000

　　贷：库存商品　　400 000

(二) 其他业务收入的核算

其他业务收入是指各类企业主营业务以外的其他日常活动所取得的收入。一般情况下,其他业务活动的收入不大,发生频率不高,在收入中所占比重较小,如材料物资及包装物销售、无形资产使用权实施许可、固定资产出租、包装物出租、运输、废旧物资出售收入等。其他业务收入是企业从事除主营业务以外的其他业务活动所取得的收入,具有不经常发生,每笔业务金额一般较小,占收入的比重较低等特点。

1. 设置"其他业务收入"科目

"其他业务收入"科目用于企业核算企业主营业务收入以外的其他业务所产生的收入,如材料销售、代购代销、包装物出租等产生的收入。该科目是损益类科目,在该科目下,企业应按其他业务的种类,如"材料销售""代购代销""包装物出租"等设置明细科目,进行明细核算。本科目借方登记其他业务收入减少值,期末金额全部转入"本年利润"科目的贷方,结转后应无余额;贷方登记企业其他业务产生的实际收入。"其他业务收入"科目的账户结构如图 6-5 所示。

其他业务收入

借方	贷方
1. 期末实际结转到"本年利润"科目的其他业务收入 2. 其他业务收入减少值	企业其他业务产生的实际收入

图 6-5 "其他业务收入"科目的账户结构

2. 设置"其他业务成本"科目

"其他业务成本"科目用于企业核算企业主营业务以外的其他销售或其他业务所发生的支出,包括其他销售业务的成本和其他业务产生的相关成本、费用及应缴纳的税金等。该科目借方登记结转商品销售实际成本的数额,贷方登记期末结转到"本年利润"科目的借方的数额,结转后应无余额。"其他业务成本"科目的账户结构如图 6-6 所示。

其他业务成本

借方	贷方
结转商品销售实际成本的数额	期末转入"本年利润"科目的数额

图 6-6 "其他业务成本"科目的账户结构

6.9 合同取得成本

五、合同成本

(一) 合同取得成本

合同取得成本是指企业为取得合同发生的预期能够收回的增量成本。合同取得成本应当确认为一项资产。其中，增量成本，是指企业不取得合同就不会发生的成本。为简化实务操作，该资产摊销期限不超过1年的，可以在发生时计入当期损益（销售费用）。

企业为取得合同发生的、预期能收回的增量成本之外的其他支出，如无论是否取得合同均会发生的差旅费、投标费等，应当在发生时计入当期损益。企业因现有合同续约或发生合同变更需要支付的额外佣金，也属于为取得合同发生的增量成本。

（二）合同履约成本

企业为履行合同发生的成本，不属于其他《企业会计准则》规范范围且同时满足下列条件的，应当作为合同履约成本确认为一项资产。

6.10　合同履约成本

该成本与一份当前或预期取得的合同直接相关，包括直接人工、直接材料、制造费用（或类似费用）、明确由客户承担的成本以及仅因该合同而发生的其他成本；该成本增加了企业未来用于履行（或持续履行）履约义务的资源；同时，该成本预期可以收回。

企业应当在下列支出发生时，将其计入当期损益：管理费用、消耗的直接材料、直接人工和制造费用（或类似费用），这些支出为履行合同发生，反映在合同价格中；与履约义务中已履行部分相关的支出；无法在尚未履行的与已经履行的履约义务之间区分相关支出。

（三）合同履约成本和合同取得成本的摊销和减值

1. 摊销

对于确认为资产的合同履约成本和合同取得成本，企业应当采用与该资产相关的商品收入确认相同的基础（即在履约义务履行的时点或按照履约义务的履约进度）进行摊销，计入当期损益。

2. 减值

合同履约成本和合同取得成本的账面价值高于下列第一项减去第二项的差额的，超出部分应当计提减值准备，并确认为资产减值损失。一是企业因转让与该资产相关的商品预期能够取得的剩余对价；二是为转让该相关商品估计将要发生的成本。

以前期间减值的因素之后发生变化，使得第一项减去第二项的差额高于该资产账面价值的，应当转回原已计提的资产减值准备，并计入当期损益，但转回后的资产账面价值不应超过假定不计提减值准备情况下该资产在转回日的账面价值。在确定上述资产的减值损失时，企业应当先对相关的其他资产确定减值损失，然后再按上述要求确定上述资产的减值损失。

在确定合同履约成本和合同取得成本的减值损失时，企业应当先确定其他资产减值损失，继而确定合同履约成本和合同取得成本的减值损失。测试相关资产组的减值情况，确定上述资产减值后的新账面价值计入相关资产组的账面价值。

（四）科目设置

1. “合同取得成本”科目

“合同取得成本”科目核算企业取得合同发生的、预计能够收回的增量成本。该科目可按合同进行明细核算。其借方登记发生的合同取得成本,贷方登记推销的合同取得成本,期末借方余额反映企业尚未结转的合同取得成本。"合同取得成本"科目的账户结构如图 6-7 所示。

合同取得成本	
借方	贷方
发生的合同取得成本	期末转入"本年利润"科目的数额

图 6-7 "合同取得成本"科目的账户结构

2. "合同履约成本"科目

"合同履约成本"科目核算企业为履行当前或预期取得的合同所发生的、不属于其他《企业会计准则》规范范围且按照收入准则应当确认为一项资产的成本,该科目可按照合同分别设置"服务成本""工程施工"等明细科目进行明细核算。该科目借方登记发生的合同履约成本,贷方登记摊销的合同履约成本,期末借方余额反映企业尚未结转的合同履约成本。"合同履约成本"科目的账户结构如图 6-8 所示。

合同履约成本	
借方	贷方
发生的合同履约成本	期末转入"本年利润"科目的数额

图 6-8 "合同履约成本"科目的账户结构

3. "合同负债"科目

"合同负债"科目核算企业已经收到或对客户对价而应向客户转让商品的义务。该科目按合同进行明细核算,借方登记企业向客户转让商品时冲销的金额;贷方登记向客户转让商品之前,已收无条件收取合同对价权利的金额。"合同负债"科目的账户结构如图 6-9所示。

合同负债	
借方	贷方
企业向客户转让商品时冲销的金额	向客户转让商品之前,已收无条件收取合同对价权利的金额

图 6-9 "合同负债"科目的账户结构

此外,企业发生减值的,还应该设置"合同履约成本减值准备""合同取得成本减值准备”“合同资产减值准备”等备抵科目进行核算。

(五) 合同成本的核算

1. 合同取得成本及销售收入的核算

企业对已经确认为资产的合同取得成本,应当采用与该资产相关的商品收入确认相同的基础进行摊销,计入当期损益。为了简化实务操作,该资产摊销期限不超过1年的,可以在发生时计入当期损益。企业发生合同取得成本时,借记“合同取得成本”科目,贷记“银行存款”“应付职工薪酬”等科目。对合同取得的成本进行摊销时,借记“销售费用”等科目,贷记“合同取得成本”科目。

【业务6-6】 陕西鸿腾股份有限公司通过竞标赢得乙公司,为取得与乙公司的合同,陕西鸿腾股份有限公司聘请外部律师进行尽职调查,支付相关费用25 000元,为投标而发生的差旅费为20 000元,支付销售人员佣金90 000元。陕西鸿腾股份有限公司预期这些支出未来均能够收回。此外,陕西鸿腾股份有限公司根据其年度销售目标、整体盈利情况和个人业绩等,向销售部门经理支付年度奖金636 000元,服务期为5年。请编制该笔业务的会计分录。

本业务中,佣金属于增量成本,陕西鸿腾股份有限公司应当将其作为合同取得成本确认为一项资产;律师尽职调查费、差旅费和年终奖不属于增量成本,应直接计入当期损益。陕西鸿腾股份有限公司有关业务处理如下:

(1) 支付与取得合同相关的费用:

借:合同取得成本	90 000	
管理费用	45 000	
贷:银行存款		135 000

(2) 每月确认收入,摊销佣金:

确认收入=636 000÷(1+6%)÷12=50 000(元)

借:应收账款——乙公司	53 000	
贷:主营业务收入		50 000
应交税费——应交增值税(销项税额)		3 000

每月摊销合同取得成本=90 000÷5÷12=1 500(元)

借:销售费用	1 500	
贷:合同取得成本		1 500

(3) 确认销售部门年度奖金及发放:

借:销售费用	20 000	
贷:应付职工薪酬		20 000

借:应付职工薪酬	20 000	
贷:银行存款		20 000

2. 合同履约成本及销售收入的核算

企业对已经确认为资产的合同履约成本，应当采用与该资产相关的商品收入确认相同的基础进行摊销，计入当期损益。企业发生合同履约成本时，借记“合同履约成本”科目，贷记“银行存款”“原材料”“应付职工薪酬”等科目。对合同履约成本进行摊销时，借记“主营业务成本”“其他业务成本”等科目，贷记“合同履约成本科目”。涉及增值税的，还应进行相应的处理。

【业务 6-7】 陕西鸿腾股份有限公司向乙公司提供安装中央空调的服务，合同总收入为 200 000 元，至年底已经预售 160 000 元，实际发生安装费用 90 000 元(假设均为安装人员薪酬)，估计还将发生安装费用 30 000 元。该项业务对陕西鸿腾股份有限公司来说属于在某一时段内履行的履约义务，假设陕西鸿腾股份有限公司按照时机发生的成本占估计总成本的比例确定安装服务的履约进度。请编制该笔业务的会计分录。

实际成本占估计总成本的比例＝90 000÷(90 000＋30 000)×100%＝75%

截至本年年底应确认的收入＝200 000×75%＝150 000(元)

(1) 预收服务款：

借：银行存款　　160 000
　　贷：合同负债　　160 000

(2) 实际发生成本：

借：合同履约成本　　90 000
　　贷：应付职工薪酬　　90 000

(3) 年底确认收入并结转成本：

借：合同负债　　159 000
　　贷：主营业务收入　　150 000
　　　　应交税费——应交增值税(销项税额)　　9 000

借：主营业务成本　　90 000
　　贷：合同履约成本　　90 000

任务拓展

通过对收入业务的学习，学生应掌握收入的概念、特征与分类，掌握收入确认条件和计量方式。

请同学们登录网中网企业财务会计理实互动实训教学平台，根据平台任务完成收入确认与计量核算练习。

子任务二　收入业务的账务处理

任务初探

问题思考：商品销售收入需要做哪些会计处理？最终这些收入归向哪里？

案例准备：阅读《企业会计准则第 14 号——收入》(财会〔2017〕22 号)（中华人民共和国财政部会计司于 2017 年 9 月 27 日关于企业“收入类账户发文 http://kjs.mof.gov.cn/zt/kjzzss/kuaijizhunzeshishi/201709/t20170907_2694006.htm）了解企业收入的确认、计量、合同成本等内容。

任务研学

一、一般销售商品收入的账务处理

销售商品收入是指以取得货币性资产方式的商品销售及正常情况下的以商品抵偿债务的交易等所取得的收入，如制造企业生产并销售产品、商业企业销售商品等实现收入。这里所指的商品包括企业为销售而生产的产品和为转售而购进的商品，如工业企业生产的产品和商业企业购进的商品等。企业销售的其他存货，如原材料、包装物，也视同企业的商品。

6.11　某一时点履行的履约义务

企业一般商品销售属于在某一时点履行的履约义务。对于在某一时点履行的履约义务，企业应当在客户取得相关商品控制权时点确认收入。在判断控制权是否转移时，企业应当综合考虑下列迹象：

（1）企业就该商品享有现时收款权利，即客户就该商品负有现时付款义务。

（2）企业已将该商品的法定所有权转移给客户，即客户已拥有该商品的法定所有权。

（3）企业已将该商品实物转移给客户，即客户已占有该商品实物。

（4）企业已将该商品所有权上的主要风险和报酬转移给客户，即客户已取得该商品所有权上的主要风险和报酬。

（5）客户已接受该商品。

（一）现金结算方式

企业以现金结算方式对外销售商品，在客户取得相关商品控制权确认收入，按实际收到的款项，借记“库存现金”“银行存款”等科目；按实现的收入贷记“主营业务收入”科目，按应交的增值税，贷记“应交税费——应交增值税（销项税额）”科目。

同时，按照实际对外销售商品的成本，借记“主营业务成本”科目；如果对外销售商品存在尚未转销的存货跌价准备，还应当按照销售的份额，借记“存货跌价准备”科目，贷记“库存商品”科目。

【业务 6-8】　2023 年 12 月 1 日，陕西鸿腾股份有限公司向乙公司销售商品一批，开具的增值税专用发票上注明售价为100 000元，增值税税额为13 000元。当日陕西鸿腾股份有限公司收到乙公司支付的款项并存入银行。该批商品的实际成本为80 000元，该商品计提存货跌价准备为10 000元。2023年12月4日，乙公司收到商品并验收入库。请编制该笔业务的会计分录。

（1）确认收入：

借：银行存款　　113 000

　贷：主营业务收入　　100 000

　　　应交税费——应交增值税（销项税项）　　13 000

（2）结转销售商品成本：

借：主营业务成本　　70 000

　存货跌价准备　　10 000

　贷：库存商品　　80 000

（二）发出商品业务

企业按合同发出商品，合同约定客户只有在商品售出取得价款后才支付货款。企业向客户转让商品的对价未达到“很可能收回”收入确认条件。在发出商品时，企业不应确认收入，将发出商品的成本记入“发出商品”科目，借记“发出商品”科目，贷记“库存商品”科目。如已发出的商品被客户退回，应编制相反的会计分录。“发出商品”科目核算企业商品已发出但客户没有取得商品控制权的商品成本。

当收到货款或取得收取货款时，确认收入，借记“银行存款”“应收账款”等科目，贷记“主营业务收入”“应交税费——应交增值税（销项税额）”科目。同时，结转已销售商品成本，借记“主营业务成本”科目，贷记“发出商品”科目。

（三）材料销售业务

企业在日常活动中发生对外销售不需要的原材料、随同商品对外销售且单独计价的包装物等业务。企业销售原材料、包装物等存货取得收入的确认和计量原则比照商品销售。企业销售原材料、包装物等存货确认的收入作为其他业务收入处理，借记“应收账款”科目；按实现的收入，贷记“其他业务收入”科目；按应交的增值税，贷记“应交税费——应交增值税（销项税额）”科目。

按照实际对外销售材料的成本，借记“其他业务成本”科目，贷记“原材料”“周转材料”等科目。如果企业采用计划成本法核算存货，还应将材料负担的材料成本差异一并结转，借记或贷记“材料成本差异”科目。

（四）销售退回业务

销售退回，是指企业因售出商品在质量、规格等方面不符合销售合同规定条款的要求，客户要求企业予以退货。企业销售商品发生退货，表明企业履约义务的减少和客户商品控制权及其相关经济利益的丧失。未确认收入的商品发生退回时，应当按照退回的商品成本，借记“库存商品”科目，贷记“发出商品”科目。

已确认销售商品收入的售出商品发生销售退回的，除了属于资产负债表日后事项的，企业收到退回的商品时，应退回货款或冲减应收账款，并冲减主营业务收入和增值税销项税额，借记“主营业务——收入”“应交税费——应交增值税（销项税额）”等科目，贷记“银行存款”“应收票据”“应收账款”等科目。收到退回商品验收入库，按照商品成本，借记“库存商品”科目，贷记“主营业务成本”科目。

【业务 6-9】 2023 年 12 月 10 日，陕西鸿腾股份有限公司销售一批商品，增值税专用发票上注明售价为 500 000 元，增值税税额为 65 000 元。客户收到该批商品并验收入库；当日收到客户支付的货款并存入银行。该批商品成本为 400 000 元。该项业务属于在某一时点履行的履约义务并确认销售收入。

2023 年 12 月 20 日，该批部分商品质量出现了严重问题，客户将该批商品的 50%退回。陕西鸿腾股份有限公司同意退货，于退货当日支付了退货款，并按规定向客户开具了增值税专用发票(红字)。假设不考虑其他因素，请编制该笔业务的会计分录。

(1) 12 月 10 日，确认收入：

借：应收账款　　565 000
　贷：主营业务收入　　500 000
　　应交税费——应交增值税(销项税额)　　65 000

同时，结转销售商品成本：

借：主营业务成本　　400 000
　贷：库存商品　　400 000

(2) 12 月 20 日，商品的 50%销售退回：

借：主营业务收入　　250 000
　应交税费——应交增值税(销项税额)　　32 500
　贷：银行存款　　282 500

借：库存商品　　200 000
　贷：主营业务成本　　200 000

(五) 销售折扣和现金折扣的销售业务

商业折扣，是指企业为促进商品销售而给予的价格扣除。例如，企业为鼓励客户多买商品，规定购买 200 件以上商品给予客户 5%折扣。此外，企业为了尽快出售一些残次的商品，也可能降价(即打折)销售。商业折扣在销售前即已发生，并不构成最终成交价格的一部分，企业应当按照扣除商业折扣后的金额确定商品销售价格和销售商品收入金额。

6.12　商业折扣与现金折扣

【业务 6-10】 (单选题)陕西鸿腾股份有限公司为增值税一般纳税人，在 2023 年 12 月 2 日销售商品 200 件并开具增值税专用发票，每件商品标价为 1 000 元(不含增值税)，商品适用的增值税税率为 13%。每件商品实际成本为 700 元。由于成批销售，陕西鸿腾股份有限公司给予客户20%商业折扣。商品于当日发出,客户于12月10日付款。该销售业务属于在某一时点履行的履约义务。不考虑其他因素。下列各项中,有关陕西鸿腾股份有限公司销售商品会计处理表述正确的是(　　)。

A. 确认主营业务收入160 000元

B. 确认财务费用40 000元

C. 确认主营业务成本112 000元

D. 确认应交税费——应交增值税(销项税额)26 000元

【解析】 答案为选项A,企业应当按照扣除商业折扣后的金额确定商品销售价格和销售商品收入金额。因此,当期收入=200×1 000×(1−20%)=160 000(元)。

现金折扣,是指债权人为偿还债务人在规定的期限内付款而向债务人提供的债务扣除。现金折扣一般用符号“折扣率/付款期限”表示。例如,“2/10,1/20,N/30”表示:销货方允许客户最长的付款期限为30天,如果客户在10天内付款,销货方可按商品售价给予客户2%的折扣;如果客户在11～20天付款,销货方可按售价1%的折扣给予客户,如果客户在21～30天内付款,将不能享受现金折扣。

企业对外销售商品,在客户取得相关商品控制权时点确认收入,按照期望值或最可能发生金额确定收入金额,借记“应收账款”科目;按实现的收入,贷记“主营业务收入”科目,按应交的增值税,贷记“应交税费——应交增值税(销项税额)”科目。按照实际对外销售商品的成本,借记“主营业务成本”科目,贷记“库存商品”科目。在实际收到款项时,借记“银行存款”科目,贷记“应收账款”科目。

二、提供劳务收入的账务处理

企业提供劳务的种类很多,如旅游、运输、饮食、广告、咨询、代理、培训、产品安装等。有的劳务一次就能完成,且一般为现金交易,如饮食、理发、照相等;有的劳务需要花费一段较长的时间才能完成,如安装、旅游、培训、远洋运输等。企业提供劳务收入的确认原则因劳务完成时间的不同而不同。

6.13 某一时间段内履行的履约义务

对于一次就能完成的劳务,企业应在提供的劳务完成时确认收入及相关成本,确认的金额通常为从接受劳务方已收或应收的合同或协议价款,确认原则可参照销售商品收入的确认原则。对于持续一段时间但在同一会计期间内开始并完成的劳务,企业应在为提供劳务发生相关支出时确认劳务成本,劳务完成时再确认劳务收入,并结转相关劳务成本。

(一) 计量过程

1. 确认收入与费用

完工百分比法,是指按照提供劳务交易的完工进度确认收入与费用的方法。完工百分比法下,本期应确认的劳务收入及费用的计算公式如下:

本期确认的收入 = 劳务总收入 × 至本期期末劳务的完工进度 − 以前期间已确认的收入

本期确认的费用 = 劳务总成本 × 至本期期末劳务的完工进度 − 以前期间已确认的费用

2. 确认完工进度

企业可选择以下方法确定完工进度：

(1) 已完成的工作的测量，这是一种比较专业的测量方法，由专业测量师对已经提供的劳务进行测量，并按一定的方法计算确定提供劳务交易的完工程度。

(2) 已经提供的劳务占应提供劳务总量的比例，这种方法主要以劳务量为标准确定提供劳务交易的完工程度。

(3) 已经发生的成本占估计总成本的比例，这种方法主要以成本为标准确定提供劳务交易的完工程度。只有反映已提供劳务的成本才能包括在已经发生的成本中，只有反映已提供或将提供劳务的成本才能包括在估计总成本中。

(二) 同一会计期间内开始并完成的账务处理

企业对外提供劳务，如属于企业的主营业务，所实现的收入应作为主营业务收入处理，结转的相关成本应作为主营业务成本处理；如属于主营业务以外的其他经营活动，所实现的收入应作为其他业务收入处理，结转的相关成本应作为其他业务成本处理。企业对外提供劳务发生的支出一般先通过“劳务成本”科目归集，待确认为费用时，再由“劳务成本”科目转入“主营业务成本”或“其他业务成本”科目。

【业务 6-11】 陕西鸿腾股份有限公司接受一项设备安装业务，该安装工程为一次性安装，合同总价款为 100 000 元，实际发生成本为 60 000 元，均为职工薪酬。假定安装业务属于陕西鸿腾股份有限公司的主营业务，不考虑相关税费。请编制该笔业务的会计分录。

借：应收账款	100 000	
贷：主营业务收入		100 000
借：主营业务成本	60 000	
贷：应付职工薪酬		60 000

(三) 不同会计期间内开始和完成的账务处理

1. 提供劳务交易结果能够可靠估计

如果劳务的开始和完成分属不同的会计期间，且企业在资产负债表日提供劳务交易的结果能够可靠估计，企业应采用完工百分比法确认劳务收入，同时满足下列条件的，提供劳务的结果可以可靠估计。

收入的金额能够可靠计量。具体地说，提供劳务收入的总额能够合理被估计。通常情况下，企业应当按照从接受劳务方已收或应收的合同或协议价款确定提供劳务收入总额。随着劳务的不断提供，可能会根据实际情况增加或减少已收或应收的合同或协议价款，此时，企业应及时调整提供劳务收入总额。

相关的经济利益很可能流入企业。相关的经济利益很可能流入企业，是指提供劳务收入总额收回的可能性大于不能收回的可能性。企业在确定提供劳务收入总额能否收回时，应当结合接受劳务方的信誉、以前的经验以及双方就结算方式和期限达成的合同或协议条款等因素，综合进行判断。通常情况下，企业提供的劳务符合合同或协议要求，接受劳务方承诺付款，就表明提供劳务收入总额收回的可能性大于不能收回的可能性。

交易的完工进度能够可靠确定。企业可以根据提供劳务的特点，确定提供劳务交易的完工进度。

交易中已发生和将发生的成本能够可靠计量。交易中已发生和将发生的成本能够可靠计量，是指交易中已经发生和将要发生的成本能够合理被估计。企业应当建立完善的内部成本核算制度和有效的内部财务预算及报告制度，准确地提供每期发生的成本，并对完成剩余劳务将要发生的成本作出科学、合理的估计。同时，应随着劳务的不断提供或外部情况的不断变化，随时对将要发生的成本进行调整。

2. 提供的劳务交易结果不能可靠估计

如劳务的开始和完成分属于不同的会计期间，且企业在资产负债表日提供的劳务交易结果不能可靠估计的，即不能同时满足上述条件，则不能采用完工百分比法确认提供劳务收入。企业应当正确预计已经发生的劳务成本能否得到补偿，区分下列情况进行处理：

(1) 已经发生的劳务成本预计全部能够得到补偿，应按已收或预计能够收回的金额确认提供劳务收入，并结转已经发生的劳务成本。

(2) 已经发生的劳务成本预计部分能够得到补偿的，应按能够得到补偿的劳务成本金额确认提供劳务收入，并结转已经发生的劳务成本。

(3) 已经发生劳务成本预计全部不能得到补偿的，应将已经发生的劳务成本计入当期损益（主营业务成本或其他业务成本），不确认提供劳务收入。

【业务 6-12】 陕西鸿腾股份有限公司于 2023 年 12 月 20 日接受乙公司委托，为其培训一批学员，培训期为 3 个月，次年 1 月 1 日开学。协议规定，乙公司应向陕西鸿腾股份有限公司支付培训费总额为 30 000 元，分 1 月 1 日、2 月 1 日、培训结束日 3 次等额付款。

2024 年 1 月 1 日开课之时，乙公司预付了第一次培训费。至 1 月 31 日为止，陕西鸿腾股份有限公司共发生培训成本 12 000 元（假设均为培训人员薪酬）。同年 2 月 1 日，得知乙公司经营困难，后两次培训费能否收到难以确定，假设不考虑相关税费。请编制该笔业务的会计分录。

(1) 1 月 1 日，开课时收到乙公司预付的培训费时：

借：银行存款　　10 000
　　贷：预收账款　　10 000

6.14 初级实战演练

(2) 实际发生培训成本 12 000 元时：

借：劳务成本　　12 000
　　贷：应付职工薪酬　　12 000

借：主营业务成本　　12 000
　　贷：劳务成本　　12 000

三、让渡资产使用权收入的账务处理

让渡资产使用权收入包括利息收入和使用费收入。使用费收入主要是指让渡无形资产等资产使用权的使用费收入、出租固定资产取得的租金、进行股权投资取得的现金股利等,也构成让渡资产使用权收入。这里主要介绍让渡无形资产等资产使用权的使用费收入业务的账务处理。让渡资产使用权的使用费收入同时满足下列条件的,才能予以确认。

(1) 相关的经济利益很可能流入企业。企业在确定让渡好产使用权的使用权收入金额是否很可能收回时,应当根据对方企业的信誉和生产经营情况、双方就结算方式和期限等达成的合同或协议条款等因素,综合进行判断。如果企业估计使用费收入金额收回的可能性不大,就不应确认收入。

(2) 收入的金额能够可靠计量。当让渡资产使用权的使用费收入金额能够可靠估计时,企业才能确认收入。让渡资产使用权的使用费收入金额,应按照有关合同或协议约定的收费时间和方法计算确定。不同的使用费收入,其收费时间和方法各不相同。

(一) 让渡资产使用权收入的计量

企业应当分别下列情况确定让渡资产使用权收入金额:

(1) 利息收入金额,按照他人使用本企业货币资金时间和实际利率计算确定。

(2) 使用费收入金额,按照有关合同或协议约定的收费时间和方法计算确定。

如果合同或协议规定一次性收取使用费,且不提供后续服务的,应当视同销售该项资产一次性确认收入;提供后续服务的,应在合同或协议规定的有效期内分期确认收入。如果合同或协议规定分期收取使用费的,应按合同或协议规定的收款时间和金额或规定的收费方法计算确定的金额分期确认收入。

(二) 让渡资产使用权收入的账务处理

企业让渡资产使用权的使用费收入,一般被作为其他业务收入处理;让渡资产所计提的摊销额等,一般被作为其他业务成本处理。企业确认让渡资产使用权使用费收入时,按确认的收入金额,借记"银行存款"等科目,贷记"其他业务收入"科目。企业对所让渡资产计提摊销以及所发生的与让渡资产有关支出等借记"其他业务成本"科目,贷记"累计摊销"科目。

【业务 6-13】 陕西鸿腾股份有限公司向乙公司转让某专利使用权,一次性收取使用费 50 000 元,不提供后续劳务,款项已经收回。假定不考虑相关税费。请编制该笔业务的会计分录。

借:银行存款　　50 000

　　贷:其他业务收入　　50 000

任务拓展

通过对收入业务的业务处理的学习,学生应了解销售商品收入、提供劳务收入、让渡资产使用权收入的业务处理办法,掌握收入业务的一般核算方法。

请同学们登录网中网企业财务会计理实互动实训教学平台,根据平台任务完成收入业务的业务处理练习。

任务二 费 用

6.15 认知费用

费用作为会计要素与收入相对应存在，费用包括企业日常活动所发生的经济利益的总流出，主要指企业为取得营业收入进行产品销售等营业活动所发生的营业成本、税金及附加、期间费用。费用应按照权责发生制确认，凡应属于本期发生的费用，不论其款项是否支付，均确认为本期费用；反之，不属于本期发生的费用，即使其款项已经在本期支付，也不确认为本期费用。费用类科目列报如图 6-10 所示。

利润表

编制单位： 年 月 日 单位：元

项目	填列依据	本期金额	上期金额
……			
营业成本	依据“主营业务成本”和“其他业务成本”两科目的发生额分析填列		
税金及附加	依据“税金及附加”科目的发生额分析填列		
销售费用	依据“销售费用”科目的发生额分析填列		
管理费用	依据“管理费用”科目的发生额分析填列		
财务费用	依据“财务费用”科目的发生额分析填列		
……			

图 6-10 费用类科目列报

子任务一 费用概述

任务初探

问题思考： 什么是费用？企业在生产经营中都会产生哪些费用？

案例准备： 收集并阅读我国《公司法》《企业财务通则》和《企业所得税实施条例》，了解国家对企业费用的管理要求。

任务研学

一、费用概述

（一）费用的概念

费用是指企业在日常生活中发生的、会导致所有者权益减少的、与向所有者分配利润无关的经济利益的总流出。对费用有广义和狭义的两种解释。广义上认为，费用包括企业各种费用和损失。狭义上认为，费用只包括为获得营业收入提供商品或劳务而发生的耗费，即仅仅指与商品或劳务的提供相联系的耗费，并非所有的耗费都表现为费用，如企业的投资支出、利润分配等。

（二）费用的特征

费用具有以下特征。

1. 费用是企业在日常活动中形成的经济利益的总流出

日常活动是指企业为完成其经营目标所从事的经常性活动以及与之相关的其他活动。工业企业制造并销售产品、商业企业购买并销售产品、咨询公司提供咨询服务、软件开发企业为客户开发软件、安装公司提供安装服务、租赁公司出租资产活动中发生的经济利益的总流出构成费用。工业企业对外出售不需要用的原材料结转的材料成本等，也构成费用。费用形成于企业日常活动的特征使其与产生于非日常活动的损失相区分。企业从事或发生的某些活动也能导致经济利益流出企业但不属于企业的日常活动。

2. 费用会导致企业所有者权益的减少

费用既可能表现为资产的减少，如减少银行存款、库存现金等；也可能表现为负债的增加，如增加应付职工薪酬、应交税费（应交增值税、消费税等）等。根据“资产－负债＝所有者权益”这一会计等式，费用一定会导致企业所有者权益的减少。

企业经营管理中的某些支出并不减少企业的所有者权益，也就不构成费用。例如，企业以银行存款偿还一项负债，只是一项资产和一项负债的等额减少，对所有者权益没有影响，因此，不构成企业的费用。

3. 费用与所有者分配利润无关

向所有者分配利润或股利属于企业利润分配的内容，不构成企业的费用。

二、费用与资产、成本和损失的关系

（一）费用与资产

费用是资产的耗费，企业费用的发生必然会导致企业经济资源的减少，由于“资产＝负债＋所有者权益”，企业发生的费用最终会减少企业的所有者权益。

（二）费用与成本

虽然费用和成本的发生都是货币资金的付出或其他资产的耗费，但是成本并不等于费用。费用是相对于收入而言的，当这些支出和耗费与当期收入相配比时，即计入当期损益时，才能成为当期的费用。期间费用，是指当它们发生时，不能与某一种类的收入相配比，只能与相应期间的收入相配比；成本，是指企业为生产产品、提供劳务而发生的各种耗费，这种耗费通常按一定的对象加以归集，形成产品成本或某一项目的成本。因此，成本是耗费的对象化。当成本对象被销售后，相应的对象化的耗费（即相应的成本）就转为与其收入相配比的费用。

从某一会计期间看，在计算利润时，成本不能被收入直接抵减，除非成本对象被销售。

而期间费用则被相应期间的收入直接抵减，作为当期收益的减除项目。由此可以看出，站在利润表的角度，企业的营业成本、税金及附加、期间费用和所得税费用等都属于费用项目。

（三）费用与损失

损失是企业生产经营过程中发生的非正常的支出或偶发的交易或事项而产生的经济利益流出。费用则是日常经营活动中所发生的正常耗费，可以与一定期间的销售收入相配比，从实现的收入中的补偿。

三、费用的分类

（一）费用按照经济内容分类

费用按其经济内容可以分为外购材料、外购燃料、外购动力、职工薪酬、职工福利费、折旧费、利息费、税费、其他支出等。

（1）外购材料，是指企业为进行生产经营而耗费的一切从外部购进的原材料、半成品、辅助材料、包装物、修理用备件和低值易耗品等。

（2）外购燃料，是指企业为进行生产经营而耗费的一切从外部购进的各种燃料。

（3）外购动力，是指企业为进行生产经营而耗费的一切从外部购进的各种动力。

（4）职工薪酬，是指本期产品生产工人和经营管理人员的工资。

（5）职工福利费，是指本期用于职工福利的费用。

（6）折旧费，是指按规定计提的固定资产折旧费。

（7）利息费，是指支付给金融机构的银行贷款的利息及手续费等。

（8）税费，是指按规定应交的各种税费。

（9）其他支出，是指不属于以上各项要素的费用支出。

（二）费用按照经济用途分类

按经济用途分类，费用分为经营费用和期间费用。

1. 经营费用

经营费用是企业为完成其经营目标所从事的经常性活动以及与之相关的其他活动的经济利益的总流出。它包括从事主要经营活动发生的主营业务成本，从事次要经营活动发生的其他业务成本，以及税金及附加等。

企业的主营业务成本和其他业务成本是由当期已销产品的生产成本或已提供劳务成本转化来的。生产成本（或劳务成本）是指与生产产品有关的费用，是以产品为成本对象归集的费用，具体包括直接材料、直接人工、制造费用等。

2. 期间费用

期间费用指企业当期发生的直接计入当期损益的各项费用。它包括销售费用、管理费用和财务费用。

四、费用的确认与计量

（一）费用的确认

费用在确认时应注意以下几点：

(1) 应划分生产费用与非生产费用的界限。生产费用是指与企业日常生产经营活动有关的费用，如生产产品所发生的原材料费用、人工费用等；非生产费用是指不属于生产费用的费用，如用于购建固定资产所发生的费用。

(2) 应分清生产费用与产品成本的界限。生产费用与一定期间相联系，而与生产产品无关；产品成本与一定品种和数量的产品相联系，且不论发生在哪一期。

(3) 应分清生产费用与期间费用的界限。生产费用应计入产品成本，而期间费用直接计入当期损益。

费用的确认除了应符合定义，也应满足严格的条件，即费用只有在其经济利益很可能流出从而导致企业资产减少或者负债增加，且经济利益的流出额能够可靠计量时才能予以确认。因此，费用的确认至少应当符合以下条件：与费用相关的经济利益应当很可能流出企业；经济利益流出企业的结果会导致资产的减少或者负债的增加；经济利益的流出额能够可靠地计量。

(二) 费用的计量

费用是通过所使用或所耗用的商品或劳务的价值来计量的，通常的费用计量标准是实际成本。企业会计制度规定，企业在生产过程中所发生的其他各项费用，应以实际发生数计入成本、费用。费用采用实际成本计量，是由于实际成本代表了企业获得商品或劳务时的交换价值由交易双方认可，具有客观性和可验证性，从而能够使会计信息具有足够的可靠性。

6.16　初级实战演练

任务拓展

通过对费用的学习，学生应掌握费用的概念、特征与分类，掌握费用确认条件和计量方式。

请同学们登录网中网企业财务会计理实互动实训教学平台，根据平台任务完成费用确认与计量核算练习。

子任务二　营业成本

营业成本包括主营业务成本和其他业务成本，是指企业为生产产品、提供服务等发生的可归属于产品成本、服务成本等的费用。企业应当在确认销售商品收入、提供劳务收入等时，将已销售商品、已提供劳务的成本确认为主营业务成本或其他业务成本。需要注意的是，主营业务和其他业务是相对而言的，企业应当根据自身经营业务进行划分。

任务初探

问题思考：营业成本和其他企业支出有什么区别？怎么判断营业成本？

案例准备：搜索并阅读国家税务总局公告 2011 年第 64 号文件，研读其中对可填报营业成本范围的规定，并进行课堂讨论。

任务研学

一、主营业务成本

主营业务成本，是指企业销售商品、提供劳务等经营性活动所发生的成本。企业一般在确认销售商品、提供劳务等主营业务收入时或在月末，将已销售商品、已提供劳务的成本转入主营业务成本。

企业应当设置"主营业务成本"科目，按主营业务的种类进行明细核算，用于核算企业因销售商品、提供劳务或让渡资产使用权等日常活动而发生的实际成本，借记该科目，贷记"库存商品""合同履约成本"等科目。期末，将主营业务成本的余额转入"本年利润"科目，借记"本年利润"科目，贷记该科目，结转后，"主营业务成本"科目无余额。

【业务 6-14】 2023 年 12 月 10 日，陕西鸿腾股份有限公司销售商品给乙公司，开出的增值税专用发票上注明的价款为 100 000 元、增值税税额为 13 000 元，该商品成本为 80 000 元，已提存货跌价准备 10 000 元。当日，乙公司将商品验收入库，并支付了相关款项。请编制该笔业务的会计分录。

(1) 确认收入：

分录	借方	贷方
借：银行存款	113 000	
贷：主营业务收入		100 000
应交税费——应交增值税（销项税额）		13 000

(2) 结转成本：

分录	借方	贷方
借：主营业务成本	70 000	
存货跌价准备	10 000	
贷：库存商品		80 000

二、其他业务成本

其他业务成本，是指企业确认的主营业务活动以外的其他日常经营活动所发生的支出。其他业务成本包括销售原材料或包装物的成本、出租固定资产的折旧额、出租无形资产的摊销额、出租包装物的成本或摊销额等；投资性房地产出售时的成本以及采用成本模式计量投资性房地产的折旧额或摊销额，也构成其他业务成本。

企业应当设置"其他业务成本"科目，核算企业确认的主营业务活动以外的其他日常经营活动所发生的支出。"其他业务成本"科目按其他业务成本的种类进行明细核算。企业发生的其他业务成本，借记本科目，贷记"原材料""周转材料""累计折旧""累计摊销""投资性房地产累计折旧"等科目。期末，"其他业务成本"科目余额转入"本年利润"科目，结转后，"其他业务成本"科目无余额。

主营业务成本和其他业务成本构成企业的营业成本。其他业务成本主要有：销售材料的成本、出租固定资产、投资性房地产的折旧额、出租无形资产的摊销额、出租包装物的成本或摊销额。主营业务、其他业务增值税以外的应交税费记入"税金及附加"科目。

三、营业成本的账务处理

按照配比原则，企业实现的销售收入应与相应的成本费用相匹配，即企业实现的销售收入要结转营业成本。营业成本除了与收入相匹配的主营业务成本、其他业务成本，同时还要计算税金及附加等。

【业务 6-15】 陕西鸿腾股份有限公司专门从事办公家具生产与销售，为增值税一般纳税人，目前主要生产甲、乙两种产品。2023 年 12 月，该公司相关销售业务如下：

(1) 12 月 5 日，向乙公司销售一批家具，开出的增值税专用发票上注明的价款为 60 000 元、增值税税额为 7 800 元；该批商品的成本为 40 000 元；乙公司收到家具并验收入库，款项未支付。

(2) 12 月 16 日，向 C 公司销售一批原材料，价款为 100 000 元，增值税税额为 13 000 元，该批原材料的实际成本为 80 000 元，当日收到原材料款项。请编制该笔业务的会计分录。

(1) 销售家具：

借：应收账款	67 800	
贷：主营业务收入		60 000
应交税费——应交增值税(销项税额)		7 800
借：主营业务成本	40 000	
贷：库存商品		40 000

(2) 销售材料：

借：银行存款	113 000	
贷：其他业务收入		100 000
应交税费——应交增值税(销项税额)		13 000
借：其他业务成本	80 000	
贷：原材料		80 000

任务拓展

通过对营业成本的学习，学生应掌握营业成本的概念、掌握营业成本的账务处理办法。

请同学们登录网中网企业财务会计理实互动实训教学平台，根据平台任务完成营业成本的账务处理练习。

子任务三　税金及附加

税金及附加，是指企业经营活动应负担的相关税费，包括消费税、城市维护建设税、教育费附加、资源税、房产税、城镇土地使用税、车船税、印花税、土地增值税等。

任务初探

问题思考：税金及附加中都包含哪些税种？对它们应该做怎样的期末账务处理？

案例准备：收集并阅读我国《公司法》《企业财务通则》和其他有关税收法律法规，了解国家对企业税金缴纳的相关规定。

任务研学

一、科目设置

6.17 初级实战演练

企业应当设置“税金及附加”科目，核算企业经营活动发生的消费税、城市维护建设税、教育费附加、资源税、房产税、城镇土地使用税、车船税、印花税、土地增值税（仅房地产开发企业销售自行开发的不动产缴纳的土地增值税）等相关税费。其借方表示税金及附加金额的增加，贷方表示税金及附加金额的减少，期末余额转入“本年利润”科目，结转后无余额。

二、账务处理

当发生相关税费符合税金及附加的计入范围时，借记“税金及附加”科目，贷记“应交税费”科目。企业缴纳的印花税，不会发生应付未付税款的情况，不需要预计应纳税金额，于购买印花税票时，直接借记“税金及附加”科目，贷记“银行存款”科目。期末，应将“税金及附加”科目余额转入“本年利润”科目，结转后，“税金及附加”科目无余额。

6.18 初级实战演练

【业务 6-16】 2023 年 12 月 31 日，陕西鸿腾股份有限公司计提当期消费税。当月销售自产的高档化妆品，价款为 1 000 000 元（不含增值税），消费税税率为 15%，销售当期确认收入。2024 年 1 月 7 日，缴纳上述消费税。请编制该业务的会计分录。

（1）计提消费税：

借：税金及附加　　150 000

　　贷：应交税费——应交消费税　　150 000

（2）实际缴纳：

借：应交税费——应交消费税　　150 000

　　贷：银行存款　　150 000

【业务 6-17】 2023 年 12 月 31 日，陕西鸿腾股份有限公司计提城市维护建设税和教育费附加，当月华兴公司实际缴纳增值税 700 000 元、消费税 300 000 元，城市维护建设税税率为 7%，教育费附加征收率为 3%。2024 年 1 月 10 日，缴纳上述城市维护建设税和教育费附加。请编制该业务的会计分录。

(1) 计提城市维护建设税和教育费附加：

借：税金及附加　　100 000
　贷：应交税费——应交城市维护建设税　　70 000
　　　　　　　——应交教育费附加　　30 000

(2) 实际缴纳：

借：应交税费——应交城市维护建设税　　70 000
　　　　　　——应交教育费附加　　30 000
　贷：银行存款　　100 000

【业务6-18】 2023年12月31日，陕西鸿腾股份有限公司计提房产税、城镇土地使用税、车船税和矿产资源补偿费分别为1 000 000元、600 000元、300 000元和100 000元。2024年1月12日，缴纳上述税费。请编制该业务的会计分录。

(1) 计提房产税、城镇土地使用税：

借：税金及附加　　2 000 000
　贷：应交税费——应交房产税　　1 000 000
　　　　　　　——应交城镇土地使用税　　600 000
　　　　　　　——应交车船税　　300 000
　　　　　　　——矿产资源补偿费　　100 000

(2) 实际缴纳：

借：应交税费——应交房产税　　1 000 000
　　　　　　——应交城镇土地使用税　　600 000
　　　　　　——应交车船税　　300 000
　　　　　　——矿产资源补偿费　　100 000
　贷：银行存款　　2 000 000

任务拓展

通过对税金及附加的学习，学生应掌握税金及附加的概念、特征与分类，掌握税金及附加的账务处理办法。

请同学们登录网中网企业财务会计理实互动实训教学平台，根据平台任务完成税金及附加的账务处理练习。

子任务四　期间费用

期间费用，是指企业日常活动发生的不能计入特定核算对象的成本，而应计入发生当期损益的费用，包括销售费用、管理费用和财务费用。

任务初探

问题思考: 什么是期间费用？企业对期间费用有哪些要求？怎样归集不同的期间费用？

案例准备: 收集并阅读《公司法》《企业财务通则》和《企业所得税法实施条例》，了解国家对企业期间费用的管理要求。

6.19 期间费用

任务研学

一、期间费用的概念及特征

期间费用是企业日常活动中所发生的经济利益的流出，通常不计入特定的成本核算对象。这是因为期间费用是企业为组织和管理整个经营活动所发生的费用，与可以确定特定成本核算对象的材料采购、产成品生产等没有直接关系，所以于发生时直接计入当期损益。

期间费用是企业日常活动中发生的不能按计入特定计算对象成本，而计入当期损益的费用。期间费用与产品生产成本不同，主要有以下特点。

1. 与特定成本核算对象的关系不同

期间费用是企业为组织和管理整个经营活动的费用，与特定成本核算对象的材料采购、产品生产等没有直接关系，因而其不计入有关核算对象的成本，而直接计入当期损益。

2. 与会计期间的关系不同

期间费用只与费用发生的当期有关，不影响或不分摊到以后各期。而产品成本中当期完工验收入库的部分当期转为产成品（存货），未完工部分则结转到下一期继续加工，与前后会计期间都有关系。

3. 与财务报表关系不同

期间费用直接计入当期利润表，抵扣在当期损益之中。而产品成本完工部分转入“库存商品”科目，已销售产成品的销售成本再转入“主营业务成本”科目。主营业务成本也直接列入当期利润表，但未销售的产成品成本和未完工的在产成品成本都列入资产负债表。期间费用不能提供明确的未来收益，按照谨慎性的核算要求，对期间费用是在发生的当期予以确认，直接计入当期损益。

二、销售费用

销售费用，是指企业在销售商品和材料、提供服务的过程中发生的各种费用，包括企业在销售商品的过程中发生的保险费、包装费、展览费、广告费、商品维修费、预计产品质量保证损失、运输费、装卸费等，以及为销售本企业商品而专设的销售机构（含销售网点、售后服务网点等）的职工薪酬、业务费、折旧费等经营费用。企业发生的与专设销售机构相关的固定资产修理费用等后续支出也属于销售费

6.20 初级实战演练

用。销售费用是与企业销售商品活动有关的费用，但不包括销售商品本身的成本，销售商品本身的成本属于主营业务成本。

1. 科目设置

企业应设置“销售费用”科目，核算销售费用的发生和结转情况。“销售费用”科目应按销售费用的费用项目进行明细核算。借方登记企业所发生的各项销售费用，贷方登记期末转入“本年利润”科目的销售费用，结转后，“销售费用”科目应无余额。“销售费用”科目的账户结构如图 6-11 所示。

借方　　销售费用	贷方
经营中发生的销售费用金额 （期末无余额）	转入“本年利润”科目的销售费用金额

图 6-11　“销售费用”科目的账户结构

2. 账务处理

企业发生销售费用的有关支出时，借记“销售费用”科目，如果取得可抵扣的增值税发票还应借记“应交税费——应交增值税（进项税额）”科目，贷记“银行存款”“应付职工薪酬”等科目。期末，应将“销售费用”科目余额转入“本年利润”科目，结转后，“销售费用”科目无余额。

6.21　初级实战演练

【业务 6-19】（单选题）下列各项中，企业应通过“销售费用”科目核算的是（　　）。

A. 专设的售后服务网点的人员工资　　B. 销售商品发生的装卸费

C. 专设的销售网点的折旧费　　D. 销售商品代垫的运杂费

6.22　初级实战演练

【解析】 答案是选项 ABC，选项 D 应记入“应收账款”科目。

三、管理费用

管理费用，是指企业为组织和管理生产经营发生的各种费用，包括企业在筹建期间发生的开办费、董事会和行政管理部门在企业的经营管理中发生的以及应由企业统一负担的公司经费（包括行政管理部门职工薪酬、物料消耗、低值易耗品摊销、办公费和差旅费等）、行政管理部门负担的工会经费、董事会费（包括董事会成员津贴、会议费和差旅费等）、聘请中介机构费、咨询费（含顾问费）、诉讼费、业务招待费、技术转让费、研发费用等。企业行政管理部门发生的固定资产修理费用等后续支出，也作为管理费用核算。

企业应设置“管理费用”科目，核算管理费用的发生和结转情况。“管理费用”科目按管理费用的费用项目进行明细核算。商品流通企业管理费用不多的，可不设置“管理费用”科目，相关核算内容可并入“销售费用”科目核算，借方登记企业发生的各项管理费用，贷方登记期末转入“本年利润”科目的管理费用，结转后科目应无余额。“管理费用”科目的账户结构如图 6-12 所示。

管理费用	
借方	贷方
经营中发生的管理费用金额 （期末无余额）	转入“本年利润”科目的管理费用金额

图 6-12 “管理费用”科目的账户结构

6.23 初级实战演练

企业发生管理费用的有关支出时，借记“管理费用”科目，如果取得可抵扣的增值税发票，还应借记“应交税费——应交增值税（进项税额）”科目，贷记“银行存款”“应付职工薪酬”“累计折旧”等科目。期末，应将“管理费用”科目余额转入“本年利润”科目，结转后，“管理费用”科目无余额。

四、财务费用

财务费用，是指企业为筹集生产经营所需资金等而发生的筹资费用，包括利息支出（减利息收入）、汇兑损益以及相关的手续费等。该科目借方登记经营中发生的财务费用金额，贷方表示转入“本年利润”科目的财务费用金额。“财务费用”科目的账户结构如图 6-13所示。

财务费用	
借方	贷方
经营中发生的财务费用金额 （期末无余额）	转入“本年利润”科目的财务费用金额

图 6-13 “财务费用”科目的账户结构

企业计提应向金融机构支付的利息时，应当增加企业财务费用，借记“财务费用”科目，贷记“应付利息”；如果利息不需要计提，直接支付，则借记“财务费用”科目，贷记“银行存款”科目。企业有闲余资金存放在银行，收到利息时，应当冲减企业财务费用，借记“银行存款”科目，贷记“财务费用”科目。企业在金融机构办理业务，支付手续费时，应当借记“财务费用”科目，贷记“银行存款”科目。期末，应将“财务费用”科目余额转入“本年利润”科目，结转后，“财务费用”科目无余额。

任务拓展

通过对期间费用的学习，学生应掌握期间费用的概念、特征与分类，掌握期间费用不同的账务处理方式。

请同学们登录网中网企业财务会计理实互动实训教学平台，根据平台任务完成期间费用账务处理的练习。

任务三　利　　润

利润是指企业在一定会计期间的经营成果。利润包括收入减去费用后的净额、直接计入当期利润的利得和损失。直接计入当期利润的利得和损失，是指在企业非日常活动中形成，会导致所有者权益发生增减变动的，与所有者投入资本或者所有者分配利润无关的经济利益流入或流出。

子任务一　利润概述

任务初探

问题思考：什么是利润？利润是怎么计算出来的？利润又是按什么分配的？

案例准备：收集并阅读我国《公司法》《企业财务通则》和《企业所得税法实施条例》，了解国家对企业费用的管理要求。

任务研学

6.24　利润的形成及其核算

一、利润的构成

利润是指企业在一定会计期间的经营成果。利润包括收入减去费用后的净额、直接计入当期利润的利得和损失。利润类科目的列报如图 6-14 所示。

利润表

编制单位：　　　　年　月　日　　　　单位：元

项目	本期金额	上期金额
一、营业收入		
……		
二、营业利润（亏损以“－”号填列）		
加：营业外收入		
减：营业外支出		
其中：非流动资产处置损失		
三、利润总额（亏损以“－”号填列）		
减：所得税费用		
四、净利润（亏损以“－”号填列）		
……		

图 6-14　利润类科目的列报

（一）利润总额

企业在一定会计期间内生产经营活动所获得的各项收入抵减各项支出，相抵后若为正数，则表示盈利；若为负数，则表示亏损。企业的利润（或亏损）总额，包括营业利润、营业外收支净额等内容，相关计算公式如下：

利润总额（或亏损总额）＝营业利润＋营业外收入－营业外支出

其中：

营业收入＝主营业务收入＋其他业务收入

营业成本＝主营业务成本＋其他业务成本

（二）营业利润

营业利润，是指企业日常经营活动中所产生的利润，是企业最基本经营活动的成果。按照利润表的列报要求，营业利润的构成内容及计算公式如下：

营业利润＝营业收入－营业成本－税金及附加－销售费用－管理费用－研发费用－财务费用＋其他收益＋投资收益（－投资损失）＋净敞口套期收益（－净敞口套期损失）＋公允价值变动收益（－公允价值变动损失）－信用减值损失－资产减值损失＋资产处置收益（－资产处置损失）

6.25 初级实战演练

其中：

（1）营业收入，是指企业经营业务所实现的收入总额，包括主营业务收入和其他业务收入。

（2）营业成本，是指企业经营业务所发生的实际成本总额，包括主营业务成本和其他业务成本。

（3）研发费用，是指企业计入管理费用的进行研究与开发过程中发生的费用化支出，以及计入管理费用的自行开发无形资产的摊销。

（4）其他收益，是指与企业日常活动相关、除冲减相关成本费用以外的政府补助，以及其他应计入其他收益的内容。

（5）投资收益（或损失），是指企业以各种方式对外投资所取得的收益（或损失）。

（6）公允价值变动收益（或损失），是指企业交易性金融资产等公允价值变动形成的应计入当期损益的利得（或损失）。

（7）信用减值损失，是指企业计提各项金融资产信用减值准备所确认的信用损失。

（8）资产减值损失，是指企业计提有关资产减值准备所形成的损失。

（9）资产处置收益（或损失），是指反映企业出售划分为持有待售的非流动资产（金融工具、长期股权投资和投资性房地产除外）或处置组（子公司和业务除外）时确认的处置利得或损失，以及处置未划分为持有待售的固定资产、在建工程、生产性生物资产及无形资产而产生的处置利得或损失，还包括非货币性资产交换中换出非流动资产产生的利得或损失。

（三）净利润

净利润又称税后利润，是利润总额扣除所得税费用后的净额。其计算公式为：

净利润 = 利润总额 − 所得税费用

【业务 6-20】 陕西鸿腾股份有限公司 2023 年发生的销售商品收入为 8 000 000 元，销售商品成本为 5 000 000 元，销售过程中发生广告宣传费用为 300 000 元、管理人员工资费用为 400 000 元、短期借款利息费用为 100 000 元、股票投资收益为 500 000 元、资产减值损失为 600 000 元、公允价值变动损益为 900 000 元(收益)，因自然灾害发生固定资产的净损失为 200 000 元，因违约支付罚款 150 000 元，所得税费用为 662 500 元。试计算陕西鸿腾股份有限公司 2023 年净利润。

营业利润＝营业收入－营业成本－税金及附加－销售费用－管理费用－研发费用－财务费用＋其他收益＋投资收益(－投资损失)＋公允价值变动收益(－公允价值变动损失)－资产减值损失＋资产处置收益(－资产处置损失)

＝8 000 000－5 000 000－300 000－400 000－100 000＋500 000－600 000＋900 000

＝3 000 000(元)

利润总额＝营业利润＋营业外收入－营业外支出

＝3 000 000－200 000－150 000

＝2 650 000(元)

净利润＝利润总额－所得税费用

＝2 650 000－662 500

＝1 987 500(元)

6.26　初级实战演练

二、营业外收支的核算

(一) 营业外收入

1. 营业外收入的核算内容

营业外收入，是指企业确认的与其日常活动无直接关系的各项利得。营业外收入并不是企业经营资金耗费所产生的，实际上是经济利益的净流入，不需要与有关的费用进行配比。

营业外收入主要包括非流动资产毁损报废收益、与企业日常活动无关的政府补助、盘盈利得、捐赠利得等。其中：①非流动资产毁损报废收益，是指因自然灾害等发生毁损、已丧失使用功能而报废非流动资产所产生的清理收益。②与企业日常活动无关的政府补助，是指企业从政府无偿取得货币性资产或非货币性资产，且与企业日常活动无关的利得。③盘盈利得，是指企业对现金等资产清查盘点时发生盈余，报经批准后计入营业外收入的金额。④捐赠利得，是指企业接受捐赠产生的利得。

另外，企业确实无法偿付的应付账款、企业经营活动中收取的各类违约金也通过营业外收入核算。

6.27　初级实战演练

2. 营业外收入的账务处理

企业应设置“营业外收入”科目，核算营业外收入的取得及结转情况。“营业外收入”科目可按营业外收入项目进行明细核算。该科目借方登记期末将“营业外收入”科目余额转入“本年利润”科目的营业外收入，结转后，“营业外收入”科目无余额；贷方登记企业确认的营业外收入。“营业外收入”科目的账户结构如图 6-15 所示。

借方　营业外收入	贷方
转入“本年利润”科目的营业外收入金额	经营中发生的营业外收入金额 期末无余额

图 6-15　“营业外收入”科目的账户结构

(1) 企业确认处置非流动资产毁损报废收益时，借记“固定资产清理”科目，贷记“营业外收入”科目。

(2) 企业确认库存现金盘盈利得时，借记“待处理财产损益”科目，贷记“营业外收入”科目。

(3) 企业确认捐赠利得或罚款利得时，借记“银行存款”科目，贷记“营业外收入”科目。

6.28　初级实战演练

(4) 企业核销确实无法支付的应付账款时，借记“应付账款”科目，贷记“营业外收入”科目。

(5) 期末，应将“营业外收入”科目余额转入“本年利润”科目，借记“营业外收入”科目，贷记“本年利润”科目。

(二) 营业外支出

1. 营业外支出的核算内容

营业外支出，是指企业发生的与其日常活动无直接关系的各项损失，主要包括非流动资产毁损报废损失、捐赠支出、盘亏损失、非常损失、罚款支出等。其中：①非流动资产毁损报废损失，是指因自然灾害等发生毁损、使用功能而报废非流动资产所产生的清理损失。②捐赠支出，是指企业对外进行捐赠发生的支出。③非常损失，是指企业对于客观因素(如自然灾害等)造成的损失，扣除保险公司赔偿后应计入营业外支出的净损失。④盘亏损失，主要指对于财产清查结点中独亏的资产，查明原因并报经批准计入营业外支出的损失(此处需注意：固定资产盘亏损失计入营业外支出。库存现金的盘亏损失，无法查明原因的部分，计入管理费用。存货的盘亏损失，属于一般经营损失的部分，计入管理费用；属于非常损失的部分，计入营业外支出)。⑤罚款支出，是指企业支付的行政罚款、税务罚款，以及其他违反法律法规、合同协议等而支付的罚款、违约金、赔偿金等支出。

2. 营业外支出的账务处理

企业应设置“营业外支出”科目，核算营业外支出的发生及结转情况。“营业外支出”科目可按照营业外支出项目进行明细核算。确认的营业外支出，贷记登记期末将“营业外支出”科目余额转入“本年利润”科目的营业外支出，结转后“营业外支出”科目无余额。“营业外支出”科目的账户结构如图 6-16 所示。

营业外支出	
借方	贷方
经营中发生的营业外支出金额 期末无余额	转入"本年利润"科目的 营业外支出金额

图 6-16　"营业外支出"科目的账户结构

(1) 企业确认处置非流动资产毁损报废损失时,借记"营业外支出"科目,贷记"固定资产清理"科目。

(2) 企业确认处置无形资产损毁报废损失时,借记"营业外支出""累计摊销"等科目,贷记"无形资产"科目。

(3) 企业确认罚款支出计入营业外支出时,借记"营业外支出"科目,贷记"库存现金"等科目。

(4) 企业固定资产、存货等发生非常损失、结转净损失时,借记"营业外支出"科目,贷记"待处理财产损益"科目。

(5) 期末,应将"营业外支出"科目余额转入"本年利润"科目,借记"本年利润"科目,贷记"营业外支出"科目。

三、所得税费用的核算

1. 所得税的会计处理方法

1) 应付税款法与纳税影响会计法

(1) 应付税款法。

应付税款法是指企业不确定暂时性差异对所得税的影响金额,按照当期计算的应交所得税确认当期所得税费用的方法。

(2) 纳税影响会计法。

纳税影响会计法是指企业确认暂时性差异对所得税的影响金额,按照当期应交所得税和暂时性差异对所得税影响金额的合计确认所得税费用的方法。

应付税款法与纳税影响会计法的主要区别在于:应付税款法不确认暂时性差异对所得税的影响金额,直接以本期应交所得税作为本期的所得税费用;而纳税影响会计法确认暂时性差异对所得税的影响金额,在资产负债表中单独作为递延所得税项目列示,同时,在利用表中增加或递减本期的所得税费用。

2) 递延法与债务法

在采用纳税影响会计法进行所得税的会计处理时,按照税率变动时是否需要对已入账的递延所得税项目进行调整,又可以分为递延法和债务法两种具体处理方法。

(1) 递延法。

递延法是指产生暂时性差异时,均按当期的适用税率计算对所得税的影响金额并作为递延所得税项目确认入账,在税率发生变动的情况下,不需要按新的适用税率调整已入账的递延所得税项目，待转回暂时性差异对所得税的影响金额时，按照元确认递延所得税项目时的适用税率计算并予以转销的一种会计处理方法。

(2) 债务法。

债务法是指在产生暂时性差异时，均按当期的适用税率计算确认对所得税的影响金额并作为递延所得税项目确认入账，在税率发生变动的情况下，需要按照现行适用税率调整已入账的递延所得税项目，待转回暂时性差异对所得税的影响金额时，均按照现行适用税率计算并予以转销的一种会计处理方法。

2. 所得税的核算内容

企业的所得税费用包括当期所得税和递延所得税两部分。其中，当期所得税，是指当期应交所得税；递延所得税，是指递延所得税资产和递延所得税负债。递延所得税资产是指以未来期间很可能取得用来抵扣可抵扣暂时性差异的应纳税所得额为限确认的一项资产。递延所得税负债是指根据应纳税暂时性差异计算的未来期间应付所得税的金额。有关计算公式如下：

$$\text{所得税费用} = \text{当期所得税} + \text{递延所得税}$$

其中：

$$\begin{matrix}\text{递延所}\\\text{得税}\end{matrix} = \left(\begin{matrix}\text{递延所得税负债}\\\text{的期末余额}\end{matrix} - \begin{matrix}\text{递延所得税负债}\\\text{的期初余额}\end{matrix}\right) - \left(\begin{matrix}\text{递延所得税资产}\\\text{的期末余额}\end{matrix} - \begin{matrix}\text{递延所得税资产}\\\text{的期初余额}\end{matrix}\right)$$

应交所得税，是指企业按照企业所得税法规定计算确定的针对当期发生的交易和事项，应缴纳给税务部门的所得税金额，即当期应交所得税。应纳税所得额是在企业税前会计利润（即利润总额）的基础上调整确定的，有关计算公式如下：

$$\text{应纳税所得额} = \text{税前会计利润} + \text{纳税调整增加额} - \text{纳税调整减少额}$$

$$\text{应交所得税} = \text{应纳税所得额} \times \text{适用税率}$$

3. 所得税费用的账务处理

所得税费用的产生表示所得税费用的增加。这意味着企业需要支付更多的税费。例如，当企业的应纳税额超过实际支付的税额时，就会出现借方余额，表示企业需要按照规定缴纳额外的税费。该费用的减少。这意味着企业已经支付了税费，并在账面上有相应的记录。例如，当企业收到税收减免或退税时，就会出现贷方余额，表示企业已经收到的税款减少。

该科目借方登记期末计提所得税费用的金额，贷方登记转入"本年利润"科目的所得税费用金额，期末账户无余额。"所得税费用"科目的账户结构如图 6-17 所示。

借方　　所得税费用	贷方
期末计提所得税费用的金额 期末无余额	转入"本年利润"科目的 所得税费用金额

图 6-17 "所得税费用"科目的账户结构

(1) 计提所得税费用:

借:所得税费用
　　递延所得税资产(注:递延所得税资产增加,即发生了可抵扣暂时性差异)
　　递延所得税负债(注:递延所得税负债减少,即转回了应纳税暂时性差异)
　　贷:应交税费——应交所得税
　　　　递延所得税负债(注:递延所得税负债增加,即发生了应纳税暂时性差异)
　　　　递延所得税资产(注:递延所得税资产减少,即转回了可抵扣暂时性差异)

(2) 结转所得税费用:

借:本年利润
　　贷:所得税费用

(3) 缴纳所得税费用:

借:应交税费——应交所得税
　　贷:银行存款等

【业务 6-21】 陕西鸿腾股份有限公司 2023 年的税前会计利润为 10 000 000 元,所得税税率为 25%。当年按照税法核定的全年计税工资为 2 000 000 元,陕西鸿腾股份有限公司全年实发工资为 1 800 000 元。假定陕西鸿腾股份有限公司全年无其他纳税调整因素。陕西鸿腾股份有限公司递延所得税负债年初数为 400 000 元,年末数为 500 000 元,递延所得税资产年初数为 250 000 元,年末数为 200 000 元。请编制该笔业务的会计分录。

递延所得税费用=(500 000−400 000)+(250 000−200 000)=150 000(元)

所得税费用=当期所得税+递延所得税费用=2 500 000+150 000=2 650 000(元)

(1) 计提所得税费用:

	借方	贷方
借:所得税费用	2 650 000	
贷:应交税费——应交所得税		2 500 000
递延所得税负债		100 000
递延所得税资产		50 000

(2) 期末将所得税费用结转入“本年利润”科目:

	借方	贷方
借:本年利润	2 650 000	
贷:所得税费用		2 650 000

任务拓展

通过对利润的学习,学生应掌握利润的概念和计算过程。

请同学们登录网中网企业财务会计理实互动实训教学平台,根据平台任务完成利润概念的判断及计算的相关练习。

子任务二　利润实现和分配的账务处理

任务初探

问题思考：利润出现的时候怎样结转？哪些利润需要结转？

案例准备：研读《公司法》(2023 版)第一百六十六条对企业利润分配的相关规定，了解利润分配原则和流程。

任务研学

一、本年利润的结转方式

会计期末，结转本年利润的方法有表结法和账结法。

1. 表结法

表结法下，各损益类科目每月末只需结计出本月发生额和月末累计余额，不结转到"本年利润"科目，只有在年末时才将全年累计余额结转记入"本年利润"科目，但每月末要将损益类科目的本月发生额合计数记入利润表的"本月数"栏，同时将本月末累计余额记入利润表的"本年累计数"栏，通过利润表计算反映各期的利润(或亏损)。表结法下，年中损益类科目无须结转记入"本年利润"科目，从而减少了转账环节和工作量，同时并不影响利润表的编制及有关损益指标的利用。

2. 账结法

账结法下，每月末均需编制转账凭证，将在账上结计出的各损益类科目的余额结转记入"本年利润"科目。结转后"本年利润"科目的本月余额反映当月实现的利润或发生的亏损，"本年利润"科目的本年余额反映本年累计实现的利润或发生的亏损。

二、本年利润的结转账务处理

1. 本年利润的结转的科目设置

本年利润的结转应设置"本年利润"科目。"本年利润"科目借方登记各项费用、支出、损失的转入，贷方登记各项收入、利得转入，期末余额在借方表示发生的净亏损，即年终结转全年净利润；期末余额在贷方表示实现的利润，即年终结转全年净亏损。"本年利润"科目的账户结构如图 6-18 所示。

借方　本年利润	贷方
各项费用、支出、损失转入 (损益类账户借余)	各项收入、利得转入 (损益类账户贷余)
期末余额：发生的净亏损 年终结转全年净利润	期末余额：实现的净利润 年终结转全年净亏损

图 6-18　"本年利润"科目的账户结构

2. 本年利润结转账务处理

(1) 会计期末，将本期各项收入、收益转入“本年利润”科目，借记损益类账户，贷记“本年利润”科目。

借：主营业务收入
　　其他业务收入
　　营业外收入
　　投资收益(净收益)
　　公允价值变动损益(净收益)
　　资产处置损益(净收益)
　　贷：本年利润

(2) 将各项成本、费用、支出转入“本年利润”科目的借方，借记“本年利润”科目，贷记有关损益类科目。

借：本年利润
　　贷：主营业务成本
　　　　其他业务成本
　　　　营业外支出
　　　　销售费用
　　　　管理费用
　　　　财务费用
　　　　投资收益(净损失)
　　　　公允价值变动损益(净损失)
　　　　资产处置损益(净损失)

年度终了，企业还应将“本年利润”科目的本年累计余额转入“利润分配——未分配利润”科目。如果“本年利润”为贷方余额，借记“本年利润”科目，贷记“利润分配——未分配利润”科目；若为借方余额，作相反会计分录，借记“利润分配——未分配利润”科目，贷记“本年利润”科目，结转后“本年利润”科目应无余额。

【业务 6-22】 陕西鸿腾股份有限公司 2023 年有关损益类科目在年末结账前的余额如表 6-2 所示。(该企业采用表结法年末一次性结转损益类科目，所得税税率为 25%)

表 6-2　科目余额表　　单位：万元

科目名称	贷方余额	科目名称	借方余额
主营业务收入	600	主营业务成本	420
其他业务收入	400	其他业务成本	280
公允价值变动损益	50	税金及附加	100
投资收益	200	销售费用	80
资产处置损益	150	管理费用	120
其他收益	80	财务费用	30
营业外收入	20	资产减值损失	20
—	—	营业外支出	10

请编制该笔业务的会计分录。

(1) 结转各项收入、利得类科目：

	借方	贷方
借：主营业务收入	6 000 000	
其他业务收入	4 000 000	
公允价值变动损益	500 000	
投资收益	2 000 000	
资产处置损益	1 500 000	
其他收益	800 000	
营业外收入	200 000	
贷：本年利润		15 000 000

(2) 结转各类费用、损失类科目：

	借方	贷方
借：本年利润	10 600 000	
贷：主营业务成本		4 200 000
其他业务成本		2 800 000
税金及附加		1 000 000
销售费用		800 000
管理费用		1 200 000
财务费用		300 000
资产减值损失		200 000
营业外支出		100 000

假设陕西鸿腾股份有限公司上年度不存在所得税纳税调整因素。

应交所得税＝(15 000 000－10 600 000)×25%＝1 100 000(元)

(3) 确认所得税费用：

	借方	贷方
借：所得税费用	1 100 000	
贷：应交税费——应交所得税		1 100 000

6.29 利润的分配及其核算

(4) 结转所得税费用：

	借方	贷方
借：本年利润	1 100 000	
贷：所得税费用		1 100 000

(5) 将“本年利润”科目年末余额转入“利润分配——未分配利润”科目：

	借方	贷方
借：本年利润	4 400 000	
贷：利润分配——未分配利润		4 400 000

三、利润分配的内容和程序

利润分配是企业根据国家规定和投资者的决议、公司章程，对企业所得税后净利润进行的分配。利润分配是企业实现利润的去向之一。企业取得的净利润并不是全部拿出分配给投资者的，而是按规定的顺序和内容进行分配的。企业本年实现的净利润，加上年初未分配(或减去年初未弥补亏损)的余额，为可供分配的利润。可供分配的利润，应首先提取法定盈余公积。可供分配的利润减去提取的法定盈余公积后，为可供投资者分配的利润。

以下是具体一般企业利润分配顺序和内容：

(1) 弥补以前年度亏损。企业实现的利润首先应考虑以前年度发生亏损的弥补。企业发生的亏损，可以用次年度的税前利润弥补，次年度利润不足弥补的，可以在 5 年内延续弥补，5 年内的税前利润不足或亏损弥补时，用税后利润弥补。

企业当期实现净利润弥补以前年度亏损后，可以确定可供分配的利润，其计算公式为：

可供分配的利润 = 当期净利润 − 弥补以前年度亏损 + 年初未分配利润(− 年初弥补亏损)

(2) 提取法定盈余公积。企业应按当期净利润的 10%提取法定盈余公积，当法定盈余公积达到注册资本的 50%以上的，可以不再提取。

企业当可供分配的利润减去提取法定盈余公积后的余额，为可供投资者分配的利润。

(3) 提取任意盈余公积。企业提取法定盈余公积后，还可依据需要和可能，按当期净利润提取一定比例的任意盈余公积。

(4) 向投资者分配利润。企业应按公司章程以发放现金股利或分配利润的形式向投资者分配利润。

企业可供投资者分配的利润可以向投资者分利，也可用于转增资本。可供投资者分配的利润减去提取任意盈余公积、向投资者分利和转增资本后的余额为未分配利润。未分配利润可留待以后年度进行分配。未分配利润应当在资产负债表的所有者权益项目中单独反映，其计算公式为：

未分配利润 = 可供分配的利润 − 提取法定盈余公积 − 提取任意盈余公积 − 向投资者分配利润

(一) 利润分配的账务处理

1. 科目设置

6.30 初级实战演练

企业的利润分配是通过“利润分配”科目进行的，它是“本年利润”科目的调整科目。该科目借方登记分配到各个方面的利润，如提取法定盈余公积和应付股利等，贷方登记本年利润的结转及盈余公积弥补的亏损等。期末余额如果在借方，表示历年积存的未弥补的亏损；如果在贷方，则表示历年积存的未分配利润，“利润分配”科目的账户结构如图 6-19 所示。

借方　　利润分配	贷方
各项利润分配 （转入全年净亏损）	（转入全年实现的利润） 盈余公积补亏 结转本年已分配利润
期末余额：历年累计未弥补亏损	期末余额：历年累计未分配利润

图 6-19 “利润分配”科目的账户结构

为了详细地反映企业利润的分配情况，“利润分配”科目应按照利润分配的去向设置以下明细科目："提取法定盈余公积""提取任意盈余公积""应付现金股利或利润""转作股本的股利""未分配利润""盈余公积补亏"。企业如果有其他用途分配，也可以设置相应的明细科目。

6.31 初级实战演练

年末终了，应将"利润分配"所有各明细科目的余额全部转入"未分配利润"明细科目，结转后，其他各明细科目无余额。

2. 利润分配的核算

1）结转本年利润

年度终了，企业应将本年度实现的净利润，自"本年利润"科目转入"利润分配（未分配利润）"科目，借记"本年利润"科目，贷记"利润分配（未分配利润）"科目，为净亏损的，作相反的会计分录；同时，将"利润分配"科目所属其他明细科目的余额转入"利润分配（未分配利润）"明细科目。结转后，"利润分配"科目除了"未分配利润"明细科目，其他明细科目均无余额。

2）提取盈余公积

企业按规定提取的盈余公积，借记"利润分配"科目；提取法定盈余公积或提取任意盈余公积，贷记"盈余公积——法定盈余公积"或"盈余公积——任意盈余公积"科目。

3）分配现金股利和利润

企业经股东大会或类似机构审议批准的利润分配方案、宣告分配的现金股利或利润，在实际支付前，形成企业的负债，应将其记入应付股利的贷方，借记"利润分配（应付现金股利或利润）"科目，贷记"应付股利"科目。但是，如果是属于企业董事会或类似机构通过的利润分配方案中拟分配的现金股利或利润，则不应确认为负债，也不影响所有者权益总额，应在报表附注中进行披露。

4）分配股票股利

企业经股东大会或类似机构决议，分配给股东的股票股利，应在办妥增资手续后，借记"利润分配（转作股本的股利）"科目，贷记"股本"科目。

5）盈余公积补亏

企业经股东大会或类似机构决议，用盈余公积弥补亏损，借记"盈余公积——法定盈余公积（或任意盈余公积）"科目，贷记"利润分配（盈余公积补亏）"科目。

6.32 初级实战演练

3. "利润分配"科目和"本年利润"科目结转关系

年终结转后"本年利润"科目和"利润分配"科目除了"未分配利润"明细科目，各明细科目均无余额。"利润分配——未分配利润"科目期末贷方余额反映历年累计未分配利润，如为借方余额则反映历年累计未弥补亏损，这一结果体现在资产负债表的"未分配利润"项目中。

（二）弥补亏损的核算

企业经营中发生的亏损，应由企业自行解决。弥补亏损的渠道大体有三种：①用以后年度税前利润弥补。按照规定，企业发生亏损，可以用以后年度实现的利润进行弥补，但弥补期限不得超过5年。②用以后年度税后利润弥补。超过了税收规定的税前利润弥补

5 年的期限，可用税后的利润弥补。③用盈余公积弥补。

企业发生亏损，如同实现净利润一样，均从“本年利润”科目转入“利润分配——未分配利润”科目。结转后，“利润分配——未分配利润”科目的借方余额，即为未弥补的亏损。若第二年实现了净利润，用同样的方法自“本年利润”科目转入“利润分配——未分配利润”科目，结转后，自然递减了上年转来的借方余额，即弥补了亏损，无须作专门的会计分录。这里还应注意，无论是税前利润补亏，还是税后利润补亏，会计处理方法都一样，区别在于企业申报缴纳所得税时，前者可以作为应纳税所得额的调整数，而后者则不能。

【业务 6-23】 陕西鸿腾股份有限公司 2023 年年末结转各项损益后，“本年利润”科目的期末余额为借方余额 30 万元，即当年发生亏损 30 万元。

(1) 将本年利润转入“利润分配——未分配利润”科目，编制会计分录如下：

借：利润分配——未分配利润　　300 000
　贷：本年利润　　300 000

(2) 经股东大会决议，动用法定盈余公积补亏 30 万元，编制会计分录如下：

借：盈余公积——法定盈余公积　　300 000
　贷：利润分配——盈余公积补亏　　300 000

(3) 为维护公司信誉，在无利润可分的情况下，动用任意盈余公积分配普通股股利 10 万元，编制会计分录如下：

借：盈余公积——任意盈余公积　　100 000
　贷：应付股利——应付普通股股利　　100 000

(4) 将“利润分配”所有各明细科目的余额全部转入“未分配利润”明细科目，编制会计分录如下：

借：利润分配——盈余公积补亏　　300 000
　贷：利润分配——未分配利润　　300 000

本业务中，假如 2023 年 12 月 31 日前，“利润分配——未分配利润”科目有贷方余额 8 万元，通过上述处理后，该科目仍维持原来余额不变。即本年新出现借方发生额 30 万元，贷方发生额 30 万元，相抵后仍是原贷方余额 8 万元。说明本年新发生 30 万元亏损是用盈余公积弥补了，分配 10 万元股利也是动用的盈余公积。

任务拓展

通过对利润实现和分配的学习，学生应掌握利润分配的顺序、利润分配中相关账户结转流程。

请同学们登录网中网企业财务会计理实互动实训教学平台，根据平台任务完成利润分配核算练习。

思政案例

ST抚钢连续8年花式造假:虚增利润约19亿元

2019年7月8日,ST抚钢发布了一则《关于收到中国证监会行政处罚及市场禁入事先告知书的公告》,其连续8年财务造假的事实浮出水面。根据公告,抚顺特钢通过伪造、变造原始凭证及记账凭证等方式虚假领用原材料,将以前年度虚增的存货转入在建工程,虚增2013年至2014年年度报告期末在建工程。2013年至2014年间累计虚增在建工程11.38亿元,其中2013年虚增在建工程7.42亿元,2014年虚增在建工程3.95亿元。2013年和2015年,抚顺特钢通过伪造、变造记账凭证及原始凭证等方式将虚增的在建工程转入固定资产,虚增2013年和2015年年度报告期末固定资产,2013年和2015年累计虚增固定资产8.41亿元,其中2013年虚增固定资产4.9亿元,2015年虚增固定资产3.5亿元。2014年至2016年度、2017年1月至9月,抚顺特钢将虚增后的固定资产计提折旧,虚增2014年至2016年年度报告和2017年第三季度报告期末固定资产折旧额,2014年至2017年9月累计虚增固定资产折旧8 739.47万元,其中,2014年虚增固定资产折旧1 438.13万元,2015年虚增固定资产折旧1 817.44万元,2016年虚增固定资产折旧3 133.65万元,2017年1月至9月虚增固定资产折旧2 350.24万元。证监会依法对公司及所涉人员进行行政处罚、并对部分人员采取市场禁入措施:

(1) 对ST抚钢责令改正,给予警告,并处以60万元罚款。

(2) 对时任董事长、总经理、财务总监等7人给予警告,并分别处30万元罚款。

(3) 对时任董事、监事等23人给予警告,并分别处以10万元罚款。

(4) 对时任副总经理、董秘等15人给予警告,并分别处以5万元罚款。

此外证监会表示,ST抚钢自2010年至2017年连续多年存在信披虚假记载违法行为,违法行为持续时间长、手段特别恶劣、涉案数额特别巨大,严重扰乱市场秩序并造成严重社会影响,致使投资者利益遭受特别严重的损害,因此对时任董事长赵明远、单志强、董事、孙启、张晓军采取终身市场禁入措施,对时任财务总监王勇、姜臣宝采取10年市场禁入措施。

立德树人:

爱岗敬业　保守秘密

爱岗敬业——会计人员应当热爱本职工作,努力钻研业务,这是对自己的知识和技能适应所从事工作的要求。

保守秘密——会计人员应当保守本单位的商业秘密,除非法律规定和单位领导人同意,否则不得私自向外界提供或者泄露单位的会计信息。

力学笃行

一、单选题

1. 下列各项交易或事项中，应执行《企业会计准则第 14 号——收入》的是(　　)。

A. 出租资产收取租金收入　　B. 以存货换取客户的固定资产

C. 以无形资产换取客户的存货　　D. 进行债权投资取得的利息

2. 企业发生的现金折扣应记入(　　)科目。

A. “管理费用”　　B. “销售费用”　　C. “财务费用”　　D. “营业外支出”

3. 下列各项业务中，不应通过“营业外收入”科目核算的是(　　)。

A. 存货盘盈　　B. 转销无法偿付的应付账款

C. 接受现金捐赠　　D. 固定资产报废净收益

4. 下列各科目，期末可能有余额的是(　　)。

A. “管理费用”　　B. “资产减值损失”　　C. “营业外收入”　　D. “预付账款”

5. 企业支付的罚款支出应记入(　　)科目。

A. “管理费用”　　B. “销售费用”　　C. “财务费用”　　D. “营业外支出”

二、多选题

1. 下列各项中，属于期间费用的有(　　)。

A. 销售费用　　B. 财务费用　　C. 管理费用　　D. 所得税费用

2. 在计算企业的利润总额时，下列涉及的项目有(　　)。

A. 销售费用　　B. 税金及附加　　C. 营业外支出　　D. 所得税费用

3. 下列各项中，会影响企业营业利润的项目有(　　)。

A. 管理费用　　B. 其他业务成本

C. 出售原材料收入　　D. 资产减值损失

4. 下列各账户的余额，期末应结转到“本年利润”科目的有(　　)。

A. 主营业务收入　　B. 营业外支出　　C. 税金及附加　　D. 资产减值损失

5. 企业发生的下列各项支出，计入财务费用的有(　　)。

A. 发生的现金折扣　　B. 固定资产建设期间的长期借款利息

C. 办理银行承兑汇票的手续费　　D. 短期借款的利息

三、判断题

1. 工业企业销售材料、出租固定资产等实现的收入应计入其他业务收入。(　　)

2. 年末“本年利润”科目余额应结转到“利润分配——未分配利润”科目，结转后“本年利润”科目无余额。(　　)

3. 企业在销售收入确认之后发生的销售折让，应在实际发生时冲减发生当期的收入。(　　)

4. 企业在销售商品时如提供有商业折扣的，在确认收入时应将商业折扣的部分扣除。（ ）

5. 企业在销售商品时，如果估计价款收回可能性不大，尽管收入确认的其他条件满足，也不应确认收入。（ ）

四、业务题

1. 2023年3月1日，甲公司与客户订立合同，向其销售A、B两项商品，A商品的单独售价为6 000元，B商品的单独售价为24 000元，合同价款为25 000元。合同规定，A商品于合同开始日交付，B商品在一个月之后交付，只有当两项商品全部交付之后，甲公司才有权收取25 000元的合同对价。假定A商品和B商品分别构成单项履约衣服，其控制权在交付时转移客户。上述价格均不包含增值税，且假定不考虑相关税费影响。

   要求：编制上述经济业务相关会计分录。

2. 某公司上年度售出的产品因质量问题发生退货。产品售价为40 000元，增值税税额为6 800元，成本为售价的70%，退回产品已经入库，并开出支票退回货款和增值税。

   要求：编制销售退回的会计分录。

3. 某企业销售一批商品，增值税发票上的售价为600 000元、增值税为102 000元，款项未收，货到后买方发现商品质量不合格，要求在价格上给予3%的折让。

   要求：编制确认收入、发生销售折让、收到价款时的会计分录。

4. 某企业销售甲商品60 000元、增值税税额为10 200元，已按照总价法入账。买方在10天以后，20天以内付款，按合同条款享受1%的现金折扣(假设计算折扣时不考虑增值税)，实际付款69 600元。

   要求：编制销售收入入账和收到货款时的会计分录。

模块三

财务会计报告

项目七　财务会计报告

学习目标

- **知识目标**

1. 掌握资产负债表的结构和内容。
2. 掌握利润表的结构和内容。
3. 掌握现金流量表的结构和内容。
4. 掌握所有者权益变动表的结构和内容。
5. 掌握财务报表附注的内容。

- **能力目标**

1. 能够进行资产负债表的编制。
2. 能够进行利润表的编制。
3. 能够进行现金流量表的编制。
4. 能够进行所有者权益变动表的编制。
5. 能够进行财务报表附注的编制。

- **素养目标**

1. 培养学生遵纪守法、廉洁自律的意识。
2. 培养学生严谨、认真、细心的工作态度。
3. 培养学生诚信为本，不做假账的职业道德，具备会计核算岗位人员的基本素养。
4. 培养学生沟通协作意识，会计人员职业判断的能力和大数据思维的意识。

德技并修

党的二十大报告指出："加快发展数字经济，促进数字经济和实体经济深度融合"。新一代信息技术与各产业结合形成数字化生产力和数字经济，是现代化经济体系发展的重要方向。大数据、云计算、人工智能等新一代数字技术是当代创新最活跃、应用最广泛、带动力最强的科技领域，给产业发展、日常生活、社会治理都带来了深刻影响。围绕数字技术、标准、规则、数据的国际竞争日趋激烈，数字经济的发展成为决定国家未来发展潜力和国际竞争力的重要领域。

项目引例

从上市公司年报看经济发展亮点①

2022年，我国境内上市公司交出了一份不俗的成绩单——证监会发布的数据显示，上市公司共实现营业收入66.3万亿元，净利润5.1万亿元，同比分别增长19.3%、19.8%，有力支持了中国经济实现“十四五”良好开局。例如，利亚德集团的LED显示屏在2022年冬奥会开幕式上打造出了惊艳观众的沉浸式立体舞台，得益于国内有效的疫情防控，2022年LED下游终端需求从2022年的低迷中快速恢复。随着加快数字化生产，部分显示产品性价比不断提升，进一步带动了销量。“外力”加“内功”让企业去年实现营业收入88.52亿元，同比增长33.45%；净利润约6.11亿元，同比增长162.6%。

2022年，很多上市公司像利亚德集团一样，业绩恢复了较快增长态势。剔除2022年不可比因素的扰动影响，上市公司营业收入和净利润较2019年两年平均增长11.2%、10.3%。其中实体上市公司共实现净利润2.7万亿元，两年平均增长14.3%；净资产收益率达到9.1%，较2019年提升0.7个百分点。

上市公司年报里有哪些亮点？高质量发展取得了哪些新成效？

从年报中看，上市公司业绩成色更足，抗风险能力和盈利能力增强，高质量发展态势明显，反映出宏观政策成效显著，经济韧性和活力持续增强。

① 佚名. 从上市公司年报看经济发展亮点(财经眼)[EB/OL].(2022-05-23)[2023-12-20]. https://baijiahao.baidu.com/s?id=1733575428445744788&wfr=spider&for=pc.

项目学习流程及策略图

- 财务会计报告
  - 财务会计报告概述
    - 财务会计报告的概念与意义
    - 财务会计报告的构成与分类
    - 财务会计报告列报和编制的基本要求
  - 资产负债表
    - 资产负债表的概念和作用
    - 资产负债表的依据原理及结构
    - 资产负债表的编制方法
    - 资产负债表编制实例
  - 利润表
    - 利润表的概念及作用
    - 利润表的结构及内容
    - 利润表的编制填列方法
    - 利润表的编制实例
  - 现金流量表
    - 现金流量表的概念和作用
    - 现金流量表的结构及内容
    - 现金流量表的编制方法
  - 所有者权益变动表
    - 所有者权益变动表的概念及作用
    - 所有者权益变动表的内容
    - 所有者权益变动表的结构
    - 所有者权益变动表的编制
  - 财务报表附注
    - 财务报表附注概述
    - 财务报表附注的主要内容
    - 财务报告信息披露的要求

财务会计报告是反映企业财务状况和经营成果的书面文件，包括资产负债表、利润表、现金流量表、所有者权益变动表（新的会计准则要求在年报中披露）、附表及财务报表附注和财务情况说明书。一般国际或区域会计准则都对财务报告有专门的独立准则。“财务报告”从国际范围来看是较通用的术语，但是在我国现行有关法律行政法规中使用的是“财务会计报告”术语。

任务一　财务会计报告概述

任务初探

财务会计作为对外报告会计，其目的是通过向外部会计信息使用者提供有用的信息，以反映企业财务信息，帮助使用者作出相关决策。承担这一信息载体和功能的便是企业编制的财务报告，它是财务会计确认和计量的最终成果，是沟通企业管理层与外部信息使用者之间的桥梁和纽带。因此，财务会计报告的目标定位十分重要。

问题思考：什么是财务会计报告？编制财务会计报告的意义是什么？财务会计报告由哪些内容构成，如何对其进行分类？有哪些具体的编制要求？

案例准备：依据某上市公司的财务会计报告，进行课堂讨论，了解公司财务会计报告的意义及构成。

任务研学

一、财务会计报告的概念与意义

财务会计报告，是指企业对外提供的反映企业某一特定日期的财务状况和某一会计期间的经营成果、现金流量等会计信息的文件。它是对企业财务状况、经营成果及现金流量的结构性表述。财务会计报告包括财务报表和其他应当在财务会计报告中披露的相关信息和资料。

财务会计报告主要提供企业的财务会计信息，满足外部信息使用者的决策需求及内部信息使用者的需要。具体表现在以下几个方面：

（1）揭示企业一定时期的财务状况、经营成果和现金流量，有利于经营管理人员了解本单位各项任务指标的完成情况，提高经济效益，为经济预测和决策提供依据。

（2）有利于国家经济管理部门了解国民经济的运行状况。通过对各单位提供的财务报表资料进行汇总和分析，以便宏观调控经济运行，优化资源配置，保证国民经济稳定持续发展。

（3）有利于投资者、债权人和其他有关各方掌握企业的财务状况、经营成果和现金流量情况，为投资、贷款和贸易提供决策依据。

（4）有利于满足财政、税务、工商、审计等部门监督企业经营管理。

二、财务会计报告的构成与分类

（一）财务会计报告的构成

7.1 认知报表

财务会计报告包括财务报表和其他应当在财务会计报告中披露的相关信息和资料。财务报表是财务报告的主体和核心内容，其他应在财务会计报告中披露的相关信息和资料是对财务报表的补充和说明，共同构成财务会计报告体系。

财务报表，又称财务会计报表，是指对企业财务状况、经营成果和现金流量的结构性表述。一套完整的财务报表至少应当包括“四表一注”，即资产负债表、利润表、现金流量表、所有者权益变动表和财务报表附注，并且这些组成部分在列报上具有同等的重要程度，企业不得强调某张报表或某些报表（或附注）较其他报表（或附注）更为重要。附注是对在资产负债表、利润表、现金流量表和所有者权益变动表等报表中列示项目的文字描述或明细资料，以及对未能在这些报表中列示项目的说明等。我国现行财务会计报告体系如表 7-1 所示。

表 7-1　财务会计报告体系

<table>
<tr><th colspan="3">种类</th><th>编制时间</th><th>反映内容</th><th>报送时间</th></tr>
<tr><td rowspan="5">财务会计报告</td><td rowspan="4">财务报表</td><td>资产负债表(企会 01)</td><td>年度、中期</td><td>静态</td><td rowspan="5">年报：年度终了后 4 个月内；
半年报：半年结束后两个月内；
季报：季度终了后 15 天内；
月报：月份终了后 6 日内</td></tr>
<tr><td>利润表(企会 02)</td><td>年度、中期</td><td>动态</td></tr>
<tr><td>现金流量表(企会 03)</td><td>年度、中期</td><td>动态</td></tr>
<tr><td>所有者权益变动表(企会 04)</td><td>年度</td><td>动态</td></tr>
<tr><td colspan="2">财务报表附注</td><td>年度、中期</td><td></td></tr>
</table>

财务报表列报，是指交易和事项在报表中的列示和在附注中的披露。其中“列示”通常反映资产负债表、利润表、现金流量表和所有者权益（或股东权益）变动表等报表中的信息；相对于“列示”而言，“披露”通常主要反映财务报表附注中的信息。

（二）财务会计报告的分类

1. 按编报时间不同，分为年度财务会计报告和中期财务会计报告

财务会计报告相应分为年度财务会计报告和中期财务会计报告。中期财务会计报告分为月度、季度和半年度财务会计报告（简称月报、季报和半年度报告）。

年报是年度财务会计报告的简称，是指以会计年度为基础编制的财务报告。中期报告是中期财务会计报告的简称，是指以中期为基础编制的财务报告。中期，是指短于一个完整的会计年度的报告期间，中期财务会计报告至少应当包括资产负债表、利润表、现金流量表和财务报表附注。中期资产负债表、利润表和现金流量表应当是完整报表，其格式和内容应当与上年度财务报表相一致。

2. 按反映内容不同，分为静态财务会计报告和动态财务会计报告

静态财务会计报告是指综合反映企业某一特定日期资产、负债和所有者权益状况的报表，如资产负债表。动态财务会计报告是指综合反映企业一定期间的经营成果或现金流量情况的报表，如利润表、现金流量表。

3. 按编制基础不同，分为个别财务会计报告和合并财务会计报告

个别财务会计报告，是指反映母公司所属子公司财务状况、经营成果和现金流量的财务会计报告。它是以自身的会计核算为基础，根据账户余额并结合经济业务分析等经过会计加工而编制的。合并财务会计报告，是指反映母公司和其全部子公司形成的企业集团整体财务状况、经营成果和现金流量的财务会计报告。

4. 按报送对象不同，分为内部财务会计报告和外部财务会计报告

内部财务会计报告是指为满足企业内部经营管理需要而编制的财务会计报告，由于无需对外公开，所以没有固定格式和编制要求；外部财务会计报告是指企业对外提供的财务会计报告，主要供投资者、债权人、政府部门和社会公众等有关方面使用，《企业会计准则》对其规定了统一的格式要求。财务会计报告/报表的具体分类如表 7-2 所示。

表 7-2　财务会计报告/报表的分类

分类标准	类别	内容
按编报期间不同	年报/报表	以会计年度为基础编制的财务报告
	中期报告/报表	① 分为月报、季报、半年报 ② 中期报告至少应当包括资产负债表、利润表、现金流量表和财务报表附注（无所有者权益变动表） ③ 中期资产负债表、利润表和现金流量表应当是完整报表，其格式和内容应当与上年度财务报表相一致
按反映内容不同	静态财务会计报告/报表	是指反映企业某一特定日期资产、负债和所有者权益状况的报表
	动态财务会计报告/报表	是指综合反映企业一定期间的经营成果或现金流量情况的报表，如利润表、现金流量表
按编制基础不同	个别财务会计报告/报表	母公司所属子公司财务状况、经营成果和现金流量的财务会计报告/报表
	合并财务会计报告/报表	反映母公司和其全部子公司形成的企业集团整体财务状况、经营成果和现金流量的财务会计报告/报表
按报送对象不同	内部财务会计报告/报表	企业内部经营管理需要而编制，无须对外公开，没有格式和编制要求
	外部财务会计报告/报表	对外提供的财务报表，对外公开，有格式和编制要求

三、财务会计报告列报和编制的基本要求

财务会计报告中的财务报表应当依据国家统一会计制度要求，根据登记完整、核对无误的会计账簿记录和其他有关资料编制，做到数字真实、计算准确、内容完整、说明清楚。

企业编制财务报表时应当对企业持续经营能力进行评估；除了现金流量表信息，企业

应按照权责发生制编制财务报表;企业财务报表项目的列报应当在各个会计期间保持一致;企业单独列报或汇总列报相关项目时应遵循重要性原则;企业财务报表项目一般不得以金额抵销后的净额列报;企业应当列报可比会计期间的比较数据等。

(1) 依据各项会计准则确认和计量的结果编制财务报表,企业应当根据实际发生的交易和事项,遵循会计基本准则和各项具体会计准则及解释的规定进行确认和计量,并在此基础上编制财务报表。

(2) 列报基础企业应当以持续经营为基础编制财务报表。在编制财务报表的过程中,企业管理层应当全面评估企业的持续经营能力。评估时,应当利用其所有可获得的信息,涵盖的期间应包括企业自资产负债表日起至少 12 个月。评估结果表明对持续经营能力产生重大怀疑的,企业应当在附注中披露导致对持续经营能力产生重大怀疑的影响因素以及企业拟采取的改善措施。在非持续经营情况下,企业应当在附注中说明财务报表未以持续经营为基础列报、披露未以持续经营为基础的原因以及财务报表的编制基础。

(3) 权责发生制。除了现金流量表按照收付实现制编制,企业应当按照权责发生制编制财务报表。

(4) 列报的一致性。财务报表项目的列报应当在各个会计期间保持一致,不得随意变。包括财务报表中的项目名称和财务报表项目的分类、排列顺序等方面都应保持一致。在下列情况下,企业可以变更财务报表项目的列报:一是会计准则要求改变财务报表项目的列报;二是企业经营业务的性质发生重大变化后变更财务报表项目的列报能够提供更可靠、更相关的会计信息。

(5) 依据重要性原则单独或汇总列报项目。重要性是判断财务报表项目是否单独列报的重要标准。重要性是指在合理预期下,如果财务报表某项目的省略或错报会影响使用者据此作出经济决策的,则该项目就具有重要性。企业在进行重要性判断时应当根据所处环境,从项目的性质和金额大小两方面予以判断:一方面,应当考虑该项目的性质是否属于企业日常活动,以及是否显著影响企业的财务状况、经营成果和现金流量等因素;另一方面,应当通过单项金额占资产总额、负债总额、所有者权益总额、营业收入总额、营业成本总额、净利润、综合收益总额等直接相关或所属报表单列项目金额的比重加以确定。企业对于各个项目的重要性判断标准一经确定,不得随意变更。

重要性程度不足以在资产负债表、利润表、现金流量表或所有者权益变动表中单独列示,但对附注却具有重要性,在这种情况下应当在附注中单独披露。例如,对某制造企业而言,原材料、在产品、库存商品等项目的重要性程度不足以在资产负债表上单独列示,因此在资产负债表中汇总列示,但是鉴于其对该制造业企业的重要性,应当在附注中单独披露。

(6) 总额列报。财务报表项目应当以总额列报,资产和负债、收入和费用、直接计入当期利润的利得项目和损失项目的金额不能相互抵销,即不得以净额列报,但另有规定的除外。例如,企业欠客户的应付款不得与其他客户欠本企业的应收款相抵销,否则就掩盖了交易的实质。又如,收入和费用反映了企业投入和产出之间的关系,是企业经营成果的两个方面，为更好地反映经济交易的实质、考核企业经营管理水平以及预测企业未来现金流量，收入和费用不得相互抵销。

以下几种情况不属于抵销：①资产或负债项目按扣除备抵项目后的净额列示，不属于抵销。例如，资产计提的减值准备，实质意味着资产的价值确实发生了减损，资产项目应当按扣除减值准备后的净额列示，这样才能反映资产当时的真实价值。②非日常活动产生的利得和损失，以同一交易形成的收益扣减相关费用后的净额列示更能反映交易实质的，不属于抵销。

(7) 比较信息的列报。企业在列报当期财务报表时，至少应当提供所有列报项目上一个可比会计期间的比较数据，以及与理解当期财务报表相关的说明，提高信息在会计期间的可比性。列报比较信息的要求适用于财务报表的所有组成部分，包括“四表一注”。

(8) 财务报表表首的列报要求。企业在财务报表的显著位置(通常是表首部分)应当至少披露下列基本信息：编报企业的名称，如企业名称在所属当期发生了变更的还应明确标明，对资产负债表而言，应当披露资产负债表日；对利润表、现金流量表、所有者权益变动表而言，应当披露报表涵盖的会计期间，货币名称和单位，按照我国企业会计准则的规定，企业应当以人民币作为记账本位币列报，并标明金额单位，如人民币元、人民币万元等。

任务拓展

通过对财务会计报告概述的学习，学生应了解财务会计报告的概念、构成与分类及编制的基本要求。

请同学们课后阅读《企业会计准则第 30 号——财务报表列报》，对财务报告有基本认知。

任务二　资产负债表

任务初探

问题思考：什么是资产负债表？资产负债表的作用及编制的基本原理是什么？资产负债表项目具体怎样填列？

案例准备：根据教材案例进行课堂讨论。

任务研学

一、资产负债表的概念和作用

(一) 资产负债表的概念

资产负债表是反映企业在某一特定日期财务状况的财务报表，是对企业特定日期的资产、负债和所有者权益的结构性表述。反映企业在某一特定口期所拥有或控制的经济资源、所承担的现时义务和所有者对净资产的要求权。这里的特定日期分别指会计年度的年末及中期的月末、季末和半年末(如6月30日)等。

(二) 资产负债表的作用

资产负债表可以反映企业在某一特定日期所拥有或控制的经济资源、所承担的现时义务和所有者对净资产的要求权，帮助财务报表使用者全面了解企业的财务状况、分析企业的偿债能力等情况，从而为其作出经济决策提供依据。

二、资产负债表的依据原理及结构

资产负债表是根据“资产＝负债＋所有者权益”这一平衡公式，按照各具体项目的性质和功能作为分类标准，依次将某一特定日期的资产、负债、所有者权益的具体项目予以适当的排列编制而成。

资产负债表主要有表首、表体两部分组成。表首部分应列明报表名称、编制单位名称、资产负债表的报表编号和计量单位；表体部分是资产负债表的主体，列示了用以说明企业财务状况的各个项目。资产负债表的表体格式一般有两种：报告式资产负债表和账户式资产负债表。报告式资产负债表是上下结构，上半部分列示资产各项目，下半部分列示负债和所有者权益各项目；账户式资产负债表是左右结构，左边列示资产各项目，反映全部资产的分布及存在状态；右边列示负债和所有者权益各项目，反映全部负债和所有者权益的内容及构成情况，资产各项目的合计金额等于负债和所有者权益各项目的合计金额。

我国企业的资产负债表采用账户式结构，分为左右两方，左方为资产项目，大体按资产的流动性强弱排列，流动性强的资产如“货币资金”“交易性金融资产”等排在前面，流动性弱的资产如“长期股权投资”“固定资产”等排在后面。右方为负债及所有者权益项目，一般按要求清偿期限长短的先后顺序排列,“短期借款”“应付票据”“应付账款”等需要在1年内或者长于1年的一个正常营业周期内偿还的流动负债排在前面,“长期借款”等在1年以上才需偿还的非流动负债排在中间,在企业清算之前不需要偿还的所有者权益项目排在后面,表明负债具有优先偿还的要求权,所有者权益对负债具有担保责任。资产负债表(简表)格式如表7-3所示。

表7-3　资产负债表(简表)

会企01表

编制单位:　　　　×年×月×日　　　　单位:元

资　产			负债和所有者权益(或股东权益)		
资	货币资金		负	短期借款	
产	交易性金融资产		债	应付票据	
流	……		偿	应付账款	
动	……		还	……	
性	流动资产合计	×××	时	流动负债合计	×××
逐	长期股权投资		间	长期借款	
渐	固定资产		逐	……	
减	……		渐	非流动负债合计	×××
弱	……		延	负债合计	×××
↓	非流动资产合计	×××	长	实收资本	
				……	
			↓	所有者权益合计	×××
	资产总计	×××		负债和所有者权益(或股东权益)	×××

账户式资产负债表中的资产各项目的合计等于负债和所有者权益各项目的合计,即资产负债表左方和右方平衡。通过账户式资产负债表,可以反映资产、负债和所有者权益之间的内在关系,即“资产=负债+所有者权益”。

三、资产负债表的编制方法

7.2　资产负债表的编制

资产负债表各项目均需填列“期末余额”和“上年年末余额”两栏。

资产负债表的“上年年末余额”栏内各项数字,应根据上年年末资产负债表的“期末余额”栏内所列数字填列。如果上年度资产负债表规定的各个项目的名称和内容与本年度不相一致,应按照本年度的规定对上年年末资产负债表各项目的名称和数字进行调整,填入本表“上年年末余额”栏内,如图7-1所示。

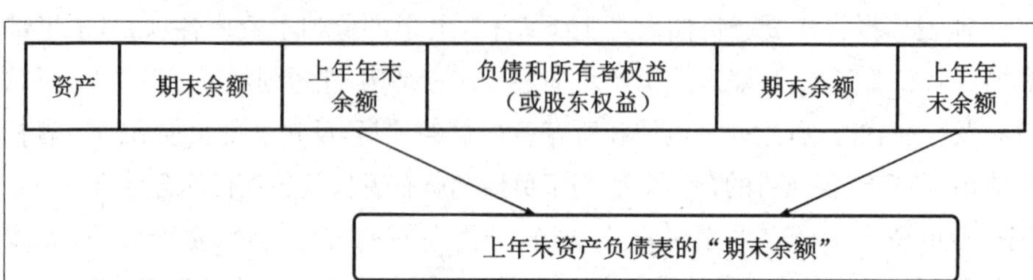

图7-1　资产负债表“上年年末余额”来源

【小贴士】 报表项目≠会计科目,报表项目与会计科目不是一一对应的关系。报表项目与会计科目有联系,但并不相同。资产负债表中的报表项目金额是根据会计科目的期末余额,采用一定的方法填列的,仅在报表中使用。

(一) 资产负债表"期末余额"填列方法

资产负债表"期末余额"是根据本期登记的相关账簿记录填写的,其来源如图 7-2 所示,其填列的方法有五种,具体如表 7-4 所示。

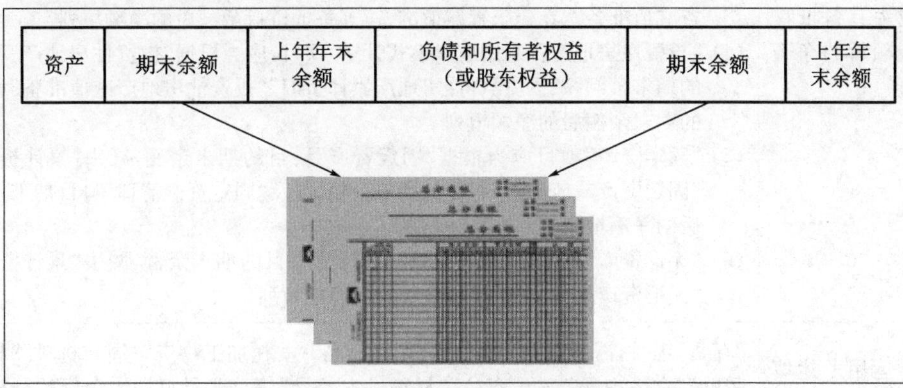

图 7-2　资产负债表"期末余额"来源

表 7-4　资产负债表"期末余额"项目填列方法

项目	填列方法
1. 根据总账科目余额填列	(1) 根据总账科目的期末余额直接填列,如"短期借款""资本公积"等项目 (2) 根据几个总账科目的期末余额计算填列,如"货币资金"项目,需根据"库存现金""银行存款""其他货币资金"三个总账科目的期末余额合计数填列
2. 根据明细账科目余额计算填列	(1) "应付账款"项目,需要根据"应付账款"和"预付账款"科目所属相关明细科目的期末贷方余额合计数填列 (2) "预收账款"项目,需要根据"预收账款"和"应收账款"科目所属相关明细科目的期末贷方余额合计数填列"开发支出"项目,需要根据"研发支出"科目所属的"资本化支出"明细科目期末余额计算填列 (3) "应付职工薪酬"项目,需要根据"应付职工薪酬"科目的明细科目期末余额计算填列 (4) "一年内到期的非流动资产""一年内到期的非流动负债"项目,需要根据有关非流动资产和非流动负债项目的明细科目余额计算填列
3. 根据总账科目和明细账科目余额分析计算填列	(1) "长期借款"项目,需要根据"长期借款"总账科目余额扣除"长期借款"科目所属的明细科目中将在资产负债表日起一年内到期且企业不能自主地将清偿义务展期的长期借款后的金额计算填列 (2) "其他非流动资产"项目,根据有关科目的期末余额减去将于 1 年内(含 1 年)收回数后的金额计算填列 (3) "其他非流动负债"项目,应根据有关科目的期末余额减去将于 1 年内(含 1 年)到期偿还数后的金额计算填列

（续表）

项目	填列方法
4. 根据有关科目余额减去其备抵科目余额后的净额填列	(1)“应收账款”项目，需要根据“应收账款”科目的期末余额减去有关的坏账准备贷方余额后的金额分析填列。如“预收账款”科目所属明细科目期末为借方余额的，也在本项目填列 (2)“预付款项”项目，需要根据“预付账款”和“应付账款”科目所属各明细科目的期末借方余额减去有关坏账准备贷方余额后的净额填列 (3)“应收票据”“长期股权投资”“在建工程”等项目，应当根据“应收票据”“长期股权投资”“在建工程”等科目的期末余额减去“坏账准备”“长期股权投资减值准备”“在建工程减值准备”等备抵科目余额后的净额填列 (4)“投资性房地产”(采用成本模式计量)项目，应当根据“投资性房地产”科目的期末余额，减去“投资性房地产累计折旧”“投资性房地产减值准备”科目的期末余额后的净额填列 (5)“固定资产”项目应当根据“固定资产”科目的期末余额，减去“累计折旧”“固定资产减值准备”科目的期末余额，以及“固定资产清理”科目期末余额后的净额填列 (6)“无形资产”项目，应当根据“无形资产”科目的期末余额，减去“累计摊销”“无形资产减值准备”科目余额后的净额填列
5. 综合运用上述填列方法分析填列	“存货”项目，需要根据“原材料”“库存商品”“委托加工物资”“周转材料”“材料采购”“在途物资”“发出商品”“材料成本差异”等总账科目期末余额的分析汇总数，再减去“存货跌价准备”科目余额后的净额填列

7.3 初级实战演练

（二）资产负债表项目的填列说明

1. 资产项目的填列说明

（1）“货币资金”项目，反映企业期末持有的库存现金、银行存款、银行汇票存款、银行本票存款、信用卡存款、信用证保证金存款、外埠存款等的合计数。该项目应根据“库存现金”“银行存款”“其他货币资金”科目期末余额的合计数填列。

【业务7-1】 2023年12月31日，陕西鸿腾股份有限公司“库存现金”科目余额为0.1万元，“银行存款”科目余额为100.9万元，“其他货币资金”科目余额为99万元，则2023年12月31日，陕西鸿腾股份有限公司资产负债表中“货币资金”项目“期末余额”栏的列报金额=0.1+100.9+99=200(万元)。

（2）“交易性金融资产”项目，反映资产负债表日企业分类为以公允价值计量且其变动计入当期损益的金融资产，以及企业持有的指定为以公允价值计量且其变动计入当期损益的金融资产的期末账面价值。该项目应根据“交易性金融资产”科目的相关明细科目期末余额分析填列。

【小贴士】 自资产负债表日起超过1年到期且预期持有超过1年的以公允价值计量且其变动计入当期损益的非流动金融资产的期末账面价值，在“其他非流动金融资产”项目反映。

【业务7-2】 2023年12月31日，陕西鸿腾股份有限公司“交易性金融资产”科目余额为1 200万元。该交易性金融资产未超过1年到期，直接填列“交易性金融资产”项目的期末余额。

(3)“应收票据”项目，反映资产负债表日以摊余成本计量的、企业因销售商品、提供服务等收到的商业汇票，包括银行承兑汇票和商业承兑汇票。该项目应根据“应收票据”科目的期末余额，减去“坏账准备”科目中相关坏账准备期末余额后的金额分析填列。

【业务7-3】 2023年12月31日，陕西鸿腾股份有限公司“应收票据”科目的余额为300万元；“坏账准备”科目贷方余额中有关应收票据计提的坏账准备余额为11万元，则2023年12月31日，陕西鸿腾股份有限公司资产负债表中“应收票据”项目“期末余额”栏的列报金额＝300－11＝289(万元)。

(4)“应收账款”项目，反映资产负债表日以摊余成本计量的、企业因销售商品、提供服务等经营活动应收取的款项。该项目应根据“应收账款”科目的期末余额，减去“坏账准备”科目中相关坏账准备期末余额后的金额分析填列。

> **【小贴士】** 如果“预收账款”科目所属明细科目期末为借方余额的，也在本项目填列。

【业务7-4】 2023年12月31日，陕西鸿腾股份有限公司“应收账款”科目的借方余额为1 000万元；“坏账准备”科目贷方余额中有关应收账款计提的坏账准备余额为34万元，则2023年12月31日，陕西鸿腾股份有限公司资产负债表中“应收账款”项目“期末余额”栏的列报金额＝1 000－34＝966(万元)。

7.4 初级实战演练

(5)“应收款项融资”项目，反映资产负债表日以公允价值计量且其变动计入其他综合收益的应收票据和应收账款等。

(6)“预付款项”项目，反映企业按照购货合同规定预付给供应单位的款项等。

该项目应根据“预付账款”和“应付账款”科目所属各明细科目的期末借方余额合计数，减去“坏账准备”科目中有关预付账款计提的坏账准备期末余额后的净额填列。即“预付款项”项目＝“预付账款”科目借方余额＋“应付账款”科目借方余额－相关坏账准备期末余额。

> **【小贴士】** 如“预付账款”科目所属明细科目期末为贷方余额的，应在资产负债表“应付账款”项目内填列。

【业务7-5】 2023年12月31日，陕西鸿腾股份有限公司“预付账款”科目的余额为200万元；“坏账准备”科目贷方余额中有关预付账款计提的坏账准备余额为0，则2023年12月31日，陕西鸿腾股份有限公司资产负债表中“预付款项”项目“期末余额”栏的列报金额为200万元。

7.5 初级实战演练

(7)“其他应收款”项目,反映企业除应收票据、应收账款、预付账款等经营活动以外的其他各种应收、暂付的款项。该项目应根据“应收利息”“应收股利”和“其他应收款”科目的期末余额合计数,减去“坏账准备”科目中相关坏账准备期末余额后的金额填列。即“其他应收款”项目=应收利息+应收股利+其他应收款-相关坏账准备。

【小贴士】 其中的“应收利息”仅反映相关金融工具已到期可收取但于资产负债表日尚未收到的利息。基于实际利率法计提的金融工具的利息应包含在相应金融工具的账面余额中。

【业务7-6】 2023年12月31日,陕西鸿腾股份有限公司“其他应收款”科目的期末余额为15万元,“应收利息”科目的期末余额为25万元,则2023年12月31日,陕西鸿腾股份有限公司资产负债表中“其他应收款”项目“期末余额”栏的列报金额为40万元。

(8)“存货”项目,反映企业期末在库、在途和在加工中的各种存货的可变现净值或成本(成本与可变现净值孰低)。该项目应根据“材料采购”“原材料”“库存商品”“周转材料”“委托加工物资”“生产成本”“受托代销商品”“发出商品”等科目的期末余额合计数,减去“受托代销商品款”“存货跌价准备”科目期末余额后的净额填列。

【小贴士】 材料采用计划成本核算,以及库存商品采用计划成本核算或售价核算的企业,还应按加或减材料成本差异、商品进销差价后的金额填列,“材料成本差异”科目的借方余额应加上,贷方余额应减去。

7.6 初级实战演练

【业务7-7】 2023年12月31日,陕西鸿腾股份有限公司有关科目余额如下:“库存商品”科目借方余额1 175万元,“委托加工物资”科目借方余额200万元,“存货跌价准备”科目 贷方余额100万元,“受托代销商品”科目借方余额400万元,“受托代销商品款”科目贷方余额400万元,则2023年12月31日,陕西鸿腾股份有限公司资产负债表中“存货”项目“期末余额”栏的列报金额=1 175+200-100+400-400=1 275(万元)。

(9)“合同资产”项目,反映企业按照《企业会计准则第14号——收入》(2017)的相关规定,根据本企业履行履约义务与客户付款之间的关系在资产负债表中列示的合同资产。该项目应根据“合同资产”科目的相关明细科目期末余额分析填列。

【小贴士】 同一合同下的合同资产和合同负债应当以净额列示,其中净额为借方余额的,应当根据其流动性在“合同资产”或“其他非流动资产”项目中填列,已计提减值准备的,还应以减去“合同资产减值准备”科目中相关的期末余额后的金额填列;其中净额为贷方余额的,应当根据其流动性在“合同负债”或“其他非流动负债”项目中填列。

(10)“持有待售资产”项目,反映资产负债表日划分为持有待售类别的非流动资产及划分为持有待售类别的处置组中的流动资产和非流动资产的期末账面价值。该项目应根据“持有待售资产”科目的期末余额,减去“持有待售资产减值准备”科目的期末余额后的金额填列。

【业务7-8】 陕西鸿腾股份有限公司计划出售一项固定资产,该固定资产于2023年12月31日(本月已计提折旧)被划分为持有待售固定资产,其账面价值为315万元,从划归为持有待售的下个月起停止计提折旧,不考虑其他因素,则2023年12月31日,陕西鸿腾股份有限公司资产负债表中“持有待售资产”项目“期末余额”栏的列报金额为315万元。

(11)“一年内到期的非流动资产”项目,反映企业预计自资产负债表日起1年内变现的非流动资产。该项目应根据有关科目的期末余额分析填列。

(12)“债权投资”项目,反映资产负债表日企业以摊余成本计量的长期债权投资的期末账面价值。该项目应根据“债权投资”科目的相关明细科目期末余额,减去“债权投资减值准备”科目中相关减值准备的期末余额后的金额分析填列。

【小贴士】 自资产负债表日起1年内到期的长期债权投资的期末账面价值,在“一年内到期的非流动资产”项目反映。企业购入的以摊余成本计量的1年内到期的债权投资的期末账面价值,在“其他流动资产”项目反映。

【业务7-9】 2023年12月31日,陕西鸿腾股份有限公司持有陕西鸿腾股份有限公司发行的3年期一次还本、分期付息的债券。“债权投资”科目的期末账面价值为500万元。2023年12月31日,陕西鸿腾股份有限公司资产负债表中“债权投资”项目“期末余额”栏的列报金额为500万元。

(13)“其他债权投资”项目,反映资产负债表日企业分类为以公允价值计量且其变动计入其他综合收益的长期债权投资的期末账面价值。该项目应根据“其他债权投资”科目的相关明细科目期末余额分析填列。

【小贴士】 自资产负债表日起1年内到期的长期债权投资的期末账面价值,在“一年内到期的非流动资产”项目反映。企业购入的以公允价值计量且其变动计入其他综合收益的1年内到期的债权投资的期末账面价值,在“其他流动资产”项目反映。

(14)“长期应收款”项目,反映企业租赁产生的应收款项和采用递延方式分期收款、实质上具有融资性质的销售商品和提供劳务等经营活动产生的应收款项。该项目应根据“长期应收款”科目的期末余额,减去相应的“未实现融资收益”科目和“坏账准备”科目所属相关明细科目期末余额后的金额填列。

(15)“长期股权投资”项目,反映投资方对被投资单位实施控制、重大影响的权益性投资，以及对其合营企业的权益性投资。该项目应根据“长期股权投资”科目的期末余额，减去“长期股权投资减值准备”科目的期末余额后的净额填列。

【业务7-10】 2023年12月31日，陕西鸿腾股份有限公司“长期股权投资”科目的期末账面净值为3 600万元。2023年12月31日，陕西鸿腾股份有限公司资产负债表中“长期股权投资”项目“期末余额”栏的列报金额为3 600万元。

(16)“其他权益工具投资”项目，反映资产负债表日企业指定为以公允价值计量且其变动计入其他综合收益的非交易性权益工具投资的期末账面价值。该项目应根据“其他权益工具投资”科目的期末余额填列。

(17)“固定资产”项目，反映资产负债表日企业固定资产的期末账面价值和企业尚未清理完毕的固定资产清理净损益。该项目应根据“固定资产”科目的期末余额，减去“累计折旧”和“固定资产减值准备”科目的期末余额后的金额，以及“固定资产清理”科目的期末余额填列，“固定资产清理”科目期末有借方余额应加上，贷方余额应减去。

【业务7-11】 2023年12月31日，陕西鸿腾股份有限公司“固定资产”科目借方余额为2 400万元，“累计折旧”科目贷方余额为370万元，“固定资产减值准备”科目贷方余额为148万元。2023年12月31日，陕西鸿腾股份有限公司资产负债表中“固定资产”项目“期末余额”栏的列报金额＝2 400－370－148＝1 882(万元)。

(18)“在建工程”项目，反映资产负债表日企业尚未达到预定可使用状态的在建工程的期末账面价值和企业为在建工程准备的各种物资的期末账面价值。该项目应根据“在建工程”科目的期末余额，减去“在建工程减值准备”科目的期末余额后的金额，以及“工程物资”科目的期末余额，减去“工程物资减值准备”科目的期末余额后的金额填列。即“在建工程”项目＝在建工程－在建工程减值准备＋工程物资－工程物资减值准备。

【业务7-12】 2023年12月31日，陕西鸿腾股份有限公司“在建工程”科目借方余额为118万元，未计提减值准备。则2023年12月31日，陕西鸿腾股份有限公司资产负债表中“在建工程”项目“期末余额”栏的列报金额为118万元。

(19)“使用权资产”项目，反映资产负债表日承租人企业持有的使用权资产的期末账面价值。该项目应根据“使用权资产”科目的期末余额，减去“使用权资产累计折旧”和“使用权资产减值准备”科目的期末余额后的金额填列。

【业务7-13】 2023年12月31日，陕西鸿腾股份有限公司“使用权资产”科目借方余额为230万元。该项租赁开始日为2023年12月15日，陕西鸿腾股份有限公司选择自下月开始计提折旧，则2023年12月31日，陕西鸿腾股份有限公司资产负债表中“使用权资产”项目“期末余额”栏的列报金额为230万元。

(20)“无形资产”项目，反映企业持有的专利权、非专利技术、商标权、著作权、土地使用权等无形资产的成本减去累计摊销和减值准备后的净值。该项目应根据“无形资产”科目的期末余额，减去“累计摊销”和“无形资产减值准备”科目期末余额后的净额填列。

(21)“开发支出”项目，反映企业开发无形资产过程中能够资本化形成无形资产成本的支出部分。该项目应当根据“研发支出”科目所属的“资本化支出”明细科目期末余额填列如图 7-3 所示。

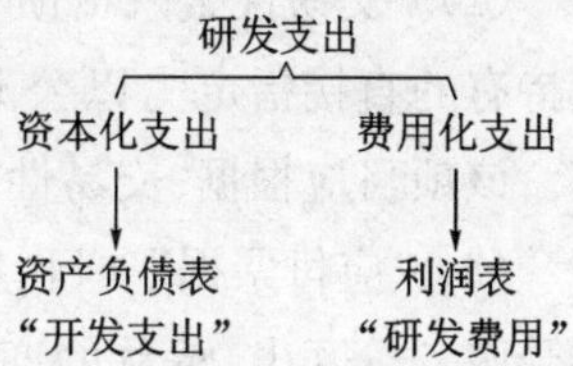

图 7-3　研发支出的分类

【业务 7-14】　2023 年 12 月 31 日，陕西鸿腾股份有限公司“无形资产”科目借方余额为 800 万元，“累计摊销”科目贷方余额为 200 万元，“无形资产减值准备”科目贷方余额为 54 万元，则 2023 年 12 月 31 日，陕西鸿腾股份有限公司资产负债表中“无形资产”项目“期末余额”栏的列报金额＝800－200－54＝546(万元)。

【业务 7-15】　2023 年 12 月 31 日，陕西鸿腾股份有限公司“研发支出——资本化支出”科目的借方余额为 300 万元。则 2023 年 12 月 31 日，陕西鸿腾股份有限公司资产负债表中“开发支出”项目“期末余额”栏的列报金额为 300 万元。

(22)“长期待摊费用”项目，反映企业已经发生但应由本期和以后各期负担的分摊期限在 1 年以上的各项费用。该项目应根据“长期待摊费用”科目的期末余额分析填列。

> 【小贴士】　长期待摊费用的摊销年限只剩 1 年或不足 1 年的，或预计在 1 年内(含 1 年)进行摊销的部分，不得归类为流动资产，仍在该项目中填列，不转入“一年内到期的非流动资产”项目。

【业务 7-16】　2023 年 12 月 31 日，陕西鸿腾股份有限公司“长期待摊费用”科目的借方余额为 21.6 万元。则 2023 年 12 月 31 日，陕西鸿腾股份有限公司资产负债表中“长期待摊费用”项目“期末余额”栏的列报金额为 21.6 万元。

(23)“递延所得税资产”项目，反映企业根据所得税准则确认的可抵扣暂时性差异产生的所得税资产。该项目应根据“递延所得税资产”科目的期末余额填列。

【业务 7-17】　2023 年 12 月 31 日，陕西鸿腾股份有限公司“递延所得税资产”科目的借方余额为 56.25 万元，则 2023 年 12 月 31 日，陕西鸿腾股份有限公司资产负债表中“递延所得税资产”项目“期末余额”栏的列报金额为 56.25 万元。

(24)“其他非流动资产”项目，反映企业除上述非流动资产以外的其他非流动资产。该项目应根据有关科目的期末余额填列。

2. 负债项目的填列说明

(1)“短期借款”项目，反映企业向银行或其他金融机构等借入的期限在 1 年以下(含 1 年)的各种借款。该项目应根据“短期借款”科目的期末余额填列。

【业务 7-18】　2023 年 12 月 31 日，陕西鸿腾股份有限公司“短期借款”科目的余额如下：银行质押借款 310 万元，信用借款 40 万元，则 2023 年 12 月 31 日，陕西鸿腾股份有限公司资产负债表中“短期借款”项目“期末余额”栏的列报金额为 350 万元(310＋40)。

(2)“交易性金融负债”项目，反映企业资产负债表日承担的交易性金融负债，以及企业持有的直接指定为以公允价值计量且其变动计入当期损益的金融负债的期末账面价值。该项目应根据“交易性金融负债”科目的相关明细科目期末余额填列。

(3)“应付票据”项目，反映资产负债表日以摊余成本计量的、企业因购买材料、商品和接受服务等开出、承兑的商业汇票，包括银行承兑汇票和商业承兑汇票。该项目应根据“应付票据”科目的期末余额填列。

【业务7-19】 2023年12月31日，陕西鸿腾股份有限公司“应付票据”科目的贷方余额为：125万元的银行承兑汇票，110万元的商业承兑汇票，则2023年12月31日，陕西鸿腾股份有限公司资产负债表中“应付票据”项目“期末余额”栏的列报金额为235万元(125＋110)。

(4)“应付账款”项目，反映资产负债表日以摊余成本计量的、企业因购买材料、商品和接受服务等经营活动应支付的款项。该项目应根据“应付账款”和“预付账款”科目所属的相关明细科目的期末贷方余额合计数填列。

【业务7-20】 2023年12月31日，陕西鸿腾股份有限公司“应付账款”科目贷方余额为941.85万元，则2023年12月31日，陕西鸿腾股份有限公司资产负债表中“应付账款”项目“期末余额”栏的列报金额为941.85万元。

(5)“预收款项”项目，反映企业按照合同规定预收的款项。该项目应根据“预收账款”和“应收账款”科目所属各明细科目的期末贷方余额合计数填列。

【业务7-21】 2023年12月31日，陕西鸿腾股份有限公司“预收账款”科目贷方余额为230万元，则2023年12月31日，陕西鸿腾股份有限公司资产负债表中“预收款项”项目“期末余额”栏的列报金额为230万元。

(6)“合同负债”项目，反映企业已收或应收客户对价而应向客户转让商品的义务。根据本企业履行履约义务与客户付款之间的关系在资产负债表中列示的合同负债。该项目应根据“合同负债”的相关明细科目期末余额分析填列。

(7)“应付职工薪酬”项目，反映企业为获得职工提供的服务或解除劳动关系而给予的各种形式的报酬或补偿。该项目应根据“应付职工薪酬”科目所属各明细科目的期末贷方余额分析填列。

【业务7-22】 2023年12月31日，陕西鸿腾股份有限公司“应付职工薪酬”科目明细项目为：工资70万元，社会保险费(含医疗保险、工伤保险)4.1万元，设定提存计划(含基本养老保险费)2.5万元，住房公积金2万元，工会经费1.4万元，则2023年12月31日，陕西鸿腾股份有限公司资产负债表中“应付职工薪酬”项目“期末余额”栏的列报金额＝70＋4.1＋2.5＋2＋1.4＝80(万元)。

(8)“应交税费”项目，反映企业按照税法规定计算应交纳的各种税费，包括增值税、消费税、资源税、土地增值税、城市维护建设税、房产税、城镇土地使用税、车船税、环境保护税、教育费附加、企业所得税等。企业代扣代缴的个人所得税，也通过本项目列示。该项目应根据"应交税费"科目的期末贷方余额填列。不需要预计应交数的税金，如印花税、耕地占用税等，不在本项目列示。

【业务 7-23】 2023 年 12 月 31 日，陕西鸿腾股份有限公司"应交税费"科目贷方期末余额为 450 万元，则 2023 年 12 月 31 日，陕西鸿腾股份有限公司资产负债表中"应交税费"项目"期末余额"栏的列报金额为 450 万元。

(9)"其他应付款"项目，反映企业除应付票据、应付账款、预收账款、应付职工薪酬、应交税费等经营活动以外的其他各项应付、暂收的款项。该项目应根据"应付股利""应付利息""其他应付款"科目的期末余额合计数填列。

【小贴士】 其中的"应付利息"仅反映相关金融工具已到期应支付但于资产负债表日尚未支付的利息。基于实际利率法计提的金融工具的利息应包含在相应金融工具的账面余额中。

【业务 7-24】 2023 年 12 月 31 日，陕西鸿腾股份有限公司"应付利息"科目贷方期末余额 5 万元，"应付股利"科目贷方期末余额 250 万元，"其他应付款"科目贷方期末余额为 55 万元。则 2023 年 12 月 31 日，陕西鸿腾股份有限公司资产负债表中"其他应付款"项目"期末余额"栏的列报金额＝5＋250＋55＝310(万元)。

(10)"持有待售负债"项目，反映资产负债表日处置组中与划分为持有待售类别的资产直接相关的负债的期末账面价值。该项目应根据"持有待售负债"科目的期末余额填列。

(11)"一年内到期的非流动负债"项目，反映企业非流动负债中将于资产负债表日后 1 年内到期部分的金额，如将于 1 年内偿还的长期借款。该项目应根据有关科目的期末余额分析填列。

(12)"长期借款"项目，反映企业向银行或其他金融机构借入的期限在 1 年以上(不含 1 年)的各项借款。该项目应根据"长期借款"科目的期末余额，扣除"长期借款"科目所属的明细科目中将在资产负债表日起 1 年内到期且企业不能自主地将清偿义务展期的长期借款后的金额计算填列。

【业务 7-25】 2023 年 12 月 31 日，陕西鸿腾股份有限公司"长期借款"科目余额为 440 万元(12 月末入)，则陕西鸿腾股份有限公司 2023 年 12 月 31 日资产负债表中"长期借款"项目"期末余额"栏的列报金额为 440 万元。

(13)"应付债券"项目，反映企业为筹集长期资金而发行的债券本金和应付的利息。该项目应根据"应付债券"总账科目余额扣除"应付债券"科目所属的明细科目中将在 1 年内到期且企业不能自主地将清偿义务展期的应付债券后的金额计算填列。

(14)"租赁负债"项目，反映资产负债表日承租人企业尚未支付的租赁付款额的期末账面价值。该项目应根据“租赁负债”科目的期末余额填列。

【小贴士】 自资产负债表日起1年内到期应予以清偿的租赁负债的期末账面价值，在“一年内到期的非流动负债”项目反映。

【业务7-26】 2023年12月31日，陕西鸿腾股份有限公司“租赁负债”科目余额为230万元，其中，“租赁负债——未确认融资费用”科目借方余额为70万元，“租赁负债——租赁付款额”科目贷方余额为300万元，则陕西鸿腾股份有限公司2023年12月31日资产负债表中“租赁负债”项目“期末余额”栏的列报金额为230万元。

(15) “长期应付款”项目，反映资产负债表日企业除长期借款和应付债券以外的其他各种长期应付款项的期末账面价值。该项目应根据“长期应付款”科目的期末余额，减去相关的“未确认融资费用”科目的期末余额后的金额，以及“专项应付款”科目的期末余额填列。

(16) “预计负债”项目，反映企业根据或有事项等相关准则确认的各项预计负债，包括对外提供担保、未决诉讼、产品质量保证、重组义务以及固定资产和矿区权益弃置义务等产生的预计负债。该项目应根据“预计负债”科目的期末余额填列。

【小贴士】 企业按照《企业会计准则第22号——金融工具确认和计量》(2017)的相关规定，对贷款承诺等项目计提的损失准备，应当在本项目中填列。

(17) “递延收益”项目，反映尚待确认的收入或收益。该项目核算包括企业根据政府补助准则确认的应在以后期间计入当期损益的政府补助金额、售后租回形成融资租赁的售价与资产账面价值差额等其他递延性收入。该项目应根据“递延收益”科目的期末余额填列。

【小贴士】 本项目中摊销期限只剩1年或不足1年的，或预计在1年内(含1年)进行摊销的部分，不得归类为流动负债，仍在该项目中填列，不转入“一年内到期的非流动负债”项目。

(18) “递延所得税负债”项目，反映企业根据所得税准则确认的应纳税暂时性差异产生的所得税负债。该项目应根据“递延所得税负债”科目的期末余额填列。

【业务7-27】 2023年12月31日，陕西鸿腾股份有限公司“递延所得税负债”科目余额为30万元，则陕西鸿腾股份有限公司2023年12月31日资产负债表中“递延所得税负债”项目“期末余额”栏的列报金额为30万元。

(19) “其他非流动负债”项目，反映企业在上述非流动负债以外的其他非流动负债。该项目应根据有关科目的期末余额，减去将于1年内(含1年)到期偿还数后的余额分析填列。

【小贴士】 非流动负债各项目中将于1年内(含1年)到期的非流动负债,应在“一年内到期的非流动负债”项目内反映。

7.7　练一练

3. 所有者权益项目的填列说明

(1)“实收资本(或股本)”项目,反映资产负债表日企业各投资者实际投入的资本(或股本)总额。该项目应根据“实收资本(或股本)”科目的期末余额填列。

【业务7-28】 陕西鸿腾股份有限公司是由A公司于2018年3月1日注册成立的有限责任公司,注册资本为人民币2 000万元司,A公司以货币资金2 000万元出资,持有陕西鸿腾股份有限公司100%的权益。

上述实收资本已于2018年3月1日经相关会计师事务所出具的验资报告验证。2023年12月10日,陕西鸿腾股份有限公司重新办理了公司注册手续,注册资本由2 000万元变更为5 000万元。

2023年12月10日,A公司与B公司和C公司根据之前签订的对陕西鸿腾股份有限公司的投资协议分别办理了投入资本和相关资产交接过户手续。其中:A公司增加投入资本人民币500万元,拥有陕西鸿腾股份有限公司50%的股权份额;B公司投资4 300万元,其中投资转入整套设备及生产线的公允价值为1 308万元(包括单独计价的在建工程108万元),增值税发票注明税款为170.04万元,其余2 821.96万元投入现金资产,拥有陕西鸿腾股份有限公司35%的股权份额为1 750万元;C公司投资转入投资性房地产的公允价值为1 200万元,增值税发票注明的税款为108万元(由陕西鸿腾股份有限公司支付),拥有陕西鸿腾股份有限公司15%的股权份额为750万元。则2023年12月31日,陕西鸿腾股份有限公司资产负债表中“实收资本(或股本)”项目“期末余额”栏的列报金额为5 000万元。

(2)“其他权益工具”项目,反映资产负债表日企业发行在外的除普通股以外分类为权益工具的金融工具的期末账面价值。并下设“优先股”和“永续债”两个项目,分别反映企业发行的分类为权益工具的优先股和永续债的账面价值。

(3)“资本公积”项目,反映企业收到投资者出资超出其在注册资本或股本中所占的份额以及直接计入所有者权益的利得和损失等。该项目应根据“资本公积”科目的期末余额填列。

【业务7-29】 2023年12月31日,陕西鸿腾股份有限公司“资本公积”科目的期末余额为3 600万元,则陕西鸿腾股份有限公司2023年12月31日资产负债表中“资本公积”项目“期末余额”栏的列报金额为3 600万元。

(4)“其他综合收益”项目,反映企业其他综合收益的期末余额。该项目应根据“其他综合收益”科目的期末余额填列。

(5)“专项储备”项目,反映高危行业企业按国家规定提取的安全生产费的期末账面价值。该项目应根据“专项储备”科目的期末余额填列。

(6)“盈余公积”项目,反映企业盈余公积的期末余额。该项目应根据“盈余公积”科目的期末余额填列。

【业务 7-30】 2023 年 12 月 31 日,陕西鸿腾股份有限公司“盈余公积”科目的期末余额为 213 万元,则陕西鸿腾股份有限公司 2023 年 12 月 31 日资产负债表中“盈余公积”项目“期末余额”栏的列报金额为 213 万元。

(7)“未分配利润”项目,反映企业尚未分配的利润。该项目应根据“本年利润”科目和“利润分配”科目的余额计算填列。未弥补的亏损在本项目内以“-”号填列。

【业务 7-31】 2023 年 12 月 31 日,陕西鸿腾股份有限公司“利润分配——未分配利润”科目的期末贷方余额为 829 万元,则陕西鸿腾股份有限公司 2023 年 12 月 31 日资产负债表中“未分配利润”项目“期末余额”栏的列报金额为 829 万元。

7.8 资产负债表项目编制方法一览表

四、资产负债表编制实例

【业务 7-32】 综合案例

(一) 资料

1. 陕西鸿腾股份有限公司为增值税一般纳税人,适用的增值税税率为 13%,所得税税率为 25%,原材料采用计划成本进行核算,该公司 2023 年 12 月 31 日的总账账户与明细分类账户的余额,即科目余额表如表 7-5 所示。

表 7-5 科目余额表

2023 年 12 月 31 日

总账账户名称	明细分类账户名称	借方余额	贷方余额	总账账户名称	明细类账户名称	借方余额	贷方余额
库存现金		8 000		短期借款			3 150 000
银行存款		11 686 600		应付票据			2 000 000
其他货币资金	存出投资款	1 200 000		应付账款			9 548 000
	银行汇票存款	1 170 000		应付职工薪酬			1 100 000
交易性金融资产	成本	260 000		应交税费			366 000
	公允价值变动	40 000		其他应付款			500 000
应收账款		3 000 000		长期借款			16 000 000
应收票据		3 180 800		实收资本			50 000 000
预付账款		1 277 600		资本公积			
其他应收款		3 050 000		盈余公积			1 000 000
周转材料		600 000		利润分配	未分配利润		500 000
原材料		17 250 000		累计折旧			7 000 000
材料采购		1 000 000		坏账准备	应收账款		9 000

（续表）

总账账户名称	明细分类账户名称	借方余额	贷方余额	总账账户名称	明细类账户名称	借方余额	贷方余额
材料成本差异		950 000					
库存商品		6 000 000					
长期股权投资		4 500 000					
固定资产		15 000 000					
在建工程		15 000 000					
无形资产		6 000 000					
合计		91 173 000		合计			91 173 000

注：其中“长期借款”账户包含 1 年内要到期偿还的一笔借款 10 000 000 元。

2. 2023 年，陕西鸿腾股份有限公司共发生如下经济业务：

(1) 收到一批原材料，实际成本为 1 000 000 元，计划成本为 950 000 元，材料验收入库，货款已于上年度的 12 月份支付。

(2) 销售一批产品，开出的增值税专用发票上注明的销售价款为 3 000 000 元，税额为 390 000 元，全部款项均未收到。该批产品实际成本为 1 800 000 元。

(3) 将交易性金融资产（股票投资）出售兑现 315 000 元，该投资的成本为 260 000 元，公允价值变动为增值 40 000 元、投资收益 15 000 元，均存入银行。转让该股票投资应交纳 3 113.21 元的增值税。

(4) 用银行存款支付上期未交增值税 366 000 元。

(5) 收到银行通知，用银行存款支付到期的商业承兑汇票 2 000 000 元。

(6) 购入一批工程物资，收到的增值税专用发票上注明的物资价款 1 280 000 元，增值税进项税额 166 400 元，合计 1 446 400 元已通过银行转账支付。

(7) 工程应付薪酬为 2 500 000 元。

(8) 一项工程完工，交付生产使用，已办理竣工手续，固定资产价值为 14 000 000 元。

(9) 用银行汇票支付采购材料价款，公司收到开户银行转来的银行汇票多余款收账通知，通知上填写的多余款为 42 260 元。购入材料及运费 998 000 元，支付的增值税进项税额 129 740 元。原材料已验收入库，该批原材料计划价格为 1 000 000 元。

(10) 将要到期的一张面值为 3 000 000 元的不带息银行承兑汇票（不含增值税）连同解讫通知和进账单交银行办理转账。收到银行盖章退回的进账单一联，款项银行已收妥。

(11) 取得交易性金融资产（股票投资），价款 1 080 000 元，交易费用 20 000 元，增值税税额为 1 200 元；全部款项已通过“其他货币资金——存出投资款”支付。

(12) 购入不需要安装的设备一台，收到的增值税专用发票上注明的设备价款为 860 000 元，增值税进项税额为 111 800 元；支付运输包装费 10 000 元，增值税进项税额为 900 元；全部款项均以银行存款支付，设备已交付使用。

(13) 从银行借入3年期的借款12 000 000元，借款已存入银行账户。

(14) 支付工资5 500 000元，其中包括支付在建工程人员的工资2 500 000元。

(15) 基本生产车间生产产品领用原材料，计划成本为7 000 000元；基本生产车间领用低值易耗品，计划成本500 000元，采用一次摊销法摊销。

(16) 分配应支付的职工工资3 000 000元(不包括在建工程应负担的工资)，其中生产人员薪酬2 750 000元，车间管理人员薪酬100 000元，行政管理部门人员薪酬150 000元。

(17) 在建工程应负担的福利费350 000元，生产工人福利费385 000元，车间管理人员福利费14 000元，行政管理部门福利费21 000元。

(18) 基本生产车间一台机床报废，原价2 000 000元，已提折旧1 800 000元，清理费用5 000元，残值收入18 000元，增值税税额为2 340元；均通过银行存款收支。该项固定资产已清理完毕。

(19) 结转领用原材料应分摊的材料成本差异，材料成本差异率为5%。

(20) 销售产品一批，开出的增值税专用发票上注明的销售价款为7 000 000元，增值税款为910 000元，款项已存入银行。销售产品的实际成本为4 200 000元。

(21) 收到应收账款390 000元，存入银行，计提应收账款坏账准备为9 000元。

(22) 用银行存款支付产品展览费120 000元及增值税税额7 200元。

(23) 计提固定资产折旧1 000 000元，其中计入制造费用800 000元、管理费用200 000元。计提固定资产减值准备400 000元。

(24) 计提无形资产摊销600 000元。

(25) 以银行存款支付基本生产车间水电费，增值税专用发票上列示的价款为900 000元，增值税进项税额为81 000元。

(26) 计算并结转本期完工产品成本12 824 000元。没有期初在产品，本期生产的产品全部完工入库。

(27) 采用商业承兑汇票结算方式销售一批产品，开出的增值税专用发票上注明的销售价款为2 500 000元，增值税销项税款为325 000元，收到2 900 000元的商业承兑汇票一张，产品实际成本为1 500 000元。

(28) 将上述商业承兑汇票到银行办理贴现，贴现息为200 000元。

(29) 上年度销售一批产品，开出的增值税专用发票上注明的销售价款为160 000元，增值税销项税额为20 800元，购货方开出商业承兑汇票。本期由于购货方发生财务困难，无法按合同规定偿还债务，经双方协议，甲股份公司同意购货方用产品抵偿该应收票据，用于抵债的产品市价为140 000元，增值税税率为13%。

(30) 本期在建工程应负担的长期借款利息费用2 000 000元，长期借款为分期付息。

(31) 归还短期借款本金2 600 000元。

(32) 归还长期借款本金10 000 000元。

(33) 提取应计入本期损益的长期借款利息费用110 000元，长期借款为分期付息。

(34) 支付长期借款利息2 110 000元。

(35) 出售一台不需使用设备，该设备原价 4 000 000 元，已提折旧 1 200 000 元；该项设备已由购入单位运走；收到价款 3 000 000 元，增值税销项税额 390 000 元，全部款项已经存入银行。

(36) 用银行存款支付广告费 180 000 元及增值税税额 10 800 元。

(37) 结转本期产品销售成本 7 500 000 元。

(38) 持有的交易性金融资产的公允价值为 1 120 000 元。

(39) 购入一批原材料，收到的增值税专用发票上注明的原材料价款为 1 500 000 元，增值税进项税额 195 000 元，款项已通过银行转账支付，材料尚未验收入库。

(40) 本期产品销售应交纳的教育费附加为 38 946. 40 元、城市维护建设税为 90 874. 92 元。

(41) 用银行存款交纳增值税 1 298 213. 21 元、教育费附加 38 946. 40 元、城市维护建设税为 90 874. 92 元。

(42) 假设本例中，除计提固定资产减值准备造成固定资产账面价值与其计税基础存在差异外，不考虑其他项目的所得税费用影响。企业按照税法规定计算确定的应交所得税为 825 616. 37 元，递延所得税资产为 100 000 元。

(43) 将各收支账户结转至本年利润。

(44) 按照净利润的 10%提取法定盈余公积金。

(45) 将利润分配各明细账户的余额转入“未分配利润”明细科目，结转本年利润。

(46) 用银行存款交纳当年应交所得税。

要求：编制陕西鸿腾股份有限公司 2022 年度经济业务的会计分录并在此基础上编制资产负债表。

(二) 根据上述资料，陕西鸿腾股份有限公司应编制如下会计分录：

(1)	借：原材料	950 000	
	材料成本差异	50 000	
	贷：材料采购		100 000
(2)	借：应收账款	3 390 000	
	贷：主营业务收入		3 000 000
	应交税费——应交增值税(销项税额)		390 000
(3)	借：其他货币——存出投资款	315 000	
	贷：交易性金融资产——成本		260 000
	——公允价值变动		40 000
	投资收益		15 000
	借：投资收益	3 113. 21	
	贷：应交税费——应交增值税		3 113. 21
(4)	借：应交税费——未交增值税	366 000	
	贷：银行存款		366 000

(5) 借：应付票据 2 000 000
　　贷：银行存款 2 000 000

(6) 借：工程物资 1 280 000
　　应交税费——应交增值税(进项税额) 166 400
　　贷：银行存款 1 446 400

(7) 借：在建工程 2 500 000
　　贷：应付职工薪酬 2 500 000

(8) 借：固定资产 14 000 000
　　贷：在建工程 14 000 000

(9) 借：银行存款 42 260
　　材料采购 998 000
　　应交税费——应交增值税(进项税额) 129 740
　贷：其他货币资金——银行汇票存款 1 170 000

借：原材料 1 000 000
　　贷：材料采购 998 000
　　　　材料成本差异 2 000

(10) 借：银行存款 3 000 000
　　贷：应收票据 3 000 000

(11) 借：交易性金融资产——成本 1 080 000
　　投资收益 20 000
　　应交税费——应交增值税(进项税额) 1 200
　　贷：其他货币资金——存出投资款 1 101 200

(12) 借：固定资产 870 000
　　应交税费——应交增值税(进项税额) 112 700
　　贷：银行存款 982 700

(13) 借：银行存款 12 000 000
　　贷：长期借款 12 000 000

(14) 借：应付职工薪酬 5 500 000
　　贷：银行存款 5 500 000

(15) 借：生产成本 7 000 000
　　制造费用 500 000
　　贷：原材料 7 000 000
　　　　周转材料 500 000

(16) 借：生产成本　2 750 000
　　制造费用　100 000
　　管理费用　150 000
　　贷：应付职工薪酬　3 000 000

(17) 借：在建工程　350 000
　　生产成本　385 000
　　制造费用　14 000
　　管理费用　21 000
　　贷：应付职工薪酬　770 000

(18) 借：固定资产清理　200 000
　　累计折旧　1 800 000
　　贷：固定资产　2 000 000

借：固定资产清理　5 000
　　贷：银行存款　5 000

借：银行存款　20 340
　　贷：固定资产清理　18 000
　　　　应交税费——应交增值税(销项税额)　2 340

借：营业外支出　187 000
　　贷：固定资产清理　187 000

(19) 借：生产成本　350 000
　　制造费用　25 000
　　贷：材料成本差异　375 000

(20) 借：银行存款　7 910 000
　　贷：主营业务收入　7 000 000
　　　　应交税费——应交增值税(销项税额)　910 000

(21) 借：银行存款　390 000
　　贷：应收账款　390 000

借：信用减值损失　9 000
　　贷：坏账准备　9 000

(22) 借：销售费用　120 000
　　应交税费——应交增值税(进项税额)　7 200
　　贷：银行存款　127 200

(23) 借：制造费用　800 000
　　管理费用　200 000
　　贷：累计折旧　1 000 000

借：资产减值损失　400 000
　贷：固定资产减值准备　400 000

(24) 借：管理费用　600 000
　贷：累计摊销　600 000

(25) 借：制造费用　900 000
　应交税费——应交增值税(进项税额)　81 000
　贷：银行存款　981 000

(26) 借：生产成本　2 339 000
　贷：制造费用　2 339 000

借：库存商品　12 824 000
　贷：生产成本　12 824 000

(27) 借：应收票据　2 825 000
　贷：主营业务收入　2 500 000
　　应交税费——应交增值税(销项税额)　325 000

(28) 借：银行存款　2 625 000
　财务费用　200 000
　贷：应收票据　2 825 000

(29) 借：库存商品　140 000
　应交税费——应交增值税(进项税额)　18 200
　营业外支出　22 600
　贷：应收票据　180 800

(30) 借：在建工程　2 000 000
　贷：应付利息　2 000 000

(31) 借：短期借款　2 600 000
　贷：银行存款　2 600 000

(32) 借：长期借款　10 000 000
　贷：银行存款　10 000 000

(33) 借：财务费用　110 000
　贷：应付利息　110 000

(34) 借：应付利息　2 110 000
　贷：银行存款　2 110 000

(35) 借：固定资产清理　2 800 000
　累计折旧　1 200 000
　贷：固定资产　4 000 000

借：银行存款　3 390 000
　贷：固定资产清理　3 000 000
　　应交税费——应交增值税(销项税额)　390 000

借：固定资产清理　　200 000

　　贷：资产处置损益　　200 000

(36) 借：销售费用　　180 000

　　应交税费——应交增值税(进项税额)　　10 800

　　贷：银行存款　　190 800

(37) 借：主营业务成本　　7 500 000

　　贷：库存商品　　7 500 000

(38) 借：交易性金融资产——公允价值变动　　40 000

　　贷：公允价值变动损益　　40 000

(39) 借：材料采购　　1 500 000

　　应交税费——应交增值税(进项税额)　　195 000

　　贷：银行存款　　1 695 000

(40) 借：税金及附加　　129 821.32

　　贷：应交税费——应交城市维护建设税　　90 874.92

　　　　应交税费——教育费附加　　38 946.40

(41) 借：应交税费——应交增值税(已交税金)　　1 298 213.21

　　　　——应交城市维护建设税　　90 874.92

　　　　——应交教育费附加　　38 946.40

　　贷：银行存款　　1 428 034.53

(42) 借：所得税费用——当期所得税费用　　825 616.37

　　贷：应交税费——应交所得税　　825 616.37

借：递延所得税资产　　100 000

　　贷：所得税费用——递延所得税费用　　100 000

(43) 借：主营业务收入　　12 500 000

　　资产处置损益　　200 000

　　公允价值变动损益　　40 000

　　贷：本年利润　　12 740 000

　　借：本年利润　　9 837 534.53

　　　　贷：主营业务成本　　7 500 000.00

　　　　　　税金及附加　　129 821.32

　　　　　　销售费用　　300 000.00

　　　　　　投资收益　　8 113.21

　　　　　　信用减值损失　　9 000.00

　　　　　　管理费用　　971 000.00

　　　　　　财务费用　　310 000.00

　　　　　　资产减值损失　　400 000.00

　　　　　　营业外支出　　209 600.00

借：本年利润　725 616.37

　　贷：所得税费用　725 616.37

（44）借：利润分配——提取法定盈余公积　217 684.91

　　贷：盈余公积——法定盈余公积　217 684.91

（45）借：利润分配——未分配利润　217 684.91

　　贷：利润分配——提取法定盈余公积　217 684.91

借：本年利润　2 176 849.10

　　贷：利润分配——未分配利润　2 176 849.10

（46）借：应交税费——应交所得税　825 616.37

　　贷：银行存款　825 616.37

（三）根据上述会计分录，登记入账后陕西鸿腾股份有限公司期末科目余额如表7-6所示。

表7-6　科目余额表

2023年12月31日　单位：元

总账科目	明细科目	借方余额	贷方余额	总账科目	明细科目	借方余额	贷方余额
库存现金		8 000.00		短期借款			550 000.00
银行存款		10 806 449.10		应付票据			0.00
其他货币资金	存出投资款	413 800.00		应付账款			9 548 000.00
	银行汇票存款			应付职工薪酬			1 870 000.00
交易性金融资产	成本	1 080 000.00		应交税费			700 000.00
	公允价值表动	40 000.00		其他应付款			500 000.00
应收账款		6 000 000.00		长期借款			18 000 000.00
应收票据		0.00		实收资本			50 000 000.00
预付账款		1 277 600.00		资本公积			
其他应收款		3 050 000.00		盈余公积			1 217 684.90
周转材料		100 000.00		利润分配	未分配利润		2 459 164.19
原材料		12 200 000.00		累计折旧			5 000 000.00
材料采购		1 500 000.00		坏账准备	应收账款		18 000.00
材料成本差异		623 000.00		固定资产减值准备			400 000.00
库存商品		11 464 000.00		累计摊销			600 000.00

（续表）

总账科目	明细科目	借方余额	贷方余额	总账科目	明细科目	借方余额	贷方余额
长期股权投资		4 500 000.00					
固定资产		23 870 000.00					
在建工程		5 850 000.00					
工程物资		1 280 000.00					
无形资产		6 000 000.00					
递延所得税资产		100 000.00					
合计		90 162 849.10		合计			90 162 849.10

（四）根据上述资料编制的资产负债表如表 7-7 所示。

表 7-7 资产负债表

编制单位：陕西鸿腾股份有限公司　　2023 年 12 月 31 日　　单位：元

资产	期末余额	上年年末余额	负债和所有者权益	期末余额	上年年末余额
流动资产：			流动负债：		
货币资金	11 228 249.10	14 064 600.00	短期借款	550 000.00	3 150 000.00
交易性金融资产	1 120 000.00	300 000.00	交易性金融负债		
衍生金融资产			衍生金融负债		
应收票据	0.00	3 180 800.00	应付票据		2 000 000.00
应收账款	5 982 000.00	2 991 000.00	应付账款	9 548 000.00	9 548 000.00
应收款项融资			预收款项		
预付款项	1 227 600.00	1 277 600.00	合同负债		
其他应收款	3 050 000.00	3 050 000.00	应付职工薪酬	1 870 000.00	1 100 000.00
存货	25 887 000.00	25 800 000.00	应交税费		366 000.00
合同资产			其他应付款	500 000.00	500 000.00
持有待售资产			持有待售负债		
一年内到期的非流动资产			一年内到期的非流动负债		10 000 000.00
其他流动资产			其他流动负债		
流动资产合计	48 544 849.10	50 664 000.00	流动负债合计	12 468 000.00	26 664 000.00
非流动资产：			非流动负债：		
债权投资			长期借款	18 000 000.00	6 000 000.00
其他债权投资			应付债券		
长期应收款			其中：优先股		

（续表）

资产	期末余额	上年年末余额	负债和所有者权益	期末余额	上年年末余额
长期股权投资	4 500 000.00	4 500 000.00	永续债		
其他权益工具投资			租赁负债		
其他非流动金融资产			长期应付款		
投资性房地产			预计负债		
固定资产	18 470 000.00	8 000 000.00	递延收益		
在建工程	7 130 000.00	15 000 000.00	递延所得税负债		
生产性生物资产			其他非流动负债		
油气资产			非流动负债合计	18 000 000.00	6 000 000.00
使用权资产			负债合计	30 468 000.00	32 664 000.00
无形资产	5 400 000.00	6 000 000.00	所有者权益（或股东权益）：		
开发支出			实收资本（或股本）	50 000 000.00	50 000 000.00
商誉			其他权益工具		
长期待摊费用			其中：优先股		
递延所得税资产	100 000.00		永续债		
其他非流动资产			资本公积		
非流动资产合计	35 600 000.00	33 500 000.00	减：库存股		
			其他综合收益		
			专项储备		
			盈余公积	1 217 684.91	1 000 000.00
			未分配利润	2 459 164.19	500 000.00
			所有者权益（或股东权益）合计	53 676 849.10	51 500 000.00
资产总计	84 144 849.10	84 164 000.00	负债和所有者权益（或股东权益）总计	84 144 849.10	84 164 000.00

任务拓展

通过对资产负债表的学习，学生应了解资产负债表的概念、作用、编制的基本原理及结构，掌握资产负债表的编制方法。

请同学们登录网中网企业财务会计理实互动实训教学平台，根据平台任务完成资产负债表的编制练习。

任务三 利 润 表

任务初探

问题思考： 什么是利润表？利润表的作用及编制的基本原理是什么？利润表项目具体怎样填列？

案例准备： 依据教材案例进行课堂讨论。

任务研学

7.9 利润表的编制

7.10 初级实战演练

一、利润表的概念及作用

（一）利润表的概念

利润表，又称损益表，是反映企业在一定会计期间经营成果的报表，综合反映企业利润的实现过程和利润的来源及构成情况，是对企业一定会计期间经营业绩的系统总结。

（二）利润表的作用

利润表的主要作用是有助于使用者分析判断企业净利润的质量及其风险，评价企业经营管理效率，有助于使用者预测企业净利润的持续性，从而作出正确的决策。利润表可以反映企业在一定会计期间的收入实现情况，如实现的营业收入、取得的投资收益、发生的公允价值变动损益及营业外收入等对利润的贡献大小；可以反映企业一定会计期间的费用耗费情况，如发生的营业成本、税金及附加、销售费用、管理费用、财务费用、营业外支出等对利润的影响程度；可以反映企业一定会计期间的净利润实现情况，分析判断企业受托责任的履行情况，进而还可以反映企业资本的保值增值情况，为企业管理者了解受托责任提供依据；将利润表资料及信息与资产负债表资料及信息相结合进行综合计算分析，如将营业成本与存货或资产总额的平均余额进行比较，可以反映企业运用其资源的能力和效率，便于分析判断企业资金周转情况及盈利能力和水平，进而判断企业未来的盈利增长和发展趋势，作出相应经济决策。

二、利润表的结构及内容

1. 利润表的结构

利润表一般由表首、表体两部分组成。

(1) 表首部分应列明报表名称、编制单位名称、编制日期、报表编号和计量单位。表体部分是利润表的主体，列示了形成经营成果的各个项目和计算过程。

(2) 利润表表体部分的基本结构主要根据“收入－费用＝利润”平衡公式。

在会计实务中，利润表的格式有多步式和单步式两种。我国企业的利润表采用多步式格式，其格式如表 7-8 所示。利润表通过对当期的收入、费用、支出项目按性质加以归类，按利润形成的主要环节列示一些中间性利润指标，分步计算当期净损益，以便财务报表使用者理解企业经营成果的不同来源，具体分为以下三个主要步骤。

第一步：计算营业利润。其计算公式如下：

营业利润＝营业收入－营业成本－税金及附加－销售费用－管理费用－研发费用－财务费用＋其他收益－资产减值损失＋公允价值变动收益(－公允价值变动损失)＋投资收益(－投资损失)

其中“营业收入”是由“主营业务收入”和“其他业务收入”组成的；类似的“营业成本”是由“主营业务成本”和“其他业务成本”组成的。

第二步：计算利润总额。其计算公式如下：

利润总额＝营业利润＋营业外收入－营业外支出

第三步：计算净利润(或净亏损)。其计算公式如下：

净利润＝利润总额×(1－所得税率)

表 7-8　利润表

会企 02 表

编制单位：　　　　____年____月　　　　单位：元

项　　目	本期金额	上期金额
一、营业收入		
减：营业成本		
税金及附加		
销售费用		
管理费用		
研发费用		
财务费用		
加：其他收益		
投资收益(损失以“－”号填列)		
净敞口套期收益(损失以“－”号填列)		
公允价值变动收益(损失以“－”号填列)		
信用减值损失(损失以“－”号填列)		
资产减值损失(损失以“－”号填列)		
资产处置收益(损失以“－”号填列)		
二、营业利润(亏损以“－”号填列)		
加：营业外收入		
减：营业外支出		

（续表）

项　　目	本期金额	上期金额
三、利润总额(亏损总额以“－”号填列)		
减：所得税费用		
四、净利润(净亏损以“－”号填列)		
（一）持续经营净利润(净亏损以“－”号填列)		
（二）终止经营净利润(净亏损以“－”号列)		
五、其他综合收益的税后净额		
六、综合收益总额		
七、每股收益		
（一）基本每股收益		
（二）稀释每股收益		

单步式利润表是指将本期发生的所有收入集中在一起列示，将所有的成本、费用支出类也集中在一起列示，然后将收入类合计减去成本费用类合计，计算出本期净利润(或亏损)的报表。这里的收入和费用都是广义的概念。

三、利润表的编制填列方法

利润表的全部指标均依据有关损益类账户的发生额填写，各项目需要列出“本期金额”和“上期金额”两栏。

（一）“上期金额”栏填列

“上期金额”栏内各项数字，应根据上年利润表的“本期金额”栏内所列数字填列。

（二）“本期金额”栏填列

“本期金额”栏反映本期实际发生数，各项目数字除“基本每股收益”和“稀释每股收益”项目外，应当按照相关账户的发生额分析填列，具体方法如下：

(1)“营业收入”项目，反映企业经营主要业务和其他业务所确认的收入总额。本项目应根据“主营业务收入”和“其他业务收入”科目的发生额分析填列。

(2)“营业成本”项目，反映企业经营主要业务和其他业务所发生的成本总额。本项目应根据“主营业务成本”和“其他业务成本”科目的发生额分析填列。

(3)“税金及附加”项目，反映企业经营业务应负担的消费税、城市维护建设税、教育费附加、资源税、土地增值税、房产税、车船税、城镇土地使用税、印花税、环境保护税等相关税费。本项目应根据“税金及附加”科目的发生额分析填列。

(4)“销售费用”项目，反映企业在销售商品过程中发生的包装费、广告费等费用和为销售本企业商品而专设的销售机构的职工薪酬、业务费等经营费用。本项目应根据“销售费用”科目的发生额分析填列。

(5)“管理费用”项目，反映企业为组织和管理生产经营发生的管理费用。本项目应根据“管理费用”科目的发生额分析填列。

(6) “研发费用”项目,反映企业进行研究与开发过程中发生的费用化支出以及计入管理费用的自行开发无形资产的摊销。本项目应根据“管理费用”科目下的“研发费用”明细科目的发生额以及“管理费用”科目下“无形资产摊销”明细科目的发生额分析填列。

(7) “财务费用”项目,反映企业为筹集生产经营所需资金等而发生的应予费用化的利息支出。本项目应根据“财务费用”科目相关明细科目发生额分析填列。其中“利息费用”项目,反映企业为筹集生产经营所需资金等而发生的应予费用化的利息支出,“利息收入”项目,反映企业应冲减财务费用的利息收入。

(8) “其他收益”项目,反映计入其他收益的政府补助,以及其他与日常活动相关且计入其他收益的项目。本项目应根据“其他收益”科目的发生额分析填列。

(9) “投资收益”项目,反映企业以各种方式对外投资所取得的收益。本项目应根据“投资收益”科目的发生额分析填列。如为投资损失,本项目以“－”号填列。

(10) “净敞口套期收益”项目,反映净敞口套期下被套期项目累计公允价值变动转入当期损益的金额或现金流套期储备转入当期损益的金额本项目应根据“净敞口套期损益”科目的发生额分析填列。如为套期损失,本项目以“－”号填列。

(11) “公允价值变动收益”项目,反映企业应当计入当期损益的资产或负债公允价值变动收益。本项目应根据“公允价值变动损益”科目的发生额分析填列。如为净损失,本项目以“－”号填列。

(12) “信用减值损失”项目,反映企业按照《企业会计准则第 22 号——金融工具确认和计量》(2018)的要求计提的各项金融工具信用减值准备所确认的信用损失。本项目应根据“信用减值损失”科目的发生额分析填列。

(13) “资产减值损失”项目,反映企业有关资产发生的减值损失。本项目应根据“资产减值损失”科目的发生额分析填列。

(14) “资产处置收益”项目,反映企业出售划分为持有待售的非流动资产(金融工具、长期股权投资和投资性房地产除外)或处置组(子公司和业务除外)时确认的处置利得或损失,以及处置未划分为持有待售的固定资产、在建工程、生产性生物资产及无形资产而产生的处置利得或损失。本项目应根据“资产处置损益”科目的发生额分析填列。如为处置损失,本项目以“－”号填列。

(15) “营业利润”项目,反映企业实现的营业利润。如为亏损,本项目以“－”号填列。

(16) “营业外收入”项目,反映企业发生的营业利润以外的收益,主要包括非流动资产毁损报废收益、与企业日常活动无关的政府补助、盘盈利得、捐赠利得(企业接受股东或股东的子公直接或间接的捐赠,经济实质属于股东对企业的资本性投入的除外)等。本项目应根据“营业外收入”科目的发生额分析填列。

(17) “营业外支出”项目,反映企业发生的营业利润以外的支出,主要包括公益性捐赠支出、非常损失、盘亏损失、非流动资产毁损报废损失等。本项目应根据“营业外支出”科目的发生额分析填列。

(18) “利润总额”项目，反映企业实现的利润。如为亏损，本项目以“－”号填列。

(19) “所得税费用”项目，反映企业应从当期利润总额中扣除的所得税费用。本项目应根据“所得税费用”科目的发生额分析填列。

(20) “净利润”项目，反映企业实现的净利润。如为亏损，本项目以“－”号填列。

(21) “其他综合收益的税后净额”项目，反映企业根据企业会计准则规定未在损益中确认的各项利得和损失扣除所得税影响后的净额。

(22) “综合收益总额”项目，反映企业净利润与其他综合收益(税后净额)的合计金额。

(23) “每股收益”项目，包括基本每股收益和稀释每股收益两项指标，反映普通股或潜在普通股已公开交易的企业，以及正处于公开发行普通股或潜在普通股过程中的企业的每股收益信息。

四、利润表的编制实例

【业务 7-33】 综合案例

(一) 资料：沿用[业务 7-32]中的相关资料。

陕西鸿腾股份有限公司 2023 年度各损益类科目当期累计发生额如表 7-9 所示。

表 7-9 陕西鸿腾股份有限公司 2023 年度各损益类科目累计发生额 单位：元

科目名称	借方发生额	贷方发生额
主营业务收入		12 500 000.00
主营业务成本	7 500 000.00	
税金及附加	129 821.32	
销售费用	300 000.00	
管理费用	971 000.00	
财务费用	310 000.00	
投资收益	23 113.21	15 000.00
资产减值损失	409 000.00	
营业外收入		200 000.00
资产处置损益	209 600.00	
所得税费用	825 616.37	100 000.00

(二) 要求：根据以上资料编制利润表如表 7-10 所示(本表为年度报表)。

表 7-10 利润表

编制单位：陕西鸿腾股份有限公司　　2023 年 12 月　　单位：元

项　目	本期金额	上期金额
一、营业收入	12 500 000.00	(略)
减：营业成本	7 500 000.00	

（续表）

项　　目	本期金额	上期金额
税金及附加	129 821.32	
销售费用	300 000.00	
管理费用	971 000.00	
研发费用		
财务费用	310 000.00	
加：其他收益		
投资收益（损失以"—"号填列）	−8 113 21.00	
净敞口套期收益（损失以"—"号填列）		
公允价值变动收益（损失以"—"号填列）	40 000.00	
信用减值损失（损失以"—"号填列）		
资产减值损失（损失以"—"号填列）		
资产处置收益（损失以"—"号填列）	200 000.00	
二、营业利润（亏损以"—"号填列）	3 112 065.47	
加：营业外收入		
减：营业外支出	209 600.00	
三、利润总额（亏损总额以"—"号填列）	2 902 465.47	
减：所得税费用	725 616.37	
四、净利润（净亏损以"—"号填列）	2 176 849.10	
（一）持续经营净利润（净亏损以"—"号填列）		
（二）终止经营净利润（净亏损以"—"号列）		
五、其他综合收益的税后净额		
六、综合收益总额	2 176 849.10	
七、每股收益		
（一）基本每股收益		
（二）稀释每股收益		

任务拓展

通过对利润表的学习，学生应了解利润表的概念、作用、编制的基本原理及结构，掌握利润表的编制方法。

请同学们登录网中网企业财务会计理实互动实训教学平台，根据平台任务完成利润表的编制练习。

任务四 现金流量表

任务初探

问题思考：什么是现金流量表？现金流量表的结构及编制的基础是什么？现金流量表项目具体怎样填列？

案例准备：依据教材案例进行课堂讨论。

任务研学

一、现金流量表的概念和作用

7.11 现金流量表的编制

（一）现金流量表的概念

现金流量表是指反映企业在一定会计期间现金和现金等价物流入和流出情况的报表。它是以资产负债表和利润表等会计核算资料为依据，按照收付实现制会计基础要求对现金流量的结构性表述，揭示企业在一定会计期间获取现金及现金等价物的能力。这里的现金是指广义的现金，包括现金和现金等价物，如图 7-3 所示。

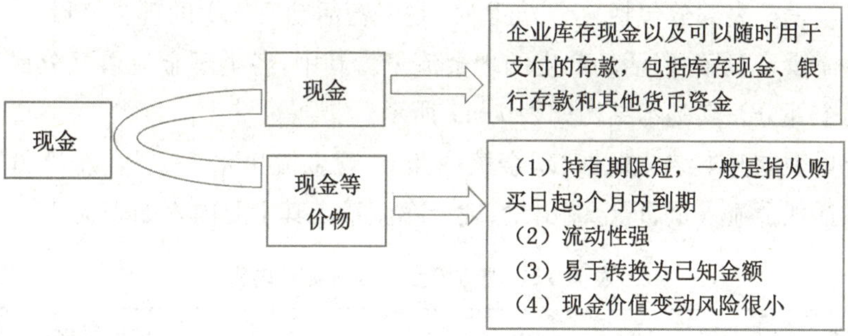

图 7-3 现金的分类

现金，是指企业库存现金以及可以随时用于支付的存款，包括库存现金、银行存款和其他货币资金等。不能随时用于支付的存款不属于现金。

现金等价物，是指企业持有的期限短、流动性强、易于转换为已知金额现金、价值变动风险很小的投资。期限短，一般是指从购买日起三个月内到期。现金等价物通常包括三个月内到期的债券投资等。权益性投资变现的金额通常不确定，因而不属于现金等价物。

现金流量，是指某一期间内企业现金和现金等价物的流入和流出的数量。从现金的角度讲，可以将企业经济业务类型划分为现金项目和非现金项目。

（二）现金流量表的作用

现金流量表的重要作用，主要表现在以下几个方面：

（1）现金流量表提供了企业一定会计期间内现金和现金等价物流入和流出的现金流量信息，可以弥补基于权责发生制基础编报提供的资产负债表和利润表的某些固有缺陷，在资产负债表与利润表之间架起一条连接的纽带和桥梁，揭示企业财务状况与经营成果之间的内在关系，便于财务报表使用者了解企业净利润的质量。

（2）现金流量表分别提供了经营活动、投资活动和筹资活动产生的现金流量，每类又分为若干具体项目，分别从不同角度反映企业业务活动的现金流入、流出及其影响现金净流量的因素，弥补了资产负债表和利润表分类列报内容的某些不足，从而帮助使用者了解和评价企业获取现金及现金等价物的能力，包括企业支付能力、偿债能力和周转能力，进而预测企业未来的现金流量情况，为其决策提供有力依据。

（3）现金流量表以收付实现制为基础，对现金的确认和计量在不同企业间基本一致，提高了企业之间会计信息的可比性，有利于财务报表使用者提高决策的质量和效率。

（4）现金流量表以收付实现制为基础编制，降低了企业盈余管理程度，提高了会计信息质量，有利于更好发挥会计监督职能作用，改善公司治理状况，进而促进实现会计决策有用性和维护经济资源配置秩序、提高经济效益的目标要求。

二、现金流量表的结构及内容

现金流量表由表首和表体组成。其表首部分列示报表名称、编制单位、编制日期、货币计量单位和报表编号等内容。其表体部分包括正表部分与补充资料两方面。

现金流量表正表部分包括三个方面：一是经营活动所产生的现金流量，二是投资活动产生的现金流量，三是筹资活动产生的现金流量。其中，各类现金流量又分成现金流入与现金流出两个部分。其基本结构如表 7-17 所示。

现金流量表的基本结构根据“现金流入量－ 现金流出量 ＝ 现金净流量”公式设计。现金流量包括现金流入量、现金流出量、现金净流量。其主要内容如表 7-11 所示。

表 7-11　现金流量表的分类及内容

主要分类	定　　义	内容举例
经营活动产生的现金流量	指与销售商品、提供劳务有关的活动产生的现金流量	如销售商品收到现金、购买商品支付现金、经营性租赁、制造产品、广告宣传、缴纳税款等
投资活动产生的现金流量	指与非流动资产的取得或处置有关的活动产生的现金流量，包括企业长期资产的购建和不包括在现金等价物范围内的投资及其处置活动产生的现金流量	如购买股票或债券支付现金、销售长期投资收回现金、购建或处置固定资产、无形资产等
筹资活动产生的现金流量	指涉及企业财务规模的更改或财务结构组成变化的活动，也就是指导致企业资本及债务规模和构成发生变动的活动产生的现金流量	如向银行借入款项收到现金、归还银行借款支付现金、吸收投资、发行股票、分配利润等

（续表）

主要分类	定　　义	内容举例
汇率变动对现金及现金等价物的影响	指由于将外币折合成本位币所使用的汇率不同对现金及现金等价物的影响额	在将外币折合成记账本位币时，采用的是业务发生日的汇率或按照系统、合理的方法确定的汇率，而现金流量表中"现金及现金等价物净增加额"项目中外币净增加额是按照资产负债表日的汇率折算的，这就形成了差额
现金及现金等价物净增加额	该项目反映企业某一期间所有活动产生的现金及现金等价物净增加额	包括经营活动产生的现金流量净额、投资活动产生的现金流量净额、筹资活动产生的现金流量净额及汇率变动对现金及现金等价物的影响之和
期末现金及现金等价物的余额	指企业当期产生的现金及现金等价物加上期初现金及现金等价物的余额	反映企业期末所拥有的现金及现金等价物

三、现金流量表的编制方法

现金流量表编制的基本原理是以权责发生制为基础所提供的会计核算资料为依据，按照收付实现制基础进行调整计算，以反映现金流量增减变动及其结果。其编制方法通常有直接法和间接法两种，如图 7-4 所示。

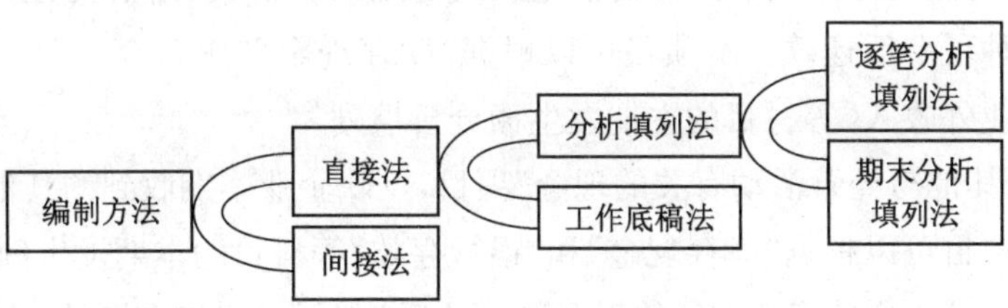

图 7-4　现金流量表的编制方法

直接法，是指通过现金收入和现金支出的主要类别列示企业经营活动现金流量的一种方法。它是以利润表中的营业收入为起算点调整计算经营活动产生的现金流量净额。

间接法，是指将净利润调整为经营活动现金流量的一种方法。它是以净利润为起算点调整计算经营活动产生的现金流量净额。

我国企业会计准则规定应当采用直接法编制现金流量表，同时要求在附注中提供以净利润为基础调节到经营活动现金流量的信息。

（一）直接法

1. 分析填列法

现金流量表的"上期金额"栏的填列方法：该栏反映各项目上年同期实际发生额。

现金流量表的"本期金额"栏的填列方法：本表"本期金额"栏反映各项目的本期实际发生额；在编报年度财务报表时，应将"本期金额"栏改为"本年金额"栏。具体各项目的填列方法如下：

1）经营活动产生的现金流量

（1）“销售商品、提供劳务收到的现金”项目，反映企业本期销售商品、提供劳务收到的现金，以及前期销售商品、提供劳务本期收到的现金（包括应向购买方收取的增值税销项税额）和本期预收的款项，减去本期销售本期退回的商品和前期销售本期退回的商品支付的现金。企业销售材料和代购代销业务收到的现金，也在本项目中反映。本项目可以根据“库存现金”“银行存款”“主营业务收入”“其他业务收入”“应收票据”“应收账款”“预收账款”等科目的本期发生额分析填列。

销售商品、提供劳务收到的现金＝主营业务收入＋其他业务收入＋应交税金（应交增值税－销项税额）＋（应收账款期初数－应收账款期末数）＋（应收票据期初数－应收票据期末数）＋（预收账款期末数－预收账款期初数）－当期计提的“坏账准备”

【业务7-34】 陕西鸿腾股份有限公司本期商品销售收入400万元，其中收到现金的部分为300万元，应收票据期初余额为50万元，本期收回应收票据3万元，应收票据期末余额为47万元，应收账款期初余额为60万元，本期收回以前应收账款30万元，应收账款期末余额为130万元。

则销售商品提供劳务、收到的现金可计算如下：300＋3＋30＝333（万元）。

或：400＋（50－47）＋（60－130）＝333（万元）。

（2）“收到的税费返还”项目，反映企业收到返还的所得税、增值税、消费税、关税和教育费附加等各种税费返还款。本项目可以根据“库存现金”“银行存款”“税金及附加”“其他应收款”“营业外收入”等科目的本期发生额分析填列。

（3）“收到其他与经营活动有关的现金”项目，反映企业本期收到的其他与经营活动有关的现金。本项目可以根据“库存现金”和“银行存款”等科目的本期发生额分析填列。

（4）“购买商品、接受劳务支付的现金”项目，反映企业本期购买商品、接受劳务支付的现金（包括增值税进项税额），以及本期支付前期购买商品、接受劳务的未付款项和本期预付款项，减去本期发生的购货退回收到的现金。本项目可以根据“库存现金”“银行存款”“其他货币资金”“原材料”“库存商品”“应付票据”“应付账款”“预付账款”等科目的本期发生额分析填列。

购买商品、接受劳务支付的现金＝主营业务成本＋其他支出成本＋（存货期末余额－存货期初余额）＋应交税金（应交增值税－进项税额）＋（应付账款期初数－应付账款期末数）＋（应付票据期初数－应付票据期末数）＋（预付账款期末数－预付账款期初数）±特殊调整业务

【业务7-35】 陕西鸿腾股份有限公司当期购买原材料款项为30万元（含增值税），用银行存款支付；本期支付到期的应付票据8万元，购买工程用物资25万元（含增值税），款项已用银行存款支付。

购买商品，接受劳务所支付的现金可计算如下：30＋8＝38（万元）。

(5)“支付给职工以及为职工支付的现金”项目，反映企业本期向职工支付的薪酬，包括支付给职工的工资、奖金、各种津贴和补贴等(包括代扣代缴的职工个人所得税)，不包括支付给在建工程人员的工资。支付的在建工程人员的工资，在“购建固定资产、无形资产和其他长期资产所支付的现金”项目反映。本项目可以根据“库存现金”“银行存款”“应付职工薪酬”科目的本期发生额填列。

【业务 7-36】 陕西鸿腾股份有限公司本期实际支付工资 40 万元，各种奖金 10 万元。其中经营人员工资 26 万元，奖金 7 万元，在建工程人员工资 14 万元，奖金 3 万元。支付给职工以及为职工支付的现金可计算如下：26+7=33(万元)。

(6)“支付的各项税费”项目，反映企业本期发生并支付、前期发生本期支付以及预交的各项税费，包括所得税、增值税、消费税、印花税、房产税、土地增值税、车船税、教育费附加等。本项目可以根据“库存现金”“银行存款”“应交税费”等科目的本期发生额填列。

(7)“支付其他与经营活动有关的现金”项目，反映企业本期支付的其他与经营活动有关的现金，包括经营租赁支付的租金、支付的差旅费、业务招待费、保险费、罚款支出等。本项目可以根据“库存现金”“银行存款”等科目的本期发生额分析填列。

2) 投资活动产生的现金流量

(1)“收回投资收到的现金”项目，反映企业出售、转让或到期收回除现金等价物以外的对其他企业长期股权投资等收到的现金，但处置子公司及其他营业单位收到的现金净额除外。本项目可以根据“库存现金”“银行存款”“长期股权投”“持有至到期投资”等科目的本期发生额分析填列。

(2)“取得投资收益收到的现金”项目，反映企业除现金等价物以外的对其他企业的权益性投资取得的现金股利或利润、因债权性投资取得的利息收入。本项目可以根据“库存现金”“银行存款”“投资收益”等科目本期发生额分析填列。

(3)“处置固定资产、无形资产和其他非流动资产收回的现金净额”项目，反映企业处置固定资产、无形资产和其他非流动资产过程中所取得的现金(包括因资产毁损而收到的保险赔偿收入)，减掉为之而支付的有关税费等后的剩余的净额。本项目可以根据“库存现金”“银行存款”“固定资产清理”“无形资产”“生产性生物资产”等科目的本期发生额分析填列。

【业务 7-37】 陕西鸿腾股份有限公司本期出售一台不需用设备，收到价款 40 万元，该设备原价 30 万元，已提折旧 10 万元，支付该设备拆卸费用 0.5 万元，运输费用 0.05 万元，该设备已交购买单位。

处置固定资产，无形资产和其他长期资产收回的现金净额可计算如下，40−0.5−0.05−39.45(万元)。

(4)“处置子公司及其他营业单位收到的现金净额”项目，反映企业处置子公司及其他营业单位收到的现金，减掉为之而支付的有关税费等后的剩余的净额。

(5)“购建固定资产、无形资产和其他长期资产支付的现金”项目，反映企业购建固定资产、无形资产和其他长期资产支付的现金(包含增值税款等),以及用现金支付给在建工程和无形资产开发项目人员的薪酬。本项目可以根据"库存现金""银行存款""固定资产""工程物资""在建工程""无形资产""研发支出""生产性生物资产""应付职工薪酬"等科目的本期发生额分析填列。

(6)"投资支付的现金"项目,反映企业取得除现金等价物以外的对其他企业的长期股权投资所支付的现金以及支付的佣金、手续费等附加费用,但取得子公司及其他营业单位支付的现金净额除外。本项目可以根据"库存现金""银行存款""持有至到期投资""长期股权投资"等科目的本期发生额分析填列。

(7)"取得子公司及其他营业单位支付的现金净额"项目,反映企业购买子公司及其他营业单位购买出价中以现金支付的部分,减去子公司及其他营业单位持有的现金和现金等价物后的净额。

(8)"收到其他与投资活动有关的现金"项目、"支付其他与投资活动有关的现金"项目,反映企业除了上述(1)到(7)项目收到或支付的其他与投资活动有关的现金,金额较大的应当单独列示。

3)筹资活动产生的现金流量

(1)"吸收投资收到的现金"项目,反映企业以发行股票、债券等方式筹集资金实际收到的款项(发行收入减去支付的佣金等发行费用后的净额)。本项目可以根据"库存现金""银行存款""实收资本""资本公积"等科目的本期发生额分析填列。

【业务7-38】 陕西鸿腾股份有限公司对外公开募集股份2 000万股,每股面值为1元,发行价为每股3元,代理发行的证券公司为其支付的各种费用共计66万元。

吸收投资收到的现金计算如下:(2 000×3)−66=5 934(万元)。

(2)"取得借款收到的现金"项目,反映企业举借各种短期及长期借款所收到的现金。本项目可以根据"库存现金""银行存款""短期借款""长期借款"等科目的本期发生额分析填列。

(3)"偿还债务支付的现金"项目,反映企业为偿还债务本金而支付的现金。本项目可以根据"库存现金""银行存款""短期借款""应付债券""长期借款"等科目的本期发生额分析填列。

(4)"分配股利、利润或偿付利息支付的现金"项目,反映企业以现金实际支付的现金股利、支付给其他投资单位的利润或用现金支付的借款利息、债券利息。本项目可以根据"库存现金""银行存款""应付利息""应付股利""财务费用"等科目的本期发生额分析填列。

(5)"收到其他与筹资活动有关的现金"项目、"支付其他与筹资活动有关的现金"项目,反映企业除了上述(1)到(4)项目收到或支付的其他与筹资活动有关的现金,金额较大的应当单独列示。

4)"汇率变动对现金的影响"项目,按以下两项目的差额填列

(1)企业外币现金流量折算为记账本位币时,所采用的现金流量发生日的即期汇率或

按照系统合理的方法确定的、与现金流量发生日即期汇率近似的汇率折算的金额(编制合并现金流量表时还包括折算境外子公司的现金流量,应当比照处理)。

(2)"现金及现金等价物净增加额"中外币现金净增加额按期末汇率折算的金额。

2. 工作底稿法

工作底稿法是以工作底稿为手段,以资产负债表和利润表数据为基础,分别对每一项目进行分析并编制调整分录,进而编制现金流量表的一种方法。其简化的工作底稿格式如表7-12所示。

表7-12　工作底稿

项目	期初数	调整分录		期末数
		借方	贷方	
一、资产负债表项目				
货币资金				
以公允价值计量且变动计入当期损益的金融资产				
……				
二、利润表项目				
主营业务收入				
主营业务成本				
……				
三、现金流量表项目				
(一)经营活动产生的现金流量				
……				
调整分录借贷合计				

采用工作底稿法编制现金流量表,具体步骤和程序如下:

(1)将资产负债表的期初数和期末数分别过入工作底稿的期初数栏和期末数栏。

(2)对当期业务进行分析并编制调整分录。

编制调整分录时,以利润表项目为基础,从"营业收入"项目开始,结合资产负债表项目逐一进行分析调整。将有关现金及现金等价物的流入流出,分别记入"经营活动产生的现金流量""投资活动产生的现金流量""筹资活动产生的现金流量"有关项目(指现金流量表中应列示的具体项目),借方表示现金流入,贷方表示现金流出,借方余额表示现金流入量净额,贷方余额表示现金流出量净额。

(3)将调整分录过入工作底稿中的相应部分。

(4)核对工作底稿中各项目的借方、贷方合计数是否相等,若相等一般表明调整分录无误。

(5)根据工作底稿中的现金流量表项目部分编制正式的现金流量表。

3. T形账户法

以T形账户为手段，以资产负债表和利润表数据为基础，分别对每一项目进行分析并编制调整分录，进而编制现金流量表的一种方法。

（二）间接法

除了现金流量表反映的信息，企业还应在附注中披露“将净利润调节为经营活动现金流量、不涉及现金收入的重大投资和筹资活动、现金及现金等价物变动等情况的信息。”这些信息需要在现金流量表补充资料中进行反映。现金流量表的补充资料应采用间接法反映经营活动产生的现金流量情况，以对现金流量表中采用直接法反映的经营活动现金流量进行核对和补充说明。

间接法以本期净利润为起点，通过调整不涉及现金的收入、费用、营业外收支以及经营性应收应付等项目的增减变动，调整不属于经营活动的现金收支项目，并据此计算与列报经营活动产生的现金流量。它主要需要调整四大类项目，如图7-5所示。

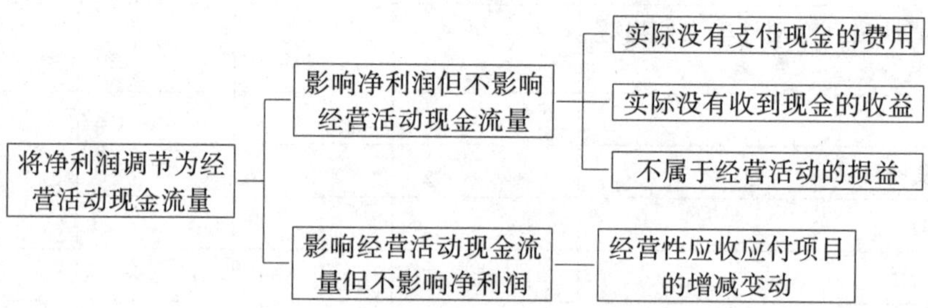

图7-5　现金流量表需要调整的内容

企业采用间接法编制现金流量表的基本步骤如下。

第一步，将报告期利润表中净利润调节为经营活动产生的现金流量。具体方法为以净利润为起算点，加上编制利润表时作为净利润减少而报告期没有发生现金流出的填列项目，减去编制利润表时作为净利润增加而报告期没有发生现金流入的填列项目，以及不属于经营活动的现金流量(投资或筹资)。以下是第一步中对四类调整项目的具体调整内容。

1. 实际没有支付现金的费用

本类项目属于净利润中没有实际支付现金的费用、需要在净利润的基础上分析调整的项目。以下项目在利润表中作为净利润项目的减项已经扣除，但在报告期内不需要支付现金，应予以加回。其具体调整项目如表7-13所示。

表7-13　没有支付现金的费用的具体调整项目

调整项目	调整思路
(1)“资产减值准备”项目	本项目可根据利润表中“资产减值损失”项目的填列金额直接填列
(2)“信用损失准备”项目	本项目可根据利润表中“信用减值损失”项目的填列金额直接填列
(3)“固定资产折旧、油气资产折耗、生产性生物资产折旧”项目	本项目可根据资产负债表及其报表附注中“累计折旧”“累计折耗”等科目的贷方发生额等分析计算填列

（续表）

调整项目	调整思路
(4)“无形资产摊销”项目	本项目可根据资产负债表及其报表附注中“累计摊销”科目的贷方发生额等分析计算填列
(5)“长期待摊费用摊销”项目	本项目可根据资产负债表及其报表附注中“长期待摊费用累计摊销”科目的贷方发生额等分析计算填列

2. 不属于经营活动的损益

本类项目的是由于投资活动或筹资活动产生的损益，需要在净利润的基础上分析调整。其具体调整项目如表 7-14 所示。

表 7-14 不属于经营活动的损益的具体调整项目

调整项目	调整思路
(1)“处置固定资产、无形资产和其他长期资产的损失(收益以‘－’号填列)”项目	属于投资活动产生的现金流量，对于发生的处置净损失应予以加回；实现的处置净收益应予以减去
(2)“固定资产报废损失(收益以‘－’号填列)”项目	属于投活动产生的现金流量，对于发生的净损失应予以加回；实现净收益应予以减去
(3)“公允价值变动损失(收益以‘－’，号填列)”项目	属于投资活动产的现金流量，公允价值变动收益也未产生现金流量，对于发生的公允价值变动损失应予以加回；发生收益应予以减去
(4)“财务费用(收益以‘－’号填列)”项目	本项目内容的性质较为复杂，可能分别归属于经营活动、投资活动或筹资活动产生的现金流量；各种借款利息等属于筹资活动的现金流量项目，应收票据贴现利息、办理银行转账结算的手续费等属于经营活动产生的现金流量项目。对于属于筹资活动或投资活动的财务费用应予以加回；反之，对于属于筹资活动或投资活动的财务收益应予以减去
(5)“投资损失(收益以‘－’号填列)”项目	属于投资活动产生的现金流量，对于发生的投资损失应予以加回；反之，对于发生的投资收益应予以减去

在根据营业外收支分析计算时，应注意于企业日常活动之外的、不经常发生的特殊项目，如自然灾害损失、保险赔款、捐赠等，如果其中有能够确指属于流动资产损失的应当列入经营活动产生的现金流量，不应调整。

3. 实际没有支付现金的费用或实际没有收到现金的收益

本类项目属于净利润中没有实际支付现金的费用或没有实际收到现金的收益，需要在净利润的基础上分析调整。其具体调整项目如表 7-15 所示。

表 7-15 实际没有支付现金的费用或实际没有收到现金的收益的具体调整项目

调整项目	调整思路
(1)“递延所得税资产减少(增加以‘－’号填列)”项目	属于企业未来期间的应纳税所得额及应交所得税，不构成报告期的现金流量；在计算所得税费用时，递延所得税资产减少额记入“所得税费用”科目的增加额(计算利润时已扣除)，减少了报告期利润表中的净利润，应予以加回；反之，递延所得税资产增加额记入“所得税费用”科目的减少额，增加了报告期利润表中的净利润，应予以减去

（续表）

调整项目	调整思路
（2）“递延所得税负债增加（减少以‘－’号填列）”项目	属于企业未来期间的应纳税所得额及应交所得税，不构成报告期的现金流量；在计算所得税费用时，递延所得税负债增加额记入“所得税费用”科目的增加额（计算利润时已扣除），减少了报告期利润表中的净利润，应予以加回；反之，递延所得税负债减少额记入“所得税费用”科目的减少额，增加了报告期利润表中的净利润，应予以减去
（3）“存货的减少（增加以‘－’号填列）”项目	资产负债表中“存货”项目的年末较年初减少的差额，说明报告期消耗或发出了期初存货，这部分存货在报告期不需要支付现金，但按报告期营业成本等计算的净利润已经减去了这部分不需要支付的现金，应予以加回；反之，资产负债表中“存货”项目的年末较年初增加的差额，这部分存货在报告期已经支付了现金，但按报告期营业成本计算的净利润并未减去这部分需要支付的现金，应予以减去 【提示】存货减少可能有属于投资活动或筹资活动的现金流量部分，填列该项目时需要分析计算调整非经营活动的现金流量

4. 经营性应收应付项目的增减变动

本类项目属于不直接影响净利润的经营活动产生的现金流入量或流出量，需要在净利润的基础上分析调整的项目。其具体调整项目如表7-16所示。

表7-16　经营性应收应付项目的增减变动的具体调整项目

调整项目	调整思路
（1）经营性应收项目的减少（减：增加）项目	经营性应收项目主要指应收票据、应收账款、预付账款和其他应收款中与经营活动有关的部分及应收的增值税销项税额等。本项目根据资产负债表“应收账款”“应收票据”“预付账款”“其他应收款”等项目的期初、期末余额的差额分析填列；期末数大于期初数的差额以“－”号填列
（2）经营性应付项目的增加（减：减少）项目	经营性应付项目主要指应付票据、应付账款、预收账款、应付职工薪酬、应交税费、其他应付款中与经营活动有关的部分及应付的增值税进项税额等。本项目根据资产负债表“应付账款”“应付票据”“预收账款”“其他应付款”“应付职工薪酬”“应交税费”等项目的期初、期末余额的差额分析填列，期末数小于期初数的差额以“－”号填列

第二步，分析调整不涉及现金收支的重大投资和筹资活动项目。

本步骤的项目反映企业一定会计期间内影响资产或负债但不形成该期现金收支的各项投资或筹资活动的信息资料。如企业报告期内实施的债务转为资本、1年内到期的可转换的公司债券、融资租入固定资产等。该类项目虽然不涉及报告期实际的现金流入流出，但对以后各期的现金流量有重大影响。

此类需要列报的项目有以下事项：

（1）债务转为资本，反映企业报告期内转为资本的债务金额。

（2）1年内到期的可转换公司债券，反映企业报告期内到期的可转换公司债券的本息。

(3) 融资租入固定资产，反映企业报告期内融资租入的固定资产。

第三步，分析调整现金及现金等价物净变动情况。

本步骤的项目反映现金及现金等价物增减变动及其净增加额。项目可根据资产负债表中"货币资金"项目及现金等价物期末期初余额及净增额分析计算填列。

第四步，编制正式的现金流量表补充资料。

【业务 7-39】　综合案例

继续沿用[业务 7-32]和[业务 7-33]中的相关资料，采用分析填列法编制现金流量表，如表 7-17 所示。

表 7-17　现金流量表(简表)　　会企 03 表

编制单位：陕西鸿腾股份有限公司　　2023 年 12 月　　单位：万元

项　　目	本期金额	上期金额
一、经营活动产生的现金流量：		(略)
销售商品、提供劳务收到的现金	14 317 340.00	
收到的税费返还		
收到其他与经营活动有关的现金		
经营活动现金流入小计	14 317 340.00	
购买商品、接受劳务支付的现金	6 082 840.00	
支付给职工以及为职工支付的现金	3 000 000.00	
支付的各项税费	2 619 650.90	
支付的其他与经营活动有关的现金	318 000.00	
经营活动现金流出小计	12 020 490.90	
经营活动产生的现金流量净额	2 296 849.10	
二、投资活动产生的现金流量：		
收回投资收到的现金	315 000.00	
取得投资收益收到的现金		
处置固定资产、无形资产和其他长期资产收回的现金净额	3 013 000.00	
处置子公司及其他营业单位收到的现金净额		
收到其他与投资活动有关的现金		
投资活动现金流入小计	3 328 000.00	
购置固定资产、无形资产和其他长期资产支付的现金	4 650 000.00	
投资支付的现金	1 101 200.00	
取得子公司及其他营业单位支付的现金净额		
支付其他与投资活动有关的现金		
投资活动现金流出小计	5 751 200.00	

（续表）

项　　目	本期金额	上期金额
投资活动产生的现金流量净额	—2 423 200.00	
三、筹资活动产生的现金流量：		
吸收投资收到的现金		
取得借款收到的现金	12 000 000.00	
收到其他与筹资活动有关的现金		
筹资活动现金流入小计	12 000 000.00	
偿还债务支付的现金	12 600 000.00	
分配股利、利润或偿付利息支付的现金	2 110 000.00	
支付其他与筹资活动有关的现金		
筹资活动现金流出小计	14 710 000.00	
筹资活动产生的现金流量净额	—2 710 000.00	
四、汇率变动对现金及现金等价物的影响		
五、现金及现金等价物净增加额	—2 836 350.90	
加：期初现金及现金等价物余额	14 064 600.00	
六、期末现金及现金等价物余额	11 228 249.10	

【业务 7-40】 综合案例

继续沿用[业务 7-32]和[业务 7-33]中的相关资料，编制现金流量表补充资料，如表 7-18 所示。

表 7-18　现金流量表补充资料(简表)

编制单位：陕西鸿腾股份有限公司　　　　2023 年 12 月　　　　单位：万元

项　　目	本期金额	上期金额(略)
1. 将净利润调节为经营活动现金流量		
净利润	2 176 849.10	
加：资产减值准备	409 000.00	
信用损失准备		
固定资产折旧、油气资产折耗、生产性生物资产折旧	1 000 000.00	
无形资产摊销	600 000.00	
长期待摊费用摊销		
处置固定资产、无形资产和其他长期资产的损失(收益以“—”号填列)	—200 000.00	
固定资产报废损失(收益以“—”号填列)	187 000.00	
净敞口套期损失(收益以“—”号填列)		

(续表)

项　　目	本期金额	上期金额(略)
公允价值变动损失(收益以"—"号填列)	—40 000.00	
财务费用(收益以"—"号填列)	110 000.00	
投资损失(收益以"—"号填列)	8 113.21	
递延所得税资产减少(增加以"—"号填列)	—100 000.00	
递延所得税负债增加(减少以"—"号填列)		
存货的减少(增加以"—"号填列)	53 000.00	
经营性应收项目的减少(增加以"—"号填列)	0.00	
经营性应付项目的增加(减少以"—"号填列)	—1 929 713.21	
其他	22 600.00	
经营活动产生的现金流量净额	2 277 716.60	
2. 不涉及现金收支的重大投资和筹资活动		
债务转为资本		
一年内到期的可转换公司债券		
融资租入固定资产		
3. 现金及现金等价物净变动情况		
现金的期末余额	11 228 249.10	
减:现金的期初余额	14 063 000.00	
加:现金等价物的期末余额		
减:现金等价物的期初余额		
现金及现金等价物净增加额	—2 836 350.90	

任务拓展

通过对现金流量表的学习,学生应了解现金流量表的概念、作用、结构及内容,掌握现金流量表的编制方法。

请同学们登录网中网企业财务会计理实互动实训教学平台,根据平台任务完成现金流量表的编制练习。

任务五　所有者权益变动表

任务初探

问题思考： 什么是所有者权益变动表？所有者权益变动表的基本结构及内容是什么？所有者权益变动表项目具体怎样填列？

案例准备： 依据教材案例进行课堂讨论。

任务研学

7.12　所有者权益变动表

一、所有者权益变动表的概念及作用

所有者权益变动表，是指反映构成所有者权益各组成部分当期增减变动情况的报表。

所有者权益变动表不仅可以全面反映一定时期所有者权益总额的增减变动情况，还可以提供所有者权益增减变动的重要信息结构，让报表使用者准确理解所有者权益增减变动的根源。

二、所有者权益变动表的内容

在所有者权益变动表上，企业至少应当单独列示反映下列信息的项目：

(1) 综合收益总额。

(2) 会计政策变更和差错更正的累积影响金额。

(3) 所有者投入资本和向所有者分配利润等。

(4) 提取的盈余公积。

(5) 实收资本、其他权益工具、资本公积、其他综合收益、专项储备、盈余公积、未分配利润的期初和期末余额及其调节情况（详细结构内容请参见后续表 7-20）。

三、所有者权益变动表的结构

所有者权益变动表结构为纵横交叉的矩阵式结构，其基本结构如表 7-19 所示。

表 7-19　所有者权益变动表(简表)

项　目	本年金额								上年金额
	实收资本（或股本）	其他权益工具	资本公积	减：库存股	其他综合收益	盈余公积	未分配利润	所有者权益合计	……
加：会计政策变更									
前期差错更正									

（续表）

项　目	本年金额								上年金额
	实收资本（或股本）	其他权益工具	资本公积	减：库存股	其他综合收益	盈余公积	未分配利润	所有者权益合计	……
其他									
二、本年年初余额									
三、本年增减变动									
四、本年年末余额									

1. 纵向结构

纵向结构按所有者权益增减变动时间及内容分为“上年年末余额”“本年年初余额”“本年增减变动金额”和“本年年末余额” 四栏。

本年年初余额 = 上年年末余额 + 会计政策变更、前期差错更正及其他变动

本年年末余额 = 本年年初余额 + 本年增减变动金额

其中，本年增减变动金额按照所有者权益增减变动的交易或事项列示，即：

本年增减变动金额 = 综合收益总额 ± 所有者投入和减少资本 ± 利润分配 ± 所有权益内部结转

2. 横向结构

横向结构采用比较式结构，分为“本年金额”和“上年金额” 两栏，每栏的具体结构按照所有者权益构成内容逐项列示，即：

$$\text{所有者权益合计} = \text{实收资本（或股本）} + \text{其他权益工具} + \text{资本公积} - \text{库存股} + \text{其他综合收益} + \text{未分配利润}$$

纵横填列结果归结到本年年末所有者权益合计数，保持所有者权益变动表的表内填列数额的平衡（其具体结构请参见表 7-19）。

所有者权益变动表以矩阵式结构列报，一方面，列示导致所有者权益变动的交易或事项，即所有者权益变动的来源，对一定时期所有者权益的变动情况进行全面反映；另一方面，按照实收资本、其他权益工具、资本公积、库存股、其他综合收益、盈余公积、未分配利润等所有者权益各组成部分及其总额列示交易或事项对所有者权益各部分的影响。此外，所有者权益变动表采用逐项的本年金额和上年金额比较式结构，能够清楚地表明构成所有者权益的各组成部分当期的增减变动情况以及与上期的增减变动情况的对照和比较。

四、所有者权益变动表的编制

（一）所有者权益变动表的填列方法

所有者权益变动表各项目均需填列“上年金额”和“本年金额”两栏，都是根据上年度所有者权益变动表和本年已编制的资产负债表、利润表及相关会计政策、前期差错更正和

会计科目记录等资料基础上分析计算填列，各项目具体填列方法如下。

1. “上年金额”栏的填列方法

所有者权益变动表“上年金额”栏内各项数字，应根据上年度所有者权益变动表“本年金额”栏内所列数字填列。上年度所有者权益变动表规定的各个项目的名称和内容同本年度不一致的，应对上年度所有者权益变动表各项目的名称和数字按照本年度的相关规定进行调整，填入所有者权益变动表的“上年金额”栏内。

2. “本年金额”栏的填列方法

所有者权益变动表“本年金额”栏内各项目金额一般应根据资产负债表所有者权益项目金额或“实收资本（或股本）”“其他权益工具”“资本公积”“库存股”“其他综合收益”“专项储备”“盈余公积”“利润分配”“以前年度损益调整”等科目及其明细科目的发生额分析填列。

（二）所有者权益变动表主要项目说明

1. “上年年末余额”项目

“上年年末余额”项目反映企业上年资产负债表中实收资本（或股本）、其他权益工具、资本公积、库存股、其他综合收益、专项储备、盈余公积、未分配利润的年末余额。

2. “会计政策变更”“前期差错更正”项目

“会计政策变更”“前期差错更正”项目分别反映企业采用追溯调整法处理的会计政策变更的累积影响金额和采用追溯重述法处理的会计差错更正的累积影响金额。追溯调整法是指对某项交易或事项变更会计政策，视同该项交易或事项初次发生时采用变更后的会计政策，并以此对财务报表相关项目进行调整的方法。追溯重述法是指在发现前期差错时，视同该项前期差错从未发生过，从而对财务报表相关项目进行更正的方法。前期差错通常包括计算错误、应用会计政策错误、疏忽或曲解事实以及舞弊产生的影响以及存货、固定资产盘盈等。

3. “本年增减变动金额”项目

“本年增减变动金额”项目反映所有者权益各项目本年增减变动的金额，具体内容：

(1) “综合收益总额”项目，反映净利润和其他综合收益扣除所得税影响后的净额相加后的合计金额。

(2) “所有者投入和减少资本”项目，反映企业当年所有者投入的资本和减少的资本。本项目内容包括：①“所有者投入的普通股”项目，反映企业接受投资者投入形成的实收资本（或股本）和资本溢价或股本溢价。②“其他权益工具持有者投入资本”项目，反映企业发行的除普通股以外分类为权益工具的金融工具的持有者投入资本的金额。③“股份支付计入所有者权益的金额”项目，反映企业处于等待期中的权益结算的股份支付当年计入资本公积的金额。

(3) “利润分配”项目，反映企业当年的利润分配金额。

(4) “所有者权益内部结转”项目，反映企业构成所有者权益的组成部分之间当年的增减变动情况。本项目内容包括：①“资本公积转增资本（或股本）”项目，反映企业当年以资本公积转增资本或股本的金额。②“盈余公积转增资本(或股本)”项目，反映企业当年以盈余公积转增资本或股本的金额。③“盈余公积弥补亏损”项目，反映企业当年以盈余公积弥补亏损的金额。④“设定受益计划变动额结转留存收益”项目反映企业因重新计量设定受益计划净负债或净资产所产生的变动计入其他综合收益，转至留存收益的金额。⑤“其他综合收益结转留存收益”项目，主要反映：第一，指定为以公允价值计量且其变动计入其他综合收益的非交易性权益工具投资终止确认时之前计入其他综合收益的累计利得或损失从其他综合收益中转入留存收益的金额；第二，企业指定为以公允价值计量且其变动计入当期损益的金融负债终止确认时，之前由企业自身信用风险变动引起而计入其他综合收益的累计利得或损失从其他综合收益中转入留收益的金额等。

【业务 7-41】 综合案例

继续沿用[业务 7-32]和[业务 7-33]中的相关资料，编制陕西鸿腾股份有限公司所有者权益变动表，如表 7-20 所示。

任务拓展

通过对所有者权益变动表的学习，学生应了解所有者权益变动表的概念、作用、结构及内容，掌握所有者权益变动表的编制方法。

请同学们登录网中网企业财务会计理实互动实训教学平台，根据平台任务完成所有者权益变动表的编制练习。

表 7-20　所有者权益变动表

2023 年度

编制单位：陕西鸿腾股份有限公司　　　　单位：元

项目	本年金额											上年金额										
	实收资本（或股本）	其他权益工具			资本公积	减：库存股	其他综合收益	专项储备	盈余公积	未分配利润	所有者权益合计	实收资本（或股本）	其他权益工具			资本公积	减：库存股	其他综合收益	专项储备	盈余公积	未分配利润	所有者权益合计
		优先股	永续债	其他									优先股	永续股	其他							
一、上年年末余额	50 000 000.00								1 000 000.00	500 000.00	51 500 000.00											
加：会计政策变更																						
前期差错更正																						
其他																						
二、本年年初余额	50 000 000.00								1 000 000.00	500 000.00	51 500 000.00											
三、本年增减变动金额（减少以"—"号填列）									217 684.91	2 176 849.10	2 176 849.10											
（一）综合收益总额										2 176 849.10	2 176 849.10											
（二）所有者投入和减少资本																						
1. 所有者投入的普通股																						
2. 其他权益工具持有者投入资本																						
3. 股份支付计入所有者权益的金额																						
4. 其他																						

（续表）

项目	本年金额											上年金额										
	实收资本（或股本）	其他权益工具			资本公积	减：库存股	其他综合收益	专项储备	盈余公积	未分配利润	所有者权益合计	实收资本（或股本）	其他权益工具			资本公积	减：库存股	其他综合收益	专项储备	盈余公积	未分配利润	所有者权益合计
		优先股	永续债	其他									优先股	永续股	其他							
（三）利润分配																						
1. 提取盈余公积									217 684.91	−217 684.91	0.00											
2. 对所有者(或股东)的分配																						
3. 其他																						
（四）所有者权益内部结转																						
1. 资本公积转增资本（或股本）																						
2. 盈余公积转增资本（或股本）																						
3. 盈余公积弥补																						
4. 设定收益计划变动额结转留存收益																						
5. 其他综合收益结转留存收益																						
6. 其他																						
四、本年年末余额									1 217 684.91	2 459 164.19	53 676 849.10											

任务六　财务报表附注

任务初探

问题思考：什么是财务报表附注？财务报表附注的内容是什么？

案例准备：依据某上市公司的财务报告，进行课堂讨论，分析公司财务报表附注的内容有哪些，是如何披露的？

任务研学

一、财务报表附注概述

财务报表附注是对在资产负债表、利润表、现金流量表和所有者权益变动表等报表中列示项目的文字描述或明细资料及对未能在这些报表中列示项目的说明等。

财务报表附注是为了便于财务报表使用者理解财务报表的内容，而对财务报表的编制基础编制依据编制原则和方法及主要项目等所作的解释，它是对财务报表的补充说明是财务会计报告的重要组成部分。

二、财务报表附注的主要内容

(一) 企业简介和主要财务指标

企业简介和主要财务指标主要包括以下方面：

(1) 企业名称、注册地、组织形式和总部地址。

(2) 企业的业务性质和主要经营活动。

(3) 母公司以及集团最终母公司的名称。

(4) 财务报告的批准报出者和财务报告的批准报出日。

(5) 营业期限有限的企业，还应当披露有关营业期限的信息。

(6) 截至报告期末公司近 3 年的主要会计数据和财务指标。

(二) 财务报表的编制基础

财务报表的编制基础是指财务报表是在持续经营基础上还是在非持续经营基础上编制的，企业一般是在持续经营基础上编制财务报表，清算、破产属于非持续经营基础。

(三) 遵循企业会计准则的声明

企业应当声明编制的财务报表符合企业会计准则的要求，真实、完整地反映了企业的财务状况、经营成果和现金流量等有关信息，以此明确企业编制财务报表所依据的制度基础。

(四) 重要会计政策和会计估计

企业应当披露采用的重要会计政策和会计估计，不重要的会计政策和会计估计可以不披露。在披露重要会计政策和会计估计时，企业应当披露重要会计政策的确定依据和财务报表项目的计量基础，以及会计估计中所采用的关键假设和不确定因素。

（五）会计政策和会计估计变更以及差错更正的说明

本项目主要是对企业会计政策和会计估计变更以及差错更正的说明。

（六）报表重要项目的说明

本项目主要是对企业报表重要项目的说明。

（七）或有和承诺事项、资产负债表日后非调整事项、关联方关系及其交易等需要说明的事项

本项目主要是对企业或有和承诺事项、资产负债表日后非调整事项、关联方关系及其交易等需要说明的事项。

（八）有助于财务报表使用者评价企业管理资本的目标、政策及程序的信息

本项目主要是企业对有助于财务报表使用者评价企业管理资本的目标、政策及程序的信息进行的其他说明。

三、财务报告信息披露的要求

财务报告信息披露基本要求，又称财务报告信息披露的基本质量，主要有真实、准确、完整、及时和公平五个方面。其中，企业应当真实、准确、完整、及时地披露信息，不得有虚假记载、误导性陈述或者重大遗漏，信息披露应当同时向所有投资者公开披露信息。

(1) 真实，是指上市公司及相关信息披露义务人披露的信息应当以客观事实或者具有事实基础的判断和意见为依据，如实反映客观情况，不得有虚假记载和不实陈述。

(2) 准确，是指上市公司及相关信息披露义务人披露的信息应当使用明确、贴切的语言和简明扼要、通俗易懂的文字，不得含有任何宣传、广告、恭维或者夸大等性质的词句，不得有误导性陈述。

(3) 完整，是指上市公司及相关信息披露义务人披露的信息应当内容完整、文件齐备，格式符合规定要求，不得有重大遗漏。

(4) 及时，是指企业披露信息应当忠实、勤勉地履行职责，保证披露信息的真实、准确、完整、及时、公平。

(5) 公平，是指企业应当在附注中对“遵循了企业会计准则”作出声明。同时，企业不应以在附注中披露代替对交易和事项的确认和计量。

任务拓展

通过对财务报表附注的学习，学生应了解财务报表附注的概念、内容及财务报告信息披露的要求。

请同学们登录网中网企业财务会计理实互动实训教学平台，根据平台任务完成财务报告知识题库的练习。

思政案例

瑞幸咖啡：丑闻与转身[①]

2017 年 10 月 5 日，瑞幸咖啡第一家内部测试店在神州租车的总部一楼开业；同月，第一家外部测试店在北京银河 SOHO 开业。从此以后，瑞幸咖啡以狂飙突进的速度开店，截至 2019 年年末在大陆开设的门店数量已经达到 4 910 家。

2018 年 7 月，瑞幸咖啡开始 A 轮融资，除了陆正耀及相关人员，大钲资本、愉悦资本等投资公司也进行共同融资，融资额达 2 亿美元，瑞幸咖啡的估值达 10 亿美元。

2019 年 5 月 17 日，瑞幸咖啡成功在美国纳斯达克市场上市。瑞幸咖啡的发行价定在区间的上端，为每股 17 美元，但开盘价又再比定价上涨近 50%，以 25 美元/股开盘，一天交易后收于 20 美元，上涨近 20%，市值接近 50 亿美元。瑞幸咖啡刷新了中国公司在美国上市的最快纪录，此时距离它创立不过 19 个月。

2020 年 4 月 2 日瑞幸咖啡发布公告称，已经成立特别委员会进行内部调查，自爆初步调查报告显示从 2019 年第二季度开始到 2019 年第四季度期间虚增了 22 亿元销售额，相关的费用和支出也相应虚增。瑞幸咖啡首席运营官(COO)兼董事刘剑及其下属数名雇员从事了某些不当行为，包括捏造交易。受此影响，瑞幸股价跌幅超 80%，市值蒸发近 50 亿美元。

2020 年 9 月瑞幸咖啡收到第一个处罚结果，国家市场监管总局公告，瑞幸咖啡(中国)有限公司等相关公司，因存在虚假宣传行为被处罚金 6 100 万元；2020 年 12 月，瑞幸咖啡公告与美国 SEC 达成和解，根据和解条款，该公司同意支付 1.8 亿美元罚款。2021 年 3 月，瑞幸咖啡与债权人达成债务重组支持协议。在 2022 年第四季度，瑞幸咖啡成功完成了债务重组，海外投资者相关的诉讼和解也已接近尾声。

根据瑞幸咖啡公布的 2022 年报显示，公司 2022 年营收为 132.930 亿元，较 2021 年的 79.653 亿元增长 66.9%；全年运营利润为 11.562 亿元，运营利润率为 8.7%；而公司 2021 年运营则是亏损 5.391 亿元，运营亏损率为 6.8%。而到了 2023 年第三季，瑞幸咖啡 2023 年第三季度的总收入就达到 72.0 亿元，同比增长 84.9%。2023 年第三季度瑞幸咖啡在美国会计准则下营业利润为 9.617 亿元，营业利润率为 13.4%。

在 2023 年的第三季度，瑞幸咖啡推出 12 款现制饮品，其中就包括那个吸粉无数的与贵州茅台联名的酱香拿铁，刷新瑞幸咖啡单品纪录，首日销量 542 万杯，单品销售额突破 1 亿元。

立德树人：

职业道德与诚信

孔子说："民无信不立。"

孟子说："诚者，天之道也；思诚者，人之道也。"

会计的价值：服务于信任(受托责任，有感于刘备的托孤行动)。

请思考：一旦会计失信，何以用之帮助他人确立信任？

① 陈元熙.虚假宣传！瑞幸被罚了！背后 43 家公司"帮忙"，罚款 6 100 万！[EB/OL].(2020-09-22)[2024-01-11]. https://baijiahao.baidu.com/s?id=1678514373579504530&wfr=spider&for=pc.

力学笃行

一、单选题

1. 下列项目中，直接按照总账账户余额填列资产负债表的是（　　）。

   A. 存货　　B. 货币资金　　C. 交易性金融资产　　D. 应收账款

2. 某企业2023年年末“应收账款”总账借方余额为500 000元，其明细科目中有一贷方余额有50 000元。年末调整坏账准备前，“坏账准备”科目借方余额为5 000元，坏账准备按应收款项余额的4%计提，则资产负债表中“应收账款”项目的金额为（　　）元。

   A. 500 000　　B. 533 500　　C. 427 000　　D. 430 000

3. 2023年12月31日，某企业“固定资产”科目借方余额为3 000万元，“累计折旧”科目贷方余额为1 400万元，“固定资产减值准备”科目贷方余额为200万元。2023年12月31日，该企业资产负债表中“固定资产”项目期末余额应列示的金额为（　　）万元。

   A. 3 000　　B. 1 600　　C. 1 400　　D. 2 800

4. 能够反映企业一定期间经营成果，分析企业获利能力的报表是（　　）。

   A. 资产负债表　　B. 利润表

   C. 现金流量表　　D. 所有者权益变动表

5. 下列经济业务所产生的现金流量中，属于“经营活动产生的现金流量”的是（　　）。

   A. 变卖固定资产所产生的现金流量　　B. 取得债券利息收入所产生的现金流量

   C. 支付经营租赁费用所产生的现金流量　　D. 支付融资租赁费用所产生的现金流量

二、多选题

1. 下列各项中，导致企业资产负债表“存货”项目期末余额发生变动的有（　　）。

   A. 计提存货跌价准备

   B. 用银行存款购入的修理用备件（备品备件）

   C. 已经发出但不符合收入确认条件的商品

   D. 收到受托代销的商品

2. 下列各项中，应在资产负债表“应收账款及应收票据”项目列示的有（　　）。

   A. “预付账款”科目所属明细科目的借方余额

   B. “应收账款”科目所属明细科目的借方余额

   C. “应收账款”科目所属明细科目的贷方余额

   D. “预收账款”科目所属明细科目的借方余额

3. 下列选项中，属于企业资产负债表“应付职工薪酬”项目列报内容的有（　　）。

   A. 因解除劳动关系而应给予职工的现金补偿

   B. 向职工提供的异地安家费

C. 应提供给已故职工遗属的福利

D. 应支付给临时员工的短期薪酬

4. 下列各项中，影响利润表中“营业利润”项目的有(　　)。

A. 盘亏固定资产净损失　　B. 计提固定资产减值准备

C. 发生的所得税费用　　D. 转让无形资产的净收益

5. 下列各项中，属于所有者权益变动表单独列示的项目的有(　　)。

A. 提取盈余公积　　B. 综合收益总额

C. 当年实现的净利润　　D. 资本公积转增资本

三、判断题

1. 财务报表要求前后各期的一致性，因而会计政策一旦选定，不得随意变更。(　　)
2. 所有者权益变动表能够反映所有者权益各组成部分当期增减变动情况，有助于报表使用者理解所有者权益增减变动的原因。(　　)
3. 企业的不能随时支取的定期存款，不能作为现金流量表中的现金。(　　)
4. 计提坏账准备，不会导致企业现金流量发生变化。(　　)
5. 企业股东大会审议批准的利润分配方案中应分配的现金股利，在支付前不作账务处理，但应在报表附注中披露。(　　)

四、业务题

1. 练习资产负债表的编制。

新阳公司 2023 年 12 月 31 日有关科目的期末余额如表 7-21 所示。其中坏账准备全部根据应收账款提取。

表 7-21　科目余额表　　单位：元

总账科目	明细科目	借方余额	贷方余额	总账科目	明细科目	借方余额	贷方余额
应收账款		374 000		短期借款			76 000
	A 公司	192 000		应付账款			145 000
	B 公司	264 000			甲公司		84 000
	C 公司		82 000		乙公司		106 000
预付账款		174 000			丙公司	58 000	
	D 公司	208 000			丁公司		13 000
	E 公司		34 000	预收账款			14 000
原材料		88 000			F 公司		12 000
库存商品		76 000			G 公司		6 000
固定资产		1 144 000			H 公司	4 000	
累计折旧			68 000	本年利润			96 000
坏账准备			1 160	利润分配	未分配利润		42 000

要求：根据以上资料填写资产负债表中下列项目的金额。

(1) 应收账款＝

(2) 预付账款＝

(3) 应付账款＝

(4) 预收账款＝

(5) 短期借款＝

(6) 固定资产净值＝

(7) 未分配利润＝

2. 某企业长期借款情况如表 7-22 所示。

要求：计算该企业 2023 年 12 月 31 日资产负债表中“长期借款”项目金额。

表 7-22　某企业长期借款情况

借款起始日期	借款期限(年)	金额(元)
2021 年 10 月 1 日	4	1 000 000
2020 年 5 月 1 日	5	2 000 000
2019 年 6 月 1 日	5	1 500 000

3. 新光集团公司 2023 全年损益类科目的资料如表 7-23 所示。已知企业的所得税适用税率为 25%。

表 7-23　新光集团公司 2023 全年损益类科目的资料　　单位：元

主营业务收入	20 000 000	主营业务成本	12 000 000
税金及附加	300 000	其他业务收入	800 000
其他业务成本	400 000	销售费用	200 000
管理费用	600 000	财务费用	100 000
营业外收入	100 000	营业外支出	80 000
投资收益	500 000		

要求：根据上述资料编制利润表(简表)。

利润表(简表)

编制单位：　　　　年　月　　　　单位：元

项目	上年数	本年累计数
一、营业收入		
减：营业成本		
税金及附加		
销售费用		
管理费用		
财务费用	(略)	
加：投资收益		
二、营业利润		
加：营业外收入		
减：营业外支出		
三、利润总额		
减：所得税费用		
五、净利润(亏损以“－”号表示)		

4. 不定向选择

资料：某公司 2022 年主营业务收入 1 500 万元，其他业务收入 400 万元，主营业务成本

1 180 万元，其他业务成本 299 万元，税金及附加 30 万元，期间费用 111 万元，营业外收入 80 万元，(其中国债利息收入 12 万元)，营业外支出 18 万元，(其中税款滞纳金 10 万元)，所得税税率为 25%。

要求：根据上述资料回答(1)～(6)小题。

(1) 应计入利润表营业收入的有(　　)。

A. 主营业务收入　　B. 营业外收入

C. 投资收益　　D. 其他业务收入

(2) 根据上述资料，该公司 2022 年营业收入为(　　)万元。

A. 400　　B. 1 500　　C. 1 580　　D. 1 900

(3) 应计入利润表营业成本的有(　　)。

A. 主营业务成本　　B. 营业外支出

C. 其他业务成本　　D. 管理费用

(4) 根据上述资料，该公司 2022 年营业成本为(　　)万元。

A. 299　　B. 1 180　　C. 1 479　　D. 2 680

(5) 根据上述资料，该公司 2022 年营业利润为(　　)万元。

A. 421　　B. 391　　C. 280　　D. 2 856

(6) 根据上述资料，该公司 2022 年利润金额为(　　)万元。

A. 256.5　　B. 257　　C. 265.5　　D. 249

5. 练习现金流量表项目的计算方法。

光华公司 2023 年度有关资料如下：

(1) 本年销售商品本年收到现金 1 000 万元，以前年度销售商品本年收到现金 200 万元，本年预收款项 100 万元，本年销售本年退回商品支付的现金 80 万元，以前年度销售本年退回商品支付的现金 60 万元。

(2) 本年购买商品支付的现金 700 万元，本年支付以前年度购买商品的未付款项 80 万元和本年预付款项 70 万元，本年发生的购货退回收到的现金 40 万元。

(3) 本年分配的生产经营人员的职工薪酬 200 万元，“应付职工薪酬”科目年初余额和年末余额分别为 20 万元和 10 万元，假定应付职工薪酬本期减少数均为本年支付的现金。

(4) 本年利润表中的所得税费用为 50 万元(均为当期应交所得税产生的所得税费用)，“应交税费——应交所得税”科目年初数为 4 万元，年末数为 2 万元，(假定不考虑其他税费)。

要求：根据以上资料计算现金流量表中下列项目的金额。

销售商品提供劳务收到的现金＝

购买商品，接受劳务支付的现金＝

支付给职工以及为职工支付的现金＝

支付的各项税费＝

参 考 文 献

图书类：

[1] 财政部会计资格评价中心.初级会计实务[M].北京：经济科学出版社，2022：233.

[2] 高丽萍.财务会计实务[M].4版.北京：高等教育出版社，2022.

[3] 中华人民共和国财政部.企业会计准则(2006)[M].北京：经济科学出版社，2006.

[4] 财政部会计资格评价中心.初级会计实务[M].北京：中国财政经济出版社，2022.

[5] 全国会计专业技术资格考试岗课赛证融通教材编委会.初级会计实务[M].4版.北京：高等教育出版社，2023.

[6] 李华.企业财务会计[M].浙江：浙江大学出版社，2019.

[7] 陈强.企业财务会计(微课版)[M].北京：人民邮电出版社，2019.

期刊类：

刘峰，詹昀菲，林熹. 论负债的意义[J].财务研究，2022，(05)：3-11.

网络资源类：

[1] 佚名.非常有趣的历史会计故事[EB/OL].(2021-01-22)[2023-11-30]. https://mp.weixin.qq.com/s/nvKFuxUHvvxMPmR22ZqguQ.

[2] 科技强喵.壮士断腕，华为打包出售旗下荣耀.[EB/OL].(2020-11-20)[2023-11-30] https://mp.weixin.qq.com/s/Cg-2E-_w6FQEdZRgfCxMgg.

[3] 国家税务总局.税务部门公布5起未按规定办理个人所得税汇算案例.[EB/OL].(2023-05-17)[2024-01-22]. http://www.chinatax.gov.cn/chinatax/n810219/c102025/c5196168/content.html.